IT 비즈니스 플랫폼

남상엽 · 강민구 · 이규대 · 안병구 · 정승렬 공저

도서출판 상 학 당

欲爲大者 當爲人役

크고자 하거든 남을 섬기라

머리말

IT 비즈니스 플랫폼을 위해서는 스마트 미디어의 산출물이 절대적으로 필요하다. 최근에는 방송과 통신의 융합, 유무선 인터넷, 스마트 기기 확산 등에 따라 미디어 환경이 폐쇄적 단방향에서 개방적 양방향으로 변화하고 있다. 스마트 미디어로의 추진은 시장과 기술의 개방에 따른 혁신, 수요자 중심의 신규 서비스 창출 등에 따라 방송과 ICT 시장의 성숙·포화 이후 새로운 성장동력으로 평가되고 있다.

스마트 미디어는 유럽, 호주 등 주요국은 미디어와 ICT의 융합이 방송, 기기 등의 분야에 새로운 성장기회를 제공할 것으로 평가하고 있다. 일본, 유럽 등은 스마트 미디어 산업육성을 위한 범정부 차원에서 계획 추진하고 있다.

그러므로, 국내 콘텐츠, 네트워크, 기기, 플랫폼 분야의 경쟁력을 바탕으로 혁신적인 스마트 미디어 생태계를 구축함으로써 글로벌 주도권을 확보할 가능성이 있다. 국내 스마트 미디어 산업의 글로벌 경쟁력 확보전략 차원에서 창조경제 시대의 미디어와 ICT의 신성장 동력창출을 목표로 혁신과 경쟁을 촉진하는 개방·협력의 생태계 구축 및 다양한 비즈니스 창출을 위한 스마트 미디어 산업육성과 플랫폼의 활용이 절대적으로 필요하다. 또한, 다양한 상품을 생산하거나 판매하기 위해 공통적으로 사용하는 기본구조로서 비즈니스 플랫폼을 요구하고 있다. 비즈니스 플랫폼은 서로 다른 두 이용자 집단이 공통적으로 합의된 표준에 따라 경제적 가치를 창출하는 기반 시스템이다.

IT 비즈니스 플랫폼은 디지털 영역 플랫폼을 포괄한다. 최근 주목받는 디지털 모바일 플랫폼은 콘텐츠와 소프트웨어를 구동시키는 플랫폼으로서 다양한 응용 앱을 통하여 디지털 콘텐츠를 유통시키는 플랫폼이다.

미래 성장동력으로 예를 들면 '스마트 자동차'와 같이 IT와 이종산업의 융복합에 따라 디지털과 비디지털 영역간 융합이 확산되고 있다. 융복합의 응용분야로 급속하게 발전을 가능한 대표적인 분야인 자동차, 금융, 스마트 홈, 스마트 시티 등에 채택되는 새로운 융복합 미래의 IT 플랫폼으로 추진되고 있다.

IT 비즈니스 플랫폼의 확산으로 통신사와 제조사 중심에서 소프트 파워에 기반한 응용 및 융복합 플랫폼 업체로 산업의 주도권이 급속하게 이동하고 있다. 플랫폼은 IT 생태계 구성원들의 '참여의 장'으로서 변화의 과정에서 경쟁요소를 선점하는 핵심 수단이다. IT 생태계가 복잡해짐에 따라 단일기업이 모든 경쟁요소를 갖추기 어려운 구조이다.

플랫폼은 단기간에 최소한의 비용으로 다수의 기업 간 협력을 달성할 수 있는 최적의 방안이다. 플랫폼 사업은 국가와 사람간의 경계를 허물고 지구촌을 하나로 묶어내는 사업으로 수없이 많은 국내외 스타트업부터 대기업까지 진출하고 있는 분야다.

플랫폼은 현실적으로 타이거 스타트업을 중심으로 만들어져야 가능하다. 크라우드(crowd) 플랫폼, 집단지성 기반의 크라우드 커머스 플랫폼, 비콘 기반 서비스, 가상현실 콘텐츠, 스마트 로봇, 드론, 사물인터넷 플랫폼 등을 보다 많은 연구가 필요하다.

인공지능, 가상현실, 사물인터넷이 미래의 핵심 기술이며, 관련 콘텐츠 플랫폼을 장악해야 미래 산업을 선도할 수 있을 것이라고 밝혔다. 특히 기술을 기반으로 콘텐츠와 서비스가 어우러져야 시장에서 성공할 수 있다. 국내외 대기업, 벤처, 스타트업 그리고 투자기관을 위한 플랫폼 연구개발이 필요하다.

사물인터넷, 인공지능, 가상현실, 스마트 로봇, 드론, 스마트 자동차 등 IT를 기반으로 한 비즈니스의 패러다임이 변화하며 플랫폼 사업의 새로운 가능성도 열리고 있다. 이러한 플랫폼 개발 등을 바탕으로 미래 선도 산업분야에서 국내 많은 유니콘 기업들의 탄생과 성장이 기대되는 바이다.

이 교재는 콘텐츠, 컴퓨터, 정보통신, 로봇, 메카트로닉스 등 S/W 공학분야의 입문자를 대상으로 특별한 전공에 대한 기본적인 지식이 없어도 단계별 플랫폼 관련 사항에 대한 관심으로 콘텐츠의 전략과 추신능력 항상이라는 숲을 볼 수 있도록 눈높이를 맞추는 데 1차적인 목표를 두었다.

이 교재의 주요 구성은 다음과 같다.

제Ⅰ부는 미디어와 플랫폼의 발전으로, 제1장은 스마트 미디어의 개요, 제2장은 스마트 미디어의 특징 및 활용, 제3장 스마트 미디어의 기술 및 응용 서비스, 제4장은 IT 비즈니스 플랫폼의 개요, 제5장은 플랫폼 발전과 활용으로 구성되어 있다.

제Ⅱ부는 IT 비즈니스 플랫폼 사례분석으로, 제6장은 핀테크 플랫폼, 제7장은 소셜 플랫폼, 제8장은 게임 멀티 플랫폼, 제9장은 음원 플랫폼, 제10장은 웹툰 플랫폼, 제11장은 웹드라마 플랫폼, 제12장은 K-컬처 플랫폼으로 대표적인 응용 플랫폼 사례를 살펴본다.

제Ⅲ부는 미래의 각광받을 만한 분야의 플랫폼에 대한 전망으로, 제13장은 스마트 홈 플랫폼, 제14장은 스마트 자동차 플랫폼으로 구성되어 있다.

이 교재가 출간되기까지 가장 많은 지원과 아낌없는 격려를 보내주신 도서출판 상학당의 남승우 사장님과 출판 관련 여러분에게 감사를 전한다. 또한, 스마트 미디어와 플랫폼의 관련 자문 및 자료를 제공해주신 전공 교수님, 콘텐츠 진흥원 등 관련 기관 및 연구원에 대하여 지면을 빌려 깊은 감사의 말씀을 전하고, 특히 기술분야에 대하여 도움을 주신 연구소 및 개발 관련 관계자 여러분에게 감사의 마음을 전한다.

이 서적에서 부족했던 점이나 기타 문의사항에 대하여 지속적으로 지원할 계획이며, 기타 보충자료 또한 지속적으로 업데이트할 예정이므로 독자 여러분의 따뜻한 질책과 조언을 부탁드린다.

저자 씀

차 례

제Ⅱ부 IT 비즈니스 플랫폼 사례분석 ········· 97

제 I 부 미디어와 플랫폼 발전	제 1 장 스마트 미디어의 개요
	제 2 장 스마트 미디어의 특징 및 활용
	제 3 장 스마트 미디어의 기술 및 응용 서비스
	제 4 장 IT 비즈니스 플랫폼의 개요
	제 5 장 플랫폼 발전과 활용
제 Ⅱ 부 IT 비즈니스 플랫폼 사례분석	제 6 장 핀테크 플랫폼(삼성 / 알리 / 애플 페이 등)
	제 7 장 소셜 플랫폼(SNS / 페이스북 등)
	제 8 장 게임 멀티 플랫폼(네이버 / 카카오 등)
	제 9 장 음원 플랫폼(멜론 / 벅스 / Milk 등)
	제10장 웹툰 플랫폼
	제11장 웹드라마 플랫폼
	제12장 K-컬처 플랫폼(한류 뷰티 / 스킨 / 드라마 등)
제 Ⅲ 부 플랫폼 전망	제13장 스마트 홈 플랫폼
	제14장 스마트 자동차 플랫폼

제1장 스마트 미디어의 개요

제 2 장	스마트 미디어의 특징 및 활용
제 3 장	스마트 미디어 기술 및 응용 서비스
제 4 장	IT 비즈니스 플랫폼의 개요
제 5 장	플랫폼 발전과 활용
제 6 장	핀테크 플랫폼(삼성 / 알리 / 애플 페이 등)
제 7 장	소셜 플랫폼(SNS / 페이스북 등)
제 8 장	게임 멀티 플랫폼(네이버 / 카카오 등)
제 9 장	음원 플랫폼(멜론 / 벅스 / Milk 등)
제10장	웹툰 플랫폼
제11장	웹드라마 플랫폼
제12장	K-컬처 플랫폼(한류 뷰티 / 스킨 / 드라마 등)
제13장	스마트 홈 플랫폼
제14장	스마트 자동차 플랫폼

1-1 스마트 미디어의 추진

1. 미디어와 ICT의 결합으로 스마트화 및 산업생태계 진화

방송과 통신의 융합, 유무선 인터넷 · 스마트 기기 확산 등에 따라 미디어 환경이 폐쇄적 단방향에서 개방적 양방향으로 변화하고 있다. 스마트 미디어의 추진은 시장과 기술의 개방에 따른 혁신, 수요자 중심의 신규 서비스 창출 등에 따라 방송과 ICT 시장의 성숙 · 포화 이후 새로운 성장동력으로 평가되고 있다.

스마트 미디어는 유럽, 호주 등 주요국은 미디어와 ICT의 융합이 방송, 기기 등의 분야에 새로운 성장기회를 제공할 것으로 평가하고 있다.

2. 스마트 미디어 산업의 창조경제의 전형적 모델

스마트 미디어 산업은 상상력과 창의성이 경쟁력의 핵심인 미디어와 ICT를 기반으로 하는 다양한 산업과 기술이 융합된 산업이다.

창조경제는 국민의 상상력과 창의성을 과학기술과 ICT에 접목하여 새로운 산업과 시장을 창출하고 기존산업을 강화함으로써 좋은 일자리를 만드는 새로운 경제전략을 의미하므로 스마트 미디어 산업이 전형적인 창조경제의 모델이 되는 것이다.

3. 국내 스마트 미디어 산업의 글로벌 경쟁력

일본, 유럽 등은 스마트 미디어 산업육성을 위한 범정부차원 계획 추진하고 있다. 그러므로 국내 콘텐츠, 네트워크, 기기 분야의 경쟁력을 바탕으로 혁신적인 스마트 미디어 생태계를 구축함으로써 글로벌 주도권 확보 가능성이 있다.

국내 스마트 미디어 산업의 글로벌 경쟁력 확보전략 차원에서 창조경제 시대 미디어와 ICT의 신성장 동력창출을 목표로, 혁신과 경쟁을 촉진하는 개방 · 협력의 생태계 구축 및 다양한 비즈니스 창출을 위한 '스마트 미디어 산업육성계획'이 필요하다.

1-2 스마트 미디어의 정의

스마트 미디어는 미디어가 ICT 인프라와 결합해서 시공간 및 기기 제약 없이 다양한 콘텐츠를 이용자에게 융합적 지능적으로 전달할 수 있도록 발전 중인 매체를 포괄적으로 지칭한다. 기존의 스마트 미디어의 정의는 소통의 도구로 사용자와 상호작용이 가능하며, 시간적 · 공간적 제약이 없이 융합 콘텐츠를 제공하는 똑똑한 매체라고 정의되었다.

또는 인터넷에 연결 가능한 스마트 미디어 기기를 기반으로 방송 콘텐츠와 인터넷 콘텐츠를 동시에 제공하는 서비스라고도 정의하였다.

1-3 스마트 미디어의 주요 산업

스마트 미디어의 주요 산업은 시장성장 가능성 및 확장성 파급효과 등을 감안하여 향후 융복합화에 따라 새로운 산업이 등장할 것으로 전망되는 5가지 주요 산업은 다음과 같다.

1. 인터넷 동영상 서비스

인터넷 동영상 서비스는 범용 인터넷망을 통해 비디오, 오디오 등의 방송 프로그램, 영화 등의 콘텐츠를 제공하는 서비스(OTT : Over-The-Top)이다.

2. 소셜 미디어

소셜 미디어는 웹 기반의 대화형 미디어로서 이용자들이 정보와 지식, 의견을 공유할 수 있게 해주는 미디어로써 SNS 블로그 위키 팟캐스팅 등이 해당된다.

3. 디지털 사이니지

디지털 사이니지(Digital Signage)는 [그림 1-1]처럼 유무선 네트워크를 통해 원격관리가 가능한 디지털 디스플레이를 공공 및 상업공간에 설치하여 각종 정보·광고를 제공하는 미디어이다. 이 서비스는 관광안내, 민원 행정정보, 재래시장 현대화 등 공공 및 상업부문에 사용한다.

[그림 1-1] 디지털 사이니지 서비스 구성도

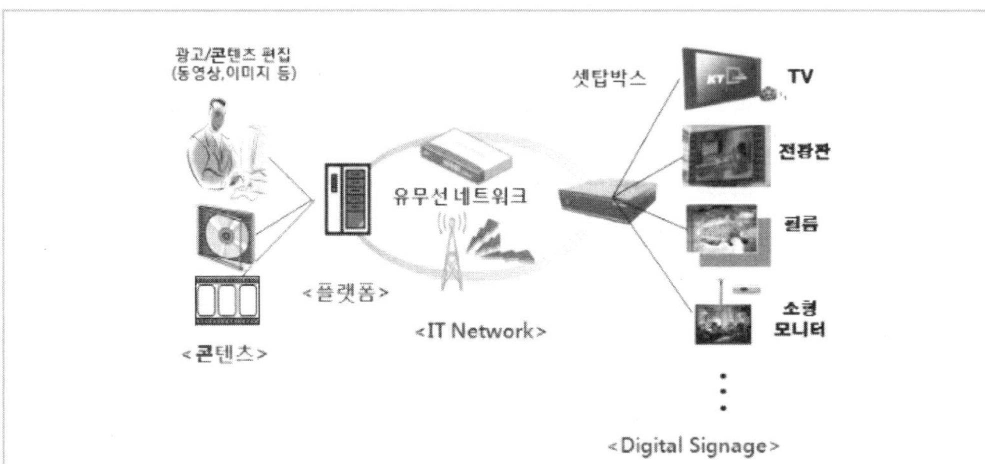

[그림 1-2] 디지털 사이니지 사례

4. 실감 미디어

실감 미디어는 시간·공간적 제약 없이 몰입감과 현장감을 극대화할 수 있는 오감정보와 감성정보를 제공하는 미디어이다. 예를 들면 3D 홀로그램, 실감영상, 웨어러블, 증강현실, 동작인식 기반 미디어 등이 있다. 실감 미디어 기반조성센터(전남 나주)와 성과확산센터(경북 경주)를 구축하였다.

[그림 1-3] 실감 미디어 사례

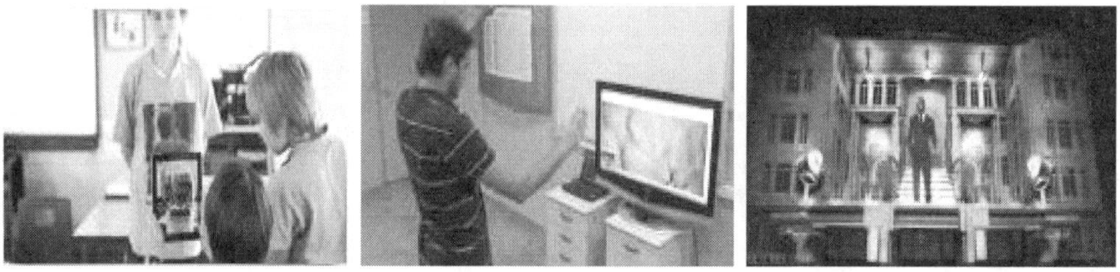

증강현실 교육 / 동작인식 / 4D 광고

〈표 1-1〉 실감 미디어 클러스터 주요 사업

구 분	기반 클러스터(전남 나주)	성과확산 클러스터(경북 경주)
중점사업	• 실감 미디어 기기 테스트베드 지원 • 제품 상용화 인증체계 구축	• 실감 미디어 전송 테스트베드 지원 • 실감 미디어 공공서비스 확산
공통사업	• 실감 미디어 기반 기술개발 • 실감 미디어 상용화 기업 및 중소기업 지원육성	

5. 가상현실 미디어

가상현실 미디어는 현실세계의 공간을 실제와 근접하게 재현하여 이용자에게 실재감과 몰입감을 제공하는 미디어이다.

1-4 스마트 미디어의 현황

1. 개 요

현재 스마트 미디어 서비스는 OTT, 소셜 미디어, 디지털 사이니지, 실감 미디어가 상용화되었고, 가상현실 미디어는 곧 상용화되어 시장을 형성할 것으로 예측한다. 이외에도 기술의 발전에 따라 서비스가 추가될 수 있을 것이다.

2. 스마트 미디어 시장범위

스마트 미디어 시장범위는 분야별로 시장범위가 상이한 것은 해당 분야의 시장특성에 기인한다.

1) OTT와 소셜 미디어의 시장범위

OTT와 소셜 미디어의 시장범위는 이용자에게 서비스 이용료를 부과하므로 유료서비스 중심의 매출이 시장으로 산정된다.

2) 디지털 사이니지의 시장범위

디지털 사이니지의 시장범위은 이용자는 무료로 이용하는 반면, 시스템 운영자가 하드웨어(H/W), 소프트웨어(S/W) 등 시스템 설치운영 유지 / 보수 등의 비용을 부담하고 플랫폼을 통한 광고(또는 콘텐츠) 매출이 발생하는 사업구조로 시장범위에 하드웨어, 소프트웨어, 서비스(설치운영 유지 / 보수 등) 매출, 광고매출 등이 모두 포괄된다.

〈표 1-2〉 5대 스마트 미디어 세부 시장별 범위

구 분	세부 시장범위
OTT	• VOD 이용료 • 광고매출
소셜 미디어	• 광고매출 : PC, 모바일폰, 태블릿PC 등에서 소셜 미디어 플랫폼을 통해 노출되는 광고매출 • 게임 매출 －게임 개발 / 공급자에게 부과되는 소셜 플랫폼 사용료 －게임 이용자가 지불하는 소셜 게임 아이템 이용료 • 소셜 플랫폼 서비스 이용료 매출 : LinkedIn, Xing, Vladeo 등 전문 소셜 플랫폼 사이트는 프리미엄 서비스에 대한 이용료를 부과 중 • 기타 매출 －음악, 영상 등 소셜 플랫폼상의 유료 앱에서 발생하는 매출 －소셜 미디어 사용자 통계이용료(㉥ Facebook은 이용자들이 좋아하고 클릭하는 것이 무엇인지 알려주는 데이터를 유료로 제공 중) －가상지갑(virtual wallet)으로 인한 매출(㉥ 소셜 미디어 이용자는 개인 홈페이지를 꾸미는 아이템을 구매함)
디지털 사이니지	• H/W : 디스플레이, 사이니지 H/W시스템(STB, PC 등) • S/W : 콘텐츠 재생, H/W 운영 S/W 등 • 서비스 : 설치, 유지 / 보수 등 • 광고 : 디지털 사이니지 플랫폼을 통한 광고매출
가상현실 미디어	• 관련 응용 서비스를 제공하는 시스템(H/W+S/W) 매출
실감 미디어	• 관련 응용 서비스를 제공하는 H/W 매출(DTV, STB, 스마트패드) 등

3) 가상현실 미디어와 실감 미디어의 시장범위

가상현실 미디어와 실감 미디어의 시장범위는 관련 하드웨어 시스템을 구매하여야 제공되는 응용 서비스 이용이 가능하므로 서비스 이용료보다는 하드웨어 시스템 매출이 시장으로 산정된다.

4) 5대 스마트 미디어 시장전망

OTT를 비롯한 5대 스마트 미디어 분야의 시장규모는 연평균 28.4% 증가하여 2020년 4,270억 달러(2013년 723억 달러)에 이를 전망이다. 시장규모면에서는 부가가치가 높을 것으로 전망되는 실감 미디어가 가장 크고(2020년 2천억 달러 이상), 이어서 소셜 미디어, OTT순이다. OTT 성장과 자체 플랫폼 기반의 주도권 확보경쟁이 치열하다.

OTT의 성장은 미국의 경우, 대표적인 OTT 사업자인 Netflix, Hulu 등이 기존의 유료방송 사업자들을 위협할 정도로 성장하고 있다. 2014년 3월 말 기준, Netflix의 미국내 유료가입자 수(3,437만)가 최대 유료방송사업자 Comcast의 가입자 수(2,260만)를 크게 상회하고 있다.

애플, 구글, 페이스북, 아마존 등은 자체 플랫폼 기반의 독자적 스마트 미디어 생태계 구축을 가속화하고 있다. 애플은 단말기에 iOS와 iTunes를 탑재 및 공통 미디어 플랫폼을 구축하여 자사 제품의 가치를 제고하고 있다.

〈표 1-3〉 5대 스마트 미디어 시장전망

(단위 : 억 달러)

구 분	2012년	2013년	2014년	2015년	2016년	2017년	2018년	2019년	2020년	누적 합계	CAGR (2012~2020)
OTT	104	128	152	178	201	232	262	299	338	1,893	15.8%
소셜 미디어	173	221	275	329	390	651	837	1,134	1,640	5,650	32.5%
디지털 사이니지	134	143	151	160	169	177	185	194	202	1,515	5.2%
실감 미디어	166	231	316	424	554	801	1,097	1,502	2,057	7,147	36.9%
가상현실 미디어	–	–	–	1.4	3.9	8.2	14.3	22.7	32.9	83.3	87.5%
합계	577	723	894	1,092	1,318	1,869	2,395	3,151	4,270	16,289	28.4%

구글은 YouTube에 유료채널을 도입하고 크롬캐스트 기기와 결합하여 글로벌 미디어 플랫폼으로의 진화를 모색하고 있으며, 영국의 위성방송인 Freesat에 YouTube를 공급하기로 전략적 제휴를 체결하였다.

〈표 1-4〉 국내 스마트 미디어 시장전망

(단위 : 억 원)

구 분	2012년	2013년	2014년	2015년	2016년	2017년	2018년	2019년	2020년	누적 합계	CAGR (2012~2020)
OTT	1,085	1,490	1,926	2,587	3,069	4,149	5,136	6,345	7,801	33,589	28.0%
소셜 미디어	2,979	3,637	4,312	5,115	6,208	10,492	11,654	18,192	30,381	92,970	33.7%
디지털 사이니지	5,079	7,009	8,939	10,868	12,798	14,728	16,657	18,587	20,517	115,182	19.1%
실감 미디어	5,651	9,167	12,154	16,130	21,426	28,487	39,368	54,406	75,188	261,979	38.2%
가상현실 미디어	–	–	–	95	269	559	1,005	1,643	2,432	6,003	91.4%
합계	14,795	21,304	27,331	34,795	43,770	58,414	73,820	99,174	136,320	509,723	32.0%

5) 스마트 미디어 산업경쟁력 분석

(1) 델파이 분석

[그림 1-4] 스마트 미디어 산업환경 분석

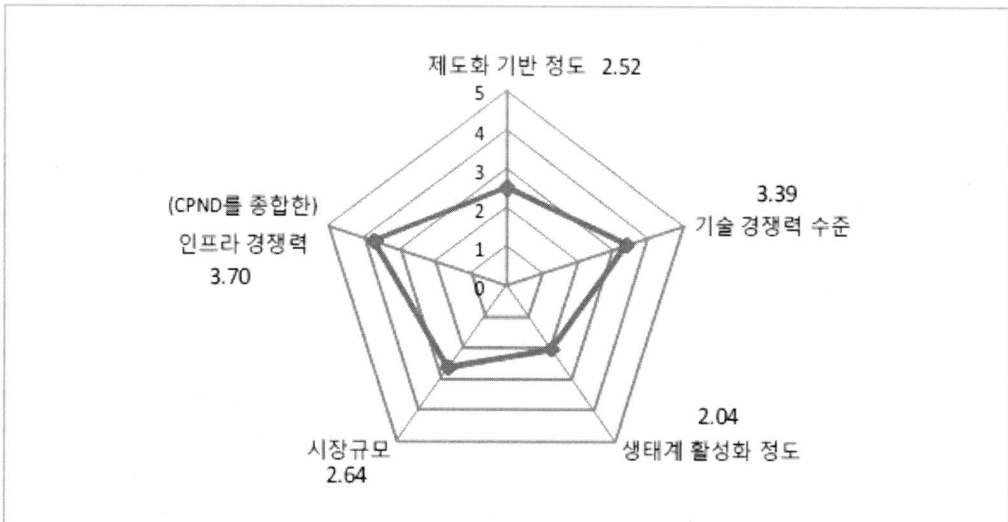

[그림 1-5] CPND 부문별 경쟁력 분석

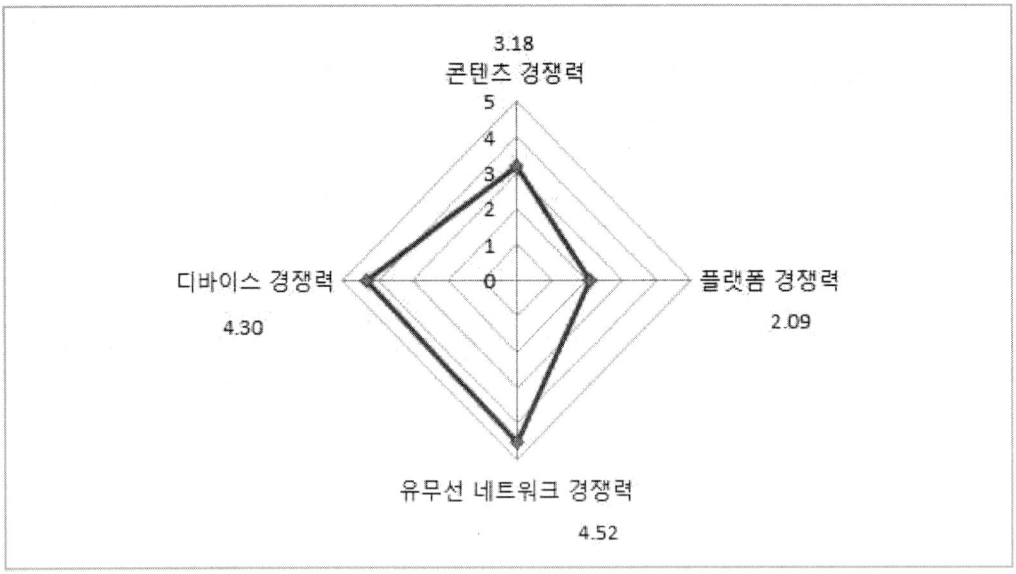

(2) SWOT 분석

〈표 1-5〉 스마트 미디어 산업 SWOT 분석

내부 역량 / 외부 환경	강점(S)	약점(W)
	• 세계 최고 수준의 네트워크 • 뛰어난 디바이스 역량 • 경쟁력을 지닌 한류 콘텐츠	• 플랫폼 분야 역량부족 • 부진한 콘텐츠 유통 • 서비스 개발업체의 영세성 • R&D 투자미흡 • 제도적 장애요인
기회(O)	**S-O 전략**	**W-O 전략**
• 스마트 미디어의 높은 성장성 및 확장성 • 낮아지는 미디어 국경 • 높은 신기술 수용도	• 글로벌 시장진출 • 다양한 스마트 미디어 서비스 개발 • 수요촉진을 통한 시장규모 확대	• R&D 투자확대 • 제도 기반 마련 • 중소벤처 지원
위협(T)	**S-T 전략**	**W-T 전략**
• 국내 OTT 시장규모 협소 • 해외기업의 국내 진출 • 콘텐츠의 불법유통 • 한류 콘텐츠에 대한 견제	• OTT, 국내시장 국한 전략탈피 • 콘텐츠 불법유통 근절 • 호혜적 교류 협력 확대	• 플랫폼 리더십을 대체할 수 있는 생태계 구축 • 콘텐츠 합법적 유통활성화

가. W-T 전략(위기탈출)

상생 협력의 생태계 조성을 통해 플랫폼 리더십 부족을 보완하고, 해외 미디어 기업들의 국내 진출에 대응하고 국내 시장규모가 작고, 독자생존 가능성이 불투명한 상황에서는 특정 플랫폼사가 단독으로 생태계를 주도하는 것은 불가능하다. 합법적 콘텐츠 유통기반을 마련하여 콘텐츠의 유통을 활성화하는 한편 콘텐츠 불법유통을 효과적으로 제한적이다.

나. S-T 전략(기회모색)

OTT에 국한되지 않은 다양한 스마트 서비스 개발, 글로벌 진출을 통한 시장확대를 모색하고 있고, 강점인 콘텐츠를 활용한 수익창출 기반 확대를 위해 콘텐츠 불법유통 근절방안도 마련하고 있고 중국 등의 한류 콘텐츠 견제에 대응하여 호혜적 교류 협력 확대를 추진하고 있다.

다. W-O 전략(약점보완)

불확실성과 장애요인을 제거할 수 있는 제도를 마련하고 R&D 투자확대를 통해 스마트 미디어의 높은 확장성을 선점하고, 글로벌 진출 경쟁력을 확보할 수 있는 기반을 구축하고 있고 중소벤처의 역량을 강화할 수 있는 시스템을 구축하고, 경쟁력있는 기업의 글로벌 진출을 지원한다.

라. S-O 전략(적극공략)

미디어 국경이 낮아지는 기회를 활용하여 글로벌 진출을 통해 급속히 성장하고 있는 세계 시장점유율 확대하고 강점인 콘텐츠 디바이스 기술에 기반한 다양한 서비스를 개발하고, 수요촉진을 통해 시장규모 확대를 도모하고 있다.

6) 기대효과

(1) 스마트 미디어 시장확대 및 일자리 창출

스마트 미디어 시장은 5대 서비스인 OTT, 소셜 미디어, 디지털 사이니지, 실감 미디어, 가상현실 미디어 중심으로 스마트 미디어 산업육성 및 R&D 추진 등을 통해 2.7조원(2014년)에서 13.6조원(2020년) 수준으로 확대될 예상이다.

스마트 미디어 산업발전은 산업 전체적으로는 2015~2020년까지 약 83.5조원의 생산유발효과 발생할 것으로 예상된다. 고용 측면에서는 산업 전체에 약 10.8만명(순증) 정도의 고용유발 효과를 가져올 것으로 기대된다.

〈표 1-6〉 국내 스마트 미디어 산업전망

(단위 : 억 원, 명)

구 분	2012년	2013년	2014년	2015년	2016년	2017년	2018년	2019년	2020년
스마트 미디어 시장규모	14,795	21,304	27,331	34,795	43,770	58,414	73,820	99,174	136,320
생산유발효과	27,680	39,856	51,133	65,097	81,888	109,284	138,107	185,540	255,035
고용유발효과	14,561	20,966	26,898	34,243	43,076	57,488	72,650	99,601	134,159

(2) 스마트 미디어 산업 파급효과

- 재난 안전적인 측면에서 스마트 미디어 활용을 통해 재난피해 규모를 줄이고, 범죄 및 사고를 미연에 방지함으로써 사회적 비용의 최소화가 가능한다.
- 교육적인 측면에서 스마트 교실 등 교육산업 전반에 걸친 스마트화 기반 제공을 통해 연간 약 3조원 정도의 부가가치 증대가 예상된다. 2013년 국내 교육시장규모는 약 60조원(추정)으로 5% 부가가치의 증대를 가정한다.
- 상거래 측면에서 스마트 미디어를 활용한 상품 전시나 가상체험을 통해 반품률을 현재(약 30%)의 절반 낮춰도 연간 약 3.5조원 이상 손실절감이 가능하다. 국내 온라인쇼핑(홈쇼핑포함) 반품 손실규모를 전체 매출(2012년 47.6조원)의 15% 가정한다.
- 미디어 측면에서 방송의 스마트화를 통해 연간 7.5% 정도의 부가가치 증대가 기대된다. 2013년 국내 방송 시장규모는 약 14조 3천억 정도(방송사업매출액 기준)이다.

(3) 스마트 미디어 국내시장 5배 증가

2014년 2.7조에서 2020년 13.6조(5배)로 늘어날 전망이다.

[그림 1-6] 스마트 미디어 시장규모

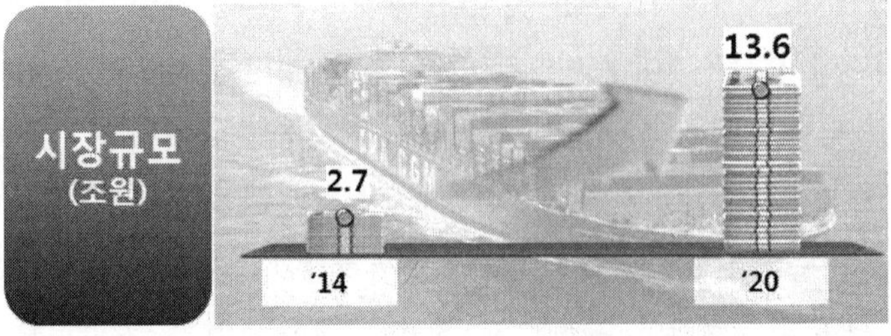

(4) 스마트 미디어 기술경쟁력

최고수준(미국) 대비 95% 달성(2020년)

[그림 1-7] 기술경쟁력

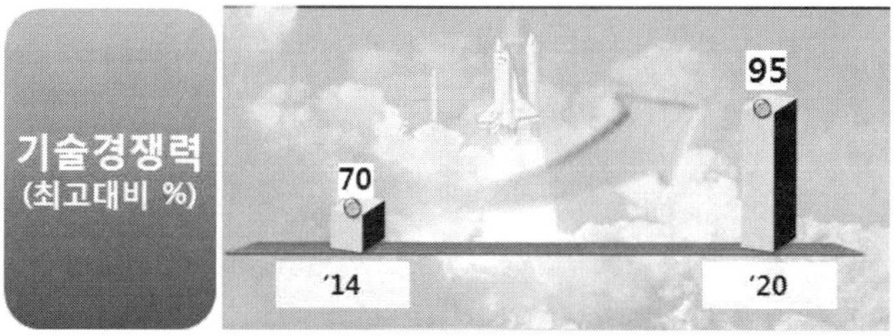

(5) 고용 순증효과

10.8만명(2020년까지)

[그림 1-8] 고용창출

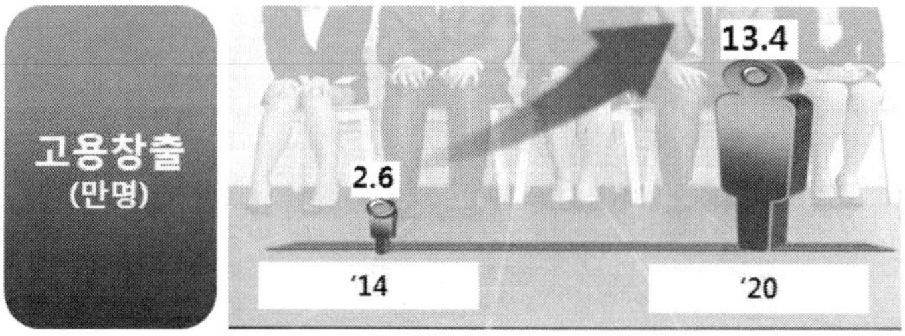

7) 스마트 미디어의 제도여건

스마트 미디어의 제도여건은 융합산업에 대한 제도정립이 미흡하다. 스마트 미디어에 대한 진흥 중심의 제도정립 미흡으로 산업활성화 지연이 우려되고 있다.

〈표 1-7〉 스마트 미디어 관련 제도현황

분 야	제도현황 및 문제점
디지털 사이니지	기존의 아날로그 옥외광고를 대상으로 한 규제 중심의 법규 적용으로 사업자들의 다양하고 혁신적인 사업시도에 걸림돌이다. 예를 들면 옥외광고물 등 관리법(옥광법), 각 지자체 조례 등이다.
빅데이터	개인정보를 활용한 산업활성화에 대해서는 필요성이 제기되고 있으나, 개인정보보호를 위한 보완책 마련도 필요하다는 반대 의견이 상존하고 있다. 방통위는 '빅데이터 개인정보보호 가이드라인' 제정안을 논의하고 있다(공청회 4회).
OTT (인터넷동영상서비스)	방송법규 적용 여부에 대한 논의가 진행 중으로 규제 가능성으로 인한 투자위축 현상이 발생한다.

디지털 사이니지는 복잡한 규제로 인해 활성화가 지연되고 있으며, 빅데이터 OTT 서비스 등은 규제 불확실성이 존재하고 있다.

제도미흡에 따른 부작용은 제도의 불확실성과 규제 중심으로 인해 기업들은 혁신적인 서비스 시장진입을 주저하고 있다. 업계의 다양하고 혁신적인 서비스를 장려하는 진흥 중심의 제도 미흡으로 시장성장 잠재력이 충분히 발현되지 못하는 상황이다.

미디어 기업 등의 적극적인 서비스 시도를 촉진하기 위한 제도 기반의 마련이 필요하다.

진흥 중심의 제도화는 스마트 미디어 성장동력 강화를 위해 자율적인 진흥위주의 제도화(네거티브 · 최소 · 자율규제) 및 규제개선을 추진하고 있다.

기업과 개인의 창의성과 상상력이 서비스로 구현되도록 제도의 불확실성 해소 및 산업진흥에 걸림돌이 되는 규제장벽을 제거해야 한다.

제 1 장	스마트 미디어의 개요
제2장	스마트 미디어의 특징 및 활용
제 3 장	스마트 미디어 기술 및 응용 서비스
제 4 장	IT 비즈니스 플랫폼의 개요
제 5 장	플랫폼 발전과 활용
제 6 장	핀테크 플랫폼(삼성 / 알리 / 애플 페이 등)
제 7 장	소셜 플랫폼(SNS / 페이스북 등)
제 8 장	게임 멀티 플랫폼(네이버 / 카카오 등)
제 9 장	음원 플랫폼(멜론 / 벅스 / Milk 등)
제10장	웹툰 플랫폼
제11장	웹드라마 플랫폼
제12장	K-컬처 플랫폼(한류 뷰티 / 스킨 / 드라마 등)
제13장	스마트 홈 플랫폼
제14장	스마트 자동차 플랫폼

2-1 스마트 미디어의 특징

스마트 미디어의 특징은 수평적으로 연결된 개방형 플랫폼이 ICT 인프라를 통해 이용자별로 다양한 융합 콘텐츠를 제공하고 타 산업과 융합하여 이용자 중심의 새로운 서비스 개발을 촉진하고 산업경쟁력을 향상시키는 상생의 생태계 중추역할을 수행한다.

2-2 전송 미디어의 발전

1. 전송 미디어의 발전과정

과거 2G부터 3G까지의 이동통신은 음성 위주의 서비스 및 데이터 서비스의 시작점을 제공하였던 반면에, 4G 이동통신에서는 본격적인 데이터 중심의 이동통신 서비스로의 큰 변화를 이루었다.

최근 콘텐츠별 무선 트래픽을 보면 동영상을 포함한 멀티미디어, 인터넷 등 몇 년 전만 해도 유선통신에서만 제공 가능했던 서비스가 모바일 환경에서도 주된 콘텐츠로 자리잡게 되는 큰 변화가 있었다. 이러한 서비스 이용 패턴의 변화는 무선 네트워크가 3G에서 4G로 진화함으로써 전송속도가 급속도로 향상되었고, 모바일 서비스 시장에서 차별적인 고객경험을 제공하기 위한 많은 서비스들이 활발히 개발되었기 때문이다. 하지만, 이동통신망의 진화는 여기에 그치지 않고 2020년 상용화를 목표로 한 새로운 5G 이동통신에 대한 논의가 국내외에 본격적으로 진행되고 있다.

5G 서비스가 도래할 가까운 미래에는 이전과 다른 초고속, 대용량, 초연결, 초실시간의 서비스가 제공 가능하여 모든 디바이스가 5G 네트워크를 통해 연결되어 고객에게 이전과는 다른 새로운 가치를 제공할 수 있을 것으로 생각된다. 이를 기반으로 다양한 서비스의 발굴과 창의적 Ideation을 통해 새로운 세대로 전환할 수 있는 계기가 마련될 것으로 기대된다.

[그림 2-1] 5G 연구단체

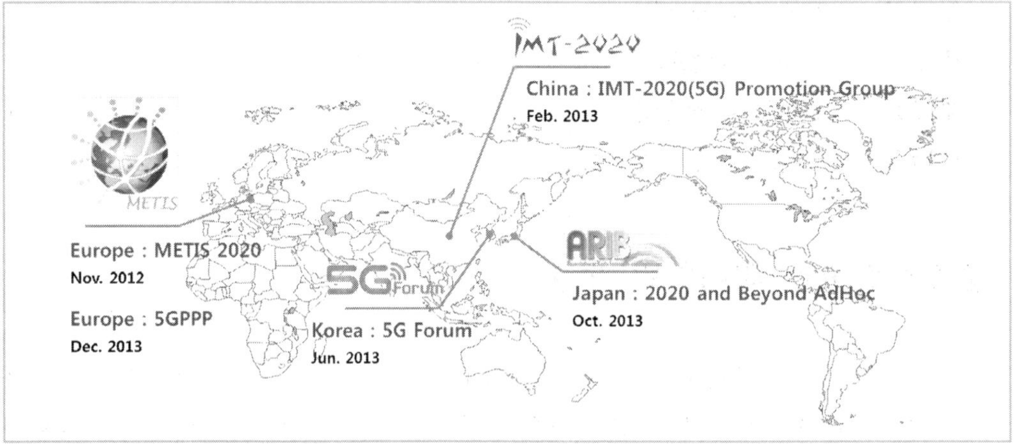

2. 5G 전송 미디어의 탄생

앞으로 다가올 미래에는 고품질 멀티미디어 서비스의 본격화, IoT 서비스 확산 등의 변화로 인해 기하급수적인 무선 데이터 트래픽 발생 및 스마트 기기가 폭발적으로 증대할 것으로 예상된다. 이러한 변화를 수용하기에 현재 이동통신 네트워크 기술로는 가용 주파수 확보, 안테나 기술의 제약, Small Cell 구성 등 다양한 한계가 있기에 새로운 기술이 요구되고 있으며, 이를 위해 기존 네트워크 혁신 및 진화를 위한 5G 이동통신기술에 대한 요구 사항이 전 세계에서 본격적으로 논의되고 있다.

3. 5G의 요구사항

5G 이동통신기술에 대한 요구사항을 위해 5G Forum(한국), ITU-R, 3GPP(유럽),

5GPP(유럽), IMT-2020(중국), ARIB(일본) 등 전 세계적 관련 단체에서 5G 네트워크에 대한 Vision 및 요구사항이 논의되고 있으며, 대한민국 정부에서도 2014년 미래창조과학부 주관으로 '미래 이동통신 산업발전전략(Creative 5G Mobile Strategy)'을 수립하여 5대 5G 핵심 서비스로 미래 SNS, 모바일 입체영상, 지능 서비스, 초고속 서비스, UHD / 홀로그램을 선정한 바 있다.

[그림 2-2] ITU-R에서 정의한 8개의 5G 성능

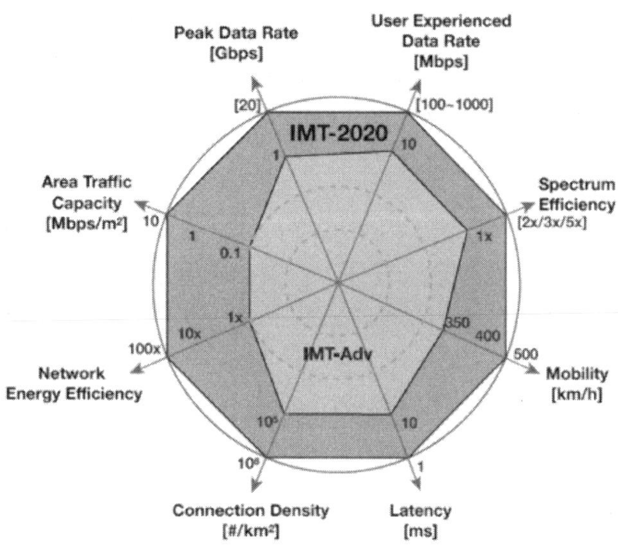

현재 국내 5G 포럼 및 글로벌 사업자 / 제조사들이 논의하고 있는 주요 요구사항은 다음과 같다.

① 4G 대비 1,000배 용량증대

② 언제, 어디서나 개인당 Gbps급의 체감속도 제공

③ 사물인터넷(IoT : Internet of Things) 시대 대규모 디바이스의 수용

이 밖에도 초연결 통신, 초실시간 처리, 가상화 네트워크 인프라, All-IT 진화 및 에너지 절감도 예상된다. 관련하여 ITU-R에서는 언급된 다양한 요구사항의 성능을 수치화하기 위한 8가지(체감전송률, 최대전송률, 이동성, 전송지연, 최대연결수, 에너지 효율, 주파수효율, 면적당용량)을 정의하였다.

4. 5G 이동통신에 의한 서비스의 변화

이러한 5G 이동통신으로의 진화로 인해 다가올 미래에는

① 초고용량 실감형 데이터 서비스
② 초실시간 처리 서비스
③ 증강현실 서비스
④ 초연결(Hyper-connectivity) 통신 서비스

가 가능할 것으로 예상된다.

구체적으로 5G 이동통신으로 서비스가 가능하게 될 것으로 예상되는 분야는 아래와 같다.

- 첫째, 5G 이동통신으로 대폭 증대된 전송속도로 인해 HD 해상도의 4배에 해당하는 4K-UHD(약 40Mbps), 16배에 해당하는 8K-UHD(약 160Mbps) 등의 초고용량 영상 콘텐츠가 보편화될 것으로 예상되며 장기적으로는 3D 영상 또는 홀로그램 서비스로 확대될 전망이다.
- 둘째, 5G에서는 네트워크의 지연시간이 수ms로 줄어들게 되면서 사용자가 생각하는 순간 반응하는 양방향 초실시간 서비스가 실현될 것으로 예상된다.
  예를 들어, 의사가 직접 찾아가기 힘든 지역에서 환자발생 시 로봇을 통해 치료하는 원격의료 서비스, 공장에서의 초정밀 자동화 시스템 및 센서, 동력전달장치, 조향장치, 브레이크장치 간의 연동이 필요한 자동주행차량 등 기기간 통신 서비스 활용도 가능할 것으로 예상된다.

[그림 2-3] 5G 이동통신 서비스의 변화

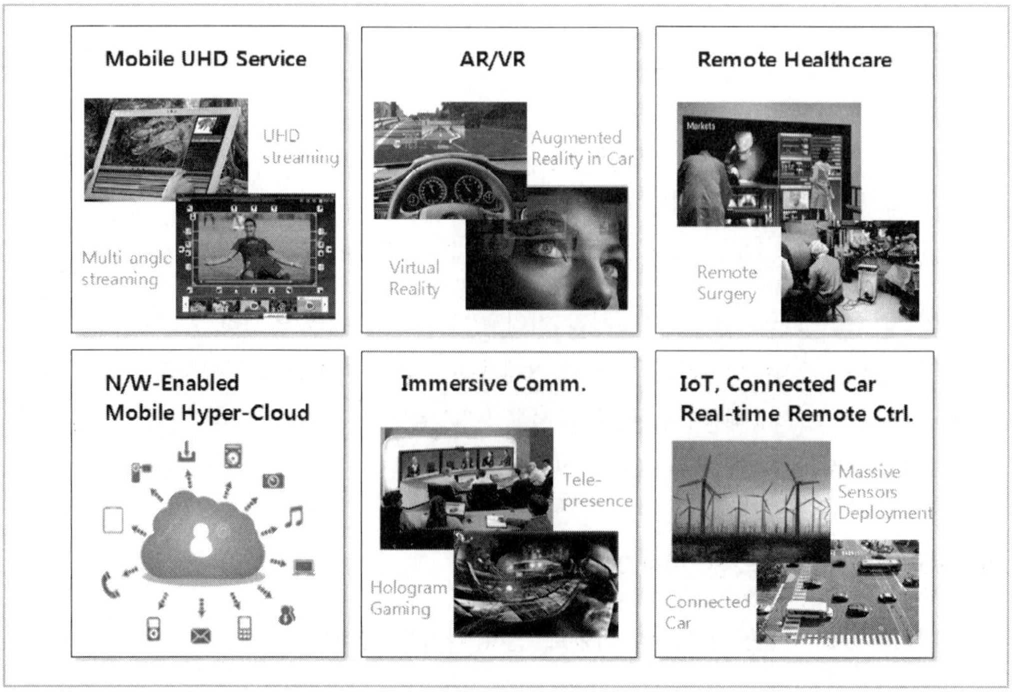

- 셋째, 대폭 증대된 전송속도와 및 초실간 처리가 모두 가능하여 원격에 위치한 실제환경을 사용자의 위치로 가져오는 Teleportation이 가능해짐으로써, 현실에 가까운 실감환경을 제공하는 AR(Augmented Reality), VR(Virtual Reality) 서비스가 가능하게 된다.
- 넷째, 5G 초연결 기술을 기반으로 IoT, Connected Car, 각종 센서 및 다양한 IoT Device에 대한 실시간 통신 및 제어 서비스가 가능하게 될 것으로 예상된다.

5. 5G 네트워크의 주요 기술

5G에서는 기존 4G 기술의 한계를 넘을 수 있는 다양한 새로운 기술들이 논의되고 있다. 5G에서 논의되고 있는 주요 기술은 크게 아래 5가지로 정리할 수 있다.

[그림 2-4] 5G의 주요 기술

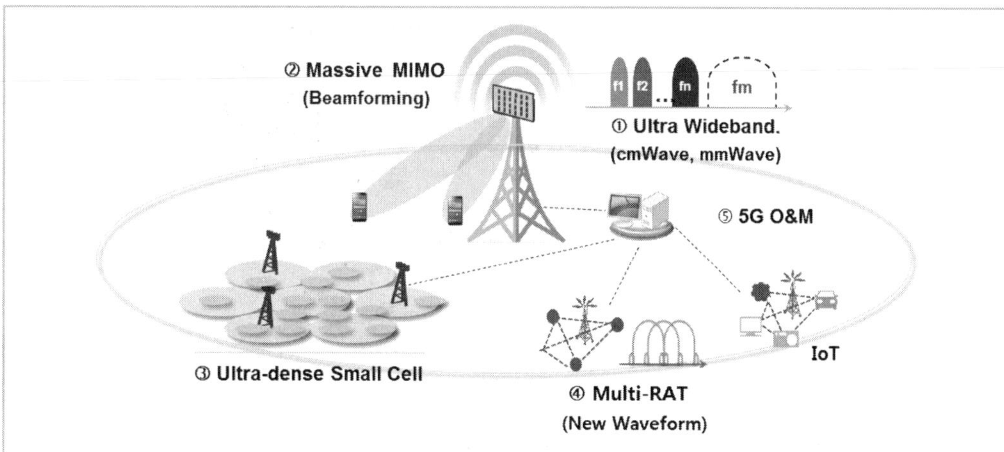

1) 초고주파 광대역폭을 활용한 초고속 데이터 전송기술

기존 이동통신은 3GHz 이하의 낮은 주파수 대역에서 수십MHz 대역폭을 이용하여 신호를 전송해야만 제한이 있었다. 하지만, 5G에서는 센티미터파(3~30GHz), 밀리미터파(30~300GHz)의 높은 주파수 대역에서 수백MHz 이상의 광대역폭을 이용하여 고속의 데이터 전송을 가능하게 된다. 이렇게 초고주파 영역에서 광대역폭으로 신호를 전송 시 기존보다 더 빠른 속도의 신호전송이 가능한 반면, 전파의 경로손실이 기존 대비 더 많이 발생하게 되는 이슈가 발생된다.

2) 대용량 다중 안테나 기술(Massive MIMO)

다수의 단말에게 별도의 용량을 갖는 신호를 안테나에서 방사되는 빔 Stream으로 분리 및 전송하여 LTE의 MIMO 기술 대비 용량증대 및 간섭개선이 가능하게 된다.

Massive MIMO 기술로 기지국에 고유용량을 갖는 신호를 여러 안테나의 빔 Stream으로 방사하더라도 실제로 수신받는 단말은 단말 크기의 제약으로 내부에 다수 안테나 구현의 어려움이 있기에 소수의 Stream만 수신이 가능하다.

이러한 문제점을 해결하기 위해 기지국에서 단말로 방사하는 안테나 빔 Stream을 개별적으로 분리해서 최적의 수신이 가능하도록 빔 패턴을 조정하고 각 빔간 간섭이 발생하지 않도록 신호를 조정하는 Beamforming 기술이 추가 적용된다.

[그림 2-5] 대용량 다중 안테나 기술

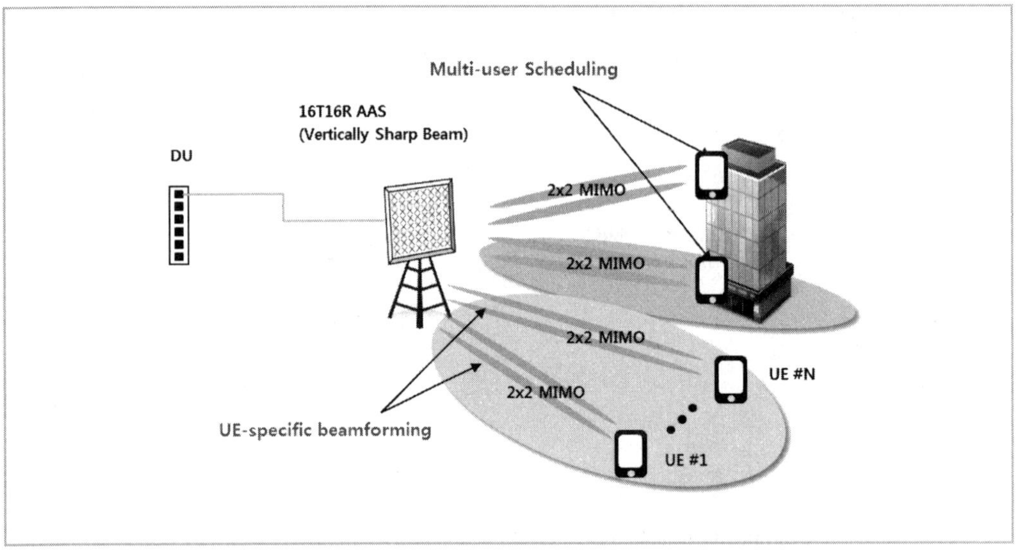

3) Small Cell 구성을 통한 네트워크 용량증대기술

기존 Macro 커버리지 영역 내에 Traffic이 대량으로 발생하는 소규모 Hot-spot이나 빌딩 내에 Pico 및 Femto와 같은 소형 기지국을 다수 설치하여 HetNet(Heterogeneous Network) 기반 네트워크 용량을 증대하는 기술이다. 기존 4G에서도 HetNet이 구성되었으나 초고주파 대역을 활용할 5G에서는 Small Cell 구성을 위한 HetNet이 더 확대될 것으로 예상된다.

이렇게 다수의 Small Cell을 동일 서비스 영역에 설치할 경우 Cell간 간섭이 더 심화될 것으로 예상되며 향후 5G에서는 이러한 Small Cell망 내에서의 간섭을 개선하는 것이 매우 중요할 것으로 예상된다.

[그림 2-6] Small Cell 용량 증대기술

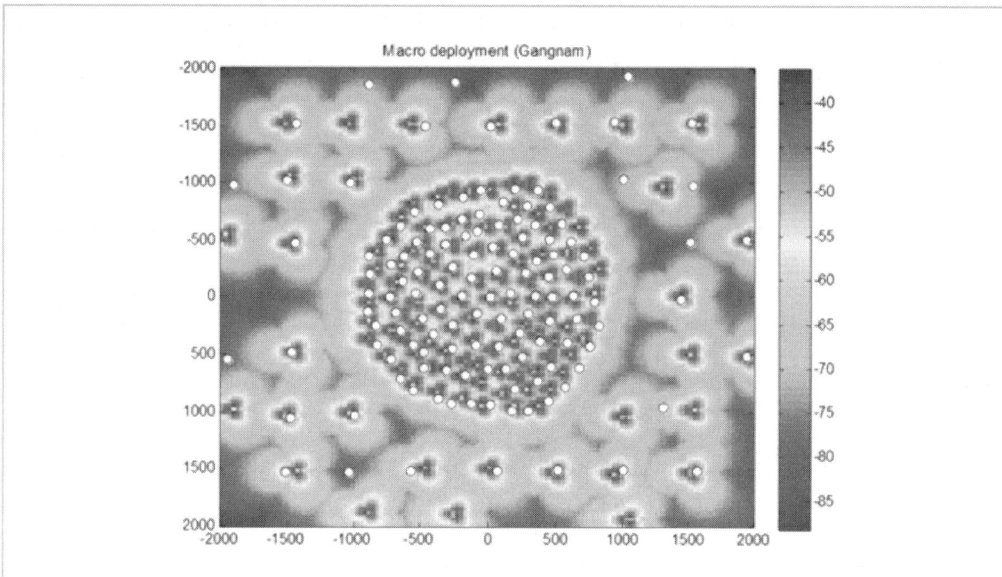

4) 혁신적인 이동통신 신호처리기술

기존 3G에서는 음성신호의 품질을 보장하기 위해 디지털 신호를 코드기반 대역확산 CDMA 방식을 사용하였고, 4G에서는 높은 전송속도 확보를 위해 상대적으로 신호대 노이즈 성능이 우수한 직교 주파수 다중화 방식(OFDMA)을 사용해왔으나, 5G에서는 더 진보한 직교 주파수 다중화 방식과 전력 및 코드 다중화 방식을 추가하는 다양한 방식의 신규 이동통신 신호처리기술(New Radio Access Technology)이 논의되고 있다.

[그림 2-7]

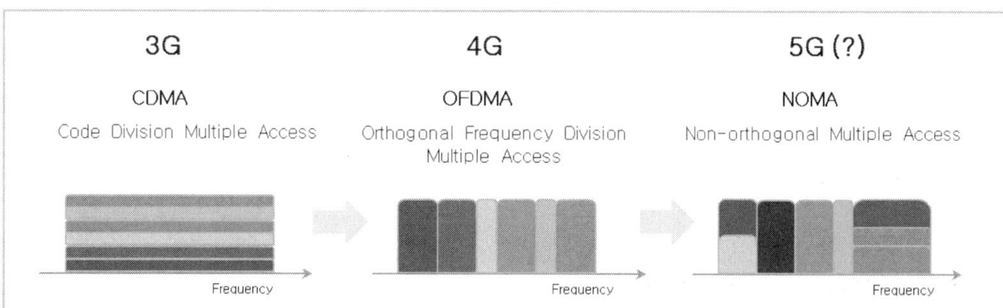

5) 5G 네트워크 운용기술

5G 네트워크 운용기술(5G Operation & Management)은 이동통신망을 구성하는 장비(기지국, RRU 등)의 운용에 필요한 주요 기능을 자동화하여 네트워크 스스로 최적의

초기 설정 및 운용, 자율적인 유지 / 보수 등을 수행하도록 만들어 진 차세대 네트워크 운용기술이다. 기존 4G 네트워크에서는 LTE 기반 자동운용기술 SON(Self Organizing Network)이 도입되었고 자동 구성(Self-configuration), 자동 최적화(Self-optimization), 자동 복구(Self-healing)를 지원하고 있다.

SON 기술을 통해 이전 세대 네트워크 대비 운용효율성은 크게 향상되었으나 장비에서 실시간 통계제공 및 처리가 어렵고, 장비 단위통계는 가능하나 가입자, 서비스 단위 통계 수집이 어렵다. 최근 SK Telecom 등 주요 사업자 및 장비 업체를 중심으로 LTE / LTE-A 네트워크에서 Big Data Analytics 등 IT 기술을 활용하여 네트워크에서 발생하는 실시간 로그나 이벤트 정보를 가입자, 서비스 단위로 분석하여 운용기술을 고도화하려는 움직임이 활발히 진행되고 있다.

향후 5G 네트워크에서는 가입자, 서비스 단위 실시간 통계제공이 가능하도록 설계되어 운용기술이 더욱 진화할 것으로 기대되고 있다. 이를 통해 전체 네트워크 품질 향상 및 네트워크 운용 비용절감이 가능할 것으로 예상되고 있다.

[그림 2-8] LTE 이동통신망 구성

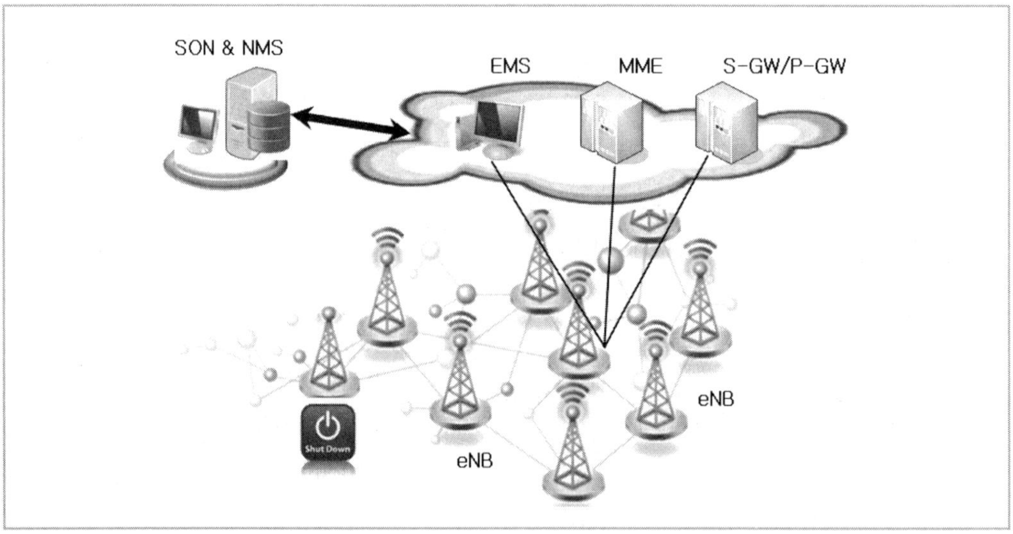

6. 5G 네트워크 구조의 혁신

만약 도로를 사용하는 자동차의 양이 폭증하고 제한속도 또한 매우 높아진다면, 지금 우리가 사용하고 있는 교통 인프라는 더 이상 변화된 환경에 적합하지 않을 것이다. 이와 마찬가지로, 네트워크 내 트래픽의 양과 전송속도가 지금보다 수백배 또는 수천배로 늘어난다면, 현재의 네트워크 인프라 역시 변화된 환경에 더 이상 적합하지 않을 것이며, 변화에 최적화되어 혁신적으로 진화해야 할 것이다.

5G시대에는 사용자, 트래픽 및 전송속도가 폭증하는 등 많은 변화가 예상된다. 이러한 환경변화에 최적화되기 위하여, 현재 4G 네트워크가 혁신적으로 진화되어야 할 영역은 크게 아래 3가지 영역으로 정리할 수 있다.

[그림 2-9] 네트워크 운용기술 진화 방향

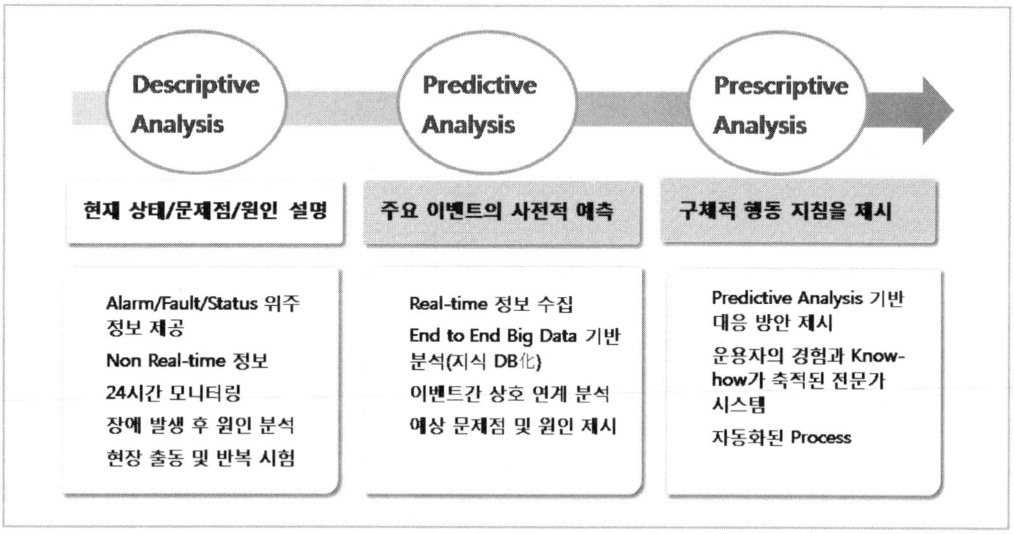

1) Flat 네트워크 구조

교통 인프라를 설계할 때 인프라의 구조적인 이유로 생기는 병목구간을 최소화해야 한다. 마찬가지로, 현재 계층적인(Hierarchical) 구조를 가진 4G 네트워크는 트래픽이 상위 한 구간으로 모여서 병목현상이 생길 수 밖에 없는 구조로 되어 있기 때문에, 폭증하는 데이터를 효율적으로 분산되어 트래픽을 전달할 수 있는 Flat한 네트워크 구조로 진화해야 한다. 이러한 Flat 네트워크는 결과적으로 데이터가 네트워크에 머무는 시간을 줄여주기 때문에 짧은 응답을 요구하는 서비스(예 Tactile Internet 서비스 등)에 더 적합하다.

2) S/W의 가상화 및 모듈화

교통 인프라에 설치되어 각종 서비스 및 전반적인 인프라 운영에 사용되는 톨게이트, 카메라, 교통정보 수집장치들과 같은 장비들은 도로와 일체화 되어 설치되고 운영된다.

만약 환경이 변하여 장비가 교체, 업그레이드 또는 다른 곳으로 옮겨져야 한다면 적지 않은 교환, 업그레이드, 철거 또는 재설치비용이 발생하게 된다. 5G 환경에서는 새로운 네트워크 기능 및 서비스들의 등장 및 통신 패러다임의 변화 등 다양한 환경변화가 발생될 것이라 예상된다.

이에 따라, 기존 H/W에서 S/W기능만을 분리하여 신속, 유연 및 비용이 효율적인 네트워크 기능의 설치, 업데이트, 철거, 재설치를 가능하게 해주는 네트워크 기능(Network Function)의 가상화가 진행될 것이며, 가상화된 S/W 내 세부기능들을 모듈화 (Modularization)하여 하나의 S/W 내에서조차 필요한 세부기능만을 선택하여 사용할 수 있게 될 것이다.

네트워크 기능의 가상화(Virtualization) 및 모듈화는 전반적인 S/W 및 세부기능들을 동적인 수요에 따라 시간, 장소, 그리고 상황에 맞게 비용이 효율적이고 유연하게 사용하는 것을 가능하게 할 것이다.

[그림 2-10] 현재 이동통신망 구조

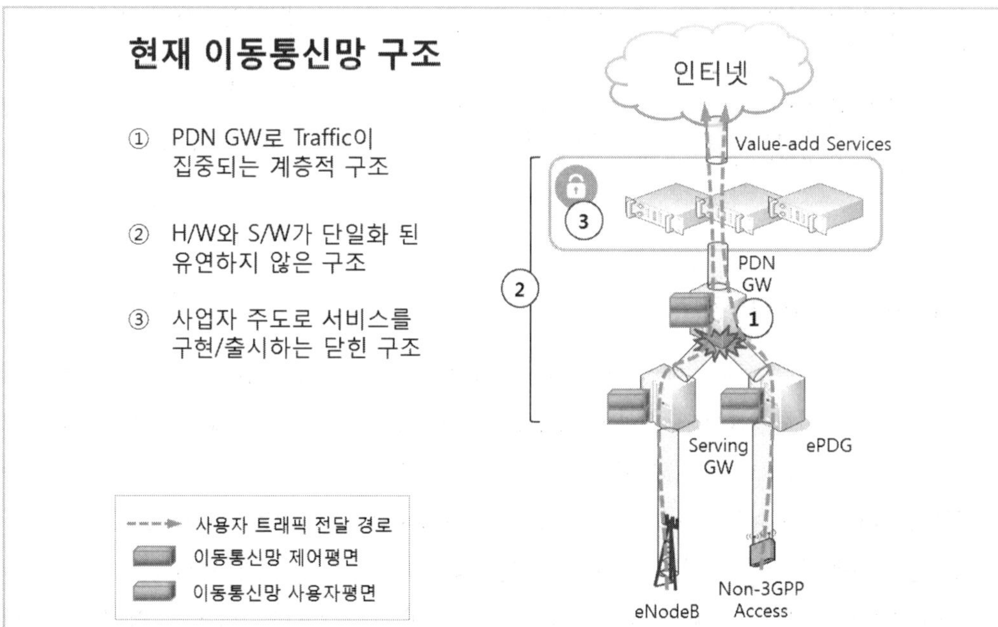

3) 개방형 네트워크로의 진화

교통 인프라의 장비 및 서비스는 대체적으로 교통 인프라 관리자에 의해 제안, 설치 및 운영된다. 유사하게, 네트워크 기능 및 서비스들 또한 네트워크 운영자에 의해 제안, 설치 및 운영되어 왔다. 이러한 운영방식은 보다 보수적이고 보안이 강화된 운영이라는 장점이 있는 반면, 다양한 Industry의 필요성에 의해 빠르게 생겨나는 혁신적인(Innovative) 서비스들을 네트워크에 도입하고 지원하는 부분에 있어서는 걸림돌이 되었다.

하지만, 가상화를 통한 네트워크 분리 및 보안기능들이 강화되면서 제3자(예 Over-The-Top) 서비스 제공자에 대해 네트워크를 점진적으로 개방(Open)하므로 인해 새롭고 혁신적인 서비스의 도입을 촉진하고 동시에 서비스의 품질을 향상시킬 수 있게 된다.

[그림 2-11] 네트워크 구조 진화 방향

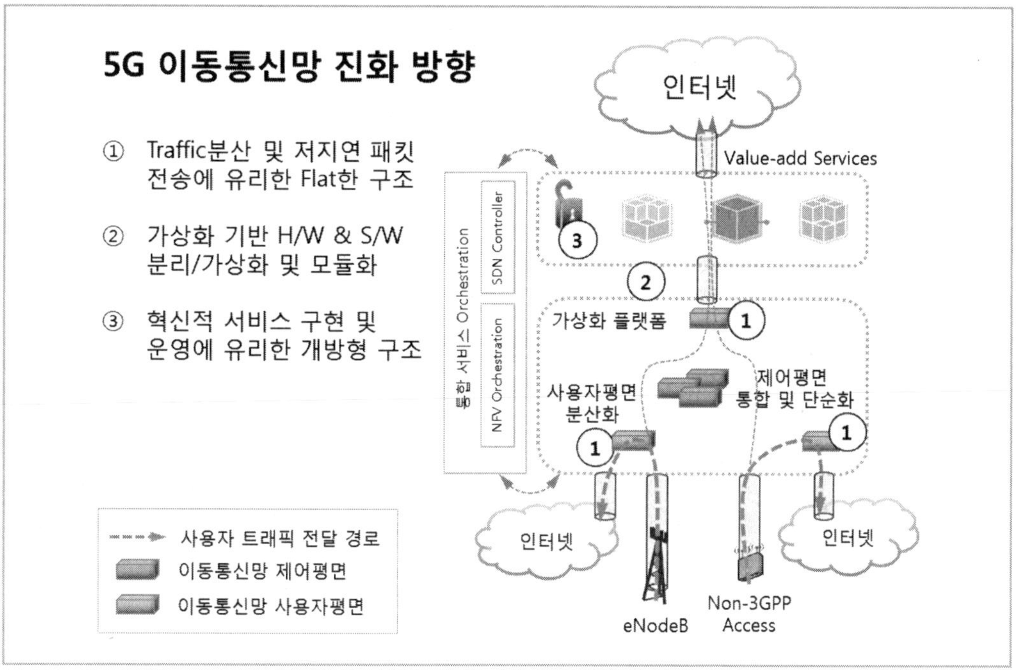

2-3 스마트 디바이스 연동 : IoT Connectivity

1. 사물인터넷의 의미

사물인터넷의 사전적 의미는 '사물(Things)이 통신의 주체로 참여하여 기기(Machine)가 능동적으로 인간을 지원하는 서비스를 창출하는 기술'이다.

즉, 인터넷을 기반으로 모든 사물을 연결하여 사람과 사물, 사물과 사물, 사물과 시스템 간의 정보를 상호 소통하는 지능형 기술 및 서비스 등을 사물인터넷이라고 한다.

사물인터넷이란 사물에 센서와 통신 모듈을 부착하여 실시간 데이터를 인터넷으로 주고받을 수 있도록 하여 사물이 서로 알아서 정보를 주고받으며 대화를 나누게 되는 것으로 의미한다. 사물이 인터넷 및 다른 기기와 연결되면서 다음과 같은 항목의 범위와 실시간성이 대폭 확대되었다.

① 정보수집(Sensing)

② 수집정보전달(Data Transferring)

③ 정보축적(Data Storing)

④ 정보융합 및 신규 정보생성(Data Convergence & New Data Generation)

[그림 2-12] 사물끼리 인터넷의 프로세스

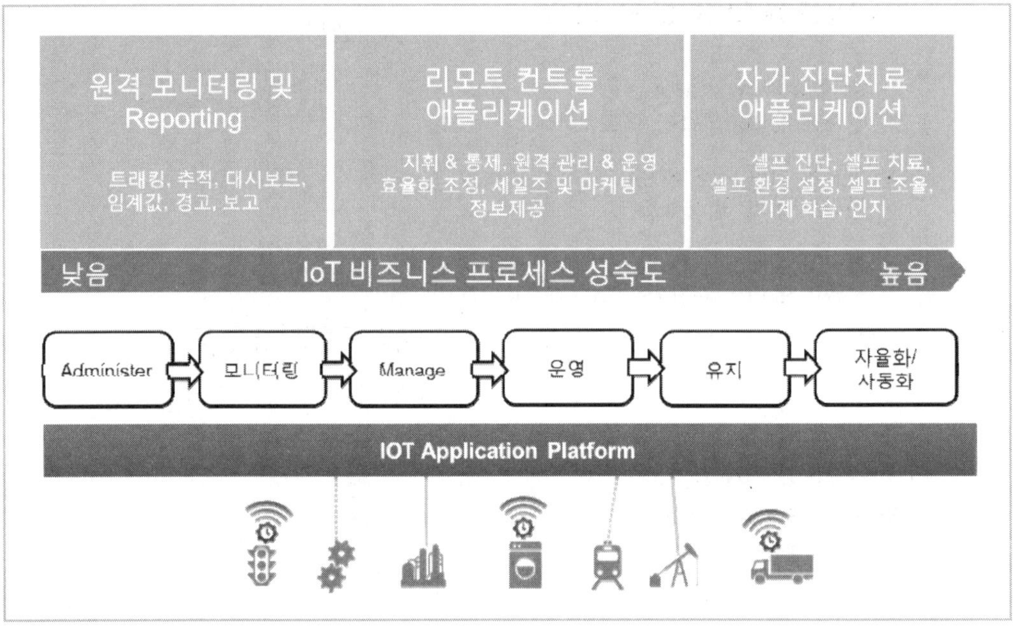

출처 : 홍난희 PLM Best Practice conference 2014.)

그 결과 원격 자동 모니터링, 보고(트래킹, 추적, 대시보드, 임계값, 경고, 보고 등) 및 측정, 자동 프로세싱 및 제어, 리모트 컨트롤 애플리케이션(지휘와 통제, 원격관리 및 운영효율화 조정, 세일즈 및 마케팅 정보제공 등), 자기 진단치료 애플리케이션(셀프 진단, 셀프 치료, 셀프 환경설정, 셀프 조율, 기계학습, 인지 등) 등 기기의 능동성이 비약적으로 신장되고 있다.

2. 사물인터넷의 기술적인 탄생

1) 센서 기술(Sensor Technology)

단순히 온도, 습도, 열, 가스, 조도, 위치, 모션 등 독립적인 정보를 생산해 내는 센서가 아닌, 프로세서가 내장되어 스스로 판단하고 정보를 처리할 수 있는 스마트 센서들이 등장하고 있다.

2) 유무선 통신 및 네트워크 인프라 기술(Wired & Wireless Telecommunication and Network Infra Technology)

① 통신 모듈의 기기 탑재의 획기적인 확장

② 네트워크 기술표준 정착, 대역폭 확대, 대용량 데이터 통신비용 하락 등으로 과거에 있었던 가격, 연결속도, 호환성, 연결 복잡성 등의 문제가 해결되었다.

③ 실험 수준에만 있던 홈네트워킹, 스마트 유통 등 사물인터넷 영역으로 본격적인 상업화가 진행되고 있다.

3) IoT 서비스 인터페이스 기술(Interface Technology for IoT Service)

① 서비스 인터페이스 기술의 비약적인 발전

② 다양한 형태의 스마트 기기(예 Wearable)가 등장하면서 사물간의 정보를 최적으로 저장, 처리 및 검색하도록 하고 서비스 목적별로 직관적이고 편리하게 사용하기 위해서 서비스 인터페이스 기술을 발전시키고 있다.

4) 배터리 기술(Battery Technology)

① 배터리 소형화 및 용량의 비약적 발전

② 사물이 센싱, 통신 및 연산을 하기 위해 필수적인 배터리의 효율성, 작업시간, 크기, 형태, 원가 등이 크게 개선되었다.

3. 사물인터넷의 용어 탄생

사물인터넷의 용어인 Internet of Things는 1999년 매사추세츠공과대학(MIT)의 케빈 애시턴(Kevin Ashton)이 Procter & Gamble(P & G)에서 RFID를 활용한 Supply Chain 관리업무담당 시 처음 언급하여 사용하기 시작하였다. 이후 그는 MIT의 RFID 연구 컨소시엄에 참여하고 오토 아이디 센터(Auto-ID Center) 소장으로 취임하여 지속적으로 사물인터넷에 대한 연구를 수행해오고 있다.

향후 RFID(전자태그)와 기타 센서를 일상생활에 사용하는 사물에 탑재한 사물인터넷이 구축될 것이라고 전망하면서 처음 사용한 것으로 알려져 있으며, 이후 관련 시장의 분석자료 등에 사용되면서 대중화되었다.

당시에도 센서나 칩을 내장한 일상용품(Everyday Objects)이 정보를 주고받는다는 개념은 10여 년 전부터 존재했으며, 해당 개념은 '유비쿼터스 컴퓨팅(Ubiquitous Computing)' 또는 '퍼베이시브 컴퓨팅(Pervasive Computing)'과 같은 용어로 표현되었다. 다만, 사물인터넷 개념은 냉장고에서 자동차에 이르는 일상용품들이 인터넷과 연결되어 각 기기 간에 또는 주변 환경과 자율적으로 정보를 주고받는다는 점에서 새롭다고 할 수 있다.

4. 사물인터넷 시대

초고속 이동통신, 고감도 센서, 빅데이터 처리 등 3대 핵심 기술의 발전과 저가격화로 사물인터넷 시대가 가시화되기 시작하였다. 국내에서도 클라우드, 빅데이터, 모바일과 함께 초연결 네트워크 산업의 플랫폼으로 발전시킬 원동력으로서의 ICBM(IoT, Cloud, Bigdata, Mobile) 기술로 통칭되고 있다.

IoT 기술은 가트너(Gartner)가 선정하는 주요 10대 전략기술에도 꾸준히 거론되고 있으며, 기존의 사물지능통신(M2M : Machine to Machine)서비스 기술과 함께 성장하고 있고, 근래에는 IoT의 경우 시장의 주류로 자리잡는 성숙기에 접어들기까지는 10년 이상의 시간이 소요될 것으로 예측하고 있다.

[그림 2-13] 사물끼리 인터넷으로 연결되어 정보를 주고받는 사물인터넷 시대

출처 : 산업통상자원부 블로그(blog.daum.net / mocie / 15613321)

5. 사물인터넷의 정의

2005년 11월 ITU 보고서 제목에 사물인터넷이 사용되면서 차츰 공식 용어로서 자리매김하기 시작하였으며, 2012년 ITU-T Y.2060(Y.IoT-overview) 표준문서에서 사물인

터넷의 정의를 기술하였다.

ITU는 사물인터넷(IoT : Internet of Things)이란 “지능화된 사물들이 연결되어 형성되는 네트워크상에서 사람과 사물(물리 또는 가상), 사물과 사물 간에 상호 소통하고 상황인식 기반의 지식이 결합되어 지능적인 서비스를 제공하는 글로벌 인프라”로 정의하고 있다.

사물지능통신(M2M : Machine to Machine), 만물인터넷(IoE : Internet of Everything) 등의 용어도 사물인터넷과 같이 사용되고 있으나 유사한 개념으로 받아들여지고 있다.

사물인터넷은 사물과 사물이 인터넷으로 대화(통신)를 나눈다는 의미이다. 기존의 유선통신을 기반으로 한 인터넷이나 모바일 인터넷보다 진화된 단계로 인터넷에 연결된 기기가 사람의 개입 없이 상호간에 알아서 정보를 주고받아 처리한다.

사물이 인간에 의존하지 않고 통신을 주고받는 점에서 기존의 유비쿼터스나 M2M, NFC 등의 기존 기술개념과 비슷하기도 하지만, 통신장비와 사람과의 통신을 주목적으로 하는 M2M의 개념을 인터넷으로 확장하고 지능(intelligence)을 더하고 사물은 물론이고 현실과 가상세계의 모든 정보와 상호작용하는 개념으로 진화한 단계라고 할 수 있다.

기술적인 용어를 사용하여 사물인터넷에 대한 정의를 CASAGRAS(Coordination And Support Action for Global RFID-related Activities and Standardization)와 CERP(Cluster of European Research Projects)을 통하여 재구성하면 다음과 같다.

“데이터 캡쳐 및 통신기능의 가용성을 활용해 물리적 객체 및 가상객체를 연결하는 글로벌 네트워크 인프라이다. 이 인프라는 기존의 발전하고 있는 인터넷과 네트워크 인프라를 포함한다. 그것은 독립적인 협력 서비스 및 응용 프로그램 개발을 위한 기초로 특정 개체식별, 센서 및 연결기능을 제공하며 자율적인 데이터 캡쳐, 이벤트 전송, 네트워크 연결 및 높은 수준의 상호운용성을 특징으로 한다.”

“사물인터넷(IoT)은 미래 인터넷의 통합 부분이며 물리적 또는 가상의 식별자를 가진 표준 및 상호운용 통신 프로토콜, 물리적 형태와 지능, 자동 구성 기능과 역동적인 글로벌 네트워크 인프라로 정의될 수 있다. 지능형 인터페이스를 사용하고 원활하게 정보 네트워크에 통합되며 자율적으로 반응하면서 사물이 환경에 대해 ‘감지’ 데이터와 정보를 교환하여 서로와 환경과의 상호작용을 통한 의사소통이 활성화 되고, 정보, 사회적 과정에 적극적으로 참여될 것으로 예상되는 것을 말한다.”

사물인터넷(IoT)은 물리적, 논리적으로 사물 또는 객체와 객체간의 통신이 네트워크를 구성되어 기존의 인터넷과 같은 통신망으로 확장하여 지능(Intelligence)형 인터페이스를 가지고 능동적으로 상호작용하는 기술을 총칭하는 것으로 이해할 수 있다.

[그림 2-14] 사물끼리 인터넷

출처 : http://en.wikipedia.org / wiki / Internet_of_Things#mediaviewer / File:Internet_of_Things.jpg

현재는 단순히 사물을 통신에 연결하고 표시하고 제어하지만 점점 사물이 서로 통신하고 지능형 인터페이스를 갖게 되면 사물은 기존 자신의 특성에서 새로운 성질을 갖게 된다. 그 새롭게 얻은 특성이나 성질은 좀 더 편리함과 미래를 예측하거나 예측하지 못했던 유용함을 주게 된다. 물론 개인 프라이버시와 보안문제의 발생 등과 같은 역기능도 발생하게 된다.

여러 표준화기구별로 사물 간의 통신을 정의하는 용어는 [그림 2-15]에 보인 바와 같이 M2M, MTC, MOC와 같이 다양한 형대로 사용되며 IoT 용어로 발전되었다.

[그림 2-15] 사물인터넷의 발전

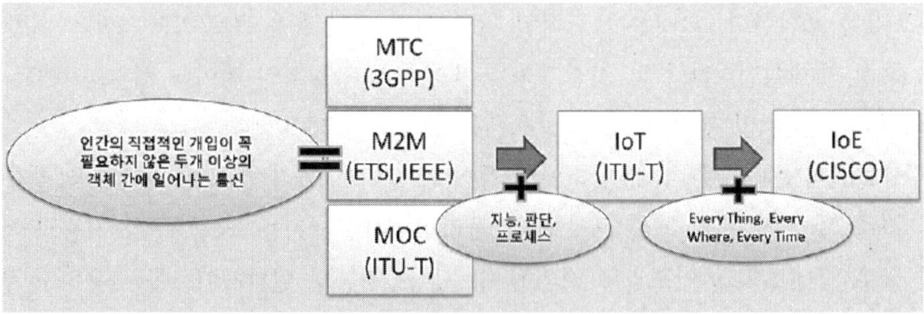

출처 : 산업통상자원부, 사물인터넷을 활용한 제조업 경쟁력 강화방안 연구(2014.10.)

M2M, MTC, MOC는 인간의 직접적인 개입이 꼭 필요하지 않은 두 개 이상의 객체 간에 일어나는 통신으로 정의되었고, M2M, MTC, MOC 정의에서 사물이 수집한 정보를 통해 스스로 판단하고 처리하는 기술로 발전되며 IoT라는 용어로 확장이 되지만 이들을 구분하지 않고 쓰는 경우가 많으나, 기술이 성숙해지고 표준화되면서 IoT라는 용어로 통합되고 있다.

시스코에서는 IoT 개념을 확장하여 모든 사물이 연결되어 모든 장소, 모든 시간에 사물인터넷이 구현된다는 개념으로 IoE(Internet of Everything, 만물인터넷)라는 용어를 사용하고 있다. 이렇게 기존의 용어와 IoT의 다양한 정의를 분석하여 단어들의 공통점과 차이점을 나타내면 [그림 2-16]과 같다.

[그림 2-16] 사물인터넷 정의의 공통점과 차이점 분석

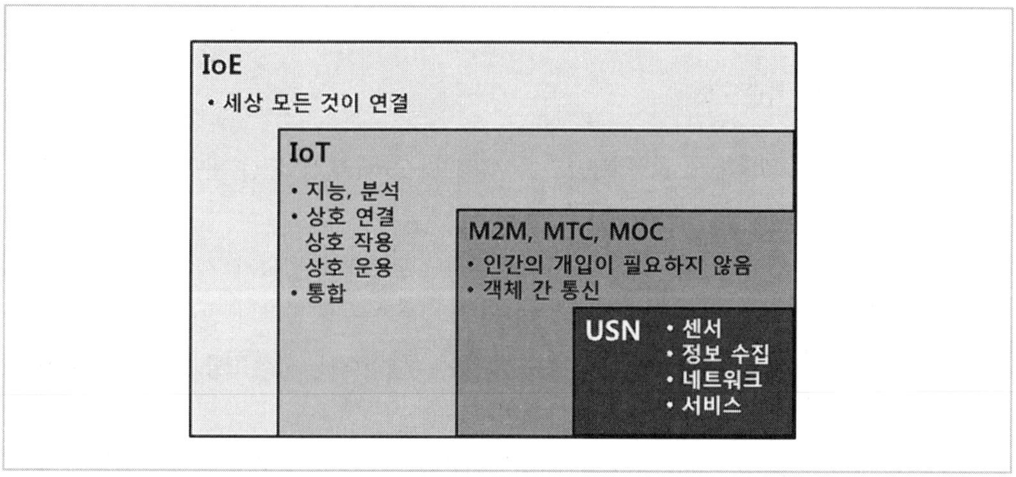

출처 : 산업통상자원부, 사물인터넷을 활용한 제조업 경쟁력 강화방안 연구(2014.10.)

〈표 2-1〉 IERC의 사물인터넷의 주요 기술 이슈

구 분	주요 이슈
식별기술	사물의 식별 ID, 네트워크 주소 등에 대한 체계 및 융합
서비스 아키텍처링	엑스트 라벳을 포함한 글로벌 스케일 서비스 구조
IoT 아키텍처	암호화 인증, 위치인식, 에너지관리
인프라 기술	크로스 도메인간 통합 및 관리기술
응용기술	데이터 서비스를 위한 Open API 기술
서비스 기술	IoT-aware Process 모델링 및 실행, QoS
통신기술	Longer range, 상호호환성, 저전력 프로토콜
네트워크 기술	Grid, 클라우드, 애드혹, 하이브리드, 메시 등
S/W 및 알고리즘	자가 제어/관리, 마이크로OS, 상황인지, 확장성 등
하드웨어	초전력 칩/센서, 초박막디스플레이, 안테나 등
데이터 및 신호처리	센서온트로지, 자동 컴퓨팅, 인지 컴퓨팅
검색기술	스케일러블 검색, IoT 브라우저
에너지 기술	Printed Batteries, Photovoltaic Cells, 무선전력
보안기술	Cognitive Security, 자기관리적 보안, Localized Security
Societal 측면기술	Ambient Computing 스마트 어시스턴스
소재기술	카본 나노튜브, 컨덕티브 플리머, 전도성 잉크 등

그리고 사물인터넷은 보급 및 확산에 따라 다양한 기술목록들이 늘어날 것으로 예상된다. 아직까지 사물인터넷의 주요 기술들은 저전력성과 고효율성, 고속성, 단순성, 최소성, 편의성 등을 제공할 목적으로 진화하고 있으나, 향후 2020년에는 아키텍처(architecture)와 바이오 안테나(bio-antenna), 바이오 배터리(bio battery), 상황인지적 해결, 자가관리, 자가제어 등 자율 프로세싱 기술에 초점이 맞추어질 것으로 예상하고 있다.

6. 사물인터넷의 기술요소

사물인터넷을 구현하기 위한 기술로는 센싱 기술, 유무선 통신 및 네트워크 인프라 기술, 서비스 제공기술, 보안기술이 있다.

센싱 기술은 센서로부터 정보를 수집 · 처리 · 관리하고 정보가 서비스로 구현되기 위한 인터페이스 구현을 지원하며, 사물인터넷 서비스를 지원하기 위해서는 유무선 통신 및 네트워크 인프라 기술이 필요하다. 또한 사물인터넷 서비스를 사용자에게 제공하기 위해서는 다양한 서비스 제공기술이 필요하다.

마지막으로 사물인터넷을 구현하는 유무선 네트워크, 센서 등을 통해 수집 · 생성 · 공유되는 데이터를 보호하여 서비스를 신뢰성 있고 안전하게 제공하는 보안기술이 요구된다. 보다 자세한 사물인터넷의 기술분야는 〈표 2-2〉에 자세히 기술하였다.

〈표 2-2〉 사물인터넷의 기술분야

구분	센싱 기술	유무선 통신 및 네트워크 인프라 기술	서비스 제공기술	보안기술
역할	• 센서로부터 정보의 수집/처리/관리 • 정보가 서비스로 구현되기 위한 인터페이스 구현 지원	네트워크 종단간(end-to-end) 연결을 지원	인간-사물-서비스 간에 특정기능을 수행하는 응용서비스와 연동	사물인터넷 구성요소에 대한 해킹 및 정보 유출방지
포함 기술	터치/가속도/자이로/지자기/중력/광도/조도/근접 등의 센서	WPAN, Wi-Fi, 3G/4G/LTE, 블루투스, Ethernet, BcN, 위성통신, Microwave, 시리얼 통신, PLC 등	정보의 가공 / 추출 / 처리, 저장, 판단, 상황인식, 인지, 시맨틱, 가상화, 위치확인, 데이터 마이닝, 웹 서비스 등	• 통신 / 네트워크 보안 기술(CoAP, MQTT 보안 등) • Open API 보안 기술(OAuth 등) • 플랫폼 보안 • 서비스 보안기술 • 인증 / 인가 • Anomaly Detection

출처 : 한국정보화진흥원(2013.)에서 내용 발췌 및 재구성

2-4 클라우드와 빅데이터 활용

1. 클라우드

1) 클라우드 컴퓨팅(Cloud Computing) 정의

여러 대의 물리서버를 하나의 가상서버(클라우드)로 통합하고 만들어진 클라우드에 필요한 만큼의 성능을 갖는 필요한 수 만큼의 가상의 컴퓨터를 만들어서 사용하는 방식이다.

요즘은 개인뿐 만아니라 기업에서도 클라우드를 많이 사용하고 있다. 클라우드는 일시적으로 보관되는 컴퓨터 환경을 뜻한다. 즉 이용자의 모든 정보를 인터넷상의 서버에 저장하고, 이 정보를 각종 IT 기기를 통하여 언제 어디서든 이용할 수 있는 개념이다.

클라우드로 표현되는 인터넷상의 서버에서 데이터를 저장, 처리, 네트워크, 콘텐츠 사용 등 IT 관련 서비스를 한 번에 제공하는 혁신적인 기술이라고 할 수 있다. 이렇기 때문에 최근에는 기업에서 클라우드 서비스를 이용하는 경우가 증가하고 있다.

[그림 2-17] 클라우딩 컴퓨터의 구조

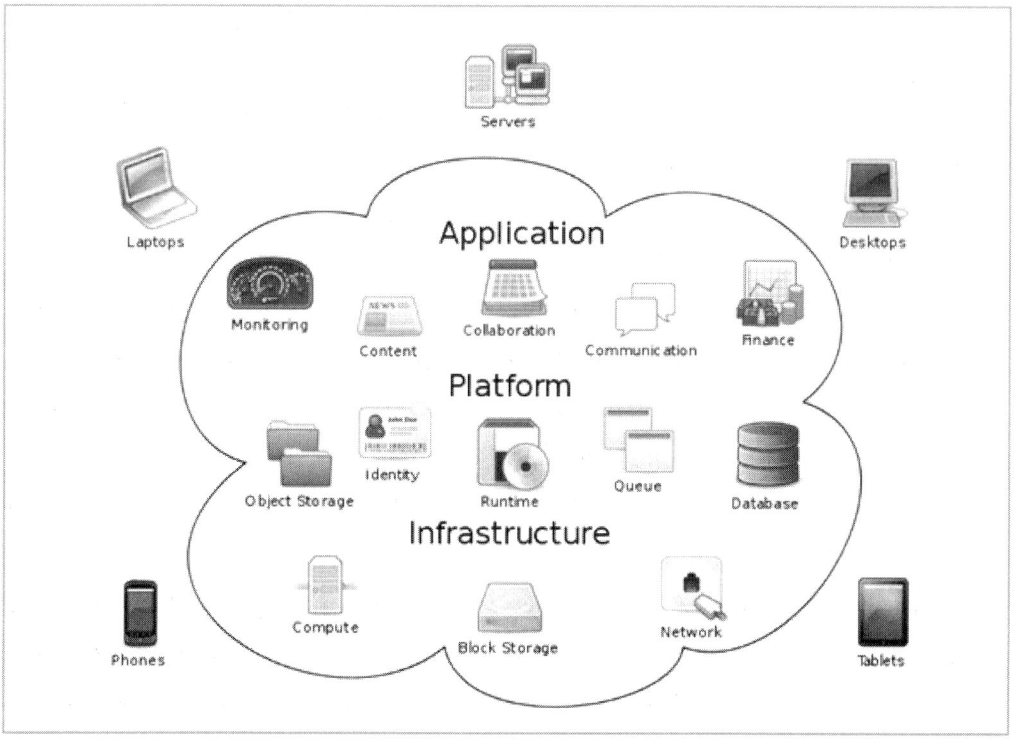

2) 클라우드 컴퓨팅(Cloud Computing) 종류

(1) 서버 가상화(Server Virtualization)

실제 운영되는 여러 서버를 하나의 가상서버로 통합 즉각적인 비용절감 효과가 있다. 2010년 기준 신규 도입되는 서버의 80% 이상이 가상 서버로 운영되고 있다.

(2) 데스크탑 가상화(Desktop Virtualization)

실제 사용되는 컴퓨터를 없애고 여러 네트워크 단말기를 통해 가상의 PC 환경을 불러다 사용하는 방식으로 초기투자비용은 많이 들지만 투자 대비 이익(ROI : Return of Investment)가 높기에 지속적인 환경에 점차 도입되고 있다. 즉, 내 컴퓨터는 그냥 단말기 개념이라 보면 된다. 내 컴퓨터 단말기을 이용해 서버에 접속해 서버에 깔려 있는 각종 프로그램 오피스나 윈도우 기타 프로그램을 원격으로 이용한다고 보면 된다.

3) 클라우드 컴퓨팅(Cloud Computing) 분류

(1) 제공형태에 따른 분류

가. IaaS(Infrastructure as a Service)

IaaS는 서버, 스토리지, 네트워크를 가상화 환경으로 만들어 필요에 따라 인프라 자원을 사용할 수 있게 서비스를 제공하는 형태이다.

인프라 스트럭쳐 레벨을 제공하는 서비스를 의미하며, OS부터 상위의 모든 플랫폼이나 애플리케이션을 사용자가 직접 올릴 수 있다. 클라우드 서비스 제공자는 관리부담이 적어진다. 가상 호스팅(Virtual Hosting) 서비스와 일부 유사하나, 클라우드 서비스는 Elastic 서비스 확장 관점에서 차이가 있다 .

일반적으로, 매우 적은 수의 OS만 일반적으로 제공된다(일반적으로 일부 Linux 배포판과 Windows Server만 제공). 고객은 여전히 직접 OS와 애플리케이션을 직접 관리해야 한다. 유료 OS나 유료 DBMS에 대한 라이선스 비용은 고객부담일 수 있다(RHEL, Windows Server나 MSSQL 또는 Oracle). 관리 측면에서 개발자와 인프라 관리자의 역할이 부담될 수 있다. 인프라 관리자는 여전히 OS 및 OS 상부 전반적 보안에 대한 책임을 가질 수 있다 .

Amazon EC2(Amazon Elastic Compute Cloud) 서비스가 사용하는 방식이며 SKT나 KT, LGU+와 같은 국내 이동통신사가 제공하는 클라우드 서비스는 현재, 초기의 IaaS 모델을 제공하고 있으며 국내 서비스는 빠른 속도로 발전한다. 서비스사가 제공하는 형태로 VM을 이용(구축)할 경우 모니터링이나 프로비저닝 등도 손쉽게 구현 가능하다.

나. PaaS(Platform as a Service)

PaaS는 SaaS의 개념을 개발 플랫폼에도 확장한 방식으로 개발을 위한 플랫폼 구축을 할 필요 없이 필요한 개발요소들을 웹에서 쉽게 빌려쓸 수 있게 하는 모델이다. 구글이나 네이버, 다음 등에서 제공하는 OPEN API들이 PaaS의 일종이며, 구글의 '앱 엔진'이나 Bungee Labs의 '번지커넥트' 등은 직접 온라인 서비스를 개발에서 배포, 관리까지 가능한 플랫폼을 제공하고 있다.

개발자가 애플리케이션을 개발, 서비스하기 위해 사용가능한 서비스와 기능들이 제공되는 클라우드 서비스를 의미한다. 특히, 이미 구축 후 제공되는 인프라가 존재하기에 개발자는 상위의 플랫폼에서 빠르게 애플리케이션을 개발 및 서비스 가능한 특징이 있다.

네트워크 연결 인프라부터 애플리케이션 실행을 위한 런타임까지 제공되며, 사용자는 애플리케이션과 데이터만 관리한다.

마이크로소프트 Azure Platform과 세일즈포스닷컴이 제공하는 Force.com(세일즈포스닷컴의 Salesforces - SaaS와 다른 서비스이다)이 PaaS의 대표적인 서비스이다.

PaaS는 개발자와 개발사에게 인프라나 OS, 플랫폼 관리에 대한 부담을 거의 대부분 경감시킨다. 하지만, 경험적으로 볼 때 모든 부담을 없애지는 않는다 .

PaaS 애플리케이션 서비스를 위해 대부분의 경우 비즈니스 모델과 비즈니스 로직이 추가되어야 한다. 가장 이상적인 애플리케이션 플랫폼 관점의 클라우드 모델로 업계에 받아들여지고 있다.

다. SaaS(Software as Service)

SaaS는 소프트웨어 및 관련 데이터는 중앙에 호스팅되고 사용자는 웹 브라우저 등의 클라이언트를 통해 접속하는 형태의 소프트웨어 전달 모델이다. 기존의 ASP를 확장한 개념으로 차세대 ASP로 볼 수 있다. SaaS와 ASP는 차이점이 있다.

SaaS는 전자상거래 관점의 사업적인 반면에 ASP는 전산 외주(아웃소싱)의 Coasian Economics에 기초한다. SaaS는 불특정 다수를 대상으로 전산서비스의 제공에 중점을 두어 확장성과 고객요구사항 커스터마이즈에 중점을 둔다. SaaS는 ASP의 1989년 코닥의 전산외주의 시작과는 달리 고객의 가치창조 및 고객요구를 맞추는데 초점이 맞추어져 있다.

최근의 성공사례로 고객관계관리(CRM)영역의 CRMKorea, Salesforce.com, RightNow 등의 사례와 오래전부터 해왔던 회계쪽 분야가 있다. 소프트웨어를 구입하여 사용하는 개념에서 빌려 사용하는 렌트의 개념은 점점 더 확산되고 중소기업뿐만 아니라 대기업에서도 적극적인 도입을 검토 중이며 많이 사용되고 있다.

[그림 2-18] 클라우팅 컴퓨팅의 종류

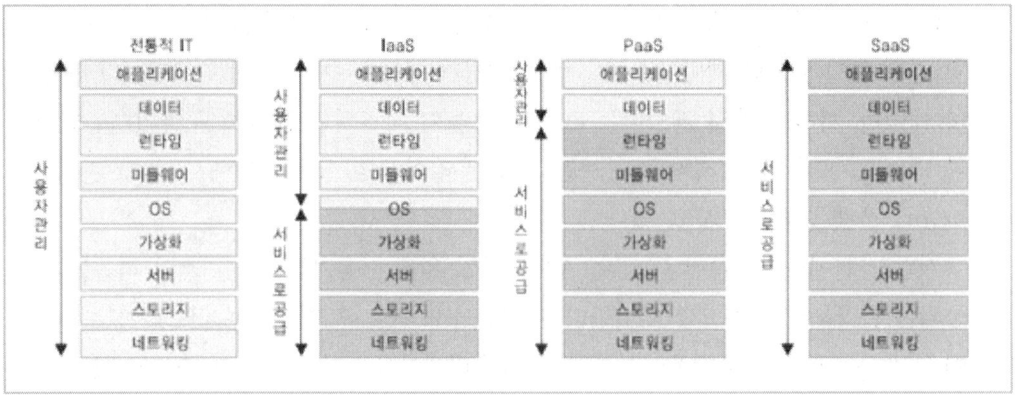

(2) 사용방식에 따른 분류

가. 사설 클라우드

사설 클라우드(Private Cloud)는 네트워크 소유자나 데이터 센터에서 가상화의 서비스와 같이 서버, 저장, 네트워크 데이터 그리고 애플리케이션 함께 묶어 둔다. 그래서 회사 내부의 이용자들이 공유할 수 있도록 하는 것이다.

공용 클라우드와 달리, 사설 클라우드는 데이터 저장과 컴퓨팅 전력을 할당할 수 있고, 또 다른 자원을 균일하게 제공할 수 있다. 재무제표와 헬스케어 제공자들은 사설 클라우드를 더 많이 이용하는데 그 이유는 민감한 재무적 자료와 개인적 데이터를 조정해야 하기 때문이다. 국내 사설 클라우드는 솔루션으로 틸론의 Astation과 Dstation 제품이 대표적이다.

나. 공용 클라우드

공용 클라우드(Public Cloud)는 아마존 웹 서비스와 같은 외부 서비스 제공자가 관리하며, 인터넷을 통해 접근하기도 하며 일반적인 공적업무를 위해 이용된다. 국내 서비스는 엘클라우드 서비스가 있다.

다. 하이브리드 클라우드

하이브리드 클라우드(Hybird Cloud)는 여러 배포 모델, 즉 공용 클라우드랑 사설 클라우드의 이점을 제공한다. 고유한 엔티티 남아 있지만 두 개의 클라우드를 묶어 있어 프로그램과 데이터를 다른 하나의 배포 시스템에서 쉽게 이동할 수 있도록 하는 방식이다.

[그림 2-19] 하이브리드 클라우드

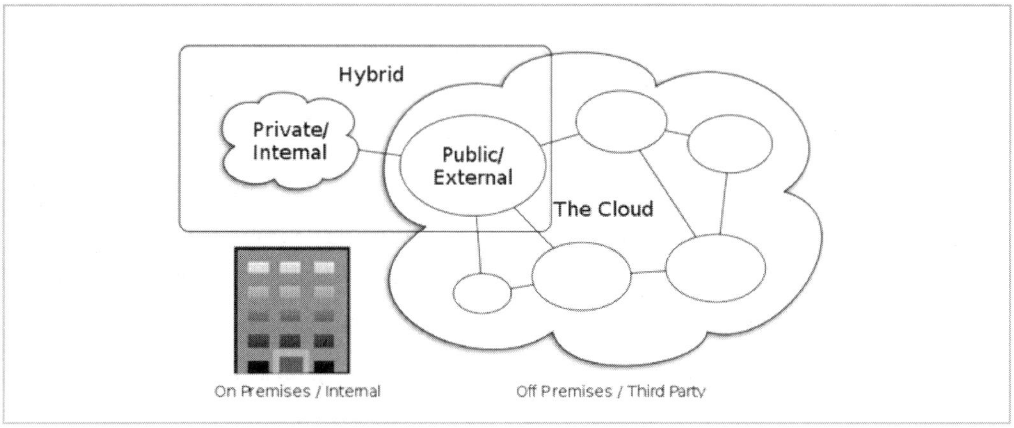

2. 빅데이터와 사물인터넷

1) 사물인터넷의 빅데이터 개요

사물인터넷(IoT)이 확산되면서 빅데이터와 클라우드 컴퓨팅이 더욱 각광을 받게 될 것으로 보인다. 사물인터넷이 확산되면 센서를 통한 데이터가 모여 빅데이터가 발생하게 되고, 이 데이터는 클라우드에 저장되면서 인프라 측면에서 클라우드 컴퓨팅이 절대적으로 필요하기 때문이다.

EMC와 IDC가 발표한 보고서에 따르면, 디지털 데이터가 향후 2년마다 2배씩 증가할 것으로 예상된다. 이는 인터넷에 연결되어 자동적으로 데이터를 주고받는 방대한 양의 데이터를 생성하는 센서 기반의 IoT 때문이다. 또 보고서는 IoT가 생성시키는 디지털 데이터의 양이 폭증해 오는 2020년에는 44조기가바이트(GB)에 달하는 데이터가 생성될 것으로 예측한다.

다양한 정보 채널의 등장으로 대량의 정보의 생산, 유통, 보유량이 기하급수적으로 증가하고 있다. 이와 같은 폭발적인 데이터의 급증으로 엄청난 규모의 데이터를 통칭하는 빅데이터가 등장하였으며, 최근에는 대규모 자료의 수집, 분류, 체계화, 분석을 위한 도구 등을 포괄하는 용어로 변화하고 있다.

이에 따라 기업은 빅데이터 기술을 이용하여 소비자의 취향과 행동 등 다양한 데이터를 수집하여 새로운 비즈니스 모델 발굴에 주목하고 있다. 그러나 개인의 민감한 자료들이 이용자의 어떠한 동의 없이 지능화된 빅데이터의 수집 및 분석기술을 이용하여 개인의 취미, 건강상태, 구매이력 등 무분별하게 수집되면서 개인정보 오남용의 우려가 증가되고 있다.

2) 빅데이터의 등장배경

2007년부터 전 세계에서 생산되는 데이터의 양이 활용 가능한 저장용량을 초과하는 데이터 홍수시대가 시작되었으며, 향후에도 데이터는 기하급수적으로 증가하여 2020년에 이르면 현재 대비 50배로 폭증할 것으로 예측된다.

데이터의 양만 많은 것이 아니라 그 종류도 다양해지고 있으며, 정형화된 데이터뿐만아니라 비정형화된 데이터도 늘어나고 있다. 페타바이트(Petabyte)급 데이터 웨어하우스, 소셜 네트워크, 실시간 센서 데이터, 지리정보 및 기타 여러 가지 새로운 데이터 소스가 출현함에 따라 기업들은 다양한 문제에 직면하게 되었다.

빅데이터는 디지털 공간에서 비정형 데이터가 크게 늘어남에 따라 기존의 방식으로 저장 · 관리 · 분석하기 어려울 정도로 큰 규모의 자료를 의미한다. 최근 글로벌 경제지, 컨설팅 그룹 등이 잇따라 관련 특집을 마련하여 비중있게 보도, 분석하고 있다. 빅데이터 현상은 기업들의 고객 데이터 수집활동 및 멀티미디어 콘텐츠의 폭발적 증가와 스마트폰 보급, 소셜 미디어 활성화 등으로 인해 빠르게 확산되고 있다.

세계는 이미 제타(Zettabyte, 10^{21}) 시대에 살고 있으며 앞으로도 이러한 빅데이터 추세는 스마트 단말, IoT 센서 확대보급 등으로 더욱 가속화될 전망이다. 아울러 기업들이 보유하고 있는 빅데이터가 '거대한 가치추출이 가능할 만큼' 충분한 규모에 도달해 가치추출 경쟁이 본격화되고 있어 빅데이터의 활용성과가 향후 기업의 미래 생존을 좌우할 핵심 요소로 부상할 것으로 보인다. 무엇보다 빅데이터는 제4의 경영자원으로서 혁신과 경쟁력 강화, 생산성 향상을 촉진하여 모바일 스마트 혁명에서 핵심적인 역할을 할 것으로 전망된다.

3) 빅데이터 정의

빅데이터(Big Data)는 일반적으로 기존 데이터에 비해 너무 커서 기존의 방법이나 도구로 수집, 저장, 분석, 시각화 등이 어려운 정형 또는 비정형 데이터를 의미한다. 빅데이터에 대하여 DB의 규모와 업무수행이라는 2가지 측면에서 볼 수 있다.

- **첫째** DB의 규모에 초점을 맞춘 것은 일반적인 DataBase Software가 저장, 관리, 분석할 수 있는 범위를 초과하는 규모의 데이터라 정의할 수 있다(Mckinsy, 2011).
- **둘째** 다양한 종류의 대규모 데이터로부터 저렴한 비용으로 가치를 추출하고, 데이터의 초고속 수집, 발굴, 분석을 지원하도록 고안된 차세대 기술 및 아키텍처라고 업무수행에 초점을 맞추어 정의할 수 있다(IDC, 2011).

빅데이터의 정의는 기술적인 측면에서 출발하였으나, 빅데이터의 가치와 활용효과

측면으로 의미가 확대되는 추세이므로, 빅데이터를 단순한 정량적인 차원에서 접근해서는 안 될 것이다. 또한, 지속적으로 변하면서 산업별, 시장별, 구분에 따라 다르게 적용되기 때문에 특정 규모(Big Volume) 이상을 빅데이터로 칭하기 보다는 원하는 가치(Big Value)를 얻을 수 있는 정도로 해석할 수 있다.

4) 빅데이터 특성

빅데이터를 설명할 때 다음과 같이 크게 3가지 특성을 들 수 있다.

(1) 데이터의 규모

데이터의 규모(Volume)이다. 데이터의 크기로 물리적인 크기뿐만 아니라 개념적인 범위까지 대규모인 데이터를 의미한다. 과거의 데이터는 안정적인 저장이 가장 큰 이슈였던 것에 비해 빅데이터에서는 분석 및 처리가 가장 큰 해결과제이다. 따라서 단순한 물리적인 크기가 아닌 데이터의 어떤 속성에 따라 중요성을 판단하고 그것을 처리하는데 어려움이 있느냐 없느냐 인 것이다.

(2) 데이터의 종류

데이터의 종류(Variety)이다. 과거의 데이터 분석은 기업 내부에서 발생하는 운영 데이터인 ERP, SCM, MES, CRM 등의 시스템에 저장되어 있는 RDBMS 기반의 수치화된 정형적인 데이터였다. 이러한 정형적인 데이터는 잘 정제되어 있고, 의미도 명확하다. 그리고 스키마를 표함하는 XML, HTML 등의 반정형 데이터도 있다.

그러나 최근에는 이런 데이터뿐만 아니라 기업 외부에서 발생하는 SNS, 블로그, 검색, 뉴스, 게시판 등의 데이터나 사용자가 업로드하는 사진 및 동영상, 콜센터의 고객상담 내용, e-mail 등의 비정형 데이터도 포함하며 데이터의 유형이 다양화되었다.

(3) 데이터의 속도

데이터의 속도(Velocity)이다. 이는 데이터를 처리하는 속도를 의미한다. 사물정보(센서, 모니터링), 스트리밍 정보 등 실시간성 정보가 증가하였고, 실시간성으로 인한 데이터의 생성, 이동(유통)속도 또한 증가되었다. 대규모 데이터 처리 및 가치 있는 현재정보(실시간)를 활용하기 위해 데이터 처리 및 분석속도가 중요해진 것이다.

따라서 빅데이터 환경에서는 배치분석뿐만 아니라, 필요에 따라서 수많은 사용자 요청을 실시간으로 처리한 후 처리결과를 보내주는 기능도 필요하게 되었다.

빅데이터는 규모가 방대하고, 데이터의 종류가 다양하며, 데이터 처리 및 분석을 적시에 해결해야 하는 특성을 가지고 있으며, 그 결과로 새로운 가치창출을 할 수 있어야 한다. 일반적으로 빅데이터의 특성에는 이 3가지 요소에 대하여 설명하지만 Gartner에서는 한 가지 요소를 더 제시하고 있다. 그것은 복잡성(Complexity)이고, 4개의 요소가 충족될수록 빅데이터에 적합하다고 할 수 있다.

[그림 2-20] 빅데이터 3대 특성

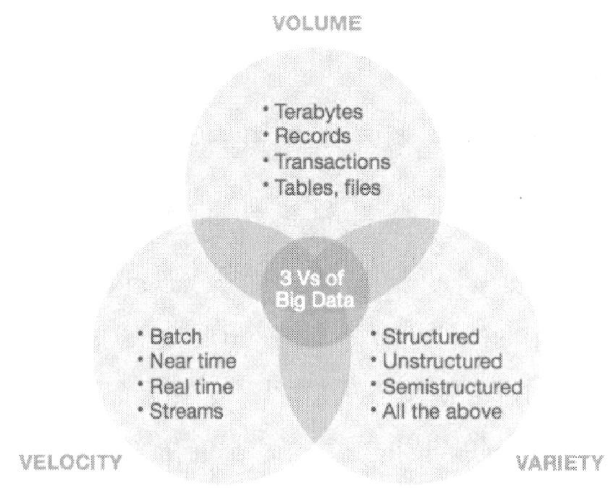

출처 : KISA ; 빅데이터 기반 개인정보보호 기술수요 분석

3. IoT 센서의 생성데이터가 빅데이터

빅데이터를 정의할 때 3V인 데이터의 크기(Volume), 데이터 생성속도(Velocity), 데이터의 다양성(Variety)이다. 센서 네트워크에서 만들어내는 데이터가 바로 3V 특성을 그대로 갖고 있다.

즉, IoT 시대에는 많은 양의 다양한 데이터가 빠른 속도로 한꺼번에 생성되어 한 곳에 저장되고 이렇게 폭발적으로 늘어난 데이터는 실시간으로 수집, 관리, 분석되어야 한다. 이를 통해 비즈니스 성과를 최적화하고 고객경험을 향상시킬 수 있다.

센서 등을 통해 데이터를 수집했다고 해도 데이터 그 자체만으로는 가치를 제대로 살릴 수 없다. 늘어나는 데이터를 제때 빠르게 처리하지 못하면 마찬가지다. 따라서 IoT는 곧 빅데이터라는 공식이 성립된다.

사물을 연결하는 이유는 여기서 발생한 데이터를 수집하고 분석 프로세스를 거쳐 가치있는 정보를 추출하기 위해서다. 이렇게 발생한 데이터를 빠르게 저장, 분석하기 위한 인프라로 클라우드가 각광을 받고 있다. 클라우드 컴퓨팅에 기반한 IoT 비즈니스 모델이 이미 쏟아지고 있으며, 클라우드 기업 대부분이 IoT를 지원하는 클라우드 서비스를 선보였다.

4. 클라우드는 IoT 환경의 기본 인프라

시스코(Cisco)는 클라우드 간 자유로운 연동을 가능케 하는 개방형 플랫폼 '인터클라우드(Intercloud)'는 네트워크 끝단에서 컴퓨팅 기능을 강화하고 클라우드 컴퓨팅보다 더 가볍고 빠른 '포그컴퓨팅(Fog Computing)' 아키텍처이다. 인터클라우드는 가상 컴퓨팅과 스토리지, 네트워킹 등을 IaaS(인프라)나 PaaS(플랫폼) 형태로 제공하는 클라우드 서비스이다.

시스코의 UCS(Unified Computer System) 하드웨어에 최적화된 SAP 하나(HANA)기반의 클라우드 서비스를 비롯해 협업 서비스인 시스코 웹엑스(Cisco Webex), 보안, 네트워크 인프라 관리(머라키), VDI, 비디오 스케이프 클라우드 DVR, 호스티트 협업서비스, 가상 모바일 네트워크, 원격관리서비스(RMS), 컴플라이언스 및 구성관리서비스(CMCS), 에너지관리서비스(에너지와이즈), 음성 및 컨택센터 서비스 등 시스코의 모든 기술과 인프라가 총동원됐다.

여기에 시스코는 AWS, IBM 소프트레이어, MS 애저, 구글 등 타사의 클라우드 서비스까지 중개자로서 제공한다는 목표를 가지고 있다. 또한 포그컴퓨팅을 통해 기기에서 생성된 데이터를 실시간으로 처리할 수 있는 노드를 기지국처럼 두고 컴퓨팅 파워 필요한 데이터만 클라우드로 넘겨 처리할 수 있도록 한다. 움직이는 데이터의 처리에 대한 방안인 '데이터인모션(Data-in-Motion)은 포그컴퓨팅의 필수요소로 실시간 처리를 요하는 데이터는 데이터인모션으로 처리해 보다 빠르게 처리하는 한편, 실시간을 요하지 않는 데이터는 인터클라우드에서 처리를 할 수 있다.

포그컴퓨팅 아키텍처는 IoT에서 발생하는 모든 데이터를 클라우드까지 보내 저장, 분석하는 게 아닌 실제 빠른 분석을 해야 할 데이터만 포그컴퓨팅 아키텍처로 보내 더 빠른 처리를 한다.

이밖에 세일즈포스닷컴은 모바일과 사물인터넷을 겨냥한 차세대 클라우드 CRM 개발 플랫폼인 세일즈포스 1을 지난해 선보인 바 있으며, 오라클은 디바이스부터 클라우드 컴퓨팅을 아우르는 광범위한 플랫폼으로 고객 및 파트너의 IoT 수익화를 앞당긴다는 방침이다.

업계 한 관계자는 "클라우드, 빅데이터 전문가들이 함께 IoT와 시너지 효과를 낼 수 있는 모델을 만들어야 할 때"라며 "각각이 별개가 아닌 통합적인 비즈니스 모델과 정책이 필요하다"고 강조했다.

2-5 빅데이터 플랫폼의 미래

1. 빅테이터 플랫폼의 개요

이른바 빅데이터의 시대다. 최근 들어 빅데이터가 주목받는 가장 큰 이유 중 하나는 빅데이터로부터 과거에는 발견하기 어려웠던 가치창출이 가능할 만큼 관련 기술이 성숙되었기 때문이다.

빅데이터 플랫폼은 이러한 빅데이터 기술의 집합체이자 기술을 잘 사용할 수 있도록 준비된 기술환경이다. 기업들은 빅데이터 플랫폼을 사용하여 빅데이터를 수집하고 저장, 관리하며 처리할 수 있다. 빅데이터 플랫폼은 빅데이터를 분석하거나 활용하기 위해 필요한 필수 인프라(Infrastructure)인 셈이다.

오픈소스 하둡(Hadoop)이 빅데이터 플랫폼의 핵심 기술이자 사실상 표준으로 자리매김했으나, 하둡에는 몇 가지 한계가 존재한다. 한계를 극복하기 위해 빅데이터 플랫폼은 실시간 데이터 처리, 다양한 방법의 분산병렬처리 및 관계형 데이터 모델 지원 등의 방향으로 진화하고 있다.

〈표 2-3〉 빅데이터 플랫폼의 한계와 진화 방향

빅데이터 특성	한계 및 제약	진화 방향
용량(Volume)	데이터센터 규모의 관리한계	범지구적 규모로 확장가능(지역거점별 데이터센터 확장)
다양성(Variety)	• 특정 분산병렬 처리방법 제공 • 관계형 데이터 모델 미지원	• 다양한 분산병렬 처리방법 제공 • 관계형 데이터베이스 및 트랜잭션 제공
속도(Velocity)	일괄처리(실시간 처리 미지원)	실시간 데이터 조회와 처리

'실시간 데이터 처리'는 빠르게 생산, 소비되는 빅데이터를 빠짐없이 즉각적으로 활용, 분석할 수 있도록 하며, '다양한 분산병렬 처리방법'은 대규모의 관계도 분석 및 병렬연산 등을 가능하게 한다. 또한 '관계형 데이터 모델 지원'은 기족 데이터베이스 기술로는 실현하기 어려웠던 빅데이터 규모의 관계형 데이터베이스 구축을 가능하도록 하여 빅데이터 플랫폼을 일반적인 목적의 업무 시스템에까지 확장, 적용할 수 있도록 발전하고 있다.

하지만 이와 같은 새로운 빅데이터 플랫폼은 오픈소스 하둡 2.0의 발전을 중심으로 서서히 진화하고 있으며, 하둡 2.0은 아직 개발 중에 있다. 이에 새로운 빅데이터 플랫폼을 적용하기 전에 기존 빅데이터 플랫폼의 한계를 명확히 파악해야 시행착오를 줄일 수 있고, 이를 보완할 새로운 빅데이터 플랫폼의 도입 목적과 적용 영역을 구체화할 수가 있다. 새로운 빅데이터 플랫폼은 그 규모와 기능이 성장할 만큼 시범사례 등으로 더욱 철저한 대비가 필요하다.

2. 빅데이터 플랫폼의 현황

1) 빅데이터의 개념과 가치

빅데이터는 형식이 다양하고 빠른 생명주기를 가져 기존 기술로는 관리, 분석하기 어려운 초대용량 데이터이다. 빅데이터의 '3V' 특징은 다음과 같다.

〈표 2-4〉 3V의 특징

초대용량(Volume)	테라바이트(TB)~페타바이트(PB)급 규모의 데이터
다양한 형태(Variety)	통일된 구조로 정리가 어려운 비정형 데이터가 80% 이상 차지하고 있다(예 텍스트 문서, 동영상, 이미지, 음악 등).
빠른 속도(Velocity)	데이터 생성 후 유통에서 활용까지 수분에서 수초 소요

빅데이터로부터 과거에는 발견하기 어려웠던 가치창출이 가능하다.

① 데이터 규모와 다양성 증대에 따라 데이터 해석에서 발생할 수 있는 정보손실과 왜곡이 줄어들고 새로운 관계 발견 등의 잠재가치 급증
② 사건발생 시점과 감지 시점 사이의 지연이 거의 없는 실시간 분석
③ 문제의 핵심과 가치 원천을 보다 정확하게 분석하는 것이 가능

2) 빅데이터로부터 가치를 뽑아내는 핵심 기술환경 : 빅데이터 플랫폼

빅데이터 플랫폼은 빅데이터 활용과 분석을 위해 공통적으로 사용하는 빅데이터 수집, 저장, 처리, 관리 기술을 제공하는 소프트웨어이다. 빅데이터 플랫폼은 빠르게 생성, 유통되는 데이터를 빠짐없이 실시간으로 수집하고 충분한 저장공간을 제공하여 버리는 데이터 없이 방대한 양의 데이터를 저장, 축적한다.

빅데이터를 분석 및 활용 가능한 형태로 변화하거나 정보를 추출, 가공하는 데이터를 처리하고 축적된 데이터의 파괴나 유실을 막고, 늘어나는 데이터 용량에 대응하여 확장하고 보안을 유지하는 빅데이터를 관리한다. 또한 빅데이터 수집부터 처리, 관리까지의 공통 기술과 기능을 일관된 소프트웨어 환경에서 통합 제공한다.

오픈소스 하둡은 빅데이터 활용을 가능하게 만든 빅데이터 플랫폼의 핵심 기술이자 사실 표준(De facto)이다.

[그림 2-21] 빅데이터 플랫폼의 역할과 기능

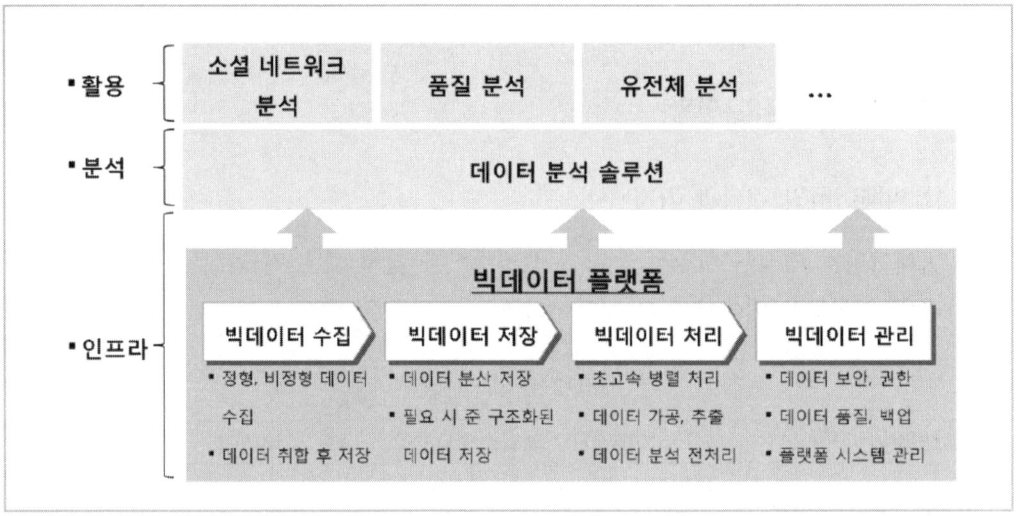

① 하둡은 빅데이터를 저장하는 분산파일 시스템(HDFS : Hadoop Distributed File System)과 분산병렬 처리하는 맵리듀스(MapReduce)로 구성한다.

② 저가 장비(commodity) 및 스토리지 활용으로 저비용으로 방대한 양의 데이터 저장 및 처리가능 - X86 아키텍처의 리눅스 서버와 SATA 디스크 활용으로 고가 장비 대비 50%가 저렴하다.

③ HDFS은 다양한 형태의 초대용량 데이터를 분산 저장한다.

- 초대용량 데이터를 분산 저장하여 가상화된 대형 스토리지를 구성하는 분산파일 시스템을 제공한다.
- 내고장성과 높은 확장성을 보장한다.

④ MapReduce는 분산병렬 처리방식으로 빅데이터 초고속 처리한다.

〈표 2-5〉 하둡 에코시스템 현황

구 분	주요 기술	기술별 주요 기능
빅데이터 수집	• Flume • Sqoop	• 비정형 데이터 수집 • 관계형 DB로부터 데이터 가져오기
빅데이터 저장, 활용	• HBase	• 컬럼 기반 NoSQL 데이터베이스
빅데이터 처리	• Hive • Pig • Mahout	• 유사 SQL 기반 빅데이터 처리 • 스크립트 언어 기반 빅데이터 처리 • 기계학습 알고리즘 기반 빅데이터 처리
빅데이터 관리	• Oozie • HCatalog • Zookeeper	• 빅데이터 처리과정(Process) 관리 • 빅데이터의 메타 정보관리 • 빅데이터 서버 시스템 관리

• 시스템의 분산구조를 감추면서 범용 프로그래밍 언어를 이용해 병렬처리 프로그래밍이 가능한 MapReduce 기법을 제공한다.
• MapReduce는 비공유 구조(Shared-Nothing)의 순수 대량 병렬처리(MPP : Massively Parallel Processing) 방식의 일종이다.

⑤ 하둡 에코시스템(Ecosystem)에서 하둡은 빅데이터 저장과 처리의 기본적 기능만 제공하기 때문에 이의 부족함을 보완하는 다양한 오픈소스 소프트웨어들이 필요하다.

[그림 2-22] 하둡 구성도

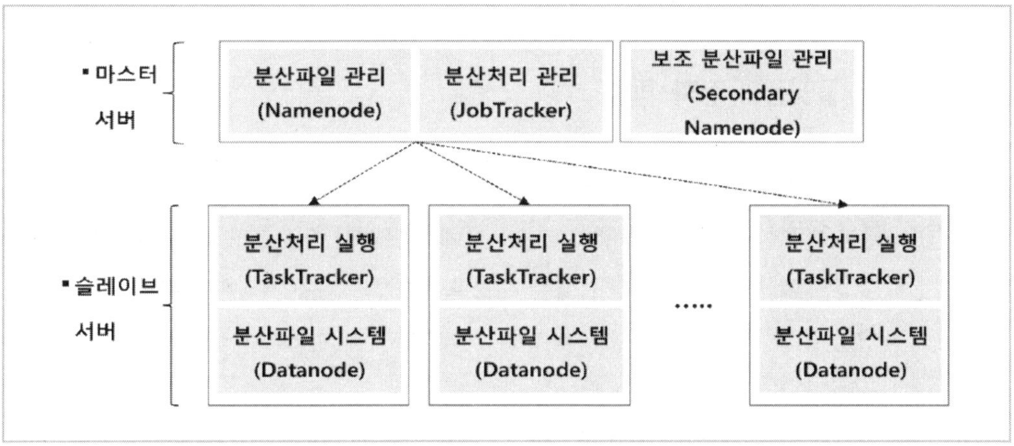

3. 하둡의 단점으로 본 빅데이터 플랫폼의 기술적 한계

① 실시간 데이터 처리 한계 : 하둡 MapReduce는 일괄처리(Batch) 방식이기 때문에 실시간 데이터 처리, 조회가 안된다.

② 다양한 데이터 처리 한계 : 대규모 계산, 데이터간 통신 및 무결성 보장이 필요한 복잡한 연산 및 처리가 어렵다.

③ 다수의 작은 파일 관리 어려움 : 64메가바이트(MB) 2 이하의 작은 파일 저장 시 컴퓨팅 자원(메모리) 낭비가 초래된다.

④ 비효율적인 데이터 백업 관리
• 3개의 복제본 파일 관리방식으로 디스크 공간 낭비와 파일 저장에 낮은 성능을 갖는다.
• 스냅샷(Snapshot) 방식, 재해복구(DR : Disaster Recovery) 시스템 등의 고급 데이터 백업을 지원하지 않는다.

⑤ 단일 고장점(SPoF : Single Point of Failure) 존재 : 하둡에 저장된 데이터의 메타

정보를 관리하는 마스터 서버의 이중화 미지원으로 마스터 서버 장애발생 시 하둡 전체 시스템이 중단된다.

- 마스터 서버 장애에 대한 수동 복구는 가능하다.

⑥ 높은 기술적 숙련도가 요구되고 유지보수가 어려움 : MapReduce 사용에 컴퓨터 프로그래밍 스킬이 요구된다.

- MapReduce 대안으로 하둡의 에코시스템 중 하나인 하이브(Hive)를 활용하여 제한적으로 유사 SQL 방식의 데이터 처리가 가능하다.
- 오픈소스 활용 시 기술지원, 유지보수를 스스로 해결해야 하며, 하둡 전문인력 확보가 필요하다.

4. 빅데이터 플랫폼의 진화 방향

1) 구글은 빅데이터 플랫폼의 청사진

① 구글이 발표한 빅데이터 플랫폼 기술논문에 기초해서 오픈소스 하둡 프로젝트 시작

- 구글이 대용량 웹데이터 검색을 비용효율적으로 분산처리하기 위해 고안한 분산파일 시스템(GFS : Google File System)과 MapReduce를 각각 2003년과 2004년에 발표하였다.
- 오픈소스 검색엔진 개발자인 더그 커팅이 구글 논문을 기초로 해서 구글 빅데이터 플랫폼의 오픈소스 버전인 하둡을 2004년부터 개발하였다.

〈표 2-6〉 구글 논문과 하둡, 에코시스템 비교

구 분	구글 논문	하둡과 에코시스템	설 명
파일 시스템	2003년 GFS	2006년 HDFS	분산 파일 시스템
	2010년 Colossus	–	GFS 단점 보완
데이터 처리	2004년 MapReduce	2006년 MapReduce	분산병렬처리
	2005년 Sawzall	2008년 Pig, Hive	빅데이터 쿼리(일괄처리)
	2009년 Pregel	개발 Giraph	대규모 그래프 데이터 처리
	2010년 Dremel	개발 Drill, Impala	실시간 빅데이터 쿼리
데이터베이스	2006년 BigTable	2008년 HBase	Schemaless NoSQL DB
	2012년 Spanner	–	빅데이터 트랜잭션 처리
서버 관리	2006년 Chubby	2008년 Zookeeper	서버 락(Lock) 서비스

출처 : Hadoop World 2012, Beyond Batch 참조하여 보완

② 구글은 오픈소스 빅데이터 플랫폼인 하둡의 지향점이자 청사진

- 구글은 지속적으로 빅데이터와 관련된 자식의 기술과 노하우를 논문으로 발표하고 오픈소스 개발자들은 이를 바탕으로 하둡을 업그레이드하거나 새로운 하둡 에코시스템을 개발
- 구글이 방향을 제시했다. 구글은 그들의 GFS와 MapReduce 논문을 발표하기 시작했고, 재빠르게 그것을 하둡 프로젝트에 복제했다. 몇 년 동안 구글은 오픈소스 직영에 영감을 준 많은 방법들을 발표했다(하둡 창시자, 더그 커팅).

2) 실시간 빅데이터 처리로 일괄처리 방식극복

① 일괄처리방식을 뛰어넘는 실시간 상호 온라인(Online) 데이터 쿼리(Query)로 즉각적인 빅데이터 처리와 조회

- 기존 MapReduce는 일괄처리 방식으로 빅데이터 처리가 끝날 때까지 결과를 기다려야 하며, 따라서 실시간 빅데이터 처리에 적합하지 않음
- 실시간 빅데이터 처리는 온라인으로 연결된 상태에서 요청과 응답을 즉각 주고받을 수 있어 다양한 분석과 피드백이 가능

② 임시(Ad-hoc) 분석, 트랜드 분석, 실시간 데이터 표출, 경고(Alert) 및 긴급한 데이터 검출 등에 적용

- 구글은 스팸(Spam) 분석, 웹 문서 분석, 안드로이드 마켓 데이터 분석 등 다양한 제품의 품질관리 등에 활용

〈표 2-7〉 실시간 빅데이터 처리 구현체 비교

구 분	구글 Dremel	클라우데라 Impala	아파치 재단 Drill
처리 가능한 데이터 크기	기가바이트(GB)~페타바이트(PB)	기가바이트(GB)~페타바이트(PB)	기가바이트(GB)~페타바이트(PB)
데이터 처리 방식	유사 SQL	Impala SQL(HiveSQL 서브셋, 유사 SQL)	• DrSQL(유사 SQL) • Mongo Query Language
처리 가능한 데이터 모델	스키마를 가진 중첩 데이터(Protocol Buffers)	스키마를 가진 중첩 데이터(Apache Avro, RCFile)	• 스키마를 가진 중첩 데이터(Protocol Buffers, Apache Avro, RCFile) • 스키마가 없는 데이터 (JSON, BSON)
기반 파일 시스템	GFS, BigTable	HDFS, HBase	HDFS, HBase
특징	구글 BigQuery 서비스 등에 이미 적용되어 사용 중	Hive의 메타스토어 활용	• 구글 Dremel 호환 • 다양한 데이터 모델과 호환

출처 : www.cloudera.com, http://wiki.apache.org/incubator/DrillProposal 참조 보완

③ 준 구조화된(Semi-Structured) 빅데이터 기반의 유사 SQL로 실시간 처리와 조회 가능

- 준 구조화된 빅데이터를 여러 개의 컬럼 테이블로 변환 분할 관리하고 분산 시스템 기반의 병렬 SQL 쿼리 실행으로 실시간 처리
- 구글의 Dremel, 클라우데라(Cloudera)의 Impala, 아파치 재단의 Drill 등이 대표적인 구현체이며 Impala, Drill 등은 개발

3) 다양한 분산병렬 처리방법 제공으로 단일한 빅데이터 처리방식 개선

① 기존 MapReduce로 처리하기 어려운 그래프 연산, 수학연산을 지원하여 다양한 빅데이터 처리 가능

- MapReduce는 분할병렬과 그 결과의 합산방식이기 때문에 꼭지점(Vertex)과 선(Edge)을 처리하는 그래프 연산과 조건을 충족할 때까지 특정 데이터 처리를 반복하는 수학연산에 비효율적임

〈표 2-8〉 분산처리 기술 비교

구 분	MapReduce	MPI	BSP
관점	대규모 데이터 처리	고속의 컴퓨터 연산	병렬 컴퓨터 연산
특징	• 서버에 분배되는 데이터를 주로 디스크에 저장 • 분산 서버에 독립 프로세스가 데이터를 읽어 짧은 시간에 수행된 결과를 다시 디스크에 저장 • 서버간 데이터 통신은 대부분 파일 I/O • 데이터 입/출력이 빈번하여 분산파일시스템 인프라 요구	• 각 서버에 분배되는 데이터를 주로 메모리에 저장(분산된 메모리를 한 메모리처럼 사용) • 수행하는 작업의 대부분은 연산작업(CPU 소비) • 서버간 데이터 교환이 빈번하여 고속 네트워크 인프라 요구 • 서버 장애발생 시 연관된 다른 노드의 프로세스 재수행에 장시간 소요, 노드간 데이터 교환문제 빈번히 발생 가능	• 각 서버의 프로세스마다 로컬 메모리 사용 • 프로세스간 통신과 동기화 단계를 분리 • 각 프로세스들 독립적으로 자식의 연산을 수행 • 타 프로세스들간 데이터 메시지 교환 • 모든 프로세스간의 데이터 교환이 끝나고, 동기화
구조	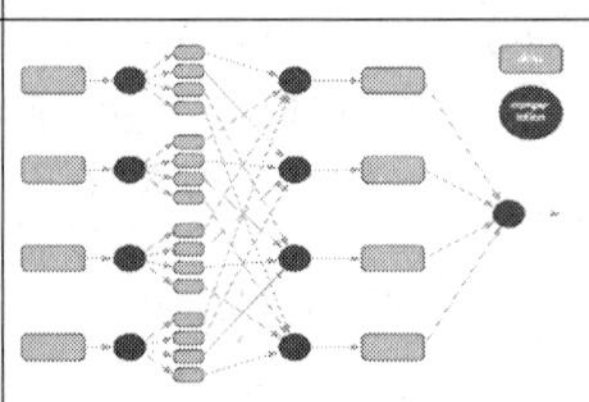	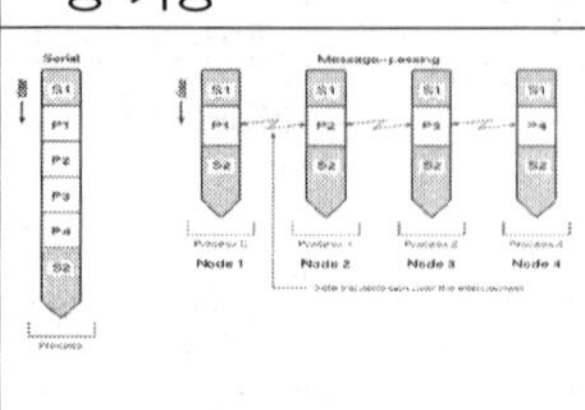	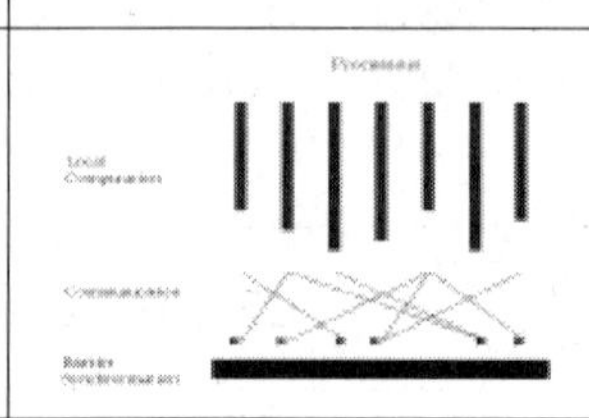
활용	대규모 데이터 처리	고속 네트워크 기반 대규모 계산 및 시뮬레이션	그래프 데이터 병렬처리

출처 : LG CNS Technology Inside 13호 "빅데이터 처리 기술동향과 적용사례" 참조 보완

• BSP(Bulk Synchronous Parallel) 기반의 병렬 그래프 연산과 수학연산에 MPI(Message Passing Interface) 방식의 병렬처리 지원으로 MapReduce의 데이터 처리방식 보완

② 소셜 네트워크 관계분석, 웹페이지 링크 분석 등에 그래프 연산적용, 대규모 계산 및 일반적인 고속 병렬연산에 MPI 적용

• 구글은 웹 검색순위를 평가하기 위해 웹페이지 링크 분석에 기반한 PageRank 알고리즘을 사용하며, 매일 1조가 넘는 웹페이지 관계를 분석하기 위해 그래프 연산수행

③ MapReduce 외 그래프 및 MPI 등 다양한 데이터 처리 라이브러리를 지원하도록 보편적 분산병렬 프레임워크로 진화

• 그래프 연산은 아파치 재단의 Giraph, MPI는 오픈소스인 OpenMPI가 대표적인 라이브러리

4) 관계형 데이터 모델과 대규모 업무 트랜잭션 지원으로 빅데이터 기술적용 영역 확대

① 관계형 데이터베이스에 NoSQL10의 확장성과 고성능 기능을 부여하여 빅데이터의 저장, 트랜잭션 및 SQL 처리 가능

• 기존 빅데이터 플랫폼에서 주요하게 채용된 NoSQL은 분산처리와 확장성이 뛰어나지만 스키마와 관계형 데이터 모델이 지원되지 않는 데이터베이스

• 일반적 목적의 트랜잭션 처리나 관계형 데이터 모델이 가능하면서도 빅데이터를 처리할 수 있도록 보완할 NewSQL 등장

② 기존 관계형 데이터베이스나 NoSQL이 처리하지 못하는 빅데이터 관리업무에 적용 가능

• 구글은 광고 데이터 관리와 내부적으로 사용하던 관계형 데이터베이스를 대체하고자 자체 개발한 NewSQL인 Spanner를 적용

③ 분산된 데이터베이스들을 절대시간을 기준으로 동기화하여 동시성을 제어하고 분산 트랜잭션 및 두 단계 커미트(two-phase commit) 제공

• 구글의 Spanner는 GPS와 원자시계(Atomic clock)를 동원하여 절대시간을 측정하고, 각 분산 트랜잭션별 발생시간(time stamp)을 공유, 동기화하여 데이터 읽고, 쓰기 동시성 제어

5) 작은 파일 관리와 데이터 백업의 효율화

① 작은 파일(64MB 미만)들을 대규모로 저장, 관리하고 복제가 아닌 원본 데이터

복구방식의 데이터 백업 효율화

- 기존에는 저장하는 파일의 메타 정보(파일 이름, 위치, 크기 등)를 모두 메모리에 관리하는 방식으로 대규모 개수의 작은 파일들을 저장할 경우, 메타 정보를 관리할 마스터 서버의 메모리 공간이 부족
- 기존 데이터 백업 시 기본으로 세 개의 복제본을 추가 저장, 관리하여 스토리지 공간을 낭비

② 작은 파일을 대량으로 관리하는 일반적인 서비스들에 적용 가능

- 개인이 취급하는 작은 파일들을 대량으로 저장, 관리 가능
- 애플 iCloud, 아마존 S3, DropBox와 같은 개인 사용자를 위한 스토리지 서비스에 적용 가능

③ 저장하는 파일의 메타 정보를 분류, 분산하여 작은 파일들을 관리하고 데이터 복구 정보 기반의 효율적인 데이터 백업 관리

- 저장하는 파일들의 메타 정보를 분산 해시 테이블(Distributed Hash Table)로 관리
- 자료를 일부 잃어버려도 나머지 자료로 원본 복구가 가능한 Erasure Code12 알고리즘으로 데이터 복구 정보관리 → 기존 방식 대비 절반 정도의 스토리지 공간절약 가능

6) 빅데이터 플랫폼의 안전성 개선

① 기존에 존재하던 단일 고장점(SPoF)을 시스템 이중화로 극복

- 저장된 파일들의 메타 정보를 관리하는 마스터 서버를 이중화(Hot Standby)하여 문제발생 시 자동으로 시스템 연속성 보장

② 외부 이중화 솔루션 없이 자체 이중화로 비용 효율화와 관리성 편의 도모

- 기존 마스터 서버 이중화에 DRBD와 같은 외부 솔루션을 적용하였으나 설정과 관리에 있어 많은 공수가 소요

③ 외부 컨트롤러로 시스템 상태를 모니터링하고 문제발생 시 대기 중인 시스템으로 전환, 관리

- 활동 중인 마스터 서버와 대기 중인 마스터 서버 각각에 감시 컨트롤러가 연결
- 활동 중인 마스터 서버 문제발생 시 감시 컨트롤러가 즉각 인지하고 대기 중인 마스터 서버의 컨트롤러에게 제어권을 넘겨주는 방식

5. 빅데이터 플랫폼의 진화 시사점

1) 기존 빅데이터 플랫폼의 한계 파악으로 시행착오 방지

① 빅데이터 플랫폼 도입 시 기존 플랫폼의 한계를 파악하여 업무 구현에 제약을 초래하는지 검토 필요

- 기능, 비기능적인 요구사항별로 현재 빅데이터 플랫폼의 한계를 식별하고 이에 대한 검증 필요
  - 빅데이터 플랫폼은 새로운 기술이고 전문가와 전문업체가 부족한 단계인 만큼 도입목적에 부합하는지 철저하게 개념증명(PoC : Proof of Concept) 및 테스트 필요
  - 작은 파일들의 관리나 실시간 처리와 같이 간과하기 쉬운 기능적 한계와 마스터 서버 이중화 미비에 대한 이해 필수
- 과도한 빅데이터 기술 중심적 문제해결 지양
  - 기존 데이터베이스 기술로 해결할 수 있는 사항에 빅데이터 플랫폼을 과잉 적용하지 않도록 유의

② 상용 플랫폼 또는 상용 서비스 도입 고려

- 현재 빅데이터 플랫폼은 오픈소스 하둡의 한계를 그대로 계승하나 최근에 이러한 한계를 일부 극복할 상용 빅데이터 플랫폼이 출시됨
- 하둡은 오픈소스인 만큼 누구나 사용 가능하고 해당 기술을 습득할 수 있으나 빠르게 진화하고 높은 기술난이도 때문에 상용 서비스 및 전문업체의 활용을 고려

2) 빅데이터 플랫폼의 진화 방향을 인식하고 대비

① 빅데이터 플랫폼은 실시간 처리속도, 처리방식의 다양화, 관계형 데이터 모델 지원 등의 방향으로 진화

- 일괄처리에 의한 결과 대기가 아니라 즉각적인 실시간 빅데이터 처리
- 분할하여 병렬처리하고 병합하는 단순 데이터 처리방식에서 벗어나 대규모 계산 등의 일반 연산처리 가능
- 스키마가 없는 단순 데이터 모델이 아닌 관계형 데이터베이스(RDB) 수준의 관계형 데이터 모델을 저장하고 처리

② 하둡 2.0이 새로운 빅데이터 플랫폼의 핵심이나 아직 시험단계

- 오픈소스 하둡 2.0 버전과 Impala, Drill 등 기존의 한계를 개선한 신규 기술들은 아직 개발 중이거나 시험 테스트 중

- 하둡 2.0의 정식 출시 일정에 따라 기타 하둡 에코시스템의 업그레이드가 지속적으로 진행
  - 하둡 2.0은 현재 알파 버전 단계로 최종 출시까지 베타, 출시 후보(RC : Release Candidate) 등 두 단계가 남음
  - 하둡 2.0 출시 이후에 호환성이 확보된 에코시스템 업그레이드 진행이 가능

③ 하둡 1.0부터 단계적으로 역량을 구축하여 하둡 2.0 및 새로운 빅데이터 플랫폼 대비

- 빅데이터 플랫폼은 큰 폭으로 진화하고 있으나 기본 사상과 기술 패러다임은 변화하지 않음
- 당장 사용이 가능한 하둡 1.0을 중심으로 빅데이터 축적, 관리, 처리 역량을 배양하고 한계를 체감
- 하둡 2.0 알파 버전 테스트와 PoC 등으로 하둡 2.0 전환 연착륙 준비

3) 미래의 빅데이터 플랫폼은 빅데이터의 '3V' 특성을 충분하게 충족

① Volume : 페타바이트(PB) 규모를 넘어 엑사바이트(EB), 제타바이트(ZB)까지 저장, 관리하고 단일 지역이 아닌 범지구적으로 분산된 데이터 시스템을 마치 하나의 시스템처럼 제공

② Variety : 정형, 비정형 데이터 처리뿐 아니라 보편적 분산병렬처리 지원으로 빅데이터 활용 및 분석목적에 맞는 다양한 빅데이터 처리방법 제공

③ Velocity : 실시간으로 생성, 유통되는 빅데이터를 실시간으로 수집하여 실시간으로 처리, 분석하는 기민성 제공

제 1 장	스마트 미디어의 개요
제 2 장	스마트 미디어의 특징 및 활용
제3장	**스마트 미디어 기술 및 응용 서비스**
제 4 장	IT 비즈니스 플랫폼의 개요
제 5 장	플랫폼 발전과 활용
제 6 장	핀테크 플랫폼(삼성 / 알리 / 애플 페이 등)
제 7 장	소셜 플랫폼(SNS / 페이스북 등)
제 8 장	게임 멀티 플랫폼(네이버 / 카카오 등)
제 9 장	음원 플랫폼(멜론 / 벅스 / Milk 등)
제10장	웹툰 플랫폼
제11장	웹드라마 플랫폼
제12장	K-컬처 플랫폼(한류 뷰티 / 스킨 / 드라마 등)
제13장	스마트 홈 플랫폼
제14장	스마트 자동차 플랫폼

3-1 스마트 미디어의 5대 기반기술

스마트 미디어의 5대 기반기술은 인터넷 오브 미디어 기술, 공간 미디어 기술, 감성 미디어 기술, 실감 미디어 기술, 광고 프레임워크 기술이다.

1. 인터넷 오브 미디어

1) 인터넷 오브 미디어의 정의

인터넷 오브 미디어(Internet of Media)는 이용자의 주변상황과 사물인터넷(IoT)과의 연동을 통해 이용자에게 제공되는 미디어를 진화시키고, 이용자에게 진화된 미디어를 제공하여 이용자의 경험을 혁신시키는 상황 연동 지능형 미디어 서비스 기술로써 핵심 기술은 웹 기반 가상화 · 지식 상호 연결기술, 지능형 웹 인프라 자율제어 · 관리기술, 지식 데이터 자율축적 · 운영기술 등이다.

[그림 3-1] 스마트 미디어의 5대 기반기술

2) 핵심 기술

(1) 지식응용별 메타데이터 생성기술

지식응용별 메타데이터 생성기술은 지식 응용정보를 메타데이터 형태로 모델링하여 서비스 유형 및 상황에 따라 효과적으로 지식정보를 활용할 수 있는 기술이다.

(2) IoM 기반 리소스 그래프 생성 및 관리기술

IoM 기반 리소스 그래프 생성 및 관리기술은 연관 미디어간 자율적인 네트워크를 구성하고 별도의 인지작용 없이 이용할 수 있도록 리소스 그래프를 생성 및 관리하는 기술이다.

[그림 3-2] 인터넷 오브 미디어 응용 개념도

(3) 지식 미디어 속성 기반 미디어 커넥팅 기술

지식 미디어 속성 기반 미디어 커넥팅 기술은 개별 미디어의 속성을 기반으로 서비스 응용환경 및 상황에 따라 개개인에 최적화된 맞춤형 미디어 서비스를 제공 및 개선시키는 기술이다.

(4) 실시간 하이브리드 네트워크 생성기술

실시간 하이브리드 네트워크 생성기술은 유사 관심사 이용자들간 하이브리드 커뮤니티 생성을 통해 이용자 및 미디어의 특성에 맞는 콘텐츠 이용환경을 제공하는 기술이다.

(5) 실시간 하이브리드 네트워크 추적 및 분석기술

실시간 하이브리드 네트워크 추적 및 분석기술은 하이브리드 커뮤니티 환경 내에서 소셜 기반 정보 필터링, 맞춤형 콘텐츠 추천 및 광고 서비스를 제공하는 기술이다.

(6) 소셜 미디어 DIY 및 미디어 매시업 기술

소셜 미디어 DIY 및 미디어 매시업(Mashup) 기술은 이용자 인터랙션에 의해 이용자의 시멘틱과 미디어 객체기술이다.

2. 공간 미디어

1) 공간 미디어의 정의

공간 미디어의 정의는 다양한 유무형의 입체공간 스크린을 활용하여 가상계 미디어를 현실감 있게 체험하고, 실시간으로 현실계-가상계 미디어의 연결을 통해 미디어간 상호작용이 가능한 지능형 공간 미디어 기술이다. 공간 미디어의 핵심 기술은 하이브리드 센싱 정보획득·처리기술, 체험형 가상현실 구축기술, 몰입형 현실-가상현실 미디어 교감기술 등이다.

[그림 3-3] 공간 미디어 기술 개념도

2) 공간 미디어의 핵심 기술

(1) 하이브리드 센싱 정보획득 / 처리기술

하이브리드 센싱 정보획득 / 처리기술은 공간 및 객체(사람, 사물 등)정보감지를 위한 하이브리드 센싱 정보(영상 및 기타 센서)획득 및 처리기술이다.

(2) 체험형 가상현실 구축기술

체험형 가상현실 구축기술은 다양한 유무형의 공간 스크린 기반으로 가상공간에 현실을 재현하여 실제와 같은 몰입감을 제공하는 가상현실 구축기술이다.

(3) 몰입형 현실 – 가상현실 미디어 교감기술

몰입형 현실-가상현실 미디어 교감기술은 현실공간과 연계한 가상계 콘텐츠·미디어를 이용자 인터랙션을 통해 현실감 있게 미디어간 상호작용이 가능한 공간 미디어 기술이다.

(4) 가상공간 미디어 자원관리 및 전달기술

가상공간 미디어 자원관리 및 전달기술은 가상공간 미디어에서 import / export되는 스마트 미디어 자원에 대한 동적관리 및 실시간 스마트 미디어 전달기술이다.

(5) 웹 오브젝트 기반 공간 증강현실 기술

웹 오브젝트 기반 공간 증강현실 기술은 공간상에 현실-가상 미디어의 정합을 통해 풍부한 스마트 미디어 서비스를 제공하는 웹 오브젝트 기반 공간 증강 미디어 서비스 기술이다.

(6) 실감형 가상 미디어 인터랙션 기술

실감형 가상 미디어 인터랙션 기술은 이용자가 참여하고 현실감 있게 체감할 수 있도록 하는 가상공간 정보기반 미디어 저작 및 멀티모달 인터랙션 기술이다.

(7) 가상공간 미디어 매트릭스 제어기술

가상공간 미디어 매트릭스 제어기술은 미디어 자원의 연계 서비스를 제공하고, 실시간으로 Mirror world에 있는 스마트 미디어를 Real world로 현실화시키는 기술이다.

3. 감성 미디어

1) 감성 미디어의 정의

감성 미디어의 이용자 감정정보의 관계를 지식화하여 이용자의 감정 및 생체상황 기반의 콘텐츠 검색, 추천, 교감, 공유, 진단 등 감성기반 미래 서비스 기술이다.

2) 감성 미디어의 핵심 기술

(1) 이용자 감정인식 및 감성 데이터베이스 구축기술

이용자 감정인식 및 감성 데이터베이스(DB) 구축기술은 미디어를 소비하면서 이용자가 반응하는 감정을 인식하여 감성 데이터베이스를 생성하는 기술이고, 복수 시청자 감정정보 센싱 기술, 감정정보 모델링 인식기술, 감정정보 데이터 마이닝 기술, 미디어 감성 DB 구축 및 분석기술이다.

[그림 3-4] 감성 미디어 응용 개념도

(2) 감성 미디어 응용 서비스 기술

감성 미디어 응용 서비스 기술은 이용자의 감정상태와 행동정보에 실시간으로 반응함으로써, 감성에 최적화된 콘텐츠를 검색 · 추천하는 기술이도 이용자의 심리상태에 따른 진단과 힐링 서비스 제공, 미디어 이용자 간의 감성 공유를 지원하는 감성 기반 응용 서비스 기술이다.

4. 실감 미디어

1) 실감 미디어의 정의

실감 미디어는 이용자의 몰입감, 현장감 등을 극대화를 위한 시각, 청각, 후각, 미각, 촉각 등 인간의 오감정보를 언제, 어디서나 이용자 요구에 맞게 지능적으로 표현하는 기술이다.

2) 실감 미디어의 핵심 기술

(1) 오감인식 센서 / 단말기술

오감인식 센서 / 단말기술은 인간의 감각을 모방하는 촉각, 미각, 후각, 청각(음성 인식), 시각(영상인식) 센싱을 제공하는 실감 단말기술이다.

[그림 3-5] 실감 미디어 응용 개념도

(2) 촉각 및 후각 정보부호화 기술

촉각 및 후각 정보부호화 기술은 촉각 센싱 저장, 촉각 디스플레이, 촉각 모델링 및 렌더링 기술, 센싱 저장, 향 디스플레이 및 전달, 향 디지털 코딩 기술이다.

(3) 오감정보 저작 및 재현기술

오감정보 저작 및 재현기술은 오감정보 획득, 저작, 다중화 전송, 동기화 재현을 통해 사실감 있는 미디어 시청을 가능하게 하는 기술이다.

(4) 스마트 방송 콘텐츠 개방형 자원화 기술

스마트 방송 콘텐츠 개방형 자원화 기술은 방송정보 및 지속적으로 생성 및 변화되는 지식응용 미디어를 자원화하여 매시업을 지원하는 기술이다.

(5) 클라우드 기반 매시업 지원기술

클라우드 기반 매시업 지원기술은 클라우드 기반의 콘텐츠를 제작, 편집, 분배함으로써 스마트 미디어 콘텐츠의 체계적 운영 및 사용효율을 증대시키는 기술이다.

(6) 개방형 표준 플랫폼 및 서비스 인터페이스 기술

개방형 표준 플랫폼 및 서비스 인터페이스 기술은 오픈 API를 통해 제공되는 다양한 서비스를 활용하여 부가가치를 창조하는 스마트 미디어 컨슈머 비즈니스 기술이다.

5. 광고 프레임워크

1) 광고 프레임워크의 정의

광고 프레임워크는 매체 다양화, 스마트 단말 등 다양한 단말의 보급확대 및 사용경험증가에 대응하는 다매체 통합형 광고제작, 유통 프레임워크 서비스 기술이다. 광고 프레임워크의 핵심 기술은 매체 통합형 광고기술, 내재형 SW 피플미터 기술, 이용자 행동·상황 정보 타깃팅 광고기술, 빅데이터 응용 클러스터링 기술 등이다.

[그림 3-6] 스마트 미디어 광고 프레임워크

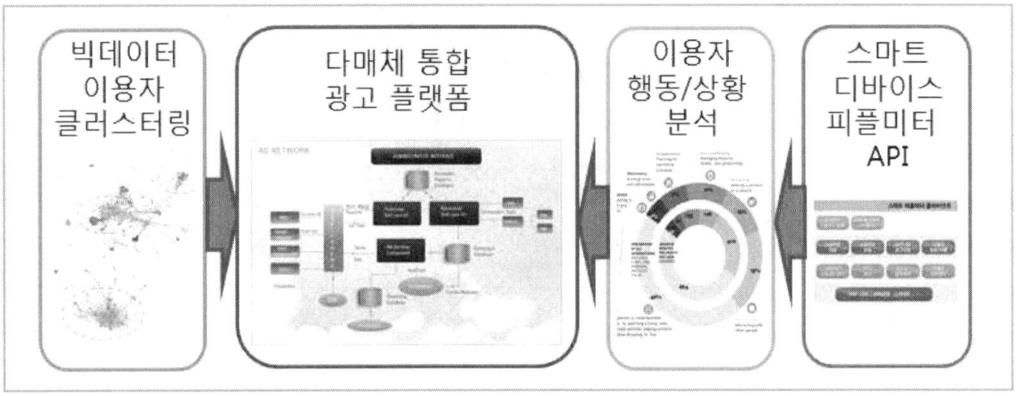

2) 광고 프레임워크의 핵심 기술

(1) 매체 통합형 광고 플랫폼 기술

매체 통합형 광고 플랫폼 기술은 매체간 콘텐츠의 내용, 시청자, 시청상황 등에 적응적으로 광고 서비스를 제공하기 위한 광고 제작 / 전송 / 소비 기술이다.

(2) 빅데이터 기반 광고이용자 클러스터링 기술

빅데이터 기반 광고이용자 클러스터링 기술은 선호도 및 관심사항이 유사한 이용자 그룹을 대상으로 광고 서비스를 제공하기 위한 이용자 클러스터링 기술이다.

(3) 단말 내재형 소프트웨어 피플미터 기술

단말 내재형 소프트웨어 피플미터 기술은 이용자 콘텐츠 소비상황정보를 별도의 부가장치 없이 수집하고 광고효과를 분석하는 기술이다.

(4) IoT 자율통신 기반 사이니지 협업기술

IoT 자율통신 기반 사이니지 협업기술은 IoT 기반 자율통신을 통해 이동·고정형 스마트 사이니지간 자율적으로 멀티스크린 환경을 구성하는 기술이다.

(5) IoT 정보 모델링 및 지식정보 매시업 기술

IoT 정보 모델링 및 지식정보 매시업 기술은 IoT 기반으로 수집된 상황 정보수집·분석 및 개인화·지식화를 위한 모델링 처리 및 정보 매시업 기술이다.

(6) 비평면 스크린 인지기술

비평면 스크린 인지기술은 비평명 스크린에 대한 정보를 수집하여 영상의 왜곡 없이 표현하는 비실시간·실시간 정보수집·분석·모니터링 기술이다.

(7) 비평면 스크린 미디어 보정표현 기술

비평면 스크린 미디어 보정표현 기술은 비평면 스크린 표면정보를 기반으로 미디어를 실시간 보정하여 의도에 맞게 표현하는 상황 적응형 영상 보정기술이다.

3-2 스마트 미디어의 응용 사례(평창올림픽 시범 서비스)

1. 올림픽 개인방송 서비스

1) 올림픽 개인방송 서비스의 개요

올림픽 개인방송 서비스는 스마트폰, 태블릿PC 등 개인기기로 각자의 경험을 실시간 중계하고, 웹 기반의 인터넷 방송으로 공유하는 개인방송 서비스 제공한다.

[그림 3-7] 올림픽 개인방송 서비스 개념도

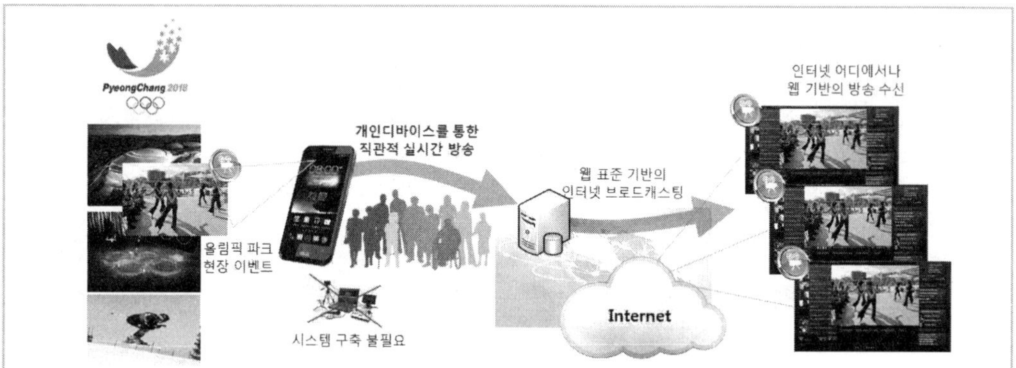

2) 기대효과

올림픽 개인방송 서비스의 기대효과는 올림픽 현장에서 개인이 원하면 자신의 스마트폰·노트북 등의 기기로 실시간 인터넷 방송을 녹화하고, 이를 제공·공유하는 개인

방송 서비스를 통해 국내 우수 기술·인프라를 세계에 홍보하는 효과가 있다.

3) 관련 기술

올림픽 개인 방송서비스는 웹 기반 품질보장형 방송 스트리밍 기술, 실시간 저지연 웹 스트리밍 서버 부하분산 기술, 웹 기반 가상화를 활용한 제로 클라이언트 기술개발 필요하다. 이를 위한 신규 예산은 3년 간 개발 및 구축에 총 90억원 소요될 것으로 예상된다.

4) 기타 필요사항

올림픽 개인방송 서비스를 위하여 IOC 조직위, 방송사와 방송중계권 및 저작권, 운영시스템 구축 등과 관련한 협의가 필요하다.

2. 1인칭 선수 관점의 프리미엄 중계 서비스

1) 1인칭 선수 관점의 프리미엄 중계 서비스의 개요

1인칭 선수 관점의 프리미엄 중계 서비스는 웨어러블 초소형 무선 카메라 기술과 5G 초고속 무선통신망을 활용하여 기존 방송시스템의 시점 한계를 초월한 선수 관점의 1인칭 방송중계 서비스 제공하는 것을 의미한다.

[그림 3-8] 1인칭 선수 관점 프리미엄 중계 서비스 개념도

2) 기대효과

1인칭 선수 관점에서 올림픽경기를 체험할 수 있는 방송 서비스 제공으로 역대 올림픽 및 스포츠방송과 차별화된 체험제공 및 우수기술력과 인프라 홍보에 대단한 기대효과가 있을 것으로 예상한다.

3) 관련 기술

1인칭 선수 관점 프리미엄 중계 서비스의 관련 기술은 민간사업자 주도로 기술·장비 등을 개발, 정부는 관련 서비스 도입을 위해 IOC 등과 협의 추진 및 필드 테스트에 일부 지원이 필요하다.

1인칭 선수 관점 프리미엄 중계 서비스의 신규예산은 서비스 시연영상 제작(2억원), 필드테스트(20억원) 정도의 예산이 필요한 것으로 예상된다. 현재 KT는 스포츠 분야 1인칭 방송중계 서비스 도입을 위해 'Power Live' 기술개발이 완료된 상태이고, 추가적으로 장비개발 등을 위해 기술개발 30억원, 필드테스트 150억원정도 소요될 것으로 판단된다.

4) 기타 필요사항

1인칭 선수 관점 프리미엄 중계 서비스를 위해 IOC 조직위, 방송사와 방송중계권 및 저작권 등에 관한 절대적인 협의 및 협력이 필요하다.

3. 디지털 사이니지 기반 올림픽 거리조성

1) 개 요

디지털 사이니지 기반 올림픽 거리조성은 올림픽 기간 동안 올림픽파크나 공항, 주요 도심지 등에 국내외 관람객을 대상으로 IoT와 연동하는 디지털 사이니지 스크린에서 관람객 맞춤형 경기정보, 경기일정, 선수정보, 주변 관광지, 식당정보 등을 제공하는 서비스를 말한다.

[그림 3-9] 디지털 사이니지 기반 올림픽 거리 서비스 개념도

2) 기대효과

디지털 사이니지 기반 올림픽 거리 서비스의 기대효과는 IoT 기반 올림픽 거리조성을 통해 국내 IT 기술 및 한류 콘텐츠 등을 적극 홍보하여 평창올림픽 붐 조성에 많은 기대가 예상된다.

3) 관련 기술

디지털 사이니지 기반 올림픽 거리 서비스의 관련 기술은 텔레 스크린 공간 및 개인 상황정보를 수집 · 분석하여 멀티스크린에서 상호작용 서비스를 제공하는 플랫폼 기술 개발 추진이 필요하다.

디지털 사이니지 기반 올림픽 거리 서비스의 개발을 위한 예산은 '오픈스크린서비스 플랫폼 개발' 등 사업으로 추진 예산이 총 60억원 정도이고 스마트 사이니지 관련 서비스 구축 및 시연을 위해서는 추가 예산 등이 절대적으로 필요하다.

4) 기타 필요사항

디지털 사이니지 기반 올림픽 거리 서비스를 위해서는 IOC 조직위원회 및 지자체 등과 올림픽 거리조성 협조가 필요하다.

4. 동계올림픽 경기종목 실감체험 서비스

1) 개 요

동계올림픽 경기종목 실감체험 서비스는 실감 IT 기술을 기반으로 동계올림픽 종목(스키)을 선수 및 관람객이 함께 즐기고 가상으로 체험할 수 있도록 지원하는 서비스이다. 예를 들면 골프존의 스크린골프처럼 실제 골프코스를 영상으로 즐기는 것처럼 실제 코스를 경험하는 것처럼이 필요하다.

2) 기대효과

동계올림픽 경기종목 실감체험 서비스의 기대효과는 선수 · 임원 · 기자단 · 관광객 등에게 첨단 디스플레이 기반 가상체험 서비스 제공으로 국내의 앞선 기술을 세계에 홍보할 수 있다.

3) 관련 기술

동계올림픽 경기종목 실감체험 서비스의 관련 기술은 스포테인먼트 실감체험 플랫

[그림 3-10] 이용자 체험 서비스 코스

폼 기반 기술개발 및 시제품 개발(2013~2017년)을 통해 평창올림픽에 적용이 가능한 기술이다.

동계올림픽 경기종목 실감체험 서비스의 예산은 '실감 미디어 산업 R&D 기반구축 및 성과확산 사업'으로 총 44억원 정도 예산이 필요하고 관련 서비스 구축 · 시연을 위해서는 추가예산이 필요하다.

4) 기타 필요사항

동계올림픽 경기종목 실감체험 서비스를 위하여 IOC 조직위원회 및 지자체 등과 시범서비스 구축 협조가 필요하다.

제 1 장	스마트 미디어의 개요
제 2 장	스마트 미디어의 특징 및 활용
제 3 장	스마트 미디어 기술 및 응용 서비스
제4장	**IT 비즈니스 플랫폼의 개요**
제 5 장	플랫폼 발전과 활용
제 6 장	핀테크 플랫폼(삼성 / 알리 / 애플 페이 등)
제 7 장	소셜 플랫폼(SNS / 페이스북 등)
제 8 장	게임 멀티 플랫폼(네이버 / 카카오 등)
제 9 장	음원 플랫폼(멜론 / 벅스 / Milk 등)
제10장	웹툰 플랫폼
제11장	웹드라마 플랫폼
제12장	K-컬처 플랫폼(한류 뷰티 / 스킨 / 드라마 등)
제13장	스마트 홈 플랫폼
제14장	스마트 자동차 플랫폼

4-1 플랫폼의 등장배경과 의미

1. 플랫폼의 등장배경

1) 비즈니스 플랫폼의 요구

다양한 상품을 생산하거나 판매하기 위해 공통적으로 사용하는 기본구조로서 비즈니스 플랫폼을 요구하고 있다.

(1) 경제적 가치창출 기반 시스템

비즈니스 플랫폼은 서로 다른 두 이용자 집단이 공통적으로 합의된 표준에 따라 경제적 가치를 창출하는 기반 시스템이다.

예를 들면 '기차운행 플랫폼'은 모든 이용자에게 공통으로 미리 정해진 기차시간과 가격, 탑승장소로 구성하고 시간과 가격, 장소를 운행자와 탑승자가 매번 협상해야 하는 불편을 제거하는 플랫폼의 사례이다.

[그림 4-1] 비즈니스 모델과 비즈니스 플랫폼의 관계

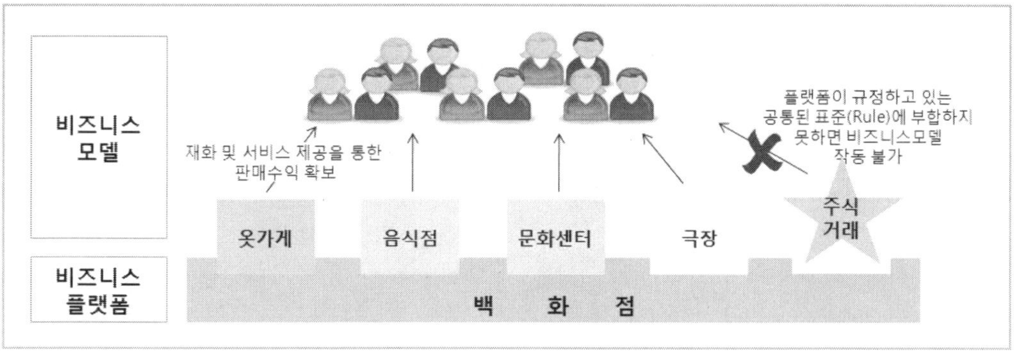

(2) 비즈니스 모델이 운영되는 기반 시스템

비즈니스 플랫폼은 비즈니스 모델의 목적이 구현되는 토대로써 비즈니스 모델이란 기업이 수익을 창출하는 방법으로, 제품이나 서비스를 소비자에게 어떻게 제공하여 이윤을 달성할 것인지에 대한 구체적인 계획이다.

[그림 4-1]처럼 백화점에서 입점매장이 소비자에게 물건을 판매하여 이윤을 달성하는 방법은 비즈니스 모델이고 다양한 매장이 입점하여 비즈니스 모델을 실현할 수 있는 토대인 백화점은 플랫폼에 해당된다.

(3) 플랫폼의 가치는 상대편 이용자 집단의 규모에 의존

백화점의 가치는 입점매장수와 이용객 수가 많을수록 증가하고 참여자가 늘어날수록 플랫폼의 가치 및 이용자의 혜택이 증가하는 선순환 구조로 되어 있다.

2) IT 비즈니스 플랫폼은 산업간 융복합 트렌드를 주도

(1) 비즈니스 플랫폼은 기술적 · 경제적, 디지털 · 비디지털로 폭넓게 분포

제조업, 유통업, 운송업 등의 비디지털 영역에서 플랫폼의 주요 목적은 생산 및 비용 효율성 향상하고 자동차 생산 플랫폼의 등장은 부품 단일화, 생산 효율성 향상에 크게 기여하고 있다. 자동차를 4개 모듈로 구분하여 각 모듈요소 조합을 통해 한 플랫폼으로 60여개 모델이 생산 가능하도록 하는 닛산의 CMF(Common Module Family)가 대표적 사례이다. 폭스바겐과 다임러의 경우 3개의 플랫폼으로 전체 모델의 95%를 생산하고 있다.

(2) IT 비즈니스 플랫폼은 디지털 영역 플랫폼을 포괄

[그림 4-2]처럼 IT 비즈니스 플랫폼은 디지털 영역 플랫폼을 포괄한다. 최근 주목받는 디지털 플랫폼인 '안드로이드' 등 OS(운영체제)는 콘텐츠와 소프트웨어를 구동시키는 플랫폼이도 '앱 스토어'는 디지털 콘텐츠를 유통시키는 플랫폼이다.

[그림 4-2] 비즈니스 플랫폼의 구분

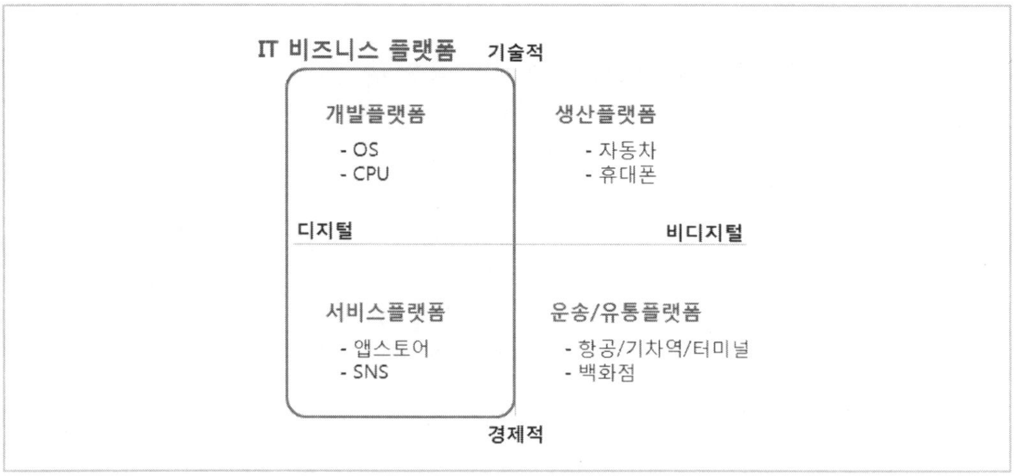

(3) IT 산업을 매개로 한 산업간 융복합에서 IT 비즈니스 플랫폼의 역할증대

'스마트 자동차'와 같이 IT와 이종산업의 융복합에 따라 디지털과 비디지털 영역간 융합이 확산되고 있다. 융합을 가능하게 하는 토대로서 자동차, 선박 등에 채택되는 새로운 운영체제나 CPU 등 IT 플랫폼 중요도 강화되고 있는 전망이다.

3) 모바일 기기의 다양한 플랫폼의 탑재

(1) 휴대폰에 운영체제가 탑재된 스마트폰 보급확대 및 고급 사양화로 '손안의 PC'시대 본격화

PC의 운영체제(OS)는 PC에서 워드, 인터넷, 게임 등 다양한 애플리케이션을 사용할 수 있게 하는 대표적인 플랫폼이다. 스마트폰에 운영체제가 탑재되고 PC 수준으로 하드웨어 성능이 향상됨에 따라 PC에서 수행한 다양한 업무들을 스마트폰으로도 활용 가능해졌다.

(2) 모바일화의 진전에 따른 새로운 비즈니스 모델의 출현으로 다양한 IT 비즈니스 플랫폼 등장

애플의 'AppStore'는 모바일 사용환경에 최적화된 애플리케이션 거래 비즈니스 플랫폼이다. 온라인상에서 필요한 기능을 구현하는 소프트웨어를 사용자가 골라 구매하는 시스템으로서 스마트폰 열풍을 주도한 비즈니스 모델의 토대이다. 통신회사가 제공하는 서비스를 수동적으로 소비하던 소비자가 필요한 서비스를 능동적으로 선택하는 소비자로 전환된 결정적 계기가 되었다.

최근에는 SNS(Social Network Service)나 IM(Instant Messenger) 등의 서비스를 위한 플랫폼도 등장하였다. 페이스북, 트위터, 핀터 레스트 등은 대표적인 SNS 사례이고 카카오톡, 네이버의 '라인' 등은 대표적 IM 사례에 해당된다. 다양한 IT 비즈니스 플랫폼들은 유선 인터넷의 포털 기능을 겸비하면서 플랫폼으로서의 경쟁력이 강화되고 있다.

SNS, IM 등의 서비스 플랫폼은 인터넷 포털처럼 검색, 쇼핑, 게임, 미디어 감상 등을 가능하게 하는 토대로 역할을 확장되고 있다.

2. 플랫폼의 의미

1) 플랫폼 제공업체로 IT 산업주도권 이동 및 산업 융복합 가속화

IT 비즈니스 플랫폼의 확산으로 통신사와 제조사 중심에서 소프트파워에 기반한 플랫폼 업체로 산업주도권이 이동하고 있다. 기존에는 이동통신사들이 휴대폰을 통한 콘텐츠와 서비스 유통을 장악했으나, 앱 스토어나 페이스북 등 서비스 플랫폼 업체들로 기득권이 이동 중이다.

[그림 4-3] 플랫폼 제공 업체 중심의 IT 생태계 재편구도

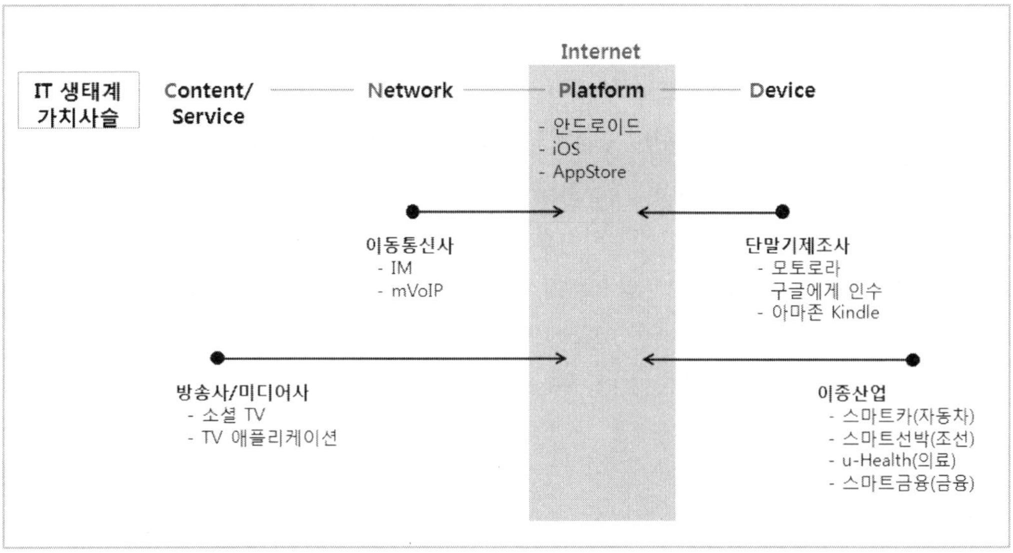

IT 산업이 '제조' 중심에서 'S/W'와 '서비스' 중심으로 변화하고 있다. 서비스 플랫폼 확산에 따라 산업간 통합이 용이해지고 본격화 되고 있다.

다양한 미디어 콘텐츠 및 방송사들은 모바일 인터넷을 통해 VOD 서비스를 쉽게 제공하는데 플랫폼을 활용하고 있다. 주요 방송사들은 스마트폰 애플리케이션을 통해 실시간 방송 및 VOD 콘텐츠 유통으로 신수익모델 창출하고 있고 IM에 이은 mVoIP서

비스 등장은 통신산업도 인터넷에 기반한 서비스 플랫폼으로 융합됨을 의미한다.

mVoIP는 휴대폰으로 인터넷 전화를 이용하는 서비스로 통신망이 아닌 인터넷망을 이용하고 있다. 스마트 금융, 스마트 자동차 등을 통해 이종산업까지도 서비스플랫폼의 영향력 하에 놓일 전망이다.

2) 최소비용에 의한 기업협력 수단 및 정보교환의 장으로서 역할

융복합 가속화로 IT 산업간의 경계가 점차 모호해지면서 사업영역이 확장됨에 따라 다양한 개발자간 협력이 중요하다. 단말기 제조사들은 하드웨어 제조를 넘어 음성/동작인식 S/W, 운영체제, 서비스 플랫폼을 통한 콘텐츠 유통 등 가치사슬 전체로 사업영역을 확장하고 있다. 플랫폼 제공업체들 역시 단말기 제조사 인수, 직접 개발참여 등 경쟁의 범위확대 움직임이 일고 있다.

플랫폼은 IT 생태계 구성원들의 '참여의 장'으로서 변화의 과정에서 경쟁요소를 선점하는 핵심 수단이다. IT 생태계가 복잡해짐에 따라 단일기업이 모든 경쟁요소를 갖추기 어려운 구조이다. 플랫폼은 단기간에 최소한의 비용으로 다수의 기업간 협력을 달성할 수 있는 최적의 방안이다.

M&A나 Joint Venture 등 전통적 방식에 의한 경쟁력확장은 긴 시간과 비용이 소요되어 사업환경의 빠른 변화에 대한 적응 불가능하다. 플랫폼을 토대로 한 협력사의 참여는 단기간에 적은 비용으로 방대한 협력관계 구축을 가능하게 한다.

애플 앱 스토어를 활용하면 50만개의 애플리케이션 개발자와 협력관계를 구축하고 있고 앱스토어에서 50만개의 애플리케이션이 거래되기까지 불과 3~5년이 소요된다.

플랫폼은 고객들의 콘텐츠 및 서비스 이용정보 수집의 토대로서도 중요하다. 고객들이 자발적으로 플랫폼을 이용함으로써 수집비용 없이 고객의 소비행태에 대한 유형화 가능하고 다수고객이 참여하여 제품에 대한 의견을 교환하는 SNS는 최근 마케팅 전략의 핵심 수단으로 등장하고 있다.

4-2 플랫폼의 사업확장 단계

[그림 4-4] 플랫폼의 사업확장 단계

	1단계	2단계	3단계	
	차별화 기술/ 서비스 제공	유의미한 이용자수 확보	수익모델 발굴 및 확장	밸류체인 확장
Google	• 정확도 높은 검색서비스	• 세계 1위 검색서비스	• 광고 수익 확보 • 모바일 플랫폼으로 확장	• 모토로라 인수로 단말기 영역 진출
Facebook	• 소셜네트워크 서비스 제공	• 9억 5천만명 가입자 확보	• 광고 수익 확보 • 게임, 쇼핑 플랫폼으로 확장	• 자체 스마트폰 제조 추진 중
Amazon	• 세계최초 온라인 서점 • 방대한 품목판매	• 세계 1위 인터넷 유통업체	• 콘텐츠 판매 수익 • 모바일 플랫폼으로 확장	• 전자책 리더기 제조
KAKAO	• 무료 IM 서비스 • 전화번호만으로 간편한 친구등록	• 국내 스마트폰 보급대수 수준의 가입자 확보	• 이모티콘, 선물, 광고 수익 확보 • 게임으로 확장	• 보이스톡을 통해 음성통신영역으로 확장

〈표 4-1〉 주요 플랫폼 제공 업체의 사업현황

구분	구글	페이스북	아마존	카카오
가치사슬 영역	C-N-P-D	C-N-P-(D)	C-N-P-D	C-N-P-D
제공 플랫폼	· OS · 앱스토어 · 광고 플랫폼	· OS 준비중 · 앱스토어 · 광고 플랫폼	· OS · 앱스토어 · 광고 플랫폼 준비	· 광고 플랫폼 · 게임 플랫폼
주요 수익모델	· 광고 · 앱스토어 수수료 · 전자결제 수수료	· 광고 · 앱스토어 수수료	· 단말기 판매 · 콘텐츠 판매 · 광고	· 이모티콘, 선물하기 · 광고
등록앱수	50만개	600개	3만개	10개
가입자수	2억 5천만명 (구글+)	9억 5천만명 (페이스북)	1억 8천만명 (amazon.com)	5천 6백만명 (카카오톡)

주: C(Content), N(Network), P(Platform), D(Device)

[그림 4-5] 국내 주요 포털 업체의 사업변화 추이

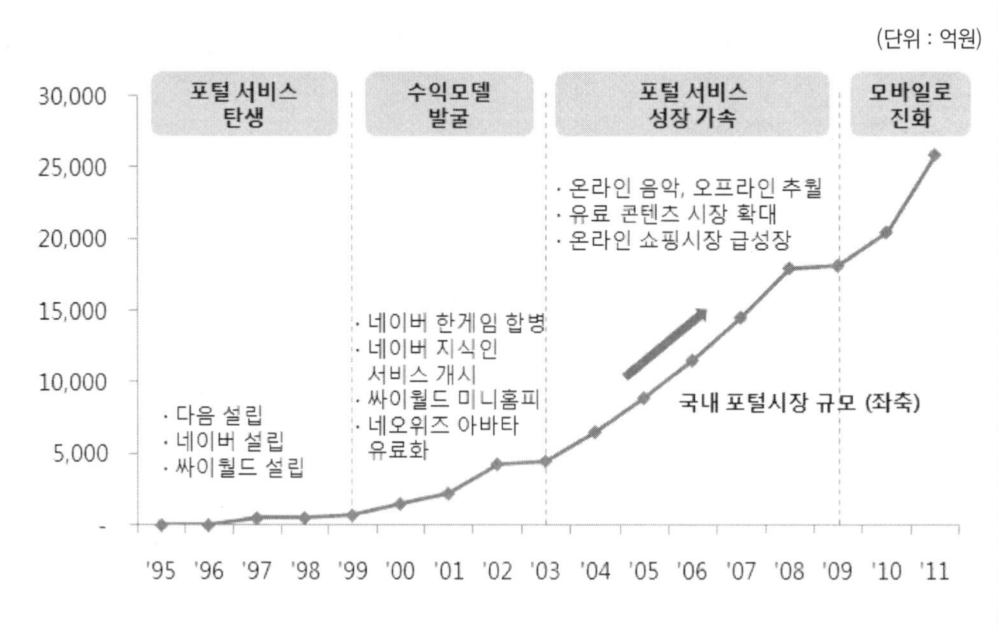

포털시장규모는 주요 업체(NHN, DAUM, SKComs, KTH, Yahoo) 매출의 합계자료

[그림 4-6] IT 비즈니스 플랫폼 서비스 전개방향 전망

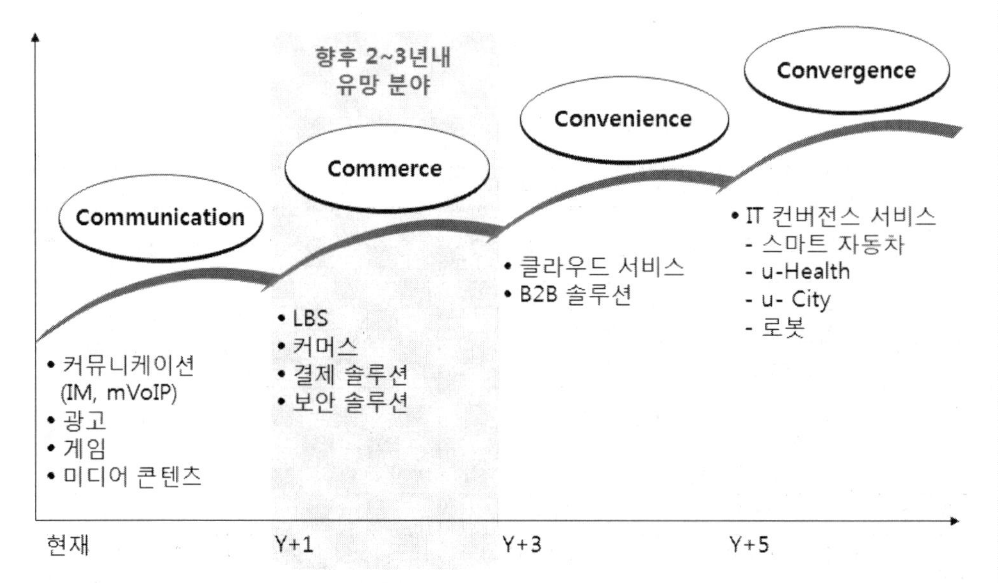

〈표 4-2〉 주요 은행의 결제 서비스 플랫폼 활용사례

은행	명칭	서비스 내용
KB국민은행	모바일 직불 결제서비스	스마트폰에 앱을 통해 휴대폰 번호로 등록된 계좌로 결제서비스 실행
하나은행	하나N월렛	하나은행 계좌를 선불로 충전하여 스마트폰으로 결제 가능한 전자지갑
기업은행	모바일 머니	스마트폰에 모바일 머니를 충전해 ATM 인출 등 금융서비스 이용

〈표 4-3〉 주요 해외 은행의 스마트 브랜치를 통한 서비스 플랫폼 활용사례

은행	서비스 내용
JP Morgan Chase	첨단 ATM 기기의 시범 운영지점을 '12년말 100개에서 향후 12~18개월 내 1,000개 지점으로 확대 예정
Coastal Federal Credit Union	텔러와 원격으로 화상상담이 가능한 ATM 기기보급
BOA	4개의 시범지역에서 비디오 ATM 기기 테스트 운영 중
Wells Fargo	첨단 ATM 기기를 통해 계좌이체 서비스 향상 및 이메일 영수증 요청 서비스 실시

제 1 장	스마트 미디어의 개요
제 2 장	스마트 미디어의 특징 및 활용
제 3 장	스마트 미디어 기술 및 응용 서비스
제 4 장	IT 비즈니스 플랫폼의 개요
제5장	**플랫폼 발전과 활용**
제 6 장	핀테크 플랫폼(삼성 / 알리 / 애플 페이 등)
제 7 장	소셜 플랫폼(SNS / 페이스북 등)
제 8 장	게임 멀티 플랫폼(네이버 / 카카오 등)
제 9 장	음원 플랫폼(멜론 / 벅스 / Milk 등)
제10장	웹툰 플랫폼
제11장	웹드라마 플랫폼
제12장	K-컬처 플랫폼(한류 뷰티 / 스킨 / 드라마 등)
제13장	스마트 홈 플랫폼
제14장	스마트 자동차 플랫폼

5-1 모바일 플랫폼의 진화

1. 모바일 플랫폼

모바일 플랫폼(Mobile Platform)은 스마트폰, 태블릿PC 모바일 기기가 넘쳐나고 있는 요즘. 모바일 기기와 사용자를 연결시켜주는 것이 '플랫폼'이라고 불린다.

OS는 운영체제(運營體制, 문화어 : 조작체계) 또는 오퍼레이팅 시스템(OS : Operating System)로써 컴퓨터의 하드웨어를 직접적으로 제어하고 관리하고 애플리케이션이 실행할 수 있는 환경을 제공하는 일을 하고 이를 위해 커널(Kernel)을 보유하고 있는 시스템 소프트웨어이다. OS는 커널, 라이브러리, 프레임워크 등으로 구성되어 있다. 보통 마이크로소프트의 윈도우 시리즈나 리눅스 계열의 우분투, 레드헷, 센트 OS 등을 말한다.

일반적으로 플랫폼이란 의미는 하드웨어 개발자들은 작업현장이나 OS와 애플리케이션이 구동 중인 보드나 장비를 말한다. 소프트웨어 개발자들은 OS와 플랫폼을 혼용해서 쓰는 경우도 많이 있다. 그렇지만 엄연히 OS와 플랫폼은 비슷하지만 다른 의미이다.

즉 플랫폼인 BADA는 OS가 아니고 플랫폼이다. 안드로이드도 엄밀히 말하면 OS가 아니고 리눅스 커널 위에다가 플랫폼을 얹은 것이다. 컴퓨팅에서 플랫폼은 소프트웨어가 구동 가능한 하드웨어 아키텍처나 소프트웨어 프레임워크의 종류를 설명하는 단어이다.

일반적으로 플랫폼은 컴퓨터의 아키텍처, 운영체제(OS), 프로그램 언어, 그리고 관련 런타임 라이브러리 또는 GUI를 포함한다. 즉 플랫폼은 OS보다 큰 개념이다. 플랫폼과 OS의 구분은 플랫폼의 범주가 더 넓어 역설적으로 OS를 플랫폼이라 부를 순 있으나, 플랫폼을 OS라 부를 순 없다. 역시, 결국 OS의 핵심 요소인 커널의 존재여부라고 할 수 있다.

최근 동향으로 커널은 기존 H/W에 종속적인 부분을 활용하며 추상적인 OS를 배제하고 있다. 최근엔 라이브러리+프레임워크+런타임 등을 합쳐 플랫폼이라 지칭하는 행태로 발전하고 있다. 그런데 최근에 많이 대두되는 웹 플랫폼이 있는데, 웹 플랫폼에서 OS는 무엇일까? OS의 핵심 요소인 커널이 웹 플랫폼에는 없다.

웹 플랫폼이 동작하기 위해서 서버이든 PC이든 간에 HTML을 표현하기 위한 렌더링 엔진이 존재해야 한다. 그리고 렌더링 엔진은 다시 OS 위에서 동작한다. 그렇다면 고유의 OS를 보유하고 있지 않는 웹 플랫폼을 플랫폼이라고 말할 수 있는가, 최근에 동향을 보면 플랫폼을 좀 더 포괄적으로 활용하는 것 같다.

2. 모바일 플랫폼의 구분

모바일 플랫폼은 크게 2가지로 나눌 수 있다.

1) 서비스 앱이 실현 가능하도록 해주는 운영체제의 플랫폼

플랫폼인 BADA는 RTOS(Real Time OS) 일종인 Nucleus OS 위에 BADA라는 플랫폼을 얹었다. RTOS는 굉장히 작은 운영체제(OS)이고 이름에서 볼 수 있듯이 당연히 실시간 처리를 하고 커널이 대부분이라고 생각하여도 될 정도로 작다.

실시간 처리를 위한 스케줄링, 메모리 관리하는 커널에다가 파일시스템, 통신을 위한 소켓(tcp / ip) 정도만을 얹은 정도가 Nucleus 전부이다. 이러한 OS 위에다가 BADA 플랫폼을 얹었다. 사용자 UI 및 휴대폰에 탑재되는 각종 센서와 카메라 등의 추가적인 컴포넌트를 포함하였다.

플랫폼을 얹음으로써 OS 및 드라이버 등의 구조를 잘 알지 못하더라도 제공되는 SDK의 API호출을 통해 프로그램을 개발할 수 있다. 공통된 개발환경을 가지고 공통된 함수를 호출해서 프로그램이 돌아가기 때문에 프로그램간 호환성이 보장된다. 리눅스 버전이 페도라 우분투 레드햇 등 여러 가지가 있다.

OS인 리눅스 커널 위에 서로 다른 플랫폼을 얹어 서로 다른 기능을 제공한다. 이런 개념으로 보면 될 것 같다.

플랫폼인 안드로이드 같은 경우도 OS인 리눅스 커널위에 플랫폼을 얹은건데, 오픈소스이므로, 휴대폰 제조사에서 각종 수정 및 튜닝을 한다. 그렇기 때문에 같은 안드로이드이라도 시리우스에서 돌아가는 것이 갤럭시에서 돌아가지 않을 수 있고 넥서스 원에서 또 호환이 되지 않을 수 있다. 이러한 문제점 때문에 3.0버전에서는 소스를 수정하지 못하도록 한다.

하지만 바다는 그럴 걱정이 없다. 삼성에서만 제조되어 나온다. 바다 플랫폼이 공략하는 것은 피쳐폰 시장이다. 피쳐폰의 스마트폰화 이것이 바다의 공략 포인트이고 목표이다. 즉, OS에 플랫폼인 바다, 안드로이드 등을 얻어서 사용한다.

2) 게임, SNS, 인터넷과 같은 서비스를 하게 해주는 서비스 플랫폼

서비스 플랫폼이란 서비스 영역별 통합된 기능을 사용자와 연결시켜주는 플랫폼이다. SNS, 쇼핑, 길찾기, 내비게이션 등 특정 서비스를 사용자가 이용할 수 있게 하는 모든 플랫폼이 서비스 플랫폼이 되는 것이다. 현재 서비스 플랫폼은 단순히 그 서비스를 제공해 주는 것을 넘어서서 제 3rd party와의 협력을 통해서 더 다양한 서비스를 제공해 주기 위해 노력하고 있으며, 대표적인 사례로 한 때 국내 게임 시장에 열풍을 불러 일으킨 '애니팡'을 들 수 있다.

모바일 플랫폼 및 서비스 분야에서 글로벌 환경은 급속하게 변화하고 있다. 그 변화의 중심에는 애플의 아이폰, 구글의 안드로이드 등 데이터 통신기반의 스마트폰 시장이 급속하게 성장하여 소위 풀 브라우징 등과 같이 유선 인터넷에서의 콘텐츠를 무선에서도 이용 가능한 환경이 되고 있다.

인터넷을 무선에서 원활하게 이용하기 위해서는 무선네트워크의 전송속도 향상, 단말기 자체의 컴퓨팅 능력향상, 모바일 플랫폼과 모바일 OS의 상호호환성, 무선단말기에 걸맞는 콘텐츠의 개발 등 많은 기술적 해결책이 필요하게 된다. 또한 모바일 콘텐츠에 대한 원활한 이동성을 보장하기 위해서는 표준화가 더욱 중요하게 되었다.

5-2 모바일 플랫폼의 종류

스마트폰을 사용하다보면 플랫폼이란 말을 많이 듣게 된다. 모바일 플랫폼이란 쉽게 말해 PC로 치자면 운영체계인 것이다. 각종 소프트웨어들이 플랫폼 안에서 구동되는 것이다. 모바일 플랫폼에는 다양한 플랫폼이 존재한다.

1. WIPI-위피

위피는 국내 표준으로 만든 무선 인터넷 플랫폼이다. 스마트폰 이전의 일반 폰(피쳐폰)에는 위피라는 플랫폼이 탑재되었으나, 최근 글로벌 경쟁력이라는 이유로 의무탑재가 폐지되었다. 표준이지만 각 이동통신사 마다 다르게 포팅되어 있으므로 이와 관련한 모바일 개발사들이 꽤나 애를 먹었다.

2. Android-안드로이드

안드로이드는 구글에서 만든 운영체제로 무료(라이선스 프리)로 사용할 수 있는 모바일 플랫폼이다. 무료이기 때문에 많은 단말기 제조사(삼성, LG, HTC) 등이 탑재하고 있다. 국내의 갤럭시 시리즈, 이자르, 옵티머스 시리즈, 베가 등이 이 플랫폼을 탑재하고 있다. 구글의 특화된 서비스(지도, 메일, 스케줄 등)가 제공된다는 면에서 장점이 있다. 빠른 버전을 업데이트하고 있다. 재미있는 사실은 버전별로 이름이 붙는데 알파벳 순으로 버전이 나오며 모두 음식이름에서 유래된다(예 진저브레드-생강빵).

안드로이드가 뛰어난 점은 이런 디바이스의 OS 호환이 보장되지 않는 환경에서 그리고 포팅과 최적화를 위해서 많은 시간과 노력을 뺏기는 개발자들에게 가상머신(VM)을 통해서 호환성을 보장해주고 있다. 달빅(Dalvik)이라고 하는 가상머신은 개발자들이 하드웨어에 대한 이해가 없더라도 쉽고 빠르게 모바일 디바이스용 애플리케이션을 개발할 수 있도록 해주고 있다.

일반적으로 가상머신은 속도가 느린 것이 문제라고 말한다. 하지만 달빅은 동일한 CPU와 하드웨어 스펙에서 윈도모바일보다 더 빠른 속도와 안정성을 제공해주고 있다. 바로 안드로이드 경쟁력의 핵심은 달빅이라고 보아도 무방할 것이다.

구글이 안드로이드를 인수할 때 당시에 수많은 리눅스 커널을 기반으로 하는 모바일 플랫폼 기업들이 있었음에도 불구하고, 안드로이드를 선택하게 된 배경에는 가상머신의 뛰어남 때문이 아닐까 생각한다.

3. IOS

IOS는 애플에서 만든 독자적인 모바일 플랫폼이다. 애플의 정책이 독점적, 독자적이기 때문에 애플에서 만든 기기에만 탑재된다. 아이폰 시리즈, 아이패드, 아이팟 터치 등이 모두 IOS가 적용된 기기들이다. 현재는 4.2 버전이 나와 있으며 곧 4.3 버전이 업데이트될 예정이다.

4. Windows Phone7(Windows Mobile)

윈도우즈 모바일은 마이크로소프트사에서 만든 모바일 플랫폼이다. 이전에는 윈도우즈 모바일이라는 명칭을 사용해 왔으나 최근에는 Windows Phone7이라는 이름으로 변경했다. 최근에 안드로이드는 IOS에 비해 점유율이 낮은 편이다. Windows Phone7에서는 타일 UI를 개발하여 심플하고 편리한 UI를 제공한다고 한다.

5. Symbian-심비안

심비안은 국내에서는 다소 생소하지만 노키아라는 세계 최대 점유율을 보유한 휴대폰 제조사에서 만든 플랫폼이다. 글로벌 점유율면에서는 최대이지만 최근 역시 IOS와 안드로이드에 밀려 급격한 하락세를 면치 못하고 있다. 국내 출시된 단말에는 몇 종이 있기는 하지만 판매량이 저조하다.

6. BADA-바다

바다는 국내 기업인 삼성에서 만든 모바일 플랫폼이며 아직 초기 단계이다. 현재 탑재된 단말은 웨이브 시리즈가 있다. 이외에도 여러 가지 다양한 모바일 플랫폼이 있으며 각 제조사 및 이동통신사 정책에 맞게 유통 판매된다. 현재는 IOS와 안드로이드가 경쟁구도를 펼치고 있는 상황이다.

5-3 플랫폼의 미래

1. 모바일 메신저와 플랫폼의 폭풍성장

스마트폰 이전과 이후 모바일 인터넷 비즈니스의 성장과 영역확장은 확연하게 차이가 있다. 스마트폰으로 촉발된 수많은 서비스들의 예를 들면 커머스와 광고, 결제와 게임, 영상콘텐츠, 미디어, 헬스케어와 최근의 소셜과 함께 일어나는 O2O(Online to Offline) 비즈니스까지 전방위적이며 성장에 대한 한계 없이 폭풍질주를 하고 있다.

기존 시장에 대한 효율을 파격적으로 높이는가 하면, 과거에는 없었던 새로운 시장을 형성하고 확대해가고 있다. 이러한 성장의 중심에는 당연히 스마트폰이 있으며, 그 중심의 핵심으로 플랫폼과 메신저가 있다.

[그림 5-1] 한국, 중국과 일본에서 메신저의 유사한 확장 예

메신저와 플랫폼은 상호 유기적인 관계를 가지면서 동반성장을 하고 있지만, 어느 순간부터 메신저가 모든 플랫폼을 장악하며, 관련 산업을 흡수하고 다변화되면서 새로운 영역을 진입하고 있는 과정 중에 있다. 이러한 변화의 흐름은 한국과 중국, 일본에서도 주류 메신저에서는 [그림 5-1]과 같이 비슷한 패턴으로 진행되어가고 있다고 보여진다.

이러한 동일한 패턴의 원인은 모바일 단말기와 그에 내재된 OS(Operating System) 기반인 모바일 생태계 1.0인 과거시대와는 다르게 OS와 단말의 경계가 없고, 플랫폼 기반의 사용자 선택이 강화된 모바일 생태계 2.0인 현재시대에 우리 모두 위치하고 있기 때문이다. 이 단계에서는 카카오나 라인, 또는 위챗에서는 콘텐츠나 서비스가 우선한다.

현재는 모두가 열린 경쟁의 시대이며 개방된 환경으로 많은 콘텐츠나 서비스가 가장 중요한 시대가 되었고, 최근에 O2O 커머스 플랫폼이 두각을 나타내는 것도 이 때문이다. 결국 서비스 플랫폼으로의 모바일 메신저는 콘텐츠와 유통, 그리고 서비스 채널의 제왕일 뿐 아니라, 관련 생산의 보물창고가 된 것이다. 때문에 지금의 소셜, 모바일 메신저는 모바일 인터넷의 최고 지위를 점하고 있다는 것에는 의심의 여지가 없다.

그러나 이러한 위치가 언제까지 계속 유지·발전되고 성장할 것인지는 아무도 점칠 수 없다. 왜냐하면 독점적 위치의 사업자와 서비스도 흥망성쇠의 순환이 있기 때문이다. 그렇다면 이들은 어떻게 변화하고 있는지, 또는 어떠한 형상의 발전과 성장을 하고 있는지를 살펴볼 필요가 있다.

2. 모바일 플랫폼 비즈니스의 변화와 성장

최근 미국 최고 벤처 캐피탈 리스트의 파트너가 메시징 앱을 인터넷 차세대 런타임 후보로 꼽았다. 그러나 변화는 우리가 예상한 것 보다 더욱 빨라서 메시징 앱은 현재 가장 역동적인 인터넷 플랫폼이며, 차세대는 또 다른 무엇인가가 동작되는 시스템일 것이다.

[그림 5-2]에서 보면 얼마 전까지도 모바일에 가장 큰 플랫폼은 앱 스토어를 중심으로 하는 앱 마켓 플랫폼이었다. 이는 앱 개발자와 소비자, 단말 등이 같이 동작되는 앱생태계를 이루고 있었다.

[그림 5-2] OS 플랫폼에서 서비스 플랫폼으로의 전환

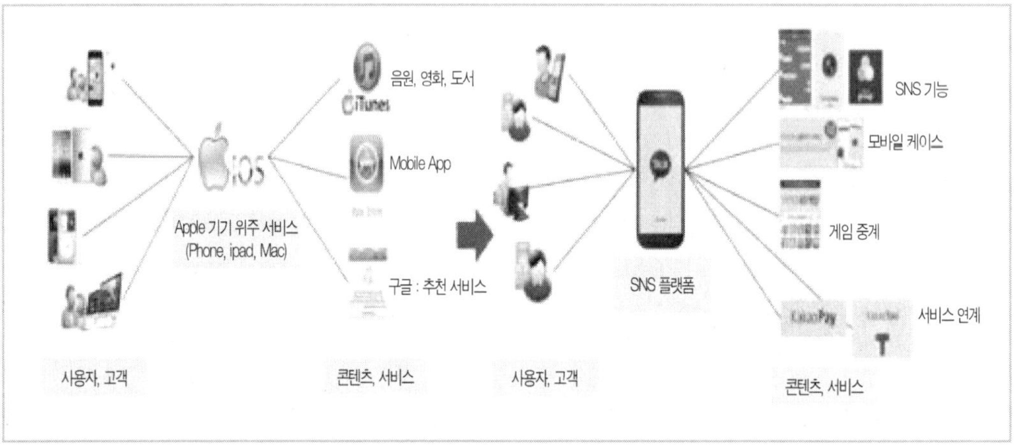

그러나 지금은 애플의 앱스토어의 앱은 150만개가 넘으며, 구글 플레이에도 160만개가 넘는 앱들로 넘쳐난다. 이들에 대한 차별성과 구속력은 나날이 줄어들고 있고 오히려 페이스북이나 핀터레스트, 왓츠앱이나 카카오톡과 같은 소셜이나 메신저, 아마존이나 넷플릭스처럼 커머스, 콘텐츠 또는 에어비앤비나 우버와 같은 O2O 서비스가 더욱 강력한 플랫폼으로 자리잡고 있다.

사실 현재는 이러한 현상을 넘어 소셜, 메신저, 커머스, 콘텐츠, O2O 등의 강력한 플랫폼들이 독립적으로 성장한다기보다는 상호연계를 가지고 동반성장을 하는 방향으로 진행되고 있다.

대표적으로 모바일 메신저 서비스는 게임의 콘텐츠와 광고 마케팅 플랫폼, 커머스 등을 어우르는 거대 복합 플랫폼으로 덩치를 키우고 있는데, 이는 [그림 5-1]에서 모바일 메신저들이 카카오톡 2억 명, 라인 7억 명, 위챗 10억 명, 왓츠앱 9억 명 등 엄청난 가입자와 사용자의 트래픽을 기반으로 다른 형태의 플랫폼과 화학적 융합을 시도한 결과를 나타내는 것이다.

이제는 모바일 메신저를 통하지 않으면 개별적인 플랫폼의 안착이나 성장은 기대하기조차 힘들어졌으며, 모바일 메신저는 모든 산업의 서비스를 장악하고 있다. 따라서 현재는 각각 버티컬 영역의 독립적인 플랫폼의 시대를 지나 개방된 생태계 내에서 OS 플랫폼의 지배력이나 각각의 고유 플랫폼의 지배력이 약화되며, 메신저 기반의 플랫폼이 가장 강력한 통합 플랫폼으로 완성되어가고 있는 과정으로 판단된다.

[그림 5-2]의 플랫폼의 변화를 계층별, 구체적인 지배구조로 다시 구성하면 [그림 5-3]과 같이 나타낼 수 있다. [그림 5-3]은 과거에 OS와 네트워크 중심의 생태계 구조에서, 서비스가 주축이 되는 개방 플랫폼으로의 변환을 이야기하는데 결국 모바일 메신저에 Lock-in된 고객을 대상으로 그 위에 어떠한 서비스라도 붙이고 있는 현실을 이야기하고 있다.

사실 과거에도 많은 고객 트래픽을 가지고 번들 서비스를 하였으나, 오늘날과 같이 강력한 네트워크 효과를 가지고 전혀 다른 종류의 서비스를 융합하는 예가 흔하지 않았다. 특히 과거의 강력한 지배력을 가지는 사업자 영역에서 소셜이나 모바일 메신저 기업 플랫폼의 혜성과 같은 등장을 눈여겨 볼 필요가 있다.

[그림 5-3] 계층과 지배력 구조를 나타내는 플랫폼의 변화

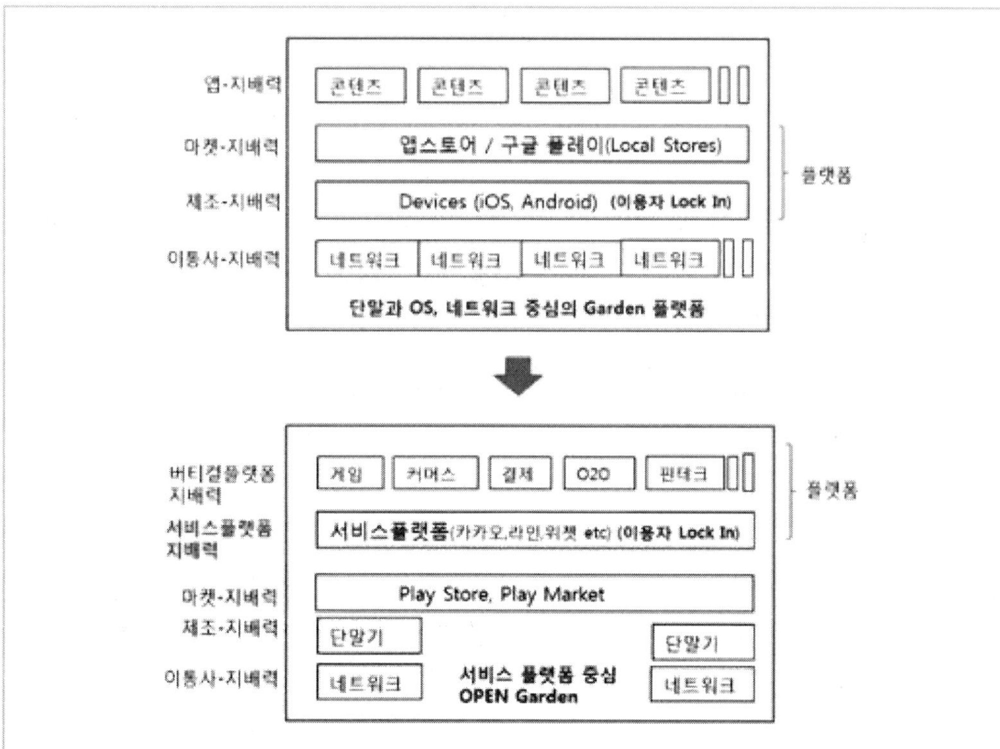

출처 : 김현주, 모바일 플랫폼의 진화 재구성, nipa

향후에도 새로운 플랫폼의 등장은 이러한 지배력 구조에 어딘가를 차지하게 될 것이며 기존 사업자들의 힘은 더욱 빠지게 될 것은 분명하다.

3. 모바일 서비스 플랫폼의 미래

지금까지 플랫폼을 가진 기업들은 영역간의 칸막이 효과가 없어지면서 더욱 개방적이고 연결, 공유되며, 수평적이고 고객의 선택의 폭은 점점 넓어지고 있다. 열린 경쟁에서 경쟁은 가속화되며 빠르게 변화하고 있지만 그 방향은 더욱 세분화된 지배력을 가진다는 특징이 있다.

그렇다면, 각각의 고유영역에서 힘이 동작하면서 거대한 사업자는 나오지 않는다는 것일까. 그렇다기보다는 [그림 5-4]에서 보는 바와 같이 각각의 영역과 자신만의 강력한 플랫폼을 보유하지만 모바일 메신저가 기반이 되거나, 길목을 지키는 중개 플랫폼의 존재가 전체를 지배한다거나, 가장 핵심적인 역할을 하게 되는 구조가 될 것으로 보인다.

과거에도 모든 비즈니스에는 가장 중요한 핵심요소가 있었다. [그림 5-4]에서 보듯 산업이나 비즈니스의 형태는 다를지라도 저장과 공유, 협업이 가능한 공간이나 기반이 플랫폼이라고 한다면 산업사회에서는 생산을 기반으로 소비와의 연결을 위한 교통요충지가 길목이었다.

현재는 모든 정보와 콘텐츠, 네트워크나 주변의 단말장치에 공통으로 연결된 것이 있다면 지금 우리가 이야기하는 플랫폼일 것이다. 이러한 모든 콘텐츠나 서비스는 플랫폼이라는 컨테이너에 들어가서 고객에게 서비스를 제공하는 것이라 볼 수 있다.

그렇다면 향후에 비즈니스, 특히 모바일을 중심으로 하는 비즈니스 영역은 어떠한 형태를 가지면서 플랫폼의 변화가 있을 것인가가 궁금하다.

[그림 5-4] 산업시대와 정보시대의 길목을 지키는 플랫폼의 변화

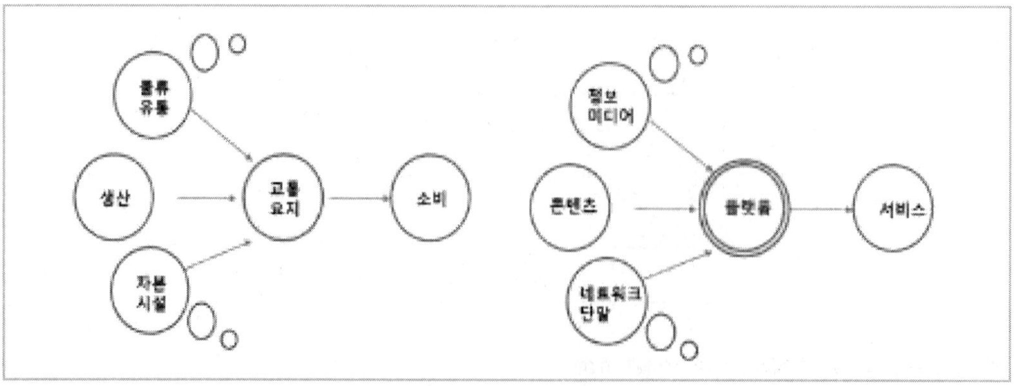

최근에는 소셜 커머스 영역에서의 치열한 경쟁을 하고 있다. 또 VR(Virtual Reality) / AR(Augmented Reality) 영역에서 HMD(Head Mounted Display)를 중심으로 초경쟁을 보이다가도 콘텐츠 영역으로 달려가고 있고, 핀테크 영역은 그동안 관련 산업을 지키고 있던 금융권과 신규시장을 넘나드는 IT 기업간의 연합종횡이 일어나고 있다.

이외에도 헬스케어나 메디컬케어를 접목한 웨어러블 제품이나 서비스, 미래의 움직이는 플랫폼이라고 이야기되는 자동차는 전기자동차나 자율주행차, 커넥티드 카 등에 큰 영향력을 행사할 것은 분명하다.

다만, 그 어느 누구도 이러한 시장의 절대강자로 자리잡지 못하였고, 많은 사업자와 관련 산업간 경쟁과 협력이 활발하게 일어나고 있기에 생각보다 더 빠르게 결정될 것으로 생각된다.

이러한 플랫폼간의 상호작용에 있어서 최근에 나타나는 모든 소셜에 대한 사용성의 하락은 우리에게 시사점을 준다. 과연 지금과 같이 메신저 기반 플랫폼간의 융합을 통한 지배력이 앞으로도 계속 될 것인가에 대한 의문이 들기 때문이다.

[그림 5-5] 국가별 소셜과 모바일 메신저의 사용시간 비교(2015 / 2016)

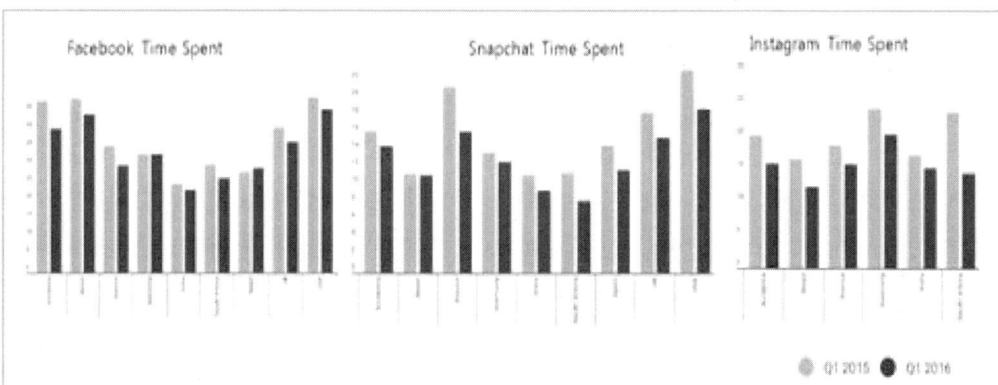

물론 모바일을 기반으로 하는 소셜과 메신저의 등장이 스마트폰을 중심으로 같이 발전해 왔고, 2020년까지는 선진국 외에 중국과 인도, 아프리카, 남미 등의 스마트폰 보급국가까지의 확산을 생각하면 발전의 여지가 더 있기 때문에 최근까지 40%를 웃도는 성장률을 그때까지 계속 유지할 것이라는 낙관적인 전망을 내놓고 있다.

그러나 분명한 것은 과거에는 개별적인 콘텐츠나 미디어, 단말기의 발달이 어느 순간에 OS를 가진 기업들의 장이 되었고, 최근에는 서비스를 가진 기업들이 산업전체를 장악하고 있지만, 그 변화의 중심이 사물기반의 데이터로 이동하고 있다는 것은 이미 많은 전문가들을 통하여 언급되었다.

어떻게 보면 검증되지 않고 실증적인 각론도 제시되고 있지 않지만 현재로서는 가장 가능성이 많고 현실성이 있는 논리이다. 이는 알리바바의 마윈 회장이 "앞으로의 30년은 데이터의 시대가 될 것이다"와 같이 언급한 것처럼 앞으로는 지금까지의 서비스를 통한 데이터 확보와 활용이 다음의 길목을 잡는 중요한 플랫폼이 될 것으로 내다보고 있다.

[그림 5-6] 모바일 플랫폼의 예상이동로

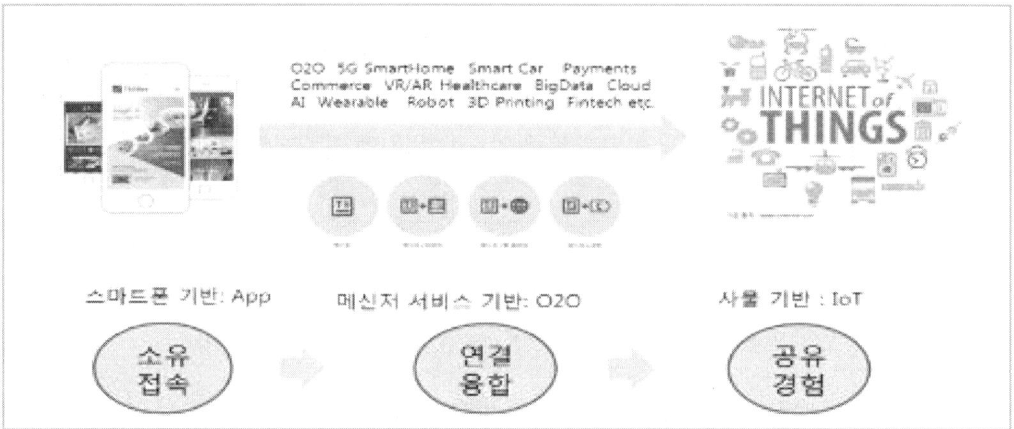

[그림 5-6]을 통하여 알 수 있는 사항은 스마트폰이 들어온 이후에 폰을 중심으로 형성된 모바일 플랫폼 생태계가 O2O라는 다양한 플랫폼들을 연결하고 융합하여 메신저에 대한 지배력을 강화했음을 나타내고 있다. 이는 지금까지의 현상이며 O2O 내 우리의 생활과 밀접한 온라인과 오프라인의 모든 상황 데이터가 축적되어가고 있고, 이러한 활용이 얼마 남지 않았다는 것이 향후 예상되는 비즈니스인 것이다.

결론적으로는 아직 어떠한 것도 정해지지는 않았지만, 현재 미래의 먹거리로 거론되는 다양한 서비스나 기술들이 모여서 최적의 구조를 가진 데이터 플랫폼이 될 것이라는 것과 사물에 생명을 불어넣는 IoT 플랫폼이 될 것이라는 것에는 이견이 없어 보인다.

5-4 웨어러블 단말과 커넥티드 카, 새로운 모바일 앱 플랫폼으로 부상

신규 개발자 진입의 정체, 수익성 악화, 스마트폰 시장의 성장세 둔화 등으로 인해 현재 모바일 앱 시장은 정체기에 직면하게 된다. 이에 따라 스마트폰과 같이 모바일 앱 시장의 성장을 이끌어 낼 수 있는 새로운 단말 플랫폼의 등장이 요구되고 있으며, 웨어러블 단말과 커넥티드 단말이 그 대안으로 등장하고 있다.

일부 웨어러블 단말의 경우 이미 전용 앱 스토어까지 등장했으며, 애플 등 유명 사업자들이 커넥티드 카 산업에 진출함에 따라 관련 앱 시장 또한 빠르게 성장할 것으로 예상한다. 한편, 웨어러블 단말 및 커넥티드 카 기반의 앱 시장이 성장하기 위해서는 최소한의 단말 표준화와 단말 고유 폼팩터(form factor)를 활용한 킬러 앱의 개발 등이 이루어져야 할 것으로 분석된다.

1. 모바일 앱 산업의 현황

① 현재 모바일 앱 시장은 신규 개발자 진입이 정체되는 등 포화상태에 다다르고 있는 상황

- 앱 시장조사 업체 디스티모(Distimo)의 2013년 2월 발표에 따르면 앱 다운로드 기준 상위 250개 개발사 중 신진 개발사 비중이 iOS의 앱 스토어는 2.0%, 구글의 구글 플레이는 3.0%에 불과하다.
- 또한 상위 250개사의 총 앱 매출 대비 신진 개발사 매출비중은 앱 스토어의 경우 0.25%, 구글 플레이는 1.2%를 기록한다.

② 특히, 제한된 시장규모 내에서 개발자 간 경쟁이 치열해짐에 따라 모바일 앱 비즈니스의 수익성이 급격히 악화되고 있는 실정

- 설문조사기관 비전 모바일(Vision Mobile)에 따르면 2013년 기준, 실질적인 수익이 전무한 앱 개발자 비중이 전체의 16%를 기록
- 앱 개발을 통한 월소득수준이 평균 500달러 이하인 소위 '앱 빈곤층(App Poverty Line)'도 전체 앱 개발자의 60%에 육박한 것으로 집계

③ 모바일 앱의 주요 단말 플랫폼인 스마트폰 시장의 성장세까지 둔화되면서 모바일 앱 시장은 당분간 정체기에 머무를 것으로 예상

- 시장조사 업체 IDC에 따르면 2014년 전 세계 스마트폰 시장성장률이 전년 대비 20%p 이상 감소한 19.3%를 기록하는 것에 이어 2017년에는 한 자릿수 성장률에 그칠 전망
- 이에 따라 모바일 앱 활용 저변을 확대할 수 있는 새로운 스마트 단말 플랫폼의 출현이 절실히 요구되고 있는 상황

2. 신 스마트 단말시장의 등장과 모바일 앱 산업의 활성화

① 시장조사기관 가트너(Gartner)의 '모바일 앱 시장 관련 보고서'에 따르면 웨어러블 단말과 커넥티드 카의 보급이 향후 앱 시장규모 확대에 결정적 계기가 될 전망이다.

- 가트너의 브라이언 블라우(Brian Blau) 책임연구원은 향후 3~4년 내에 모바일 앱 단말 플랫폼이 더 이상 스마트폰과 태블릿PC에 국한되지 않고, 웨어러블 단

말에서 커넥티드 카에 이르기까지 다양한 영역으로 확장될 것으로 전망된다.

- 특히, 기존 스마트폰 앱을 단순 이식하는 수준을 넘어 웨어러블 단말 고유의 폼팩터(form factor)를 활용하거나, 차량 내 장착된 단말에서 직접 작동하는 커넥티드 카 앱 등 새로운 형태의 모바일 앱들이 대거 출현할 것으로 예상된다.

② 가트너는 2017년 발생할 것으로 예상되는 2,680억 건의 모바일 앱 다운로드 중 50%가 웨어러블 단말을 통해 이루어질 것으로 분석된다.

- 이에 따라 모바일 앱을 통한 연간 발생매출은 2017년 770억 달러에 이를 것으로 예상되며, 사용자가 이용하는 앱의 수는 일일 100여 개에 달할 전망된다.

[그림 5-7] 현재 구글 글래스에서 사용 가능한 모바일 앱 예시

AR Glass for Wikipedia	DriveSafe 4Glass	Glass Hunt

GPS 정보와 증강현실을 이용, 구글 글래스에 노출되는 사물 관련 정보를 위키피디아를 이용해 자동으로 노출시키는 앱	GPS 정보와 증강현실을 이용, 구글 글래스에 노출되는 사물 관련 정보를 위키피디아를 이용해 자동으로 노출시키는 앱	고개를 움직이는 방식으로 구글 글래스상에 노출되는 표적을 명중시키는 게임 앱

출처 : Google Glass Apps(2014.3)

③ 실제 웨어러블 단말의 대중화 시기가 가까워지면서 이에 대한 모바일 앱 개발자 및 단말제조사들의 대응이 본격화된다.

- 일례로 구글이 개발한 안경형태의 웨어러블 단말 '구글 글래스(Google Glass)'는 현재 개발자들만 이용 가능함에도 불구하고 2014년 3월 기준 사용 가능한 앱이 100여 개 이상이다.
- 또한 뉴욕 타임즈(New York Times)와 같은 유명 언론사부터 페이스북, 트위터 등 메이저 SNS에 이르기까지 대형 사업자들이 '구글 글래스' 앱 개발에 참여한다.
- 손목에 착용 가능한 웨어러블 단말인 스마트시계 '페블(Pebble)'의 제조사 페블 테크놀로지(Pebble Technology)의 경우 자체 전용 앱스토어를 공개한다.
- 페블은 전용 앱 스토어 구축을 위해 6,000여 명의 개발자들과 파트너십을 체결하였으며 이들이 제작한 1,000여 개의 앱을 해당 앱스토어를 통해 제공한다.

④ 커넥티드 카 분야 역시 주요 모바일 사업자들이 관련 시장에 속속 뛰어들면서 전용 앱 출현이 조만간 이루어질 전망이다.

• 실제 애플은 '2014 제네바 국제 모터쇼'를 통해 차량용 iOS 플랫폼 '카플레이(CarPlay)'를 공개한다.

• 이와 관련해 IT 전문매체 BGR은 이미 아이폰을 앞세워 거대 모바일 앱 생태계 구축에 성공한 바 있는 애플이 '카플레이'를 중심으로 커넥티드 카 기반의 앱 시장 또한 빠르게 형성해 나갈 것이라고 전망이다.

[그림 5-8] 페블 테크놀로지(Pebble Technology)가 제공 중인 스마트 시계 전용 앱 스토어

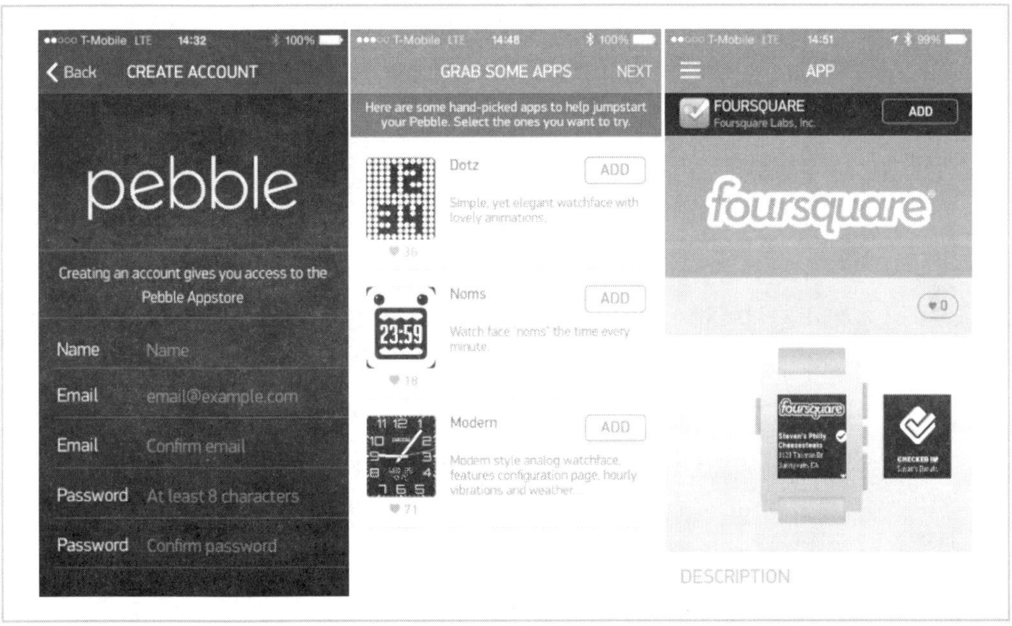

출처 : ZDNet(2014.1)

⑤ 웨어러블 단말 등 신 스마트 단말시대에 대비한 정부 차원의 모바일 앱 개발 움직임도 나타나고 있는 상황이다.

• 미국 유타 주 정부의 경우 최근 대중교통 환승정보를 증강현실 기술을 이용해 제공하는 구글 글래스 전용 앱 '온타임 포 글래스(OnTime for Glass)'를 공개한다.

• 유타 주 정부의 최고 기술관리 책임자(CTO)인 데이비드 플래처(David Fletche)는 '온타임 포 글래스'를 필두로 지역 내 모바일 앱 시장의 혁신을 이끌어 낼 것이며, 이를 통해 시민들의 생활수준을 한층 더 개선해 나갈 것이라고 강조한다.

⑥ 벤처 캐피털 업계의 신규 스마트 단말기반 앱 개발 스타트업에 대한 투자 역시 활발하다.

• 유명 벤처 투자기관들은 이미 2013년 2월 투자 프로젝트 '더 글래스 콜렉티브(The Glass Collective)'를 결성하고 구글 글래스를 위한 하드웨어 및 앱 개발자들을 지원 중이다.

3. 웨어러블 및 커넥티드 카 플랫폼 기반 앱 산업의 활성화 과제

① 웨어러블 단말, 커넥티드 카 등 신규 단말 출현에 힘입어 모바일 앱 산업이 성장세를 이어갈 경우 이로 인한 사회 · 경제적 파급효과는 막대할 전망이다.

- IT 전문매체 기가옴(GigaOM)과 아일랜드 걸웨이 국립대학이 공동으로 조사한 결과에 따르면, 2018년 유럽에서만 앱 시장성장으로 630억 유로의 부가가치와 500만 개 가량의 일자리가 창출될 것으로 예상된다.
- 양 기관은 앱 시장의 성장이 2010년 이후 경제위기와 함께 유럽 전반에 불어닥친 실업률 증가문제를 해결하고, 1인 개발사를 중견기업으로 성장시키는 등 경제회복의 발판을 마련해 줄 수 있을 것으로 예상된다.

② 새롭게 출현하는 스마트 단말들의 경우 초기 관련 앱 개발에 많은 어려움이 따를 전망이다.

- 언론매체 블룸버그(Bloomberg)는 웨어러블 단말만 해도 현재 명확한 형태나 기능이 정의되시 않아 해당 단말에 최적화된 소위 '킬러 앱(Killer App)' 개발이 이루어지지 못하고 있음을 지적한다.
- 그러나 블룸버그는 스마트폰 앱 시장 역시 초기 형성 단계에서 개발자들이 많은 혼란을 겪었으나 결국 안정화 단계에 진입한 것처럼 신 스마트 단말 앱 시장 역시 이와 유사한 과정을 겪는 것이라고 강조한다.

제Ⅰ부 미디어와 플랫폼 발전	제1장 스마트 미디어의 개요
	제2장 스마트 미디어의 특징 및 활용
	제3장 스마트 미디어의 기술 및 응용 서비스
	제4장 IT 비즈니스 플랫폼의 개요
	제5장 플랫폼 발전과 활용
제Ⅱ부 IT 비즈니스 플랫폼 사례분석	제6장 핀테크 플랫폼(삼성 / 알리 / 애플 페이 등)
	제7장 소셜 플랫폼(SNS / 페이스북 등)
	제8장 게임 멀티 플랫폼(네이버 / 카카오 등)
	제9장 음원 플랫폼(멜론 / 벅스 / Milk 등)
	제10장 웹툰 플랫폼
	제11장 웹드라마 플랫폼
	제12장 K-컬처 플랫폼(한류 뷰티 / 스킨 / 드라마 등)
제Ⅲ부 플랫폼 전망	제13장 스마트 홈 플랫폼
	제14장 스마트 자동차 플랫폼

제 1 장	스마트 미디어의 개요
제 2 장	스마트 미디어의 특징 및 활용
제 3 장	스마트 미디어 기술 및 응용 서비스
제 4 장	IT 비즈니스 플랫폼의 개요
제 5 장	플랫폼 발전과 활용
제6장	**핀테크 플랫폼(삼성 / 알리 / 애플 페이 등)**
제 7 장	소셜 플랫폼(SNS / 페이스북 등)
제 8 장	게임 멀티 플랫폼(네이버 / 카카오 등)
제 9 장	음원 플랫폼(멜론 / 벅스 / Milk 등)
제10장	웹툰 플랫폼
제11장	웹드라마 플랫폼
제12장	K-컬처 플랫폼(한류 뷰티 / 스킨 / 드라마 등)
제13장	스마트 홈 플랫폼
제14장	스마트 자동차 플랫폼

6-1 핀테크의 개요

1. 핀테크의 정의

핀테크(Fintech)는 금융(Finance)과 기술(Technology)의 합성어로, 금융서비스와 연결된 IT신기술로써 모바일 결제, 송금, 자산관리 등을 서비스한다. IT에 의해 금융 분야 혁신을 주도하고 있으며, 이는 기존의 금융서비스를 단순히 웹 또는 모바일 환경으로 옮기는 것과는 구분된다.

[그림 6-1] 핀테크의 개념

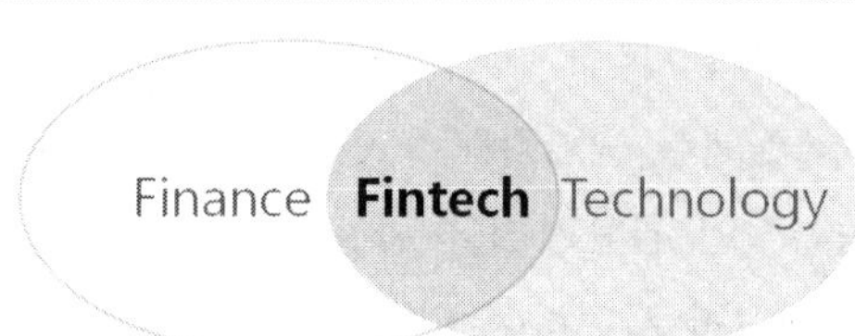

핀테크 서비스는 금융과 IT를 결합한 기존 금융 IT 서비스에서 금융소비자의 이용편의성, 활용성을 고려한 진화된 형태의 '금융 IT 서비스'로 볼 수 있다. 간편성, 편리성 등으로 무장한 핀테크 서비스는 모든 금융 서비스의 온라인 모바일화를 주도하고 있다.

또한 핀테크 서비스에 빅데이터 분석기술을 결합하여 새로운 가치를 창출하는 융합형 서비스가 탄생할 것으로 기대되고 있다. 국내는 정부규제로 시장진입이 어려우나 전 세계적 비금융업의 금융업진출이 화두이고 판테크 관심도 상승하고 있다.

[그림 6-2] 핀테크 구성

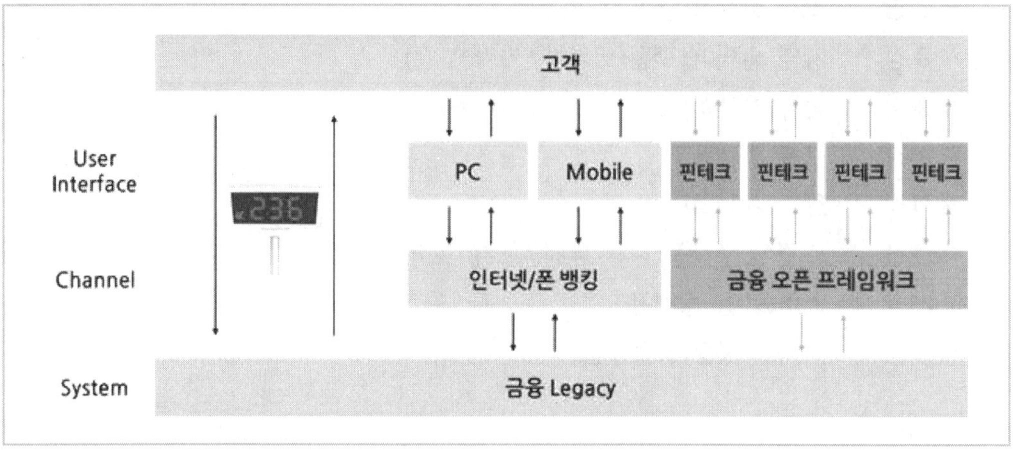

참고 : NIPA SW 공학센터 웹진

2. 핀테크의 부각배경

핀테크 시장의 성장배경은 소비환경의 변화로써 모바일로 인한 PC에서의 시공간적의 제약이 해소되고 24시간 동안 언제, 어디서든 물건구매가 가능해지고 모바일 소비시장의 폭발적인 성장으로 인하여 핀테크 성장잠재력에 대한 기대감이 상승하였다.

빠른 IT 기술혁신 속도에 의하여 빠른 기술혁신으로 시장잠재력의 현실화 및 모바일 시장이 확대되었고 융합기술의 발달로 결제 및 송금에서 대출, 증권, 자산운용 등 서비스 제공범위가 확대되므로 소비자 편익제공의 기반이 조성되었다.

현재의 금융시장의 성장한계로써 글로벌 금융위기 이후 미국, 유럽 등 글로벌 금융시장성장이 정체되고 은행대출 수익확대의 한계로써 증권업 거래대금 감소로 인하여 수익성이 저하되어 혁신적인 금융기법을 활용한 수익 모델이 필요하게 되었다.

글로벌 IT 기업의 경쟁심화로 인하여 핀테크를 활용한 모바일 금융시장진출이 가능하게 되었고 E-Commerce와 스마트폰 확산으로 IT 기업의 금융진출이 되어 애플, 구글 등 글로벌 IT 기업의 경쟁이 심화되었다.

[그림 6-3] 금융서비스와 핀테크 간의 관계

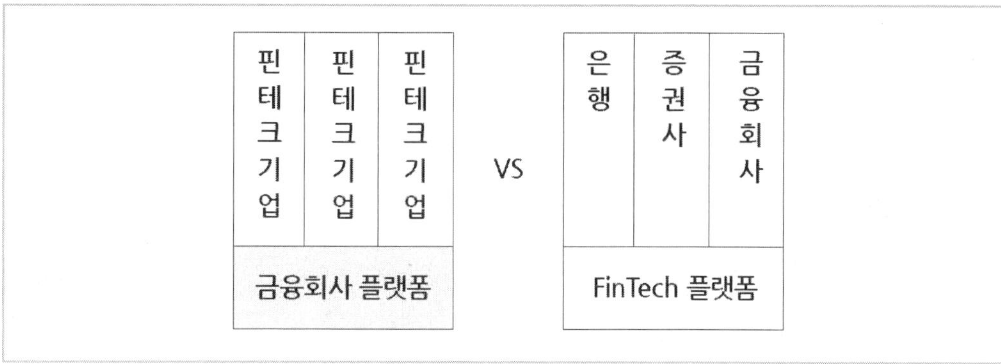

자료 : 국내외 핀테크 관련 기술 및 정책연구분석, 인터넷진흥원 2016.2.

3. 핀테크 사업분야

올해는 금융시장의 '핀테크' 열기가 본격 궤도에 올랐다. 핀테크는 증권, 자산관리, 대출, 은행, 결제 등 금융업계 전반에 걸쳐 이슈를 낳으며 춘추전국시대를 예고하고 있다.

〈표 6-1〉 핀테크 사업분야

사업구분	내 용	대표 핀테크 기업
증권	주식투자에 소셜 기능을 더한 것이 가장 큰 특징이면 주가 및 관련 정보를 실시간으로 제공하고 모바일을 통해 매매가 가능하다.	증권플러스 for Kakao, 프리캡, 스넥 등
자산관리	투자자문사 온라인 통합 플랫폼을 통해 소액 투자자 유치, 최소 가입액 500만원으로 설정해 자산관리의 대중화를 이룰 것으로 전망하고 있다.	두나무투자일임, KB국민은행 로보어드바이저
대출(P2P)	빅데이터 기반 신용평가를 통해 돈을 빌리고자 하는 개인대출자에게 돈을 투자하고자 하는 개인투자자가 투자형식으로 돈을 빌려주는 금융서비스이다.	• 신용담보 : 어니스트펀드, 8퍼센트, 렌딧, 펀다, 빌리, 머니옥션 • 동산 및 부동산 담보 ; 테라펀딩, 팝펀딩, 키핑펀딩
인터넷 전문은행	• 오프라인 점포없이 온라인 통해 금융거래를 하는 온라인 은행 • 온라인을 통해 대출, 적금, 신규상품신청 및 가입가능 • 24시간 이용가능	카카오뱅크(카카오), K뱅크(KT)
결재	IT 기술을 활용해 휴대전화 속에 결제수단 기능 칩을 넣어 휴대전화를 마치 신용카드처럼 사용할 수 있는 결재방식	삼성페이, 카카오페이, 네이버페이, 페이코, 페이팔, 한국 NFC
송금	공인인증서 비밀번호나 보안카드 번호, 상대방 계좌번호를 입력하지 않아도 애플리케이션을 통해 송금가능(돈을 받는 사람, 금액, 비밀번호만 입력)	트랜스퍼 와이즈, 토스, 뱅크월렛카카오

국내 핀테크 스타트업의 업체수가 작년 44개에서 같은 해 11월에 360개로 늘어 무려 718%나 급성장했다.

4. 핀테크 플랫폼

1) 페이팔(Paypal)

전통적인 핀테크 강자인 페이팔은 약 1억5천만 회원을 보유하고 있는 핀테크의 공룡이다. 일반 신용카드 대비 매우 간단하고 편리하게 사용할 수 있는 강점이 있고 현 온라인 결제 플랫폼 중 가장 저변이 넓고 광범위하게 활용된다.

페이팔의 사업구조는 소비자가 물건을 구매하면 판매업페는 페이팔에게 결제를 요청하면 페이팔은 소비자에게 결제요청 확인하고 소비자의 확인으로 페이팔은 판매업체를 결제하는 구조로 되어 있다.

페이팔의 국내시장 공략은 글로벌 온라인 쇼핑업체인 아마존과 함께 한국진출을 확정하고, 국내에서는 옥션과 G마켓에 페이팔 방식의 결제시스템을 적용하고 있고 금융당국과 인허가 여부에 따라 하나은행/KG이니시스와 제휴 예정이고, 국내 온라인 쇼핑몰 이용과 송금편의에 대한 기대감이 형성되고 있다.

2) 알리바바의 알리페이(Alipay)

2014년 기준으로 중국의 온라인 결제시장의 51%를 장악하고 있고 알리바바 그룹 종합쇼핑몰 지원으로 급성장하고 있고 송금 및 공과금 납부, 대출, 복권구입 등 다양한 형태의 결재가 가능하다.

알리페이의 진화로써 소비자가 물건을 확인한 후 판매업자에게 돈을 보내는 결제 시스템을 구축하고 있고, 2013년 6월 MMF 금융투자 상품인 '위어바오'를 개시하였고 각종 비용절감을 통해 은행보다 빠르게 시장 단기상품을 편입하여 운용하고 있다.

알리페이의 글로벌 시장공략은 최근 호주에 6번째 글로벌 지사를 설립하고 국내를 찾는 중국인 관광객 90%가 알리페이를 통해 면세점 쇼핑을 하고 인터넷 환경이 잘 갖추어져 있는 한국시장진출을 위한 점진적인 노력을 하고 있고, 한국정보통신(KICC)와 함께 국내 오프라인 시장진출을 준비하고 있다.

3) 애플의 애플 페이(Apple Pay)

NFC(근거리 무선통신) 기반 시스템으로 미국 유통문화 변화를 주도하고 있고 미국 패스트 푸드점 맥도날드 매출의 대부분을 잠식하고 있고 라이벌 구글, 월렛과 통신사의 결제서비스 비중까지 함께 성장을 유도하고 있고 미국대형카드사 6곳과 3대 신용카드사와 연계하여 급속 성장을 하고 있다.

애플 페이의 특징은 신용카드 정보를 미리 정장 후 자사의 스마트 기기로 결제하고 지문인식 기능과 연결하여 효율적인 보안과 다양한 부가서비스를 지원하고 있다. 애플 페이의 중국시장 공략은 글로벌 인기 스마트 기기인 아이폰을 활용한 플랫폼 기반으로써 유니온 페이와 함께 협력하여 중국 앱 스토어 결제방식 등으로 다각화하고 있고 중국 유일의 현지 신용카드인 유니온 페이와 협력하여 경쟁비교우위를 확보한 상태이고 애플 페이가 중국에서 주요 모바일 결제수단으로 성장할 가능성이 있다.

[그림 6-4] 전 세계 핀테크 기업의 금융업종 진출

자료 : 국내외 핀테크 관련 기술 및 정책연구분석, 인터넷진흥원 2016.2

4) 두나무 증권플러스

소셜과 만난 증권, 진입장벽을 낮추며 젊은층에 인기가 있다. 작년 카카오톡을 기반으로 한 소셜 트레이딩 서비스인 '증권플러스 for KaKao'(이하 증권플러스, 개발사 두나무)가 출범을 했다. 증권플러스는 국내 1위 모바일 메신저 카카오톡을 기반으로 하는 국내 최초의 '소셜 트레이딩 서비스'이다.

증권플러스는 출시 이후 2년 간 고속 성장을 이루었고 작년 누적 다운로드 24만건에서 올해 1월에 100만건을 기록했으며, 월간 순이용자 수도 같은 기간 216% 증가하여 25만명으로 확대됐다. 또, 2015년 12월 기준 증권플러스의 월거래액이 전년동기 대비 10배 가량 증가한 1조원의 규모를 달성하며 명실상부한 증권앱 1위 자리를 굳히고 있다.

증권플러스는 카카오톡 내 친구목록을 연동해 지인의 관심 주식종목과 투자방법을 공유하는 소셜 네트워크 기능이 특징으로, 유저들간에 실거래정보를 공유하고 투자 아이디어를 얻을 수 있는 '실전 랭킹' 서비스를 운영하고 있다. 또한 '증플 토픽'과 '증권플러스 인사이트' 등을 통해 주가 및 관련 정보를 실시간으로 제공하며 주식투자의 대중화를 이뤄내고 있다.

5) 어니스트펀드, 테라펀딩 등

P2P 대출, 저위험 고수익 매력적인 투자상품으로 급성장하고 있다. 은행 등 금융기관이 아닌 중개업체를 통해 대출을 받거나 빌려주는 P2P(Peer-to-Peer, 개인간 거래) 금융도 본격적으로 수면 위로 떠올랐다. P2P 금융 신규 대출규모는 2013년 36억 4000만원, 2014년 57억 8000만원에서 지난해는 상반기에만 52억 6000만원을 기록하는 등 급속도로 팽창 중이다.

P2P 금융 플랫폼 어니스트펀드는 자금이 필요한 대출자와 자금을 운영하고자 하는 투자자를 온라인 IT 플랫폼을 통해 직접 연결함으로써, 대출자에게는 연 4.9~15.5%의 합리적인 중저금리 대출상품을, 투자자에게는 연 10% 수준의 매력적인 저위험 고수익 투자상품을 제공하고 있다.

어니스트펀드는 심리분석기반 신용평가모형(PSS)을 적용하며, 채무자의 상환능력 및 의지를 금융 빅데이터 분석을 통해 측정함으로써 투자자의 원금손실 리스크를 최소화하는 장치를 마련해 이목을 끌고 있다.

특히, 어니스트펀드는 P2P 업계에서 신한은행으로부터 10억원을 투자받으며 제1금융권과 핀테크 스타트업의 상생 협력 모델을 구축한 바 있다. 또, P2P 금융업계 최초로 모바일앱 클로즈 베타 서비스를 오픈하며 국내 P2P 시장의 변화를 이끌고 있다.

어니스트펀드는 지난 2015년 6월 베타 서비스를 선보이며 P2P 대출시장에 진입했으며, 옐로금융그룹, 세틀뱅크, 신현성 티켓몬스터 대표 등으로부터 22억원 규모의 투자를 유치해 화제를 모은 바 있다. 어니스트펀드는 투자자에게는 고수익을, 대출자에게는 합리적인 자금조달을 제공하는 상생 모델로 대출시장에 새바람을 일으킬 전망이다.

한편, P2P는 어니스트펀드 외에도 8퍼센트, 렌딧 등이 신용담보를 바탕으로 한 사업을 전개 중이며, 부동산 및 동산을 담보로 한 P2P 시장에서는 테라펀딩, 팝펀딩, 키핑펀딩 등이 활동하고 있다.

6) 두나무투자일임, KB국민은행

500만원부터 시작하는 온라인 자산관리 플랫폼은 '소액', '온라인' 투자자도 올 상반기부터 자산관리 서비스를 누릴 수 있게 되었다. 두나무투자일임은 '모바일 자산관리 서비스'인 MAP을 공개했다. MAP은 Managed Account by Professional의 약자로 포트폴리오 설계부터 실행까지 맞춤형 자산관리를 원스톱으로 받을 수 있는 새로운 개념의 자산관리 서비스다.

두나무투자일임은 투자자문사 온라인 통합 플랫폼을 만들어 소액 투자자를 끌어들인다는 전략을 갖고 있다. 기존 투자자문 가입액이 최소 1억~3억 원이었던 것에 비해 두나무투자일임 서비스는 최소 가입액을 500만원으로 설정해 문턱을 크게 낮췄다. 이에 따라 개인투자자는 소액으로도 마음에 드는 투자자문사를 선택해 자산관리를 맡길 수 있게 됐다.

제휴 투자자문사 라인업은 삼성자산운용, 라임자산운용, 피데스자산운용, 퍼시픽투자자문, 앤드비욘드투자자문, 써미트투자자문, 제브라투자자문, 이룸투자자문, HN투자자문, 더퍼블릭투자자문, KPI어드바이저 등으로 신뢰와 명성을 두루 갖춘 국내 대표 자문사들이 대거 참여했다.

두나무투자일임은 지난해 9월 삼성증권과 주문(미러트레이딩) 시스템 독점 사용 계약을 체결하며 자산관리 서비스 공동개발에 착수했다. 현재 모바일 앱을 통해 이루어지는 온라인 자산관리 플랫폼 서비스 개발을 마치고 올 상반기 중 오픈을 앞두고 있다. 지난해 11월에는 금융위원회에 정식 등록절차를 마쳤다.

KB국민은행도 지난 11일 은행권 최초로 로보어드바이저 자문형 신탁상품(쿼터백 R-1)을 출시하며 핀테크 자산관리에 나섰다. 인공지능(AI) 로봇이 자산관리를 해주는 '로보어드바이저'는 2008년 미국에서 시작된 데 이어 국내에서도 소액투자자들을 위한 맞춤형 서비스로 연내 실시될 예정이다.

로보어드바이저는 로봇이 개인의 투자성향과 자산 등을 평가해 재무설계를 해주는 시스템으로, 사람이 일일이 서비스를 제공하지 않는 만큼 비용이 저렴해지고 누구나 손쉽게 서비스를 이용할 수 있어 초기 고객 확보에도 좋을 것이라는 전망이다.

7) 카카오뱅크, KT뱅크

인터넷 전문은행 출범에 시중은행도 변화 바람이 일고 있다. 은행도 본격적인 핀테크 시장으로 넘어오고 있다. 2015년 11월, 카카오뱅크와 K뱅크가 '인터넷 전문은행'이 인가를 받으며 전 국민의 이목을 모았다. 인터넷 전문은행이란 오프라인 점포 없이 온라인 네트워크를 통해 금융거래를 하는 온라인 은행을 말하는 것으로, 점포운영비용, 각종 수수료 등을 덜어내면서 아낀 돈으로 대출이자 인하상품을 개발할 것으로 보인다.

우선, 카카오뱅크는 넷마블, 로엔(멜론), 서울보증보험, 우정사업본부, 이베이코리아(지마켓, 옥션), 예스24, 카카오, 코나아이, KB국민은행, 텐센트, 한국투자금융지주 등 총 11개 사가 공동 발기인으로 참여했다. 외부평가위원회 심사 및 금융위원회 의결을 거쳐 국내 최초로 인터넷 전문은행 예비인가를 획득한 카카오뱅크는 '한국카카오은행 주식회사'를 설립하고, 올해 본 인가를 받을 예정이다.

카카오뱅크는 혁신성과 안전성을 동반한 모바일 뱅크의 비전을 제시한 바 있다. 공동 발기인의 방대한 데이터를 활용한 '카카오스코어' 신용평가 모델, 카카오 유니버설 포인트를 통한 맞춤형 금리제도, 24시간 동안 고객문의에 답하는 '금융봇' 등이 눈길을 끈다. 또한, 기존 PG / VAN 사업자 역할을 앱투앱 결제 및 카카오톡 기반 송금 서비스 등으로 대체함으로써 수수료를 낮출 계획이다.

카카오뱅크는 이처럼 첨단 금융 서비스 개혁은 물론, 경영지배구조, 건전성, 리스크 관리, 보안대책 등 은행사업자에게 요구되는 주요 역량을 증명하며 '대한민국 1호 인터넷 전문은행'이 되기 위한 발걸음을 내딛고 있다.

카카오뱅크 대항마로 KT뱅크 컨소시엄도 같은 시기 출사표를 던졌다. 예비인가를 받은 K뱅크는 BC카드사의 265만개 가맹점 정보와 연간 259조원에 달하는 결제정보를 바탕으로 한 빅데이터 분석을 통해 금리 사각지대에 놓인 중금리 대출자에게 저리의 대출을 서비스하겠다는 계획이다. 또한 7만개에 달하는 공중전화 부스를 ATM(자동화기기)으로 활용함으로써 고객편의를 높일 계획이다.

8) 삼성페이, 카카오페이, 네이버페이, 스마일페이, 시럽페이 등

생활 속으로 파고든 모바일 결제는 해가 지날수록 커지는 모바일 결제시장에 대응해 각 기업들이 앞다퉈 간편결제 시스템을 도입하고 있다. 2013년 1조7290억원이던 국내 모바일 결제시장의 규모가 2015년 5조7200억원에 달하며 약 230% 증가했다.

국내 간편결제 서비스 시장에서는 '삼성페이'가 선두 자리를 굳히며 시장을 리드하는 추세다. 뒤이어 카카오페이와 네이버페이, 스마일페이, 시럽페이 등이 치열한 경쟁을 벌이고 있다. 현재 국내 모바일 결제 시장점유율 1위를 기록하는 삼성페이는 지난해 8월 출시한 후 두 달 만에 가입자 100만 명을 넘어섰고, 지난해 말 기준 일일 결제 건수 10만건에 누적 결제액이 2500억원을 기록하는 등 급성장을 이루고 있다.

최근에는 삼성페이를 지원하는 보급형 스마트폰인 갤럭시 A5와 갤럭시 A7를 출시했으며, 카드사들이 삼성페이 관련 전용 카드상품을 출시하기도 했다. 스마트폰으로 손쉽게 결제하는 충전식 간편결제 서비스가 잇달아 등장하고 있는 가운데, 간편한 결제방법이 매출증대로 이어지고 결제 정보분석을 통해 개별고객 마케팅 전략도 세울 수 있어 모바일 결제 시장의 확대는 계속해서 이어질 전망이다.

(1) 삼성페이

삼성페이(Samsung Pay)는 삼성전자에서 만든 모바일 결제 서비스이다. 삼성페이는 마그네틱 보안전송(MST)을 사용하여 무선으로 마그네틱 신용카드의 정보를 전송시켜 결제하는 방식으로 근거리 무선통신(NFC)을 사용하지 않아도 된다. 삼성페이 기능이 지원되는 스마트폰에 신용카드 및 체크카드를 등록하고 사용하면 된다.

마그네틱 보안전송(Magnetic Secure Transmission)은 신용카드 정보를 담은 기기를 마그네틱 방식의 결제단말기에 가까이 대면 결제할 수 있게 하는 방식으로, 2015년 2월 삼성전자가 인수한 미국업체인 루프페이가 이 기술에 대한 특허를 보유하고 있다. 하지만 이 기술은 곧 사라질 위기에 처했는데, 그 이유는 최근 마그네틱 카드 불법복제 범죄가 많이 일어나고 있기 때문이다. 이로 인해 사고방지를 위해 여신전문금융법이 개정되어 보안이 인증된 IC 단말기를 의무적으로 설치해야 되는 법안이 시행되고 있다.

① 삼성 페이의 장점

- 편리성 : 지갑에서 실물 카드를 꺼낼 필요 없이 스마트폰 잠금화면에서 삼성페이를 화면 하단에서 손가락으로 쓸어 올려 카드 선택 후 지문인증 후 바로 사용이 가능하여 신속하고 편리하게 결제가 가능하다.
- 범용성 : 별도의 카드 리더기가 필요 없어 백화점이나 대형마트에서부터 동네 미용실, 약국에 이르기까지 거의 모든 곳에서 사용이 가능하다. 이는 우리나라 대부분의 카드가맹점들이 마그네틱 카드 리더기를 사용하고 있어 가능하다.
- 보안성 : 결제 시 본인의 지문이나 비밀번호를 통해서만 결제가 가능하여 스마트폰 분실 시 타인의 사용을 방지할 수 있으며, 결제 시 카드번호 대신 임의로 부여된 암호화 토큰을 사용하여 이를 제외한 어떤 카드정보도 결제 시 공유되지 않는다. 또한 삼성의 보안 솔루션 녹스(KNOX)가 스마트폰을 항시 감시하여 외부의 위협을 감지하며 외부 위협감지 시 카드정보를 암호화하여 별도의 안전한 공간에 저장한다.

② 삼성페이의 단점

- 제한성 : 삼성페이를 이용 가능한 스마트폰이 위에 언급한 8가지 모델에 한정되어 아직까지는 사용이 제한적이며 지원되지 않는 카드사들이 있고 지원유형

도 각각 다르다.

- 또한 신세계 계열(백화점, 이마트 등), 주유업종, 후불 교통카드, 철도승차권 발매는 삼성페이 사용이 불가능하다(2015년 11월 15일 기준).

6-2 핀테크의 기술현황

그동안 금융 ICT 서비스는 금융서비스를 도와주는 조력자(Facilitator)였다. ICT 시스템을 활용한 금융서비스, 금융 솔루션 등이 있었다. 현재 핀테크의 경우도 기존 금융 ICT 서비스의 조력자 역할을 넘어 소규모 혁신기업 형태로 확대되고 있다.

인터넷 전문은행, 크라우드 펀딩, 자산관리, 송금서비스가 이에 해당된다. 핀테크의 ICT 기술은 크게 2개 분야로 구분한다. 첫 번째는 전자거래 등에 필요한 요소기술 분야이고, 두 번째는 보안기술 분야이다.

[그림 6-5] 핀테크의 ICT 기술분야(예)

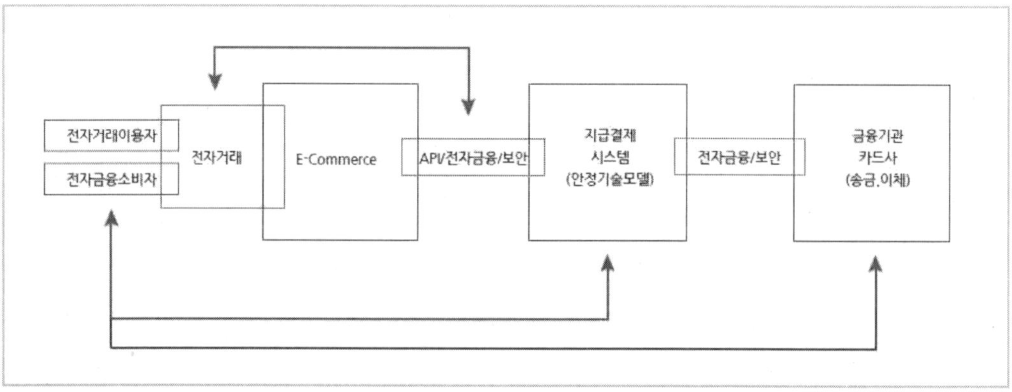

참조 : NIPA SW공학센터 웹진

1. 전자거래에 필요한 요소기술

최근에 제공되고 있는 핀테크에 필요한 요소기술은 크게 모바일 결제, 온라인 결제 및 인터넷뱅킹, 그리고 빅데이터를 활용한 신용관리 등 3분야로 구분한다. 모바일 결제는 모바일 디바이스의 확산으로 결제 프로세스를 간소화하려고 노력하고 있다. 다중인증을 활용하거나 단순한 ID / PW를 도입하고 보안정책, 결제대행 시스템, 이상행위 탐지 등을 복합적으로 적용하고 있다. 각 모바일 결제 서비스는 본인 인증에 대한 기술을 필수적으로 요구하고 있고, 보유한 디바이스에 따라 본인 인증방법을 달리하고 있다.

온라인 결제 및 인터넷뱅킹 서비스는 우리나라에서 매우 활발히 서비스되고 있다.

두 서비스는 모바일 결제처럼 본인 인증이 중요한 사항이다. 본인 인증을 위해 ActiveX와 같은 보안 모듈을 설치하고 있다. 최근에는 보안 모듈 설치의 불편함을 막고자 본인 인증방법을 많이 도입하고 있지만, 일반 사용자의 만족도는 그리 높지 않다.

〈표 6-2〉 모바일 결제 기술

구 분	구 동 내 용
NFC+ TouchID	• 10cm 내의 근거리에서 단말기 간에 데이터 전송이 가능한 NFC(근거리이동통신) 기술과 지문인식으로 결제하는 방식 • 대표적으로 애플(Apple Inc.)에서 개발한 애플 페이에 도입
ID / PW+ Escrow+ FDS	• 신용카드와 스마트폰 등 결제수단을 등록해 PC나 모바일에서 ID / PW만을 입력하여 결제하는 방식 • ID / PW의 약화된 보안을 위해 부정행위를 탐지하는 Fraud Detection System(FDS)를 도입하거나 가상계좌를 활용하는 에스크로(Escrow) 방식을 적용
Barcode / QR 코드	• 카드정보를 등록하고 결제 시 바코드나 QR 코드를 읽어 결제가 진행되는 방식 • 최근 우리나라에서 많이 늘어나고 있는 형태
Beacon	• 비콘을 통해 확보된 사용자의 위치를 이용하여 핸드폰을 꺼내지 않고 구입의사를 표현 • 페이팔은 비콘을 이용해 고객이 매장을 방문했을 때 자동으로 고객정보를 확인하고 비용을 청구하도록 서비스
모바일 신용카드	• 모바일 기기에 저장되거나 카드사에 접속하여 결제서비스 • USIM형 방식과 APP형 방식이 존재

자료 : 국내외 핀테크 관련 기술 및 정책연구분석 인터넷진흥원 2016.2

스마트폰과 같이 여러 센서와 통신기술이 탑재된 모바일 기기의 확산으로 인해 다양한 기술을 핀테크 분야에 활용할 수 있는 환경이 마련되면서 각 업체는 시장을 선점하기 위해 다양한 방법과 기술을 도입하여 결제 프로세스를 간소화하고 있다. 일반적으로 모바일 결제 프로세스를 간편하게 하려고 다중 요소 인증을 활용하거나 단순한 ID/PW를 도입하고 약화된 사전보안보다 사후보안을 강화할 수 있는 보안정책, 결제대행시스템, 이상행위탐지 등을 복합적으로 도입하고 있다. 현재 제공되고 있는 모바일 결제 서비스 기술에 대해서 알아본다.

1) NFC+TouchID

대표적으로 애플(Apple Inc.)에서 개발한 Apple Pay에 도입된 방식으로 [그림 6-6]과 같이 10cm 내의 근거리에서 단말기 간에 데이터 전송이 가능한 NFC(근거리이동통신) 기술과 지문인식으로 결제하는 방식이다. 사용자는 NFC 리더기에 스마트폰을 근접시키고 본인 인증을 위해 스마트폰에 탑재된 지문인식기에 지문을 인식하여 결제를 완료한다.

[그림 6-6] 애플 페이 결제 흐름도

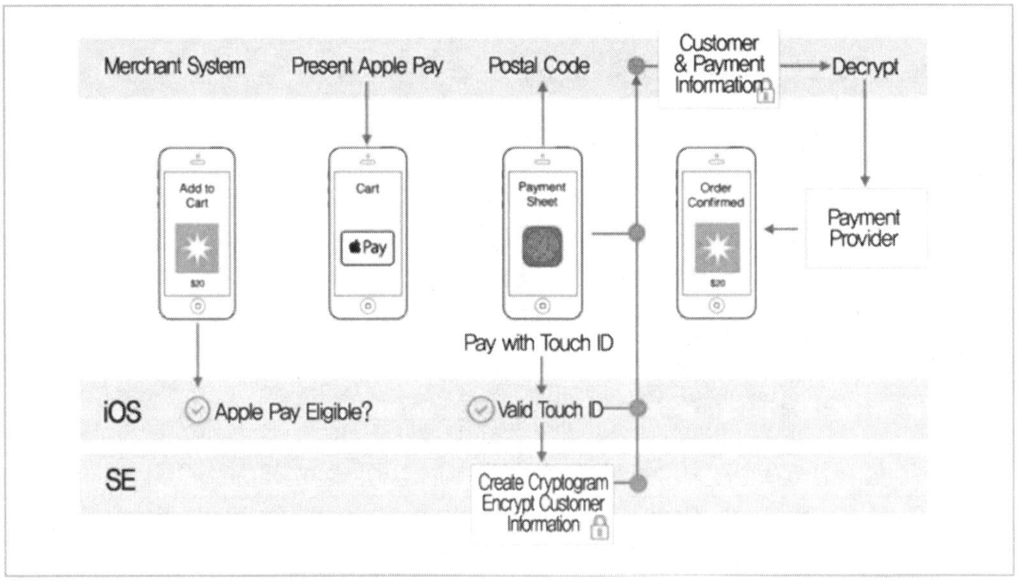

참고 : 핀테크 기술 및 보안 동향 ETRI 전자통신동향분석, 2015.8.

2) ID / PW+Escrow+FDS

신용카드와 스마트폰 등 다양한 결제수단을 등록해 PC나 모바일 기기에서 미리 설정한 ID / PW만을 입력하여 결제하는 방식이다. 일반적으로 이런 형태의 결제방식은 편의성을 위해 ID / PW에 의존하면서 약화된 사전보안을 보완하기 위해 부정행위를 탐지하는 Fraud Detection System(FDS)를 도입하거나 구매자와 판매자 사이에 가상계좌를 활용하는 에스크로(Escrow) 방식으로 [그림 6-7]과 같이 결제를 처리하여 사후보안을 강화한다. 페이팔(Paypal), 알리페이(Alipay)에 도입된 방식이다.

[그림 6-7] 페이팔 결제 흐름도

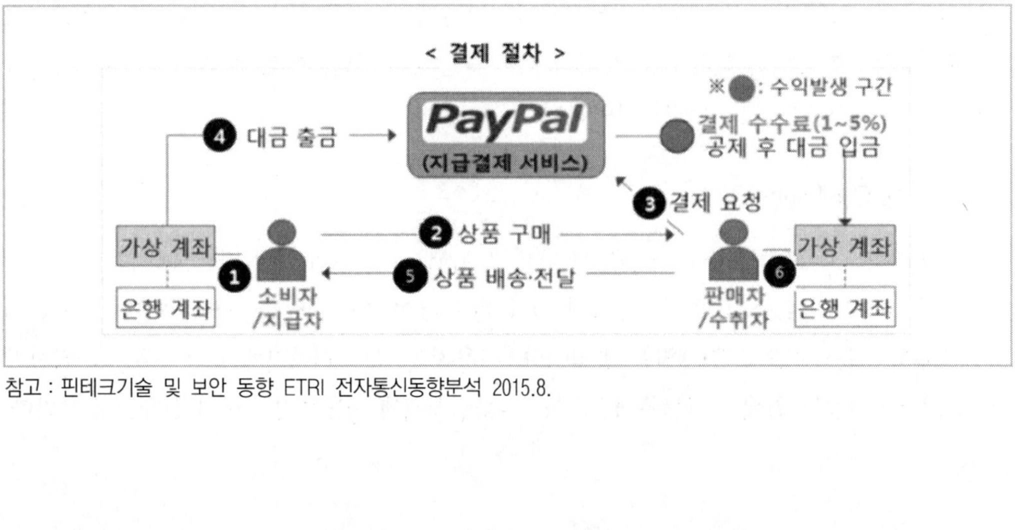

참고 : 핀테크기술 및 보안 동향 ETRI 전자통신동향분석 2015.8.

3) Barcode / QR 코드

카드정보를 PG사에 등록하고 결제 시 사용자 스마트폰으로 바코드(barcode)를 출력하여 제시하거나 QR 코드를 읽어 결제가 진행되는 방식이다. 바코드의 경우 소비자가 스마트폰으로 바코드를 출력하여 자신의 카드정보를 제시하면 가맹점은 바코드 리더기를 통해 이를 읽고 카드사에 지급승인을 요청한다. 반면 QR 코드 방식의 경우 가맹점이 상품 정보를 QR 코드를 통해 제시하고 소비자는 스마트폰에 설치된 애플리케이션을 이용하여 QR 코드를 읽고 카드사에 지급승인을 요청한다.

4) Beacon

비콘(beacon)은 저전력 블루투스 통신기술을 이용하여 신호를 계속 보내주는 작은 장치이다. 사용자의 스마트폰은 수신된 비콘 신호의 전파세기를 통해 대략적인 거리를 계산하여 사용자의 위치접근정보를 파악한다. 사용자의 위치접근정보를 이용하면 핸드폰을 꺼내지 않고 구입 의사표현이 가능해진다.

비콘을 간편결제에 도입한 페이팔은 비콘을 매장에 설치해 고객이 매장을 방문했을 때 자동으로 Point Of Sales(POS)에 고객에 대한 정보가 나타나고, 비용을 청구하면 자동으로 고객의 스마트폰에서 결제가 이루어지는 방식이다.

5) 모바일 신용카드

모바일 신용카드는 모바일 기기에 저장된 결제카드 정보를 이용하거나 카드사 네트워크에 접속하여 결제하는 서비스를 말한다. 모바일 신용카드는 USIM형 방식과 APP형 방식이 있다.

[그림 6-8] 모바일 신용카드 발급 및 사용절차

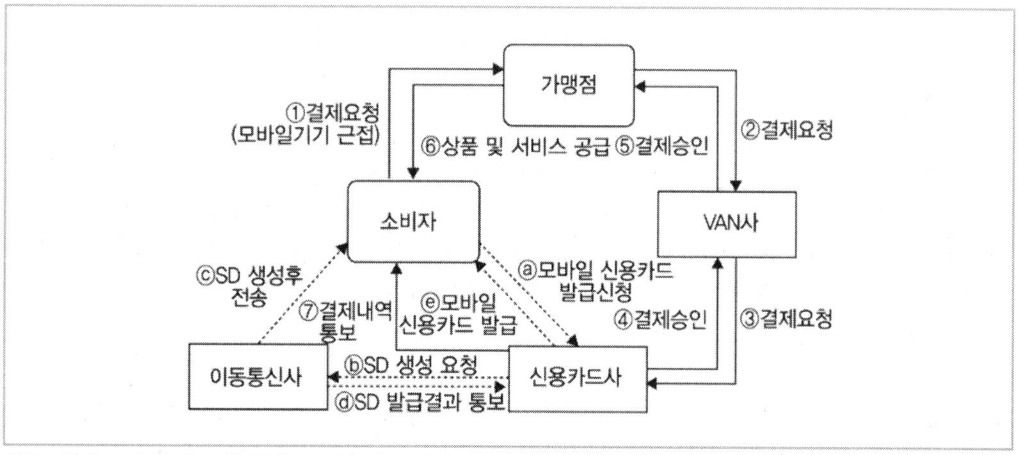

참고 : 핀테크 기술 및 보안 동향 ETRI 전자통신동향분석, 2015.8.

USIM형 방식은 [그림 6-8]과 같이 사용자 스마트폰의 유심칩에 개인 카드정보를 저장하고 NFC를 통해 NFC 리더기에 스마트폰을 접촉하여 결제하는 방식이다. APP형 방식은 스마트폰에 전용 프로그램을 설치한 후, 신용카드 앱을 실행하여 출력된 바코드를 리더기로 읽으면 카드결제가 이뤄지는 방식이다.

2. 빅데이터의 활용현황

핀테크 기술과 빅데이터 분석을 활용해 대출신청자의 편의를 증가시킨 것은 현대사회에 기여하는 바가 크다. 하지만 편리한 이면에서 보안상의 취약점이 존재하며 빅데이터 수집과정에서는 프라이버시 침해의 염려 또한 존재한다.

예를 들면 공격자가 인터넷상에서 본인 신분을 조작하여 대출을 시도한다면 100% 온라인으로 대출을 진행하는 핀테크 기업입장에서는 정상적인 대출과의 차이를 알 수 없으므로 공격자에게 대출해줄 가능성이 있다. 또한, 온라인으로 대출을 알선해주는 핀테크 기업일수록 더 많은 정보를 분석하여 사용자를 식별하려는 경향이 있는데 이 과정에서 대출신청자의 프라이버시를 침해하는 상황이 발생할 수 있다.

핀테크 기업에서 요구한 개인정보이용 동의서에는 대출신청자의 다양한 종류의 데이터 조회를 허용하도록 요구하며, 이 데이터 속에는 대출신청자가 노출하기를 원치 않는 데이터가 있다면 대출신청자는 본인의 의도와는 관계없이 민감한 정보를 노출하게 된다.

현재는 빅데이터를 이용한 금융대출을 알선해주는 핀테크 기업의 이점만 보이는 것 같다. 하지만 정보보안가 입장에서는 이에 안심하지 말고 계속해서 보안에 앞장서야 하며 대출신청자들이 편리한 기술을 안심하고 사용할 수 있도록 만들어야 한다. 최근 빅데이터를 활용한 신용관리가 집중 조명을 받고 있다.

〈표 6-3〉 대출을 위한 빅데이터 분석활용

구 분	내 용
빅데이터 수집	• 정형데이터 : 전자상거래 사이트내 거래량, 재구매율, 만족도수집 • 비정형 데이터 : 판매자와 구매자 간 이력, 후기 등 수집 • 외부데이터 : SNS, 포털 등의 데이터수집 및 내부 데이터와 연동
빅데이터 분석/활용	• 빅데이터 분석전문가의 데이터 분석과 빅데이터 알고리즘 적용 • 신청자의 대출 상환능력과 의지를 정량적으로 도출

자료 : 국내외 핀테크 관련 기술 및 정책연구분석 인터넷진흥원 2016.2.

금융권에서 가장 중요시하는 것 중의 하나가 신용관리이지만 일반적인 체크리스트로는 신용을 파악하기가 매우 어려웠다. 빅데이터 분석은 앞에서 살펴본 결제 중심의 서비스보다는 빅데이터 분석을 통한 개인맞춤형 서비스 개발에 중점을 두고 있다. 빅데이터 분석을 적용해 새로운 금융서비스를 창출하고 있고, 금융대출을 위해 빅데이터 분석한 결과를 기준으로 사용자에게 대출을 해주는 서비스도 나타나고 있다.

3. 핀테크 보안기술

완벽한 보안은 없다. 다만, '정보의 가치'보다 '정보를 해킹하는 비용'이 더 발생하도록 보안을 구축하는 것이 보안의 최종 목적이다. 금융 보안의 3요소는 기밀성, 가용성, 무결성이다. 철저한 보안을 위해서는 기밀성과 무결성을 높이면 되지만 이로 인해 가용성은 떨어지게 된다. 보안요소에 중요도를 적절히 배분하는 것이 적정 보안을 유지하는 방법이다.

핀테크 보안영역에서 공통 기반기술이란 보안기술로서 핀테크에서 기본적으로 사용되어야 하는 기술이다. 인증기술, 암호기술, 악성코드 분석기술, 보안관리 등 4개 영역으로 구성되어 있다.

1) 사용자 인증기술

핀테크에서 인증기술은 단말노드에서 종단(End to End)구간에서 사용해야 할 기술이며 단말노드의 종류에 따라 차이가 있지만 <표 6-4>와 같은 방식으로 구성되며 일반적인 보안인증과도 다르지 않다.

〈표 6-4〉

항 목	내 용
Something You Know	아이디와 패스워드 등 사용자가 알고 있는 정보를 이용해 인증
Something You Are	지문(Fingerprints) 등 생체조직을 통해 인증하는 방식
Something You Have	OTP(One Time Password), 공인인증서 등 인증 수단으로 인증하는 방식

다양한 보안위협에 대응하고 올바른 정보제공을 위해 본인 인증이 절대적으로 필요하다. 가장 많이 사용되는 인증방식은 계정(ID/Password)방식이지만 인증정보 유출 위험이 매우 높고 해킹 위험에도 많은 위험이 노출되어 있다. 최근에는 본인 확인과 해킹, 권한 탈취방지를 포함한 새로운 인증방식이 도입되고 있다.

본인 인증 방안을 살펴보면 고정 비밀번호, 디지털 인증서, 보안카드와 같이 최근까지 우리나라에서 많이 사용되던 본인 인증방식은 보안성이 다소 낮은 것으로 나타나 있다. SSL이나 거래서명기술은 보안성이 다소 높은 것으로 나타나 있으나 완전히 안전하다고 장담할 수는 없다. 핀테크를 위해서는 보안수준이 매우 높은 인증방식을 적용해야 한다.

현재 모바일 결제에서의 요구사항은 사용자 편의성을 제공함과 동시에 안전한 결제를 위한 기술이 요구된다. 모바일 결제 서비스들은 각각의 사용자 인증방식과 그에 따른 결제 프로토콜을 사용하고 있다. 일반적으로 사용자 인증에 많이 사용되는 ID / PW의 방식은 지식기반 인증방식으로 구분되는데, 별도의 하드웨어가 하드웨어가 필요하지 않지만, 사용자들이 각 서비스들의 ID / PW를 기억해야 하는 전통적인 지식기반 인증방식의 문제점이 있다.

최근에는 사용자가 가진 고유한 형태의 신체구조 또는 행동결과 기반의 생체기반 인증방식이 각광을 받고 있다. 사용자가 별도의 인증 토큰을 소유하거나 기억해야 하는 정보가 없기 때문에 사용자 편의성을 제공한다. 그리고 사용자의 고유한 정보를 사용하기 때문에 보안성도 강하다.

최근에 주목받는 FIDO(Fast Identity Online) 인증기술은 스마트폰, 스마트워치 같은 모바일 기기에서 사용하는 패턴, 지문인식, USIM 기반 등의 인증기술을 온라인에 적용하는 것을 기본 아이디어로 하고 있다. FIDO 인증기술은 패스워드를 사용하지 않고 기기인증을 이용하여 필요에 따라 여러 인증기술을 선택할 수 있어 편리성과 보안을 동시에 만족하는 간편결제에 적합한 기술이다.

[그림 6-9] FIDO 인증과정

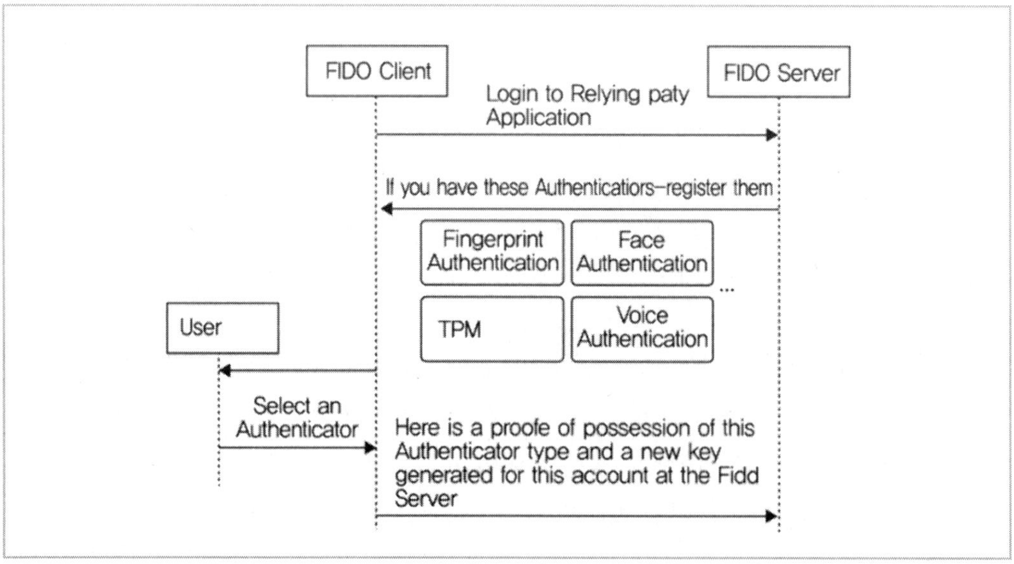

참고 : 핀테크 기술 및 보안동향 ETRI 전자통신동향분석, 2015.8.

FIDO 인증은 [그림 6-9]와 같이 패턴, 음성, 지문, USIM 기반 인식 등 모바일 기기에서 사용하는 간편하고 보안강도가 높은 인증기술을 온라인에 적용하여 사용자가 결제

시 패스워드를 사용하지 않고 기기인증을 이용하여 편의성을 제공하고, 웹 서비스는 필요에 따라 인증기술을 선택할 수 있다. 마이크로스프트, 애플, 구글, 삼성, 페이팔, ETRI 등 세계의 IT 기업과 통신사, 결제회사, 연구원 등이 참여하여 앞으로 핀테크의 사용자 인증에 많이 사용될 전망이다.

패스워드 인증은 온라인이나 오프라인 간편결제에 활용하기에는 보안취약성으로 인해 추가적인 보안이 필요하고 이 또한 취약점으로 작용될 수 있다. 이와 더불어 사용자가 단순한 문자열을 사용하여 발생하는 취약점을 보완하기 위해 비밀번호를 자주 변경하게 하거나 특수문자를 요구하는 것은 편의성에 문제가 될 수 있다. 하지만 FIDO 인증기술이나 생체인증 기반 결제방식은 기존에 스마트 디바이스가 가지고 있는 인증방식을 사용하여 사용자 편의성과 보안성을 제공할 수 있다.

2) 온라인 결제 및 인터넷 뱅킹

온라인 결제 및 뱅킹을 이용하기 위해서는 ActiveX 플러그인을 설치해야 한다. 정부의 ActiveX 폐지방안으로 인하여 새로 나온 가이드라인은 ActiveX 대체 솔루션들을 제공한다. 카드업계는 ActiveX 대신 'EXE' 방식의 보안프로그램을 시행하고 있다. 기존의 ActiveX 플러그인 설치 파일인 cab 파일에서 윈도우 설치 파일인 'EXE' 파일로 포맷만 변경되었을 뿐, 사용자 컴퓨터에 프로그램을 설치해야만 결제가 진행된다는 사실에는 변함이 없다.

아직까지 ActiveX 플러그인을 설치하도록 요구하는 사이트가 대부분이며, 일부 사이트는 EXE 파일을 설치하도록 요구한다. EXE 파일이 ActiveX 대체용이긴 하지만, 기존의 여러 ActiveX 설치 플러그인을 하나의 EXE 파일로 대체하여 설치하는 것일 뿐, 사용자에게 불편함을 초래하고 보안상의 취약점이 있다.

EXE 파일을 설치해야만 온라인 결제 및 뱅킹서비스를 사용할 수 있으므로, 사용자는 무조건 EXE 파일을 설치해야만 하는데, 이 파일이 해당 사이트에서 제공하는 정상 파일인지 악성 코드에 감염된 파일인지 사용자는 파악하기 어렵다.

정상 파일을 가장한 악성 파일이 사용자의 컴퓨터에 설치되면, 사용자가 입력한 카드번호, 비밀번호 등이 고스란히 해커에게 전달되어 추후 금전적 피해가 발생할 수 있다.

Bruce Schneier가 제기한 중간자공격(Man-In-The-Middle)을 응용한 액티브 피싱 공격에 취약할 수 있다. 액티브 피싱 공격은 [그림 6-10]과 같이 사용자와 서버 사이에 공격자가 위치하며 중간에서 사용자에게는 서버인 척, 서버에게는 사용자인 척 가장하며 공격하는 방법이다.

[그림 6-10] 액티브 피싱 구조도

참고 : 핀테크 기술 및 보안 동향 ETRI 전자통신동향분석, 2015.8.

사용자가 공격자로부터 변조된 ActiveX 플러그인을 설치한 경우에는 [그림 6-11]과 같이 사용자는 정상/비정상 프로그램을 구분할 수가 없으며 비밀번호와 같은 인증에 필요한 정보를 입력하게 된다.

[그림 6-11] 공인인증서 로그인 모듈 화면

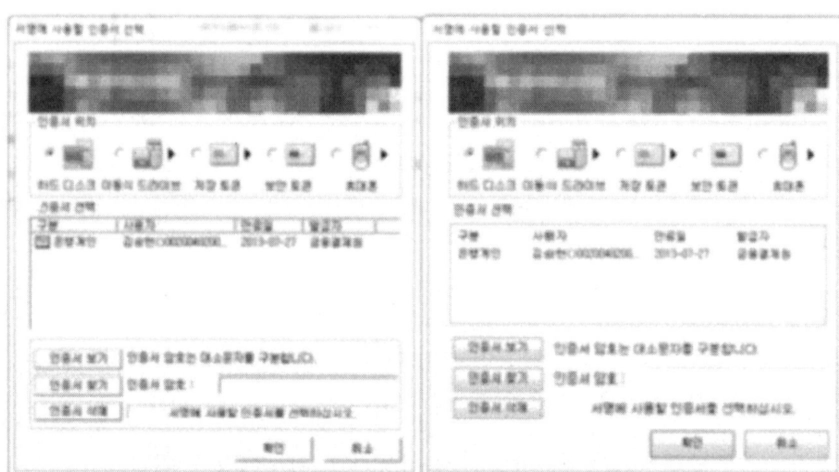

(a) 정상 공인인증서 로그인[22] (b) 변조된 공인인증서 로그인

참고 : 핀테크 기술 및 보안 동향 ETRI 전자통신동향분석, 2015.8.

입력된 정보는 공격자에게 전달되고 공격자는 그 정보를 이용하여 실제 서버에게 사용자인 척 인증하여 사용자 대신에 사용자가 원치 않는 악의적인 결제를 할 수 있다. 이러한 피싱 공격에 대한 보안기술로는 위치정보를 이용한 QR 코드 기반 사용자 인증 방식이 있다. 사용자의 컴퓨터에서 거래를 진행하고, 거래에 대한 인증은 서버가 사용자 컴퓨터에 전달한 QR 코드를 사용자가 미리 등록한 모바일 기기에서 확인하고, 서버에 인증요청을 한다. 서버는 컴퓨터와 모바일 기기의 위치를 비교하여 피싱 및 파밍 공격 여부를 확인한다.

ActiveX의 또 다른 대체수단은 HTML5를 이용하는 것이지만 이 또한 쉽지 않다. 사용자가 사용하는 웹 브라우저가 HTML5를 지원해야 하는데 현재 국내의 웹 브라우저 환경은 약 70%는 HTML5를 제대로 지원하지 않는 IE 버전을 사용하고 있다.

KOREAHTML5에서 제공하는 웹 브라우저별 HTML5 수용도를 참고하면, 555점 만점에서 IE10은 297점이며, IE9는 113점, IE8은 33점으로 HTML5를 이용한 대체 솔루션을 사용하기에는 어려운 환경이다. HTML5를 지원하고 있지 않은 웹 브라우저의 사용률이 국내는 아직도 많기 때문에 도입이 되기까지는 시간이 필요하다.

3) FDS

FDS(Fraud Detection System)는 부정거래탐지 기술로, 카드회사 및 온라인 게임에서 이상거래탐지 및 봇 탐지에 많이 사용됐다. 핀테크 분야에서는 모바일 결제에서 사용자 인증을 간단히 하여 사용자의 편의성을 제공하는 대신, 거래의 안전성을 FDS를 이용하여 보장한다. 그리고 온라인 결제에서 사용자의 이체 / 거래내역이 정상거래인지 부정거래인지를 탐지하는 데 사용하여 피싱 / 파밍에 대응하고 있다.

국내 금융사들도 작년부터 FDS를 도입해오고 있으며, 한 금융사는 최근에 FDS로 인해 파밍사기를 탐지하여 부정거래를 사전에 차단할 수 있었다. 하지만 FDS도 위협요소들을 가질 수 있다고 제기되고 있다.

예를 들어, FDS의 구성요소인 사용자 스마트폰의 수집정보를 메모리에서 복제하여 다른 기기에 재사용하여 FDS의 탐지패턴을 우회하거나 피해자가 가해자로 둔갑할 수 있다. FDS의 경우 아직 초기단계로 운영 및 관리경험이 부족하고 부정거래를 제대로 탐지하는데 많은 시간이 소요되고 취약성 점검기준 및 시험방안이 아직 마련되지 않았다. 또한, 부정거래탐지를 위해서는 사용자로부터 여러 정보를 얻어야 하는데, 이때 개인 프라이버시 문제도 고려되어야 할 사항이다.

4) 암호화기술

핀테크에서 센서와 임베디드 단말, 그리고 백엔드 서버간 송수신되는 데이터를 암호화하는 Encryption 기술이다. 각 주체(센서, 임베디드 단말, 백엔드 서버)간에 서로 상대방을 식별하는 Authentication, 각 주체가 자신을 식별할 수 있는 증명정보(예 ID)를 관리하는 Identity Management, 각 주체들에게 허용되는 권한을 관리하는 Access Control 등의 기술이 있다.

6-3 핀테크의 시장동향

1. 핀테크 관련 국내업체 및 서비스들

일반적으로는 모바일 기업이나 스타트업들이 뛰어들며 간혹 금융결제원 등과 합작으로 이루어지기도 한다.

① P2P 금융 플랫폼 : 8퍼센트, 즌렌딧, 즌엘리펀드

② 클라우딩 : 즌와디즈, 즌오마이컴퍼니

③ 결제 : 즌뱅크월렛카카오 즌페이게이트

〈표 6-5〉 현 핀테크 업무범위

구 분	내 용	비 고
전자금융업자(전금법)	전자화폐 발행 · 관리	금산법 28①
	전자자금이체업무	금산법 28②
	직불전자지급수단의 발행 · 관리	금산법 28②
	선불전자지급수단의 발행 · 관리	금산법 28②(T-money)
	전자지급결제대행(Payment Gateway)	금산법 28②
	결제대금예치업(에스크로계좌)	시행령 §15③
	전자고지결제업	시행령 §15③
전자금융보조업자(전금법)	정보처리시스템으로 신용카드업자의 신용카드 승인 및 결제 그 밖의 자금정산	카드 VAN社
	정보처리시스템으로 은행의 자금인출업무, 환업무 및 그 밖의 업무를 지원	은행 VAN社
	전자금융업무와 관련된 정보처리시스템을 금융회사 · 전자금융업자를 위해 운영	정보시스템 운영업체(우리 FIS)
	1호~3호 사업자와 제휴 · 위탁 · 외부주문에 관한 계약을 체결하고 정보처리시스템 운영	위 세 업체의 용역업체
은행법상 금융전산업 준용	금융회사 업무 관련 자료처리, 전송 프로그램 제공 및 관리	은행업감독규정 시행세칙 §35 i .
	금융회사 업무 관련 전산시스템 판매 또는 임대	은행업감독규정 시행세칙 §35 ii .
	금융회사 업무 관련 자료 중계 · 처리하는 부가통신업무	은행업감독규정 시행세칙 §35 iii.
최근 新경향	(금융 데이터 분석) 고객과 관련된 다양한 금융 데이터를 수집 · 분석	신용정보분석 개발, 빅데이터 개발
	(금융 소프트웨어) 스마트 기술을 이용한 혁신적 금융업무 · 서비스 관련 소프트웨어 제공	금융 모바일앱, 인터넷뱅킹, 금융보안 등
	(금융 플랫폼) 금융기관 개입 없이 자유롭게 금융거래할 수 있는 거래기반 제공	회원제 증권정보 제공업 등

자료 : 국내외 핀테크 관련 기술 및 정책연구분석, 인터넷진흥원 2016.2.

④ 송금 : Toss

최근 이슈인 인터넷 전문은행의 경우에는 기존 은행사와 통신사, 스타트업, 음원사업자(로엔), 결제 솔루션 사업자(다날, KG모빌리언스, KG이니시스) 등 다양한 분야의 기업들이 함께 컨소시엄을 구성하기도 한다.

인터넷 전문은행은 2015년 11월 29일에 카카오뱅크 컨소시엄과 K뱅크 컨소시엄이 인터넷 전문은행 사업자로 최종 선정되었다.

카카오뱅크 컨소시엄(10~15개 기업)은 카카오, KB국민은행, 한국투자금융지주, 로엔엔터테인먼트, 우정사업본부, 텐센트, 이베이, 넷마블 등이다.

K뱅크 컨소시엄(20개기업)은 KT, 우리은행, 현대증권, 한화생명, GS리테일, KG이니시스, KG모빌리언스, 다날, 포스코 ICT, 이지웰페어, 얍(YAP), 8퍼센트, 인포바인, 한국관광공사, 효성 노틸러스 등이다.

6-4 핀테크의 미래

우선, 국내은행들은 글로벌 및 내부 IT 업체의 국내 금융업 진출확대로 인해 향후 종전 방식에서 벗어나 고객들의 일상생활을 하나로 통합하고 새로운 연계서비스를 제공하기 위한 변화 모색에 나설 전망이다.

〈표 6-6〉 핀테크 산업육성

구 분	1단계	2단계
사전규제 최소화	전자금융거래법 개정추진	전자금융거래법 시행령 개정추진
기술중립성 원칙구현	전자금융감독규정 및 시행세칙 개정	
책임부담 명확화	전자금융거래법 개정추진	전자금융거래법 시행령 개정추진
규제예측성 강화	규제예측성 강화 지속추진	
인터넷 전문은행	인터넷 전문은행 모델 마련	관련 법안 개정추진
금융상품판매 채널 혁신	온라인 기반 자산운용서비스 활성화 방안 마련	판매채널 혁신 지속추진
클라우딩 활성화	자본시장법 국회통과 노력 지속	자본시장법 통과 시 클라우딩 하위규정 마련
빅데이터 활용	빅데이터 활용 플랫폼 도입방안 마련	빅데이터 활용 플랫폼 도입방안 마련
결제분야 낡은 규제정비	모바일 카드 단독발급허용	
핀테크 지원체계 구축	핀테크 지원센터 운영방안 마련	핀테크 지원센터 출범 및 운영
핀테크 기업자금조달 지원	벤처캐피탈의 투자방안 마련	정책금융기관 활용방안 마련
전자금융업 진입장벽 완화	전자금융거래법 개정추진	시행령 및 하위규정 정비방안 마련
전자금융업종 규율 재설계	법령 정비실무 TF 구성 및 운영	전자금융거래법 개정안 마련

또한, 향후 국내 IT 업체 등 비금융기관의 급격한 시장점유율 확대 가능성은 낮으나 이들은 지급결제분야를 중심으로 영향력을 지속 강화할 전망이다.

게다가, 금융상품의 비교 및 선택, 자금조달 및 결제 등 은행의 일정 서비스 영역에 대해 고객의 적극적 참여를 유도, 점차 그 영역을 확대하는 방향으로 전환될 전망이다. 아울러, 현재 해외 주요국에서는 IT 업체의 금융업 진출을 허용하고 있어, 이러한 흐름이 향후 국내 IT 업체의 금융업 진입규제 철폐에 압력 수단으로 작용할 가능성이 있다.

정부의 핀테크 산업육성 지원책이 계획에 따라 핀테크 지원체계의 운영을 내실화하고 관련 규제개선 및 자금조달지원의 활성화가 기대된다. 국내 핀테크 산업은 모바일 시장의 확대로 말미암아 모바일 금융시장의 주도권 다툼이 본격화될 것으로 예상된다.

기존의 지급결제를 담당하는 금융회사 이외에 다양한 ICT 기업들이 속속 모바일 금융시장에 진입하고 있는 실정이나, 현재까지 선도적 위치를 차지한 기업은 없는 상황이다. 이에 따라 모바일 금융시장 선점을 위한 경쟁이 치열해질 것으로 예상된다.

핀테크가 혁신적인 기술과 아이디어로 소비자들을 전통적인 금융 서비스를 끌어오기 위해서는 안전성 확보가 중요하다. 핀테크는 기본적으로 IT 기술을 기반으로 하기 때문에 안전성에 문제가 발생할 경우에는 산업 자체에 큰 위협요인으로 작용이 가능하다.

핀테크가 간편하고 편리한 서비스를 안정적으로 제공하기 위해서는 고도의 보안유지가 필요하다. 전통적인 금융 서비스가 정적 · 사전적 보안을 중시한 것에 비해 핀테크는 개별 플랫폼을 통한 거래이기 때문에 동적 · 사후적 보안의 비중이 높아질 것이다.

핀테크가 활성화되더라도 전통적인 금융회사들은 공존할 것이다. 금융회사들은 막강한 자본력과 높은 레버리지, 수십년간 축적된 브랜드파워와 기업이미지, 다양한 거래고객, 우수한 인재 등을 바탕으로 금융업의 본질은 영원히 지속될 것으로 예상된다. 다만, 전통적인 금융회사들은 ICT 기업과의 융복합을 통해 핀테크 시장을 선점하거나 전통적인 금융업에 대한 역량강화를 통해 시장지배력을 공고히 하는 등 전략적 선택이 필요하다.

7-1 소셜 플랫폼의 개요

1. SNS의 정의

1) SNS의 의미

소셜 네트워킹 서비스(SNS : Social Networking Service)는 사용자 간의 자유로운 의사소통과 정보공유, 그리고 인맥확대 등을 통해 사회적 관계를 생성하고 강화시켜주는 온라인 플랫폼을 의미한다. SNS에서 가장 중요한 부분은 이 서비스를 통해 사회적 관계망을 생성, 유지, 강화, 확장시켜 나간다는 점이다. 이러한 관계망을 통해 정보가 공유되고 유통될 때 더욱 의미가 있을 수 있다.

오늘날 대부분의 SNS는 웹 기반의 서비스이며, 웹 이외에도 전자우편이나 인스턴트 메신저를 통해 사용자들끼리 서로 연락할 수 있는 수단을 제공하고 있다. SNS는 소셜 미디어와 동일한 개념으로 오용되는 경우가 많으나, 범주상 블로그, 위키, UCC, 마이크로 블로그 등과 함께 소셜 미디어의 한 유형으로서 보는 것이 타당하다.

최근 들어 스마트폰 이용자의 증가와 무선인터넷 서비스의 확장과 더불어 SNS의 이용자 또한 급증하고 있다. SNS 시장을 주도하고 있는 페이스북(Facebook)과 트위터

(Twitter) 이용자 수는 이미 2011년에 1천만 명을 돌파했으며, 그 지속적인 증가추세는 당분간 멈추지 않을 것으로 예상된다.

SNS는 광범위하고 동시에 특정 성향의 집단으로 분류될 수 있는 서비스 이용자들을 데이터베이스에 의해 파악하고 관리할 수 있다는 점에서 마케팅 활용가치가 날로 부상하고 있다. 이 같은 장점을 통해 기업입장에서는 저비용으로 표적집단에게 효율적으로 도달할 수 있는 맞춤형(customized) 마케팅을 집행할 수 있기 때문이다.

SNS 업체 또한 SNS 페이지상의 광고 스페이스 판매와 소셜 게임이나 아이템 판매 등을 통해 강력한 수익 모델을 구축해 나가고 있어 향후 SNS 시장은 계속 성장해 나갈 것으로 전망된다. 한편, 소셜 네트워크 서비스를 누리소통망이라는 용어로 지칭하였다. 일부 언론매체에서는 사회관계망 서비스로 지칭하기도 한다.

2) SNS의 성장

웹이 점차 자신의 의사를 표현하고 정보를 공유하며 상호교류를 하기 위한 커뮤니케이션 공간으로 확대되면서 소셜 미디어(Social Media)가 등장하게 되었다.

[그림 7-1] SNS 발전사

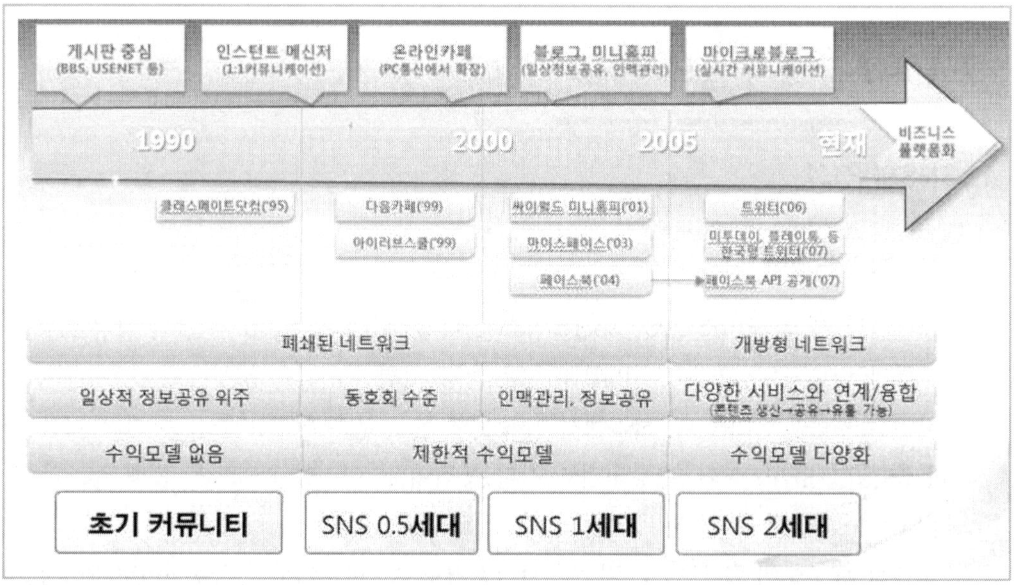

참고 : 소셜 플랫폼의 사회적 영향력 분석 및 발전방향 연구 방통위(2011.2.)

소셜 미디어는 1990년대 중반 게시판을 활용한 PC통신 기반의 동호회가 시초가 되어 시작되었다. 1990년대 중반 인터넷이 본격적으로 확산되면서 게시판으로 시작되었다가 1990년대 후반 카페, 2000년 초 시작된 블로그(2000년), 싸이월드 미니홈피(2001년)에 이어 본격적인 소셜 네트워크 서비스 시장을 창출한 페이스북(2004년), 트위터(2006년)

순으로 등장하면서 경제, 사회적 파급력이 확대되고 있다.

소셜 미디어는 그 자체가 일종의 유기체처럼 성장하기 때문에 소비와 생산의 일반적인 메커니즘이 동작하지 않으며, 양방향성을 활용하여 사람들이 참여하고 정보를 공유하며 사용자들이 만들어 나가는 과정을 거친다.

소셜 미디어는 접근이 매우 용이하고 확장 가능한 출판기법을 사용하여, 사회적 상호작용을 통하여 배포될 수 있도록 설계된 미디어이며, 방송 미디어의 일방적 독백을 사회적 미디어의 대화로 변환시키는 웹 기반의 기술을 이용한다.

소셜 미디어는 이용자들을 콘텐츠 소비자에서 콘텐츠 생산자로 변화시키고 있으며, 사진, 동영상뿐만 아니라 게임, 엔터테인먼트, 커머스 등 다양한 분야로 콘텐츠가 확산되고 있다. 또한 정보 중심의 매체환경에서 정보를 생산 / 유통하는 사람(즉 이용자) 중심의 매체환경으로의 전환을 함축하고 있다. 따라서 소셜 미디어는 〈표 7-1〉과 같이 커뮤니케이션 방식, 이용자 정보전달성격, 거래비용 등 여러 측면에서 전통적 의미의 매스 미디어와 차별화된다.

〈표 7-1〉 매스 미디어와 소셜 미디어 비교

구 분	매스 미디어	소셜 미디어
커뮤니케이션 방식	일방향적인 일대다	일방향 또는 양방향의 일대일, 일대다, 다대다 가능
이용자 정보전달성격	전파된 정보를 그대로 전달받는 수동적 형태	개방 / 공유 / 참여(Web2.0 특성)으로 능동적인 참여가능
정보전달의 즉시성	실시간성 낮음	실시간성과 즉시성
거래비용	높은 접촉 또는 소통비용	혁명적으로 낮은 접촉 또는 소통비용

참고 : 소셜 플랫폼의 사회적 영향력 분석 및 발전방향 연구 방통위(2011.2.)

2. SNS의 역사

각각의 컴퓨터가 인터넷 등 전자통신기술에 의해 연결되고 이러한 컴퓨터들이 실제 인간의 사회적 상호작용과 연락을 중개한다는 개념은 일찍이 제기되었다. 컴퓨터를 통한 커뮤니케이션을 가지고 소셜 네트워크를 지원하려는 노력은 일찌감치 있었는데, 유즈넷, 아파넷, LISTSERV, 전자게시판(BBS), EIES(머레이 투로프의 서버 기반 전자정보교환 서비스(Electronic Information Exchange Service, Turoff and HIltz, 1978년, 1993년) 같은 것들이었다.

인포메이션 라우팅 그룹은 초창기 인터넷이 이 개념을 어떻게 지원할 수 있을까에 대한 대략적인 방안을 만들기도 하였다.

초창기 소셜 네트워킹 웹사이트들은 일반화된 온라인 커뮤니티 형태로 시작하였다. The Well(1985년), Theglob.com(1994년), 지오시티즈(1994년), 트라이포드(1995년) 등이었다. 이들 초창기 커뮤니티들은 사람들을 모아놓고 대화방에서 대화할 수 있게 해주기도 하였고, 개인정보나 개인 작성 글들을 개인 홈페이지에 출판할 수 있게 해주는 출판도구(publishing tools, 블로깅이 흔해지기 전의 선배격의 출판도구였다)를 제공하기도 하였다. 이외에도 단순히 전자우편 주소만을 가지고 사람들을 엮어주는 커뮤니티도 있었다. Classmates.com(1995년, 학교 동창 분야에 집중한 서비스), SixDegrees.com (1997년, 두 다리 건넌 관계 분야에 집중한 서비스) 등이었다.

3. SNS의 유형

소셜 네트워크 서비스(SNS)의 유형 중 가장 많은 유형은 사람들을 특성에 따라 분류해주고 있는 서비스로서 아이러브스쿨과 같이 학교 동기, 동창으로 나누는 것이 그 예이다. 친구(보통 자기소개 웹페이지)들과 연락을 주고 받을 수 있는 수단을 제공해주는 SNS, 사용자들의 신뢰관계를 기반으로 무언가를 추천하는 시스템을 갖추고 있는 SNS가 흔하다.

불특정 다수와 네트워크를 형성하는 트위터, 페이스북 등의 개방형 SNS와 지인들 위주로 네트워크를 형성하는 미니홈피, 밴드, 카카오스토리 등의 폐쇄형 SNS가 있다.

지인 기반의 SNS에 피로감을 느낀 사람들이 관심사 기반의 SNS로 이동하기 시작하였다. 페이스북에 게시물을 올릴 때는 "이걸 보는 사람이 나를 어떻게 판단할까"라는 점 때문에 상당한 심리적 압박감을 느끼지만 관심사 SNS에 게시물을 올릴 때는 이런 압박감 없이 편하게 올릴 수 있다는 것이 장점이다.

코리안 클릭에 따르면 2015년 2월 관심사 기반 SNS의 순 이용자수는 인스타그램이 311만 명으로 1위를 고수하고 있고 피키 캐스트는 237만 명, 빙글은 52만 명으로 가파르게 추격하고 있다.

소셜 미디어는 발표기관별로 매우 다양한 기준으로 분류하고 있는데 소셜 미디어를 분류하는 기준을 커뮤니케이션 모델, 협업 모델, 콘텐츠 공유 모델, 엔터테인먼트 모델로 구분해 〈표 7-2〉와 같이 정리하였다.

이외에도 소셜 네트워크를 통해 출판(블로그, 마이크로블로그 등), 게임(캐쥬얼, 소셜 등), 네트워크(개별, 프로, 모바일 등), 위치기반, 커머스, 토론, 공유(비디오, 사진, 음악 등) 등으로 구분하기도 한다.

〈표 7-2〉 소셜 미디어의 분류

구 분	서비스 유형	해외 사이트	국내 사이트
커뮤니케이션 모델	블로그	Blogger, Livejournal, Open Diary, TypePad, WordPress, Vox, ExpressionEngine	포털 블록, 이글루스, 티스토리
	마이크로 블로그	Twitter, Plurk, Jaiku	미투데이 토씨, 플레이톡
	소셜 네트워킹	Bebo, facebook, Linkdin, Myspace, Orkut, Skyrock, Hi5, Ning, Elgg, FriendFeed(집적기능)	싸이월드, 아이러브스쿨
	이벤트 네트워킹	Upcoming, Eventful, Meetup.com	
협업모델	위키스	Wikipedia, PBwiki, wetpaint	
	소셜 북마킹	Delicious, StumbleUpon, Google, Reader, CiteULike	마가린, 네이버 북마크
	소셜 뉴스	Digg, Mixx, Reddit	다음 뷰
	리뷰, 토론 사이트	eponions, Yelp, City-data.com, eponions.com	디시인사이드, 아고라
	커뮤니티, Q&A	Yahoo!, Answers, WikiAnswers, Askville, Google Answers	네이버 지식 iN, 네이트 Q&A
콘텐츠 공유모델	사진 공유	Flickr, Zoomr, Photobucket, SmugMug	
	비디오 공유	Youtube, Vimeo	판도라TV, 엠군
	생방송	Ustream.tv, Justine.tv, Stickam, bizbuzztour.com	아프리카
	음악 공유	imeem, The Hype Mashine, Last.fm, ccMixter	벅스뮤직
엔터테인먼트 모델	가상세계	Second Life, The Sims Online, Forterra	누리엔
	게임 공유 및 오락	Miniclip, Kongergate	

참고 : 소셜 플랫폼의 사회적 영향력 분석 및 발전방향 연구 방통위, 2011.2.

4. SNS의 기능

소셜 네트워크 서비스는 2가지 효과를 가지고 있는데, 하나는 기존 오프라인에서 알고 있었던 이들과의 인맥관계를 강화시키고, 다른 하나는 온라인을 통해 형성된 새로운 인맥을 쌓을 수 있는 장점을 가지고 있다. 때문에 인터넷에서 개인의 정보를 공유할 수 있게 하고, 의사소통을 도와주는 소셜 미디어, 1인 커뮤니티라고도 한다. 인맥형성 외에도 SNS는 다양한 활용범위가 있는데 마케팅은 물론 소셜 커머스, 지식판매, 공공

부문, 게임 등에 이용될 수 있다.

1) 소셜 커머스

소셜 커머스란 소셜 네트워크를 이용해 이뤄지는 전자상거래를 의미한다. 현재 시장에서 주목받고 있는 소셜 커머스는 바로 공동구매형, 인기의 원인은 온라인상에서 매일 하나의 상품에 대해 지정된 수량 이상의 판매가 이뤄질 시 대폭의 할인율을 적용해 주기 때문에 사용자들이 자발적으로 트위터 등의 SNS를 통해 내용을 전하고 있다.

2) 지식판매

화장품이나 옷 등의 물건을 판매하는 것이 아니라 패션, 연애, 음악 등에 대한 지식을 직접 찍어서 판매하는 지식시장이 SNS가 확산됨에 따라 더욱 활성화되고 있다.

3) 공공 부문

SNS를 통해 정책을 홍보하거나 민원을 접수 받을 수도 있고, 민원해결 과정을 보여줌으로써 기관의 이미지를 상승시킬 수 있다. 공공부문에서의 SNS 활용은 운영정책이 수립된 이후에야 이루어질 수 있다.

4) 게 임

게임 시스템에 SNS를 도입하여 게임을 더욱 재미있게 만들기도 한다.

5. SNS의 주요 서비스 플랫폼

현재 대한민국에서 페이스북이 가장 널리 쓰이는 소셜 네트워크 서비스이다. 페이스북, 마이스페이스, 트위터, 링크트인이 북아메리카 지역에서 가장 널리 쓰이는 소셜 네트워크 서비스이다.

넥소피아가 캐나다에서, 비보, Hi5, 마이스페이스, dol2day(특히 독일에서), Tagged, XING, Skyrock(유럽 일부 지역)가 유럽에서, 오르컷(Orkut) 및 Hi5가 남아메리카 및 중아메리카에서, 시나웨이보, Friendster, Multiply, 오르컷, Xiaonei가 아시아 및 태평양 연안 지역에서 각각 지역별로 인기가 높다.

소셜 네트워크 서비스를 표준화하려는 움직임이 있었다. FOAF 표준, 오픈소스 이니셔티브의 것 같은 것들이었다. 각 서비스마다 같은 친구에 대한 항목을 또 중복되게 둬야 하는 불편함이 있었던 것이 표준화의 한 이유였다. 하지만 이러한 표준화에 대해서 프라이버시 보호 측면에서의 논란이 일기도 하였다.

7-2 소셜 플랫폼의 종류

1. 페이스북

1) 페이스북의 개요

페이스북은 사용자들이 서로의 개인정보와 글이나 동영상 등을 상호 교류하는 온라인 인맥 서비스(소셜 네트워크 서비스)의 대표격이다. 활발한 사용자 중 절반 이상은 모바일 기기에서도 페이스북을 이용하고 있다. 사용자들은 페이스북을 이용하기 전에 가입을 해야 되고, 가입 후 자신의 프로필을 만들고 사용자들을 친구로 추가하고 메시지를 교환할 수 있다.

친구들이 프로필을 업데이트하면 자동적으로 알림이 뜬다. 또한 사용자들은 공통의 관심사를 가진 사용자 그룹에 가입할 수 있으며, 이 그룹들은 직장, 학교 등과 같은 특성으로 분류되고, 친구들은 '직장친구, 가까운 친구'와 같이 분류 가능하다.

'Compete.com'에 따르면 페이스북은 활동 사용자들 가운데 가장 많이 이용되는 소셜 네트워크 서비스라고 한다.

Entertainment Weekly에서는 페이스북을 이번 10년 최고 리스트에 올리면서 "페이스북이 있기 전에는 어떻게 우리가 전 애인의 근황을 알아보고, 우리 동료의 생일을 기억하고, 친구를 놀렸을까?"라고 언급했다.

Quantcast는 매달마다 1억 3890만명의 새로운 미국 방문자들이 있다고 한다.

Social Media Today에 따르면 2010년 4월 기준 미국 인구의 41.6%가 페이스북 계정을 갖고 있다고 한다. 그럼에도 불구하고 페이스북의 성장은 일부 지역에서 제동이 걸렸으며, 미국과 캐나다에서만 700만명의 활동사용자들이 없어진 상태이다. 2012년 9월, 마크 저커버그는 회사의 시장가치 하락에 관해 이야기하면서 이러한 감소를 '실망적'이라고 표현했다. 2015년 8월 페이스북의 월활동 사용자 및 일활동 사용자는 전년 동기 대비 13%와 17%가 증가해 14억 9천만명과 9억 6천 8백만명을 기록했다.

아울러, 모바일 월활동 사용자와 모바일 일 활동 사용자 수치는 13억 1천만명과 8억 4천 4백만명으로, 전체 월활동 사용자의 65% 가량이 매일 페이스북을 사용하고 있다. 또한, 전 세계에서 인터넷에 접속할 수 있는 인구인 30억 명의 절반 가량이 페이스북을 사용하고 있는 것으로 나타났다(2015년 2분기 월활동 사용자 기준).

'페이스북'이라는 이름은 학기 초에 학교 측에서 학생들에게 서로를 알아가라고 주는 책에서 비롯된다. 페이스북은 현재 13세 이상이면 누구나 가입할 수 있게 되어 있다.

2) 페이스북의 역사

하버드 대학교의 학생이었던 마크 저커버그는 2학년 때 2003년 10월 28일에 페이스매시(Facemash)라는 이름으로 서비스를 시작하였다. 그 뒤 2004년 2월 4일에 '더 페이스북(The FaceBook)'이라는 이름으로 thefacebook.com 서비스를 본격적으로 시작하였다.

2004년 6월에는 캘리포니아 주의 팰러앨토로 회사를 옮겼다. 그 뒤 페이팔 공동 창립자 피터 디엘로부터 첫 투자를 받았다. 그 뒤 이 기업은 facebook.com 도메인 이름을 2005년에 200,000 달러를 주고 구매한 뒤 이름에서 The를 빼어 지금의 이름 '페이스북'으로 자리잡게 되었다.

처음에는 하버드 대학교의 학생들만 이용할 수 있게 하였다. 3월에는 스탠퍼드, 컬럼비아, 예일까지 영역이 확대되었으며, 그 이후 아이비리그 대학교들, 뉴욕 대학교, 매사추세츠 공과대학교, 미국과 캐나다의 대부분 대학교로 영역이 확대되었고, 2005년 9월에는 고등학교에까지 영역이 확대되었다.

2005년 말까지 2,000개 이상의 대학과 25,000개 이상의 고등학교의 네트워크가 생성되었다. 그 이후로는 몇몇 기업에까지 회원영역을 넓혔으며, 마침내 2006년 9월에는 13살 이상의 전자우편 주소를 가진 사용자라면 누구나 가입할 수 있게 되었다. 하지만 실제로 13세 이하 이용자가 750만명, 10세 이하 이용자가 500만명 존재한다고 2011년 5월 컨슈머 리포츠(Consumer Reports)에 의해 보고된 바 있다.

또한 페이스북은 2006년 야후로부터 10억 달러에 인수 제안을 받았으나 이를 거부하고, 벤처 캐피털로부터 2억 5천만 달러를 투자받기도 하였다. 설립자인 마크 저커버그는 2008년 포브스 선정 세계의 억만장자에 15억 달러의 자산으로 785위에 올랐으며, 동시에 유산상속이 아닌 자수성가형 억만장자 중 최연소로 기록되었다.

2012년 2월 1일 페이스북은 기업공개를 신청하였으며, 상장을 통해 50억 달러의 자금을 조달할 계획을 밝혔다.

2015년 12월 2일 페이스북의 창립자인 마크 저커버그는 딸의 출산소식을 알리며 딸에게 보내는 공개편지를 썼다. 이 편지에는 그들 부부가 '첸 저커버그 이니셔티브'를 설립하겠다는 내용이 담겨 있다. 현 시가 약 450억 달러(52조 원)인 그의 페이스북 지분 중 99%를 살아있는 동안 첸 저커버스 이니셔티브에 기부할 예정이라고 밝혔다.

3) 페이스북의 주요 기능

(1) 뉴스피드

사용자의 친구, '좋아요' 한 페이지의 소식을 시간 순으로 보여주는 공간이다. 뉴스피드에 나타나는 소식의 가장 주요한 조건은 친구관계 및 '좋아요'이지만 이에 절대적으로 의존하는 것은 아니며 페이스북에서 자체 개발한 복잡한 알고리즘에 의해 소식이 뉴스피드에 게시될지의 여부와 뉴스피드상의 배치순서가 결정된다.

(2) 타임라인

사용자가 게시하는 사진, 글 등을 실시간, 시간 순으로 보여주는 공간이다. 뉴스피드에 있는 대부분의 소식은 사용자의 친구들이 각자의 타임라인에 올린 것들이다. 원래 명칭은 'Wall(담벼락)'이었다. 2011년 페이스북 키노트에서 마크 저커버그는 개인의 삶을 역사적으로 표현할 수 있는 타임라인의 개념을 발표하였다. 사용자는 페이스북에서 제공하는 형식에 따라 자신의 중요한 경험을 타임라인에 남길 수 있으며 이를 다른 사용자가 연도별 인덱스에 따라 빠르게 볼 수 있다.

(3) 페이지

페이스북과 트위터의 가장 큰 차이점 중 하나는 트위터는 회사이름, 사물 등 다양한 주제를 이름으로 하여 가입하는 것이 가능하지만 페이스북은 가입시 성별, 생년월일을 반드시 입력해야 하며 이는 사람만이 가입할 수 있다는 것을 의미한다. 따라서 페이스북 내에서 기업체의 홍보 등을 하기 위해서는 페이지를 만들어야 한다. '좋아요' 수나 게시글 수 등의 일정기준을 넘는 페이지들은 사용자의 프로필에 등록 가능하며 @기호를 이용하여 하이퍼링크를 생성할 수 있다.

(4) 그 룹

그룹은 페이스북 내의 공동체이다. 그룹은 한 개의 타임라인을 가지고 있으며 그룹에 속한 사람은 그룹에 사진과 파일(최대 25메가)까지 올릴 수 있다. 그룹은 공개, 비공개, 비밀 그룹으로 나뉜다.

가. 그룹의 관리자

그룹의 생성한 사람은 자동으로 관리자가 된다. 그룹 생성시 관리자는 그룹의 비공개 또는 공개 여부를 설정할 수 있다. 공개관리자는 다른 사용자를 관리자로 임명할 수 있으며, 가입신청을 승인하고, 그룹의 게시물을 삭제할 수 있다. 그룹의 커버 사진, 그룹 설명 등의 설정을 변경할 수 있다. 그러나 그룹을 생성한 사람을 제외할 수 없다.

나. 그룹의 종류

그룹원이 250명 미만의 그룹의 경우 관리자가 그룹의 공개범위를 자유롭게 할 수 있으나 그룹원이 250명 이상이 될 경우 그룹이 비공개나 비밀로 전환될 경우 다시 공개그룹으로 전환할 수 없다.

① 공개 : 공개는 그룹에 가입되어 있지 않더라도(제3자) 그룹의 게시물과 그룹에 속한 사용자를 볼 수 있다. 다만 그룹에 게시물을 올리기 위해서는 그룹에 가입하여야 한다.

② 비공개 : 비공개는 그룹의 존재 자체와 그룹에 속해있는 일부 사용자를 제3자가 확인 가능하나 그룹의 게시물과 전체 그룹원을 보기 위해서는 그룹에 가입하여야 한다.

③ 비밀 : 비밀은 그룹의 존재자체를 제3자가 확인할 수 없다. 따라서 그룹에 속해있는 사람의 초대와 초대에 대한 승인을 통해서만 그룹에 가입이 가능하다.

2. 트위터

1) 트위터의 개요

트위터(영어 : Twitter)는 소셜 네트워크 서비스이자 마이크로블로그 서비스이다. 여기서 '트윗(tweet)'이란 말은 작은 새가 지저귀는 소리를 나타내는 영어 낱말이다.

2) 트위터의 서비스

(1) 기 능

단문 메시지 서비스(SMS), 인스턴트 메신저, 전자우편(e-mail) 등을 통해 '트윗(tweet)'를 전송할 수 있다. 트윗이란 글 한 편에 해당하는 단위이며, 140자가 한도이다. 미국의 SMS는 160글자로 한정되어 있는데, 여기서 나머지 20자는 사용자 아이디를 입력할 공간인 셈이다. 한글이든 영문이든, 공백과 기호를 포함해 한 번에 140글자를 올릴 수 있다. 이렇게 전송된 트윗은 사용자의 프로필 페이지에 표시되며, 또한 다른 사용자들에게도 전달된다. 전송방법으로는 그 외에도 RSS(수신 전용), 전용 클라이언트인 트윗덱(TweetDeck), 트위티(Tweetie), 트위테리픽(Twitterrific), 에코폰(Echofon), 피덜라이저 등이 다양하게 쓰인다.

트윗 업데이트는 사용자의 프로필 페이지에 나타나고, 그 사용자를 팔로우(follow)하는 다른 사용자에게 즉시 전달된다. 트윗을 보내는 사용자는 초기 설정만 바꾸면 자신의 친구 중 누구에게 트윗을 보낼 것인지 제어할 수 있다. 트위터 웹사이트, 인스턴트 메시지, SMS, RSS, 전자우편 혹은 응용 프로그램 등을 통해 트윗 업데이트를 받을 수 있다.

SMS 기능에 관해서는 현재 3 곳의 게이트웨이 번호가 존재한다. 미국과 캐나다용 쇼트 코드(Short Code) 및 국제사용자용 영국 번호가 있다. 또한 사용자들은 서드 파티 업체들을 통해 전자우편을 통해 업데이트를 포스트하고 받을 수 있다. 대한민국에서는 LG유플러스 고객에 한해 #1234로 메시지를 작성해 보낼 수 있다. 트위터 리스트는 한 사람당 20개의 리스트를 만들 수 있으며, 하나의 리스트에 500명을 넣을 수 있다.

(2) 특 징

영어를 포함한 여러 언어들을 지원하며, 지역에 제한 없이 전 세계 이용자와 짧은 글로 대화를 주고 받거나 친구를 맺을 수 있다. 사용자 수가 많으며, 실시간 대화와 비슷한 방식으로 이야기가 오가는 특징이 있기 때문에, 누군가가 시작한 이야기가 급속히 유포되어 세계적인 이슈가 되는 일도 일어난다.

장문의 진지한 글을 쓰는 데 좋은 블로그와 달리, 트위터는 간단한 글을 손쉽게 쓸 수 있는 단문 전용 사이트이기 때문에, 이동통신기기를 이용한 글 등록도 편리하다.

상대방의 최근 활동을 알게 해주는 '팔로우(follow)'라는 기능이 있다는 점, 그리고 메신저와 같은 신속성을 갖춘 점이 특징이다. 그리고 다른 SNS와는 달리 상대방이 허락하지 않아도 일방적으로 '팔로어(follower)'로 등록할 수 있다.

"2010년 새 서비스 규정에 따르면 트위터 사이트 내에서는 외부 광고가 금지되지만 대신 유명인사들이 돈을 받고 자신의 트위터에 어떤 제품이나 상표를 홍보하는 문구를 남기는 것은 허용된다."

트위터 최고 운영책임자 딕 코스톨로이고, 미국 내의 트위터 사용자로서 유명인은 저술가이자 저널리스트인 애나 데이비드, 정치인인 존 에드워즈와 버락 오바마를 꼽을 수 있다. 미국의 첫 흑인 대통령이 된 버락 오바마가 대통령 선거에서 승리하는 데 트위터를 이용한 홍보효과를 톡톡히 본 것으로 알려져 있으며, 기업들도 홍보나 고객불만 접수창구 등으로 활용하고 있다.

3) 트위터의 검색 엔진

트위터 자체에도 검색기능이 있지만, 기능이 미약하여 정보를 파악하기 힘든 점 때문에, 많은 트위터용 검색 엔진들이 만들어지고 있다. 구글은 한 때 트위터에 대한 실시간 검색 서비스를 제공한 적이 있으나 구글 플러스 발표시기에 중단되었다.

4) 트위터의 사용자

트위터 사용자의 63%가 남성이며, 트래픽의 60%는 미국 바깥에서 이루어지는데, 그중 일본, 스페인, 영국의 활동이 두드러진다고 한다. 흥미로운 사실은 트위터를 사용하는 연령대가 35~44세 사이라는 점이다. 그리고 방문자의 14%가 안정적인 직업을 가졌고, 대도시에 거주하는 다양한 민족 출신의 싱글족들이다. 방문자의 12%는 40대에 연간 가계수입이 25만 달러 이상인 사람들이다. 이들 중에는 나이가 좀 든 전문직 종사자들이 상당수를 차지한다.

5) 트위터의 역사

트위터는 미국 샌프란시스코 지역의 벤처 기업인 오데오 사(Odeo, Inc.)의 에번 윌리엄스와 노아 글래스가 고안한 연구개발 프로젝트에서 출발하였다. 트위터는 루비 온 레일즈를 사용하여 개발되었다. 2006년 3월에 서비스를 시작하였고 트위터의 창업주는 잭 도시, 비즈 스톤, 에번 윌리엄스(CEO), 노아 글래스이다. 2007년 4월에는 오데오 사에서 분리되어 트위터 주식회사(Twitter, Inc.)라는 이름으로 자체 회사를 갖게 되었다. 2007년 사우스 바이 사우스웨스트 페스티발 웹 상(South by Southwest Festival's Web Award) 블로그 부문을 수상하였다. 공동창업자 잭 도시는 수상 소감으로 "140자 미만의 수상소감을 말씀드립니다. 우리는 해냈습니다!"라고 하였다. 사용자 수가 증가함에 따라 트위터는 많은 문제에 봉착하고 있다.

(1) 대한민국의 트위터 서비스

2011년 1월 18일 트위터에서 공식 한국어 서비스를 시작하였다. 한국어 서비스가 공식적으로 시작됨에 따라 트위터 고객지원(@dowoomi), 트위터 대한민국(@twitter_kr) 트위터 인기 트윗(@toptweets_ko) 계정이 추가되었다. 현재 트위터 SMS 서비스는 엘지유플러스만 제공하는 것으로 알려졌다.

(2) 보안취약점 발견과 대응

2007년 4월 7일 니테시 단자니(Nitesh Dhanjani)가 보고하였다. 이 문제는 트위터가 SMS 메시지 오리지네이터를 사용자 계정의 인증(authentication)의 일종으로 사용함으로써 발생하였다. 니테시 단자니는 fakemytext.com이라는 사이트를 사용하여 단문 메시지를 스푸핑하였다. 그 결과, 트위터로 하여금 임의의 메시지를 대상 페이지(victim)에 표시할 수 있게 하였다. 해커들은 단지 피해자의 전화번호만 알아도 이 취약점을 활용할 수 있었다. 이 취약점 발견 후 몇 주가 지나 트위터는 선택사항으로서 PIN을 도입하였다. 그리하여 트위터 사용자들은 단문 메시지를 PIN을 이용하여 인증할 수 있게 되었다.

2011년 5월 26일 트위터 타임라인 오류 "일부 사용자의 타임라인이 빈 화면으로 나타나고 있다"며 오류사항을 알렸다.

2012년 2월 3일에 2006년과 2007년에 만들어진 계정 25만 명의 연락처 등의 개인정보가 유출되었다. 전문가들은 현재 조사 중이다. 이에 트위터 측은 유출 계정사용자에게 "문자, 숫자, 기호가 섞인 10자리 이상으로 새 비밀번호를 만들어 달라"고 요청했다. 또한 "해커들이 매우 복잡하고 치밀한 공격방법을 사용했다"며 "다른 회사나 조직도 비슷한 공격을 받았을 가능성이 있다.

3. 링크트인

1) 링크트인의 개요

링크트인(LinkedIn)은 미국의 비즈니스 중심의 소셜 네트워크 서비스이다. 2002년 12월에 설립되어 2003년 5월에 운영을 시작하였으며, 전문직업인 인맥(professional network) 서비스로서 200여개국에서 1억 명 이상이 이용하고 있다.

현재 한국어, 영어, 프랑스어, 독일어, 이탈리아어, 포르투갈어, 스페인어, 터키어, 루마니아어, 러시아어로 제공되고 있다.

[그림 7-2] 링크트인 로그

2) 링크트인의 대표

LinkedIn의 CEO는 Jeff Weiner로서, Yahoo! Inc.에서 경영진으로 근무한 경력이 있다. 설립자는 Reid Hoffman이며 Paypal과 Socialnet.com의 멤버 중에서 팀을 고용했다.(Allen Blue, Eric Ly, Jean-Luc Vaillant, Lee Hower, Konstantin Guericke, Stephen Beitzel, David Eves, Ian McNish, Yan Pujante, Chris Saccheri).

설립자 Reid Hoffman은 LinkedIn의 전 CEO로서 현재는 이사회 장으로서 회장직을 맡고 있다. 본사는 캘리포니아(Mountain View, California)에 있으며, 지사로는 Omaha, Chicago, New York, London에 있다. Sequoia Capital, Greylock Partners, Bain Capital

Ventures 등과 협력관계에 있다. 2011년 1월까지 $1억3백만의 투자를 받았다.

3) 링크트인의 접속 제한국가

쿠바, 이란, 수단, 시리아에서는 현재 이용이 불가능하다. 최근 중국은 차단되었다.

4. 인스타그램

1) 인스타그램의 개요

인스타그램(Instagram)은 온라인 사진공유 및 소셜 네트워킹 서비스이다. 사용자들은 인스타그램을 통해 사진촬영과 동시에 다양한 디지털 필터(효과)를 적용하며 페이스북이나 트위터 등 다양한 소셜 네트워킹 서비스에 사진을 공유할 수 있다.

인스타그램의 가장 큰 특징은 폴라로이드 사진처럼 정사각형의 사진이며 보통의 모바일 기기에서 사용하는 16 : 9 비율과 다르다. 2012년을 기준으로 인스타그램 이용자 수는 8000만명을 돌파했고, 2014년 12월 11일을 기준으로 세계 월간활동 사용자(MAU)가 3억 명을 돌파했다. 인스타그램은 케빈 시스트롬과 마이크 크리거가 만들었으며 2010년 10월에 런칭했다.

[그림 7-3] 인스타그램의 로고

2) 인스타그램의 특징 및 도구

사용자들은 사진을 올릴 수 있고 사용자들의 인스타그램(Instagram) 계정을 소셜 네트워킹 서비스와 연동할 수 있으며, 다른 사용자들과 피드를 주고 받을 수 있다.

3) 인스타그램의 현황

2016년 6월 21일 사용자가 5억명을 돌파했다. 이용자 중 3억 명은 하루에 한 차례 이상 사용하며 매일 평균 9천 500만 개의 사진과 영상이 올라온다. 인스타그램 사용자의 80% 이상이 미국 이외의 지역이며, 인스타그램에 올라오는 사진과 영상은 하루 평균 9천 500만 개로서 모회사인 페이스북의 성장동력으로 각광받고 있다.

또한 인스타그램은 현재 페이스북이 인수했다. 인스타그램은 2013년 11월부터 일부 기업을 통한 광고를 시범적으로 도입·운영하고 있다. 2013년 6월 동영상 서비스를, 12월에는 메시지 서비스도 내놓으며 SNS로서 기능을 확장해가고 있다.

국내에서도 인스타그램 사용자가 가파르게 늘고 있다. 인스타그램을 홍보하는 국내 대행사 관계자는 "국내에서 인스타그램 사용자가 활발하게 늘어나고 있다"면서 "특히 아이돌, 연예인들을 중심으로 인기를 끌고 있다"고 말했다.

인스타그램은 페이스북 한국 지사를 통해 국내 마케팅에도 시동을 걸고 있다. 해외에선 리바이스, 버버리와 같은 외국 기업들과 광고 파트너십을 맺었다면, 국내서도 기업들과 연계해 다양한 수익 모델 도입을 계획하고 있다.

인스타그램에 광고 모델이 적용되면서 페이스북의 수익성도 개선될 것으로 전망된다. 월스트리트저널(WSJ)에 따르면 월가(街)에선 페이스북의 2013년 회계연도 매출이 전년 대비 40% 증가했을 것으로 예상하고 있다. 매출 중 3분의 1을 모바일 광고에서 벌어들인 것으로 추정되고 있다.

4) 인스타그램의 커뮤니티 가이드라인

인스타그램(Instagram)은 사람들이 자유롭게 자신을 표현하고 서로 영감을 얻을 수 있는 공간입니다. 계속해서 안전하고 믿을 수 있는 인스타그램을 만들어 갈 수 있도록 함께 도와주세요. 본인 소유의 사진과 동영상만 게시할 수 있으며 항상 법률을 준수해야 합니다. 다른 인스타그램 사용자를 존중하고 스팸을 보내거나 나체 이미지를 게시하는 행동은 금지해주세요.

① 직접 촬영했거나 공유할 권한이 있는 사진과 동영상만 공유하세요.
② 다양한 사람들이 즐길 수 있는 사진과 동영상을 게시하세요.
③ 의미있고 진심이 담긴 교류에 동참해주세요.
④ 법규를 준수하세요.
⑤ 인스타그램을 함께 사용하는 커뮤니티 멤버를 존중하세요.
⑥ 스스로 신체적 상해를 입히는 행위를 미화하지 말고 도움을 주세요.
⑦ 큰 사건은 신중하게 게시하세요.

5. 구글+

1) 구글+의 개요

구글+(구글플러스, Google+, Google Plus, G+)는 구글이 운영하는 소셜 네트워크 서비스이다. 2011년 6월 28일 초대장이 있는 사람만 가입할 수 있게 이 서비스를 시작했다. 2011년 9월 20일부터 구글+는 18세 이상이면 초대장이 없이 가입할 수 있게 되었고, 2012년 1월 26일부터 대부분의 나라에서는 13세 이상, 대한민국 및 스페인에서는 14세 이상, 네덜란드에서는 16세 이상이면 가입할 수 있다.

구글+는 웹사이트와 휴대기기에서 이용 가능하다. 뉴욕 타임스 등은 2011년 9월 기준 8억 명의 사용자가 있는 세계 최대의 소셜 네트워크 서비스인 페이스북과 경쟁하려는 것을 구글의 가장 큰 도전이라고 말했다.

구글+는 구글 버즈, 구글 친구연결 및 오르컷을 뒤이은 구글이 소셜 네트워크 서비스에 진출하는 4번째 시도라고 볼 수 있다. 2012년 1월 19일 기준으로 구글+ 사용자는 9천만 명을 넘었다. 2012년 말경에는 회원 수가 4억 명에 이를 것이라 전망된다.

2) 구글+의 기능

(1) 홈스트림

홈스트림은 다른 사용자가 공유한 소식이 내게 표시되는 곳이다. 홈스트림을 내게 가장 흥미있는 콘텐츠로 채우려면 소식 모음을 팔로우하거나 커뮤니티에 참여하여 콘텐츠를 내 홈스트림에 표시한다. Google에서 내가 좋아할 것으로 판단하는 유명 콘텐츠인 추천 콘텐츠를 표시할 수도 있다.

(2) 공 유

소식을 공유함으로써 구글+에서 링크, 동영상, 사진, 글 등을 공유할 수 있다. 다른 사용자가 나 또는 내가 소식을 공유한 내 소식 모음이나 커뮤니티를 팔로우하면 내 소식이 그 사용자의 스트림에 표시될 수 있다. 또한 내가 공유한 소식이 나를 팔로우하지 않은 다른 사용자에게 추천될 수도 있다. 구글+에서 공유 대상을 선택한다. 소식을 공유할 때 그 소식을 공유하려는 커뮤니티, 소식 모음 또는 특정 사용자를 선택하거나 공개적으로 공유할 수 있다.

(3) 팔로우

① 구글+에서 다른 사용자를 팔로우하면 그 사용자가 내 홈스트림에 게시한 소식을 볼 수 있다.
② 다른 사용자를 팔로우하면 그 사용자는 내 '팔로잉' 서클에 추가된다.
③ 내가 그 사용자를 팔로우함을 알리는 알림을 받을 수 있다.
④ 내가 그 사용자를 팔로우함을 알 수 있다.
⑤ 내가 그 사용자로부터 볼 수 있는 항목을 선택할 수 있다.

⑥ 내 '팔로잉' 서클과 공유하는 항목 및 이전에 공유한 항목을 알 수 있다.

(4) +1

+1 버튼을 사용하여 다른 사용자가 게시한 소식이 마음에 든다는 것을 표시할 수 있다. 페이스북의 '좋아요' 기능과 같은 기능이다.

(5) 구글+ 핫이슈

다른 구글+ 유저가 어떤 글에 +1, 댓글 등의 관심을 가장 많이 보였는지 보여준다. 트위터의 'Trending Topics'과 유사한 기능이다.

(6) 서 클

서클을 사용하여 내가 소식을 공유할 사용자를 관리할 수 있다. 서클에 사용자를 추가한 다음 소식 모음이나 소식을 서클과 공유하면 그 사용자만 볼 수 있다. 다른 사용자를 서클에 추가하면 내가 사용자를 서클 중 하나에 추가했다는 알림이 사용자에게 전송된다. 내가 소식을 추가하기 전에 서클과 공유한 소식을 포함하여 내가 서클과 공유한 모든 항목이 표시된다. 내가 서클에 추가한 사용자도 나와 행아웃을 즐길 수 있다.

(7) 소식 모음

소식 모음을 사용하여 관심사를 기반으로 소식을 정리한다. 내 관심사를 기반으로 다른 사용자의 소식 모음을 팔로우할 수 있으므로 내 스트림이 보고 싶은 콘텐츠를 포함하게 된다. 소식 모음을 사용하면 내가 원하는 사람들과 콘텐츠를 공유할 수 있다. 소식 모음을 만들 때 소식 모음을 볼 수 있는 사용자를 선택한다. 다른 사람은 내 특정 소식 모음을 팔로우하도록 선택할 수 있으므로 관심사가 아닌 소식은 표시되지 않는다.

(8) 커뮤니티

커뮤니티를 사용하여 내 소식을 공유하는 사용자와 대화해 보세요. 커뮤니티는 설정에 따라 공개일 수도 비공개일 수도 있다. 커뮤니티에 속한 사용자는 누구든지 소식을 게시하고 그 커뮤니티에 공유된 소식에 댓글을 달 수 있다. 내가 참여한 커뮤니티의 소식은 내 스트림에 표시될 수 있다.

(9) 소식 모음 및 커뮤니티 비교

소식 모음은 한 사용자가 만들며 그 사용자만 소식 모음에 소식을 게시할 수 있다. 다른 사용자의 소식 모음을 팔로우하여 공유하는 항목을 볼 수 있지만, 다른 사용자의 소식 모음에 소식을 공유할 수는 없다. 커뮤니티는 2명 이상의 소유자와 운영자가 있을 수 있으며 다른 사용자는 그 커뮤니티에 가입할 수 있다. 커뮤니티의 멤버가 되면 커뮤니티에 소식을 게시할 수 있다. 커뮤니티의 멤버는 본인의 홈스트림에서 내 소식을 볼 수 있다.

7-3 소셜 플랫폼의 기술동향

1. SNS 플랫폼의 기술개요

초기 소셜 네트워크 서비스가 주로 하나의 단위 플랫폼에서 해당 플랫폼 내의 사용자들에게 서비스를 제공했다면, 최근 몇 년간의 추세는 이러한 폐쇄성에서 벗어나 개방형 서비스로 변해 오고 있음을 알려 준다.

페이스북 외에도 구글+, 트위터 등의 플랫폼은 외부의 서비스 제공자가 자사의 자원을 활용할 수 있도록 Open API를 제공한다. 이러한 Open API를 활용할 경우, 누구라도 페이스북의 서비스뿐만 아니라 그 안의 자원까지도 활용할 수 있는 다양한 형태의 애플리케이션을 개발할 수 있다.

페이스북은 2012년 Graph API를 새롭게 선보이며 이러한 API 플랫폼을 지속적으로 확장해 나가고 있다. 국내 네이버나 다음과 같은 포털 사이트들 역시 초기에는 자사의 검색결과를 외부 사이트가 활용하는 것 조차 금지하며 단위 플랫폼 기반의 폐쇄적 정책을 지향했으나, 최근 몇 년 사이 API를 통한 외부 서비스의 접근을 점차 개방하고 있다.

2. 소셜 네트워크 기술의 기술전개 방향

현재는 페이스북, 구글+, 카카오톡 등 다양한 서비스는 사용자가 자신의 활동을 게시하고 공유하는 등의 데이터 교환 중심의 기술이 주를 이루고 있지만, 향후 소셜 네트워크 서비스는 다양한 응용기술과 결합한 융합형 서비스로 발전할 가능성이 매우 크다.

삼성전자의 경우 ISC(Immerive Social Center)를 통해 TV 내에서 다른 사용자와 다양한 경험을 주고받을 수 있는 서비스를 표준화하기 시작했으며, 각각 다른 형태의 단말기, 즉 TV와 스마트폰, 태블릿 등에 최적화된 형태의 서비스가 소셜 네트워크와 결합해 새로운 형태의 서비스가 창출되는 등의 기술발전이 이루어질 수 있다.

구글은 구글 글래스라는 새로운 형태의 단말기를 통해 자신이 보고 듣고, 감각하는 것을 실시간으로 자신의 소셜 서비스에 게시할 수 있도록 했으며, 이는 단일한 소셜 네트워크 서비스뿐만 아니라 증강현실, LBS 등의 타 기술과의 융합된 형태로 제공될 수 있는 융합형 서비스이다.

7-4 소셜 플랫폼의 비즈니스 모델

1. 온라인 광고

마이스페이스와 페이스북을 포함해 현재 성공적인 대형 소셜 네트워킹 웹사이트의 수익모델은 온라인 광고수익이다. 불과 4년차 신생기업인 마이스페이스과 페이스북의 급격한 광고수익 증가는 광고주가 소셜 네트워킹 서비스에 광고하지 않을 것이라는 예상과 우려를 불식시키고 있다.

이와 같은 흐름을 반영하듯 구글은 지난 해 마이스페이스와 3년간 9억 달러에 검색 및 광고계약을 맺었으며, 지난 3월에는 프렌드스터와 지난 7월에는 사진 기반의 소셜 네트워킹 웹사이트인 포토로그(fotolog.com)와 3년간 약 7500만 달러에 계약을 체결하였다.

마이크로소프트는 2007년 8월, 구글과의 치열한 경쟁 끝에 페이스북과 2009년까지 광고계약을 체결하였다. 이처럼 소셜 네트워킹 웹사이트는 시장성을 인정받으며 온라인 광고시장의 뜨거운 감자로 떠오르고 있다. 광고수익 향상을 위해 2007년 2월 마이스페이스에서는 인터넷 뉴스를 보기 위해 빠져나갔던 사용자를 다시 확보하기 위한 전략으로 마이스페이스 뉴스를 제공하기 시작하였다. 사용자의 반응은 아직은 저조한 편이나 접속자들을 서비스 안에 체류하게 하는 마이스페이스의 노력은 다양한 콘텐츠의 수급과 함께 지속될 전망이다.

2. 디지털 상품

광고 이외에도 수익을 다각화하려는 시도는 계속되고 있는데 대표적인 소셜 네트워킹 웹사이트의 수익 모델로 주목 받는 것 중의 하나가 '디지털 상품(virtual goods)'이다. 페이스북은 2007년 2월 선물 코너를 게시하고 지인들 간에 선물을 주고 받을 수 있는 시스템을 오픈했는데, 가격은 상품당 1달러이며 익명이나 비공개로 선물을 전달할 수 있다.

아바타나 선물, 홈피, 프로필 장식 등의 '디지털 상품'은 자신을 드러내고 다른 사람들과 관계를 맺으며 교류하는 소셜 네트워킹 웹사이트에 적합한 수익 모델이다.

실제로 애완견 커뮤니티 도그스터와 소셜 네트워킹 기반의 데이팅 서비스 핫오어낫(HotorNot.com)의 경우에는 광고와 디지털 상품을 결합한 수익 모델로 성공을 거두고 있다. 핫오어낫에서는 마음에 드는 데이트 상대에게 온라인에서 꽃을 보내는 데 10달러씩 부과한다. 꽃 그 자체에 대한 가치지불이라기 보다는 온라인상에서 자신의 감정을 드러내고, 공개된 프로필에서 받은 꽃을 공개해 자신의 인기도를 과시하는 데 대한 댓가로 핫오어낫의 수익 중 40%이상이 바로 이 디지털 상품에서 발생하고 있다.

이처럼 앞으로 더 많은 사람들이 소셜 네트워킹 서비스를 활용해 지인들과 교류하고, 온라인과 오프라인의 아이덴티티의 경계가 희박해질수록 디지털 상품의 시장가치는 더욱 높아질 전망이다. 또한, 이런 디지털 상품의 소비가 활발해지면서 자사의 브랜드를 디지털 상품과 결합하여 마케팅 수단으로 활용하려는 목적과 함께 디지털 상품을 통한 대형 브랜드의 스폰서십 마케팅도 활발해질 것으로 예상된다.

3. 링크트인 비즈니스 모델

전문 분야의 사람들을 모으고 이 속에서 필요한 사람을 쉽게 만나고 연결해 주는 가치에 과금을 하는 것으로 정액제 기반의 가입비 비즈니스를 성공시킨 사례도 있다.

페이팔(paypal.com) 부사장 출신인 레이드 호프만이 설립해 CEO를 맡고 있는 '링크드인(LinkedIn)'은 150여개국, 400개 이상의 산업 분야에 종사하는 1,250만 이상의 사용자가 사용하고 있는 비즈니스 전문 소셜 네트워킹 웹사이트이다.

서비스 안에서 사용자들은 자신의 직업과 경력, 전문 분야 중심의 프로필을 올리고, 이를 기반으로 서로 인맥관계를 맺으면서 지속적으로 연락을 취하면서 비즈니스 관계에 도움을 주고받는다. 대부분의 개인들은 무료 서비스만 사용하지만, 일부 회원들의 경우에는 보다 쉽게 자신을 관계자들에게 알리고 인맥을 맺기 위해 프리미엄 가입으로 업그레이드 하기도 한다.

기업고객의 경우 영업 대상을 찾거나 채용공고를 내기 위해서 업그레이드하며, 리크루팅 전문가, 투자자, 컨설턴트들은 1년에 평균 2천 달러를 지불한다. 영업이나 마케팅 리서치를 목적으로 하는 사람들은 약 200달러를 지불한다. 구직자나 인맥을 보다 잘 구축하고 싶은 개인들은 연간 60달러선의 추가적인 가입비를 지불한다.

링크트인 수익 가운데 25%는 기업들의 건별 유료 채용공고 포스팅에서 창출되며, 나머지 25%는 광고수익에서 창출된다. 회원의 프로필 페이지에 나오는 배너광고는 회원들의 직업, 나이, 직급 등 여러 가지 요소를 고려하여 최적화된 타겟팅을 하기 때문에 클릭률이 상당히 높은 편이다.

개인의 프로필이나 성향에 따른 타겟 광고의 성장가능성도 높기 때문에 페이스북에서는 개인의 프로필 정보에 맞춰 광고하는 새로운 시스템을 선보일 계획을 하고 있다. 이러한 시스템에서는 사용자가 무엇을 좋아하는지 밝히지 않아도 사진동호회 회원에게 카메라 광고를 전달하는 방식으로 사용자가 선호하는 노래, 영화, 음악, 여행지 등에 맞춘 타겟 광고가 가능하다.

개인정보 노출에 대한 경고의 목소리도 있지만, 이처럼 소셜 네트워킹 웹사이트에서 개인정보에 기반한 타겟 광고는 일반 광고와 다른 효과를 보일 것으로 예상된다.

4. SNS의 국내외 마케팅

1) 펩시(Pepsi)

펩시는 지난 23년간 진행했던 슈퍼볼 광고를 그만두고, 2010년 2월 소셜 미디어 프로젝트 'epsi refesh project'를 런칭했다. pepsi refesh project 전용 사이트에 매달 세상을 'Refesh'(개선)시킬 수 있는 예술, 문화, 교육, 식품, 건강, 이웃, 지구에 관한 아이디어 제출할 수 있도록 만들었다.

각 아이디어는 사람들의 추천을 받고, 높은 추천을 받은 프로젝트는 펩시로부터 5백만원에서 약 2억 5천까지 지원을 해주었다. 펩시는 이러한 아이디어를 페이스북과 트위터를 통해 쉽게 공유하고 알려 투표 참여를 유도하는 툴을 제공했으며, SNS를 통해 사회적 문제를 창의적으로 해결하는 아이디어를 요구함으로써 이를 펩시의 브랜드 이미지와 연결하였다. 매달 사람들은 의견을 내고 있으며 그 의견을 SNS에 유통시킨다. 펩시 리프레쉬 프로젝트 사이트에는 이를 반영하듯 페이스북과 트위터에 자신의 아이디어를 쉽게 업데이트할 수 있는 툴이 마련되어 있다. 펩시의 소셜 미디어 마케팅의 성공 요인은 다음과 같다.

(1) 시의적절한 프로젝트 런칭 타이밍

SNS 붐이 확대되는 시기에 대대적인 '소셜 미디어 프로젝트' 캠페인을 진행해 고객과 언론의 집중 조명을 받았으며, 23년간 진행해왔던 슈퍼볼 TV 광고를 과감히 포기하고, 슈퍼볼 시즌에 맞추어 캠페인을 시작했다. SNS가 부각되고 있는 시점에서 펩시가 큰 상징성을 지닌 슈퍼볼 광고 대신 소셜 미디어 프로젝트를 진행한다는 사실자체가 큰 이슈가 됐다. 이는 펩시의 커뮤니케이션 방식의 변화를 알리는데 매우 효과적이었고, 2월 초 슈퍼볼 이후 캠페인 사이트의 웹트래픽이 800% 이상 급상승하는 결과를 얻었다.

(2) 브랜드 선호도를 높이는 콘텐츠와 스토리

펩시의 리프레시 프로젝트는 'Could a soda really make the world a better place? (소다가 정말로 더 좋은 세상을 만들 수 있을까?)'라는 물음에서부터 시작된다. 그리고 예술, 문화, 교육, 식품, 건강, 이웃, 지구에 관련된 개선 아이디어를 사이트를 통해 공모했고 네티즌들의 투표에 의해 선정된 사람에게 5천에서 25만 달러까지의 돈을 지원해주기로 했다. 이 캠페인을 알리는 수단으로 동영상과 SNS를 활용했는데 이 동영상은 즉각 퍼져나가기 시작했고 사람들에게 큰 호응을 얻어냈다. 이는 다시 펩시의 이미지로 이어지고 있다.

(3) 소셜 미디어 서비스 채널의 손쉬운 이용지원

트위터와 페이스북의 활용은 프로젝트의 성공에 가장 큰 요소가 되었다. 프로젝트 진행소식 자체의 바이럴 및 각 개인이 자신이 가지고 있는 소셜 미디어의 네트워크를 통해 업로드한 아이디어를 공유하고 투표를 독려할 수 있도록 SNS를 연동해 손쉽게 콘텐츠를 퍼트릴 수 있게 했다.

(4) 온-오프 통합 마케팅 전략실행

소셜 미디어 프로젝트지만 전적으로 트위터, 페이스북 등 SNS만 활용한 것이 아니라 TV, 잡지 등 기존 미디어 광고와 PR 진행 및 셀러브리티 섭외 등을 통한 홍보활동, 블로그와 바이럴 영상활용 등 온- 오프를 아우르는 통합 마케팅을 실행했다.

[그림 7-4] 캠페인 사이트의 웹트래픽 추이(2010.3.)

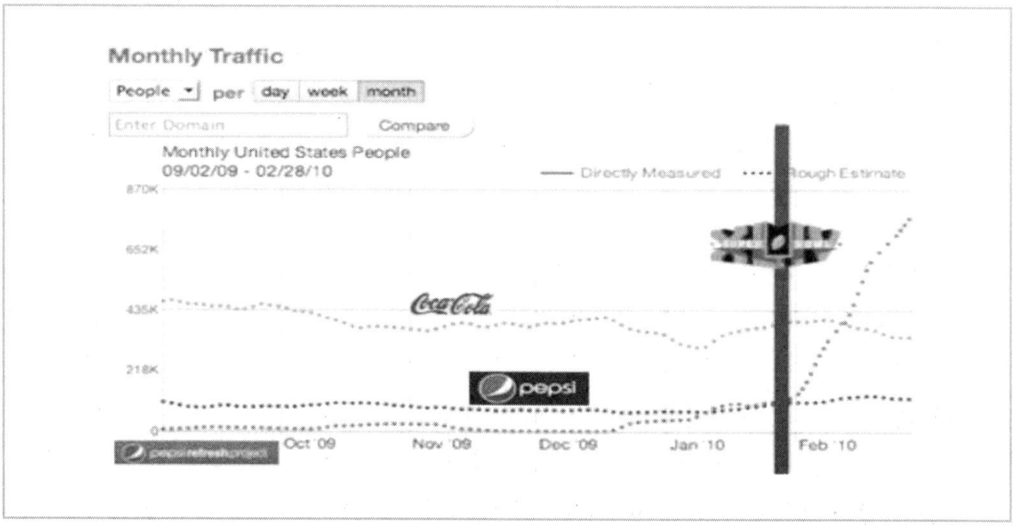

2) 이케아(IKEA)

이케아(IKEA)는 가구, 악세서리, 주방용품 등을 파는 스웨덴의 다국적 기업으로 좋은 디자인과 싼 가격, 그리고 손수 조립할 수 있는 가구(DIY : Do It Yourself)로 유명한 기업이다. 이케아(IKEA)는 스웨덴 말모(Malmo) 지역에 새로 매장을 오픈하면서 2009년 가을 페이스북 계정을 개설했고 매니저가 2주 동안 12장의 매장 사진을 페이스북 포토 앨범에 올려 이벤트를 시작하였다. 고객들에게 재미를 주는 실제로 자신이 필요한 것을 찾아내도록 하는 서비스 방식이었다.

새로 오픈 한 매장을 프로모션하기 위해 전형적인 마케팅 방법을 사용하지 않고 사람들이 직접 찾아와 둘러볼 수 있는 쇼룸을 만들었다. 매장관리자는 약 2주의 시간동안 포토앨범에 여러 쇼룸의 모습들을 업로드하였고, 이 사진을 보고 tag기능(사진의 특정 영역을 선택해 소감이나 의견을 추가하는 태그를 달아놓는 기능)을 활용하여 제품에 처음으로 태그(Tag)를 달아놓는 사람에게 해당 상품을 무료로 보내주는 이벤트를 하였다.

이 이벤트는 엄청난 바이럴 효과를 일으켜 순식간에 페이스북을 통해 퍼져나가게 되고, 많은 소비자들이 링크와 사진을 퍼가면서 수십만 명에게 폭발적인 관심을 불러 일으켰다. 또한 온라인에서 그치는 것이 아니라 오프라인 매장으로까지 찾아올 수 있도록 유도한 효과 역시 컸다. 이케아 이벤트는 참여자들이 상업적인 느낌보다 엔터테인먼트적인 느낌이 강하게 느껴 보다 적극적인 반응을 보이게 되었다.

이케아의 마케팅 성공요인은 다음과 같다.

① 참여방법이 쉬웠다는 것이다. 복잡한 이벤트는 많은 참여자들을 끌어들이기 힘들지만 쉽고 재미있는 이벤트로 흥미를 끌었다.

② 고객에게 가치를 전달했다는 것이다. 브랜드나 제품에 대해 인지하게 하거나 호감도를 높이는 방법으로 브랜드 가치를 높일 수 있었다.

이케아의 페이스북 마케팅은 SNS(Social Network Service)를 어떻게 하면 사람들이 즐거워하며 특별한 기술이나 막대한 비용을 지불하지 않더라도 SNS를 이용하여 양방향 커뮤니케이션에 의해 효과적인 마케팅을 할 수 있다는 것을 보여주는 좋은 사례라고 할 수 있다.

[그림 7-5] IKEA facebook 쇼룸 사진 tag 기능

3) 디젤(DIESEL)

데님 패션 브랜드 디젤(DIESEL)은 페이스북을 이용한 SNS 마케팅을 선보였다. 스페인의 마드리드와 바르셀로나의 디젤 매장에서는 이른바 디젤 캠(Diesel Cam)이라는 색

다른 기기가 설치되었다. 이 기기에는 카메라와 터치 스크린이 세팅이 되어 있다. 피팅룸에서 마음에 드는 옷을 착장해 본 고객이 피팅룸 바로 옆에 설치된 이 기기를 이용해 페이스북 계정에 로그인 한 뒤 자신의 착장 사진을 카메라로 촬영한 후 자신의 페이스북 계정에 업로드할 수 있다.

이렇게 페이스북에 공유된 사진들은 전 세계 페이스북 유저들을 통해 더 크게 확산, 전파가 되고 디젤 브랜드를 홍보하는 유저들이 자발적으로 제작한 온라인 카탈로그가 된다. 이러한 온라인 카탈로그가 자연스럽고도 적극적으로 공유되는 바이럴 효과를 창출했다. 이것은 패션 브랜드의 신선한 SNS 마케팅으로 평가된다.

[그림 7-6] DIESEL Cam

4) 델(DELL)

델은 수익(ROI)을 가장 구체적으로 보여준 기업이기도 하지만 소셜 미디어를 통해 기업에서 할 수 있는 모든 활동을 전개해 나가고 있는 기업이다. 현재 델 컴퓨터는 모두 33개의 트위터 계정을 운영하고 있으며, 9개의 블로그와 아이디어스톰을 포함한 다수의 커뮤니티를 함께 운영하며 전 세계 12개국 소비자들과 소통의 창으로 이용하고 있다. 이 정도의 소셜 미디어 채널을 운영하기 위해서는 많은 인력과 비용이 필요하다는 것은 자명한 사실이다. 그리고 그에 못지않은 많은 리소스 역시 많이 들어갈 것이다. 실제로 델 컴퓨터는 소셜 미디어 관련 인력이 100명 이상이라고 한다.

델이 이렇게 많은 인력과 그에 못지않은 많은 리소스를 들여가며 SNS에 신경을 쓰는 이유는 2005년 영향력 있는 블로거였던 제프 자비스가 자신의 블로그에 델 컴퓨터의 문제점을 조목조목 지적해 포스팅들을 연재하기 시작했을 때 델은 무대응으로 일관했었다. 하지만 그 포스팅은 이슈메이킹 역할을 하며 사태가 점점 더 커져갔고 델 컴퓨터의 신뢰는 추락했고 매출까지 급락했다. 그 이후 델은 기업 블로그를 활성화 시켜 고객의 목소리를 들을 수 있는 사이트들을 런칭시키며 이미지를 다시 회복했다.

2007년 7월에는 트위터에 DellOutlet이라는 계정을 만들어 고객에게 판매와 관련된 정보를 제공하는 홍보 채널로써 활용하고 있다. 트위터를 통해 자사의 신제품 출시 정보, 특별할인 프로그램, 재고정리 및 쿠폰 이벤트에 대한 정보를 게시하고 있는데, follower의 수는 2009년 9월에는 118만명을 돌파하였으며 트위터를 통한 매출이 300만 달러라고 한다. 델은 2009년 12월에는 지난 2년 동안 트위터만으로 650만 달러의 매출을 이끌어냈다고 발표했다.

델처럼 큰 기업에게 650만 달러는 큰 액수는 아니지만 고객과의 소통을 통해 이미지 상승과 신뢰를 얻었다는 점에서 650만 달러 이상의 가치가 있다고 볼 수 있다.

[그림 7-7] DELL twitter

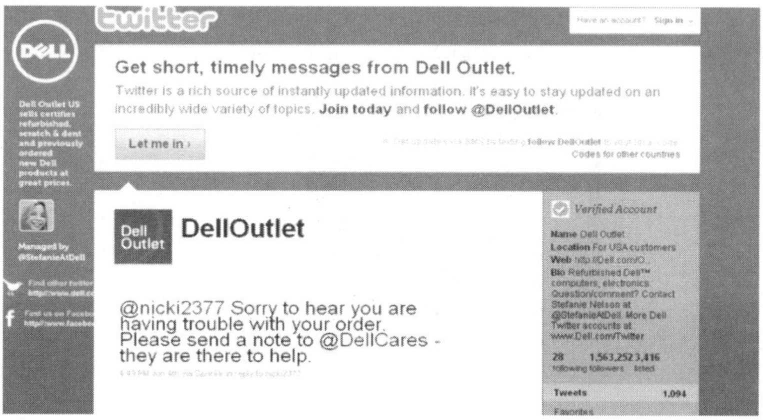

5) 이베이(eBay)

이베이(eBay)는 www.eBay.com을 관리하는 미국 인터넷 회사의 하나이며, 온라인 경매와 쇼핑을 운영하는 웹사이트이다. 여기서 사람들과 기업들이 물건과 용역(서비스)을 전 세계적으로 사고판다. 원래의 미국 웹사이트뿐 아니라, 이베이는 다른 여러 나라에 맞춘 웹사이트를 구축해 놓았으며 전 세계 인터넷 옥션에서 이용자가 가장 많은 사이트다. 전 세계 대상이기에 사실관리나 고객대응이 쉽지 않을 수 있다. 이런 점을 완화시킬 수 있는 것이 실시간으로 연결하고 소통할 수 있게 도와주는 페이스북 페이지를 이용하고 있다.

이베이는 페이스북 페이지를 이용해서 판매자와 소비자가 함께 나눌 수 있는 공간으로 페이지를 이용하고 있으며, 이베이 페이지내 이베이 앱을 제공하여 원하는 사람은

제7장 소셜 플랫폼(SNS/페이스북 등)

누구나 홈페이지에서 제공하는 상품등록 등을 이동성 없이 페이스북 페이지 내에서 가능하게 되어 있다. 이베이와 관련되어진 다른 페이지도 함께 운영하며, 아이폰용 앱을 다운받을 수 있는 페이지도 운영하고 있다.

[그림 7-8] ebay facebook

6) 코기 BBQ(Kogi BBQ)

코기는 한인 2세를 포함한 세 사람의 창업주가 미국 LA를 기반으로 운영하는 이동식 트럭 음식점이다. 우리나라 전통음식 김치와 불고기를 멕시칸 요리인 타코에 접목시켜 이동식 트럭 음식점에서 판매를 한다. 선보인 음식이 일반 레스토랑에서 쉽게 맛볼 수 있던 종류도 아니었고, 멕시코 음식과 한국식 불고기의 퓨전 요리라는 호기심을 자극하는 요소가 들어 있었고 맛도 괜찮다는 평가를 받았다는 점에서 일단 흥행의 요소는 갖추었다.

하지만 우리나라와 마찬가지로 미국도 길거리에서 포장마차를 운영하는 일이 불법이기 때문에 한곳에서 오래 머물지 못하고 매번 다른 장소에서 판매를 해야만 한다는 단점이 있었다. 이러한 약점을 트위터를 통해서 트럭이 언제 어디에서 나타날 것인지를 실시간으로 알려주어 고객들이 미리 시간에 맞추어 나타날 곳에서 기다리다 먹을 수 있도록 만들었다. 코기의 트위터는 현재 8만 명이 넘는 팔로어를 보유하고 있고 하루에도 만 명이 넘는 사람들이 방문해 트럭이 어디에 나타날지 지켜보고 있다고 한다.

[그림 7-9] Kogi의 이동식 트럭

[그림 7-10] Kogi twitter

코기는 이런 기발한 마케팅 사업으로 언론과 입소문을 통해 더욱 더 널리 퍼졌고 2009년에는 사업시작 1년 만에 매출 200만 달러를 기록했다. 이들은 다른 음식점과 달리 임대료의 부담도 없을뿐더러 광고비까지 저렴한 방법을 선택했음에도 불구하고 트위터를 마케팅 수단으로 이용해 크게 성공했다. 물론 음식의 맛이 뛰어났기 때문에 많은 고객들이 찾아 유명해질 수 있었을 것이다.

7) KT

KT는 소셜 미디어를 활용하여 고객과의 소통을 가장 먼저 시작한 기업 중 하나로 2010년 7월 KT 기업공식 트위터(@ollehkt)를 오픈하여 소셜 미디어 마케팅에 시동을 걸었다. 트위터가 본격화하지 않았던 시기였기 때문에 수많은 시행착오를 겪어야만 했다. 같은 해 11월에는 KT 기업 블로그를, 올해 7월에는 KT 페이스북을 론칭했다.

특히 가장 중요한 고객과 소통하는 과정에서 고객들이 기대하는 것이 무엇인지 알지 못해 시행착오를 겪었다. 그 이유는 고객의 기대를 불충족시켰고 사내 임직원간의 소통이 부재했기 때문이다. 이러한 문제점을 소셜 미디어 전담팀을 운영하고 정보보안을 위한 가이드라인을 활성화시켰으며, 블로그와 트위터를 활용해 적극적으로 위기를 관리하며 마침내 고객이 원하는 것을 제공하기 시작했다.

KT의 SNS 서비스는 작년 11월 국내 출시된 애플 아이폰과 더불어 큰 인기를 끌었다. 국내 소비자 관심이 아이폰 도입시기와 가격에 몰려 있는 가운데 아이폰을 직접 출시하는 국내 이동통신사와 직접 커뮤니케이션할 수 있는 기회가 열린 것이다. 아이폰 출시 이전 각종 루머가 난무하던 시절 KT는 트위터를 통해 소비자와 소통하며 신뢰감을 쌓았다.

[그림 7-11] KT twitter

하루에도 몇 개씩 벌어지는 해프닝은 기존 미디어를 활용해 대처하기가 불가능하다는 점을 간파하고 SNS를 통해 회사 입장을 내보낸 것이다. 이런 KT의 전략은 KT SNS를 기존 미디어가 인용해 보도하는 것으로 확장되면서 SNS가 하나의 미디어로서 자리잡을 수 있는 단초를 제공하는 역할을 했다. KT의 트위터 활용은 고객대응이 실시간으로 이루어진다는 느낌을 주면서 고객들에게 KT가 달라지고 있다는 이미지를 심는데 성공을 거두었다.

8) 삼성전자

삼성은 회사, 각 파트별, 제품별 페이스북 페이지를 운영 중이다. 이중 에서 가장 두드러지게 마케팅에 성공한 것으로 삼성전자(Samsung tomorrow)를 들 수 있다. 삼성전자는 현재 기업 블로그와 SNS 등 각종 소셜 미디어 매체를 복합적으로 적극 활용해 마케팅을 하고 있다. 블로그를 통하여 제품공개를 하기도 하며, 트위터를 통하여 문의사항에 대한 답변을 해준다든지, 다양한 이벤트를 통하여 고객과의 커뮤니케이션에 신경을 쓰고 있다.

삼성전자 페이스북 페이지는 2010년 말 시작했는데 2011년 11월 현재 9만 명이 넘어섰다. 스마트한 생활을 위한 선택이라는 컨셉을 잡고 일방적 홍보가 아닌 시사성 있는 내용을 지속적으로 노출해 소비자와 관계를 형성하고 있다. 주요 활동은 게릴라성 이벤트 및 신제품 출시 홍보와 삼성제품에 대한 고객의견 피드백이다.

[그림 7-12] 삼성전자 facebook

다른 기업의 페이스북과 다른 점은 미국의 'TED'처럼 '라이브 갤러리(Live Gallery)'라는 코너를 통해서 관심이 될 만한 포럼이나 세미나에 대한 영상을 볼 수 있게 했다는 점이다. 이는 단순히 방문자에 대한 서비스 차원뿐만 아니라 그 내용에는 삼성전자 제품에 대한 간접광고가 숨어있다. 하지만 보는 사람은 전혀 부담 없이 보게 되면서 자동으로 그 제품에 대한 관심을 갖게 하고 있다. 이 외에도 기업 블로그 포스팅과 연계된 페이스북과 트위터의 포스팅으로 접근성 및 정보력을 높였다.

9) 대한항공

대한항공은 2010년 1월 트위터 계정(@Koreanair_Seoul)을 열고 3월에는 미투데이 계정을 개설하는 등 SNS 마케팅에 나서고 있다. 자연재해로 인한 비행기 결항 · 지연 정보를 실시간으로 제공해 전 세계 어디서나 승객과 소통하고 있다. 또한 아침과 저녁에 트위터에 사용자가 보내온 여행 사진을 첨부해 실제 비행 느낌이 나도록 마케팅을 펼치는 것도 특징이다. 기존 중후한 이미지를 탈피하는 데 SNS가 큰 도움이 되고 있다.

[그림 7-13] 대한항공 tiwtter

10) 유니클로 코리아

글로벌 브랜드인 유니클로의 한국지사의 페이스북이다. Made for All이라는 컨셉으로 심플, 모던함, 자유로움을 표방하며 오늘의 코디를 통해서 유니클로를 간접적으로 체험해볼 수 있도록 운영하고 있다. 유니클로는 페이스북을 통해 성별, 연령대별 다양한 신제품 코디 제안 및 매장에서 일어나는 이야기를 실시간으로 전달하여 소비자들의 매장방문을 유도한다. 주요 활동은 계절별 신제품 및 스타일 코디를 제안하며 오프라인 매장소식을 알리는 일을 한다.

그 중 2010년에 진행한 'Fans of the Week'라는 이벤트는 세계적으로 큰 인기를 얻었다. 유니클로의 페이스북 팬들이 직접 올려준 사진을 조합하여 유니클로 프로필 사진으로 업로드를 하는 방식으로 그 중 선정된 사진은 추후 Picture of the Week에 추가 이벤트에 자동 응모가 되도록 하는 이벤트였다. 유니클로는 이러한 이벤트로 소비자들에게 브랜드에 대한 소속감과 로열티를 가질 수 있도록 했다.

[그림 7-14] 유니클로 코리아 facebook event 'Fans of the Week'

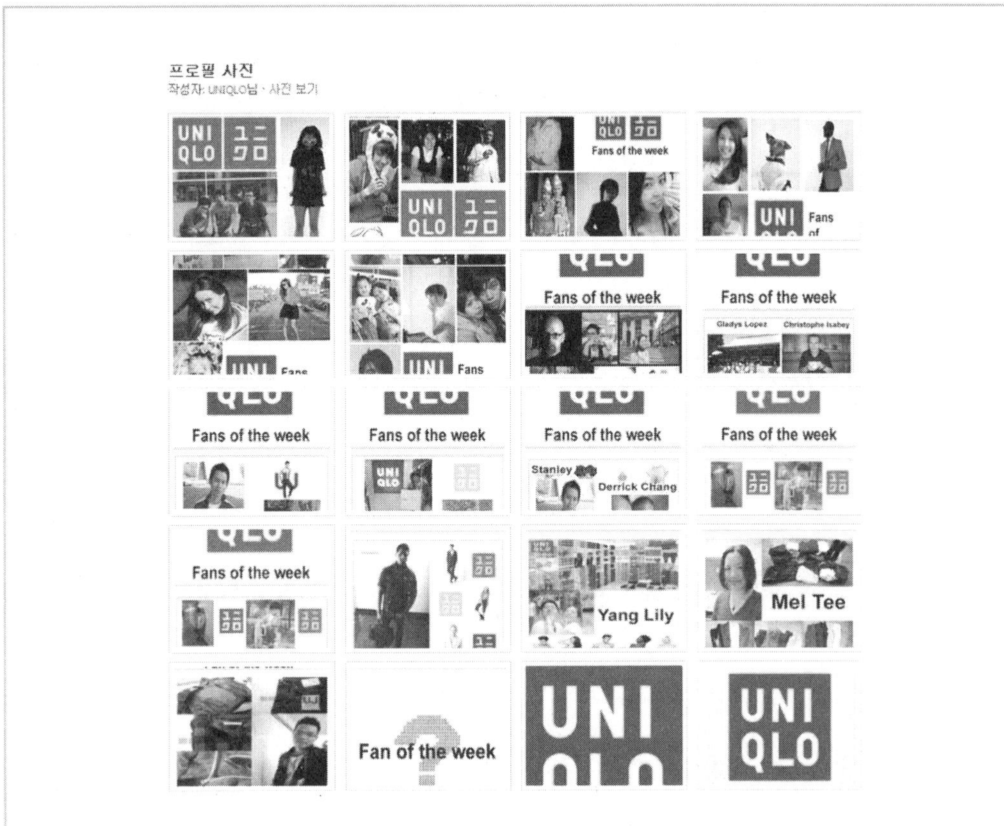

11) 미스터피자

다른 기업들의 트위터는 고객과 기업 간의 대화라는 점에 초점을 두었다면 미스터피자는 조금 더 친근함을 강조해서 성공한 사례이다. 미스터피자는 처음 오픈 당시 “1년차 신입 여사원이 들려주는 미스터피자의 담백한 이야기”라는 컨셉트로 소비자와 눈높이를 맞추며 소비자와 소통을 했다.

또한 매주 화요일과 목요일 오후 2시 7분을 ‘미피 타임’으로 지정해서 각종 이벤트를 벌이고 있다. 브랜드 이미지에 맞게 신입 여사원의 발랄하고 친근한 문체로 트위터에 글을 올리는 것이 특징이다.

[그림 7-15] 미스터피자 twitter

7-5 소셜 플랫폼의 미래

1. 소셜 플랫폼의 미래와 전망

1) 사진이나 메시지 전달방식의 개선

SNS의 미래는 인터넷 사용자는 더욱 증가할 것이며, 웹상에서 소통하기보다 사진이나 메시지를 주고받는 경향이 늘어날 것이며, 사람들이 공유하길 원하는 순간은 더욱 늘어날 것이고 그것을 공유하는 방식 역시 점점 다양해질 것이다.

2) 증강현실 기술의 상용화

네트워크 연결수단도 점차 증가하고 있으며 이러한 것들이 페이스북의 주요 경쟁자가 될 것이다. 또한 증강현실 기술이 사람들의 소통방식을 변화시킬 것이다. 10년이나 15년 내로 보다 자연스럽고, 휴대전화보다도 우리 삶에 깊숙히 들어올 또 다른 플랫폼이 등장할 것이다. 이러한 기기는 사용자 주변의 상황을 실시간으로 공유할 수 있는 형태가 될 것이다.

3) 모바일과 커머스, 소셜 네트워크의 통일 플랫폼

모바일과 커머스, 소셜 네트워크가 하나가 되면서 더 강력한 플랫폼이 될 것이다. 그리고 우리가 알고 있는 형태의 소셜 미디어는 사라지게 될 것이다.

4) 빅데이터의 무장

쇼퍼블(Shoppable), 스내커블(Snackable), 프로그래매틱(Programmatic)이 주요 모멘텀으로 분석이 되었다. 소셜 미디어를 활용하는 기업, 브랜드 역시 이같은 트렌드에 발맞춰 시공간의 제약 없이 원하는 것을 구입할 수 있는 소비환경, 맛 보고 싶을 만큼 흥미로운 콘텐츠, 빅데이터 등을 기반으로 치밀하게 계획된 마케팅으로 무장한다.

5) SNS를 인체에 이식

소셜 네트워크 서비스는 인체에 이식되게 될 것이다. 인체에 이식된다? 아직은 무섭게 들린다. 하지만 바이오 칩 개발에 글로벌 기업들이 모두 총력을 기울이고 있는 상황이기 때문에 사람(피부)에 안전하게 이식되어 미래에 발생될 병을 예측하고 이를 선제적으로 치료할 수 있는 기술은 10년 내 대중화의 길을 걷게 될 것이다.

바이오 칩의 킬러 서비스가 소셜 네트워크 서비스이기 때문에 인체에 이식될 것이라는 예측이 나오는 것이다. 이미 애완동물에 이런 기술이 적용되고 있기 때문에 아주 먼 미래는 아닐 것 같다.

6) SNS 서비스 동영상으로 빠르게 재편

페이스북, 스냅챗, 인스타그램 등의 글로벌 SNS 서비스들이 이미지와 텍스트 중심의 서비스에서 동영상 서비스로 이동하고 있으며 유저 입장에서도 폭발적인 반응을 보이고 있다. 미래는 모든 콘텐츠들이 비디오피케이션(videofication)으로 전환될 것이다.

[그림 7-16] 스냅챗의 모양

7) 신생 SNS의 등장 및 성공

익스페리언 조사결과 지난 3월 온라인 방문 건수에 있어 페이스북이 70억 1296만건으로 1위에, 트위터가 1억 8218만건으로 2 위에 랭크됐으며 핀터레스트는 총 1억 441만건으로 3위를 기록. 특히 핀터레스트는 링크드인, 구글+, 마이스페이스 등 기존 SNS 강자들을 모두 뛰어넘어 새로운 SNS 강자로 급성장하고 있다.

핀터레스트의 성공원인을 살펴보면, 인터넷 서핑 중 관심 이미지의 한번 클릭으로 북마크하면 자신의 보드에 저장되고 다른 사람들이 올린 이미지나 동영상도 자신의 보드로 옮길 수 있어 이용이 편리하다는 점이다.

또한, 이미지 중심이라 직관적이며, 많은 데이터 속에서 관심있는 정보를 선별해 볼 수 있는 큐레이팅 기능이 가장 큰 장점이다. 여성들이 좋아할 만한 주제를 다루고 있어 여성들에게 어필하고 있다.

핀터레스트의 당면과제는 저작권 문제이다. 핀터레스트는 3월 23일 저작권 관련 약관을 변경하고 저작권 침해 사실을 알려오면 해당 게시물을 차단하는 것은 물론 이미지를 상업적으로 이용할 수 없게 했다. 또한 음란, 폭력 게시물을 금지하는 내용도 추가 하지만 저작권문제에 대한 근본적인 해결책은 쉽지 않을 것으로 보인다.

'지적재산권' 문제가 걸림돌이 있기는 하지만 핀터레스트가 SNS 시장에서 페이스북에 이어 새로운 강자가 될 가능성 매우 높다. 특히 단순한 텍스트 위주의 트위터를 뛰어넘어 SNS 2위 자리를 넘볼 수도 있을 것으로 예상된다. 이는 핀터레스트가 '사진공유'를 넘어 내가 관심 있는 사진을 선별적으로 볼 수 있는 큐레이팅 기능을 잘 접목했다는 점에서 한발 앞선 차별화된 경쟁력을 갖추고 있기 때문이다.

2. SNS 마케팅 향후 전망

1) SNS 마케팅의 리스크

페이스북, 트위터, 블러그 등 소셜 미디어의 활용이 일상화되면서 기업들은 여러가지 기회를 맞고 있지만 한편으로는 크고 작은 다양한 리스크에 노출될 수 있다. 소셜미디어로 인해 명예훼손, 사생활침해, 브랜드 인지도 훼손과 같은 부정적인 영향도 있다는 점을 간과해서는 안된다. SNS는 어떻게 활용하느냐에 따라 그 결과는 약이 되거나 독이 될 수도 있다. 아직까지는 서비스 초기이기 때문에 SNS에 대한 전망이 일부 과장된 측면도 없지 않다.

따라서 SNS를 활용하고자 하는 기업들은 트렌드에 휩쓸리지 않도록 유의해야 한다. SNS는 영향력 확대라는 장점도 있지만 나쁜 소문이나 잘못된 정보의 확산이라는 부정적인 면도 지니고 있다. 때문에 SNS 역기능을 충분히 이해하고 신중하게 접근해야 한다.

SNS 대응에 실패하여 커다란 기업가치 손실을 경험한 기업의 예로써 호주의 Qantas 항공과 네슬레가 있다. 호주 Qantas항공 소속 A380기가 비행 도중 엔진 결함으로 긴급 착륙하는 사태가 발생했다. 이에 대해 몇몇 고객들이 SNS에 의문을 제기했다. Qantas 사는 이들 의문에 대해 아무 언급도 하지 않은 채 안일하게 대응했다. 물론 그 당시 소셜 미디어 계정을 막 오픈한 상태여서 팔로어가 30여명 규모로 소수였기 때문에 SNS 대응을 그다지 중요하게 생각하지 못했던 것이다.

그러나 그들은 생명에 직결된 사항인 만큼 회사의 안일한 대처에 대해서 그냥 지나치지 않았다. Qantas사에 항의 서한을 보내고 책임자의 해명을 요구하는 등 Qantas사를 비난하는 항의를 지속적으로 전개하였다.

또 다른 사례로는 국제환경보호단체(Greenpeace)와 네슬레 간에 발생한 사건을 들 수 있다. 환경보호단체들은 팜오일을 주원료로 사용하는 네슬레의 대표적 초콜릿 제품인 '키켓'은 오랑우탄의 생존을 위협하고 있다는 내용을 SNS를 통해 고발했다.

네슬레는 이를 심각한 상황으로 인식하지 못하고, 환경보호단체의 고발에 대해 임시방편적이고, 수동적으로 대응하였다. 이에 대해 환경보호단체들은 비난의 강도를 더욱 높여갔다. 이 사건으로 네슬레는 국내는 물론 글로벌 시장에서 브랜드 가치가 상당 수준 손상되었다.

이처럼 소셜 미디어를 어떻게 활용하고 대응하느냐에 따라 기업가치가 달라질 수 있다. 그럼 소셜 미디어가 기업가치에 부정적 영향을 미칠 수 있는 리스크 요인들은 무엇일까?

(1) 새로운 채널로 활용시의 위험과 한계

이처럼 트위터를 비롯한 SNS는 사회적으로 새로운 문화를 창출할 뿐 아니라, 기업에게도 고객과 접촉할 수 있는 새로운 채널을 제공해주고 있으나 반드시 그것을 활용할 기업에게 장밋빛 청사진만을 보여준다고 할 수는 없다. SNS가 갖고 있는 위험과 한계가 분명있기 때문이다.

그러한 위험과 한계에는 다음과 같은 점이 있을 수 있다. 우선, 소셜 미디어가 광범위한 관계 확장성으로 잠재적인 고객군을 파악하는데 유용한 도구가 될 수 있으나, 트위터 등 많은 SNS는 아직까지 보안상 취약점이 종종 지적되고 있다.

따라서 BoA 등 Twitter를 채널로 활용하는 금융기관들은 HelpDesk 정도로 활용하고 있으며 계좌번호나 개인정보를 트위터상에 올리지 말라고 경고문구를 올리고 있다. 이러한 보안상의 위험으로 고객(실명)정보가 수반되지 않고서는 상품의 판매나 응대서비스를 제공하는 데는 한계가 있을 수밖에 없다. 이러한 점 때문에 SNS는 고객과 접촉하는 하나의 채널로서만 기능할 수밖에 없을 수 있다.

공개된 API로 응용 솔루션의 적용을 적용하는 등 보안상 허점이 보완한다면 더욱 다양한 서비스를 제공할 수 있을 것으로 보이기도 하나, 그것은 또 다른 비용을 수반하게 될 것이며 이는 SNS가 기업에게 매력적인 대안이 되기에 장애요인이 된다. 쉽게 대중에게 접근하고 대중에게 홍보하는 수단이 될 수 있는 반면, 음해세력(안티세력)이 쉽게 여론을 조작하거나 불리한 내용을 유포시키기도 쉬운 면을 가진다.

예를 들면, 트위터에 특정 기업의 홍보 블로그를 열고 그것이 새로운 고객과의 채널 시도라는 측면에서 호응을 얻었을 때, 다른 경쟁사들은 그것을 폄하하거나 팔로어들에게 좋지 않은 정보나 루머를 흘릴 가능성에도 쉽게 노출되어 있다. 홍보하고자 하는 내용의 정보유통이 쉽고 빠른 반면, 안티세력의 정보유통력도 크므로 여론이 호도되거나 왜곡될 위험도 분명히 존재한다. 꼭 경쟁자에 의한 의도적인 음해가 아니더라도 자사의 실수나 과실이 더욱 빠르고 넓게 공개될 가능성도 존재한다는 위험이 있다.

(2) SNS를 새로운 채널로 활용하기 위해서는 문화 및 코드를 이해하는 것이 필요

즉시성, 모바일 연계를 통한 이동성, 양방향성, 간결성 등의 특성으로 금융기관이나 기업이 기업 및 상품홍보 또는 여론파악, 고객접촉 채널로 활용할 가능성이 넓게 열려진 공간이다. 그럼에도 불구하고 SNS가 갖는 양방향 커뮤니케이션 트렌드와 SNS 사용자의 선호를 파악하지 못하고 기존 매체와 다를 바 없는 홍보전략으로 정보의 일반적 제공수단으로만 사용할 경우(스팸문자와 같이) 오히려 해당 기업에 대한 '비호감' 정도만 상승할 수 있음을 잊지 말아야 할 것이다.

SNS라는 새로운 채널을 활용하고자 함에 있어 중요한 것은 무한히 확장가능한 열린 공간에서 잠재적 고객과 진정으로 '소통'내지는 정보를 '공유'하려는 트렌드에 부합하려는 노력을 진실 되게 보여 고객층에 어필하는 것이라고 할 수 있다. 즉, 개방과 공유라는 인터넷 문화와 트렌드 하에서 어떠한 홍보전략과 수익으로 연결될 수 있는 사업을 진행하느냐가 결국 기업의 SNS 활용의 성패를 좌우하게 될 것이다.

(3) 프라이버시 침해와 저작권 문제 등 관련 역기능에 대한 대응이 SNS 마케팅의 미래를 좌우

자신이 모르는 사람과 새로운 네트워크 구축이 가능하다보니 자칫 프라이버시 침해 등의 기치 않은 사고가 발생할 수 있다. 실제로 마이스페이스의 경우 성희롱 사건이 종종 발생하고 는데, 마이스페이스측은 성범죄자의 정보를 주정부에 제공하고 해당 가입자의 계정을 없애는 등의 노력을 하고 있다. 그럼에도 불구하고 성희롱을 방지에 최선을 다하지 않았다는 이유로 마이스페이스와 뉴스코퍼레이션측은 민사소송에 휘말린 상태이다.

또한 마구잡이식 퍼오기에 따른 저작권 문제는 UCC 사이트 못지않게 우려된다는 것도 명심해야 한다. 실제로 대형 미디어업체인 유니버셜은 마이스페이스를 저작권침해 혐의로 캘리포니아법원에 제소한 바 있다. 이용자 수가 증가할수록 이러한 역기능들은 더욱 증가할 것으로 예상된다.

(4) 기업과 개인의 명성 리스크(ReputationRisk)

이 리스크는 사실과 다른 사항이나 정보가 의도적으로 유포되어 기업 혹은 개인의 명성에 나쁜 영향을 미치는 리스크이다. 특히 SNS에 올려진 정보는 바이러스와 같이 빠른 속도로 확산된다는 점을 경계해야 한다. 만일 누군가가 악의적으로 쇼킹한 정보를 퍼트릴 경우 건조한 날에 불붙는 것처럼 전 세계에 퍼질 수 있다. 그것은 매출감소를 넘어 기업가치 하락으로 나타날 것이고 치명적인 손상을 입힐 수도 있다.

SNS에는 특정 기업을 열광적으로 좋아하는 팬들이 있는 반면, 특정 기업을 지독하게 싫어하는 팬들도 동시에 있다. 만일 특정기업을 싫어하는 팬이 악의적으로 나쁜 뉴스를 올릴 경우 기업의 브랜드 가치와 명성이 손상을 입을 수 있다.

SNS 리스크 가운데 명성 리스크는 항상 Top5 리스크에 포함될 정도로 중요하다. 딜로이트가 2009년에 조사한 결과에 따르면 응답자의 74%가 페이스북, 트위터, 유튜브 등 SNS를 통해 쉽게 브랜드 명성에 손상을 입을 수 있다고 응답하고 있다. 그리고 소수의 17%만이 SNS 관련 명성 리스크를 모니터링하고 완화해주는 프로그램을 보유하고 있는 것으로 나타났다. 명성 리스크를 줄이기 위해서는 SNS에 신뢰할 수 있는 정확한 정보를 올리는 것이 중요하다.

2) 대책과 향후 전망

향후 SNS 활용이 보편화됨에 따라 이와 관련된 리스크의 영향력은 더욱 커질 것으로 보인다. 이러한 여러 가지 리스크에 대비하여 기업들이 가져야 할 사항들이 있다.

① SNS 리스크에 신속하게 대응하기 위해서는 가이드 라인 역할을 하는 정책이 우선적으로 마련되어야 하며 조직원의 지속적인 교육훈련이 필요하다. SNS 정책을 명확하게 수립하는 것은 리스크 관리에 있어 핵심이다. SNS 정책은 조직원들이 SNS 활용에 있어서 정보의 제공범위 및 활용 등 관련된 제반사항들을 규정하는 것이다. 다시 말해 SNS 활용과 관련하여 모든 조직원들에게 공통적으로 적용되는 기업 차원의 규정(ground rule)을 만드는 것이다. SNS를 통한 상호작용은 쉽게 대중화될 수 있기 때문에 중요한 기업정보가 대중화되지 않도록 조직원들에게 경각심을 불어 넣어야 한다.

SNS를 통해 공개되는 모든 정보는 명백성과 신뢰성 차원에서 신중하게 검토되어야 하고 개인들에게 제공할 수 있는 정보의 수준 및 범위에 대한 규정이 명확히 제시되어야 한다. 정보의 수준 및 범위에는 개인정보와 기업정보를 모두 포함한다. 정책수립 시에는 조직원들이 정보를 제공할 때 다른 사람들의 사생활을 존중하도록 하는 내용을 담는 것도 필요하다.

또한 정책에는 조직원들이 규정을 위반했을 때 책임을 져야 하는 내용, 해서는 안 될 일 등에 대한 내용들을 포함해야 한다. SNS 세계는 사업기회 발굴, 명성관리, 고객과의 소통 측면에서 준수되어야 할 많은 사항들이 있다. 그리고 이러한 것들이 지켜지지 않을 경우 커다란 리스크를 유발할 수 있다.

SNS 정책은 리스크를 회피하거나 최소화할 수 있는 중요한 수단이다. 따라서 SNS에 대한 기업 나름의 정책을 가지고 있어야 한다. 만약 그렇지 않으면 조직원들이 SNS에 대해 어떻게 대응해야 하는지 우왕좌왕할 수밖에 없다. 대부분의 기업들이 커뮤니케이션 정책 또는 가이드라인을 가지고 있는 이유이다.

이러한 체계적인 정책이 마련되고 지켜진다면 아무리 갑작스런 사건이 발생하더라도 당황하지 않고 침착하게 대응할 수 있다. 먼저 SNS에 올라온 정보가 긍정적인가 부정적인가에 따라 어떻게 대응할 것인가를 결정해야 한다. 만일 긍정적인 정보인 경우 더 추가적인 정보를 제공할 필요가 있다면 친절한 자세로 자세하게 추가적인 정보를 제공한다. 반면 더 이상 추가적인 정보제공이 무의미하게 생각되는 경우는 제공해 준 정보에 대해서 감사하다는 답신을 보낸다.

반면, 올라온 정보가 부정적인 정보라면 긍정적인 정보와는 달리 신중한 대응이 필요하다. 우선 고객이 불만이 있다면 그것이 사실인지를 확인한다. 그리고 근거 있는 불만이라면 합리적인 개선활동을 통해 시정한 후 그 내용을 고객에게 알려줘야 한다. 만일 불만사항이 근거 없는 것이라면 부드럽게 그것이 사실이 아니라는 점을 설득시킨다. 이와 같이 사전적으로 수립해 놓은 가이드라인이 있다면 리스크로 인한 손실을 최소화시킬 수 있다.

기업, 개인 할 것 없이 SNS 활용을 효과적으로 통제하기 위해 정책과 절차 등을 포함시키는 문서화 작업을 추진해야 하는 이유이다. SNS 정책과 절차를 수립하는 일은 SNS 리스크 관리에 중요한 작업이다. 그렇기 때문에 경영자, 리스크 관리, HR, 법률 부문 등 관련자들을 광범위하게 참여시켜야 한다.

② 지속적 모니터링과 신속한 대응이 가능한 리스크 관리체계가 정비되어야 한다. SNS 리스크 관리의 또 다른 중요한 축은 소셜 미디어를 지속적으로 모니터링하고 감지된 리스크에 신속하게 대응할 수 있는 체계를 구축하는 것이다. SNS의 궁극적인 목표가 무엇이든지 간에 트위터와 블로그 등 SNS를 모니터링하는 것은 매우 중요하다. SNS 모니터링을 위해서는 유료로 패키지를 구입할 수도 있고, 그

렇지 않으면 구글 Alerts, Social Mention, 트위터 Search와 같은 무료 툴을 활용할 수도 있다. 이런 것들을 활용하여 모니터링하고 리스크의 확산을 사전에 방지하는 노력을 기울여야 한다.

또한 SNS의 정책위반 사항을 찾아내고 대응을 위한 전담인력을 두는 것도 중요하다. SNS를 집중적으로 모니터링하여 대응하지 않으면 적절한 대응시기를 놓칠 수 있다는 점을 잊어서는 안 된다. 이에 대한 사례로는 앞서 살펴본 호주 Qantas 항공 사례를 들 수 있다. Qantas가 SNS에 적절하게 대응하지 못한 원인도 그 당시 SNS 계정을 막 오픈 상황이어서 전담인력도 없고 Follower가 소수였기 때문에 커뮤니케이션의 중요성을 인식하지 못했다.

SNS를 활용하는 대부분의 기업들은 전담인력을 두고 SNS에 올라오는 대중들의 생각을 철저하게 모니터링하고 있다. 스타벅스는 6명의 전담인력을 두고 리스크의 사전 모니터링은 물론 고객불만에 신속하게 대응하고 있다. 모니터링을 통해 리스크 요인을 감지했다면 어떤 채널을 통해, 어떤 방식으로 대응할 것인지를 신속하게 결정해야 한다. 이를 위해서는 사전에 충분히 고민하고 수립한 리스크 관리체계가 필요하다. '사건이 터진 후 대응하는 것은 큰 성과를 거둘 수 없다'는 사전적 리스크 관리의 중요성이 더욱 강조되어야 한다.

③ SNS가 지니고 있는 기회와 리스크의 양면성을 깊이 이해하고 잠재 리스크에 대해서는 사전에 철저한 대비책을 마련해야 한다. 대중들과 신뢰에 기반한 소통과 교류를 할 수 있는 기업 블로그 및 트위터 등 자체 플랫폼을 구축하는 것도 리스크 최소화를 위한 하나의 대안이 될 수 있다.

SNS는 고객의 목소리를 저렴한 비용으로 경청할 수 있는 채널이며, 기업은 자체적으로 고객 서비스 개선 등을 위한 메시지를 전달할 수 있는 유용한 장소이다. 특히 기업 블로그와 트위터를 통해서 자사의 긍정적인 메시지가 논의되도록 활성화시키는 것은 매우 중요하다.

그 밖에도 고려해야 할 사항은 리스크가 발생할 경우 손실을 타인에게 전가할 수 있는 보험 등 헤지 수단을 강구하는 것이다. 특히 조직원 혹은 고객으로부터 SNS 활용정책이 지켜지지 않았을 경우 입게 되는 피해에 대한 보완책을 마련하는 것은 매우 중요하다. 그리고 보험 등 헤지 수단을 선정함에 있어서는 상품의 커버리지가 어느 정도되는 지, 상품판매사의 명성과 신뢰성은 어느 정도인지 그리고 클레임 서비스는 어느 정도인지를 종합적으로 검토하는 노력이 필요하다.

매일매일 SNS 이용자들이 급격히 늘어나고 있다. 그리고 기업들은 이러한 트렌드를 비즈니스에 활용하기 위해 많은 투자를 아끼지 않고 있다. 2010년 포춘지가 선정한

500대 기업 10개 중 6개는 'SNS 마케팅'을 한다고 답했다. 이와 같이 이미 많은 기업들이 SNS 마케팅을 하고 있으며 스마트폰 보급률이 더욱 높아짐에 따라 그 중요도는 더욱 높아질 것으로 기대된다. 하지만 SNS가 지니고 있는 기회와 리스크의 양면성을 깊이 이해하고 잠재 리스크에 대해서는 사전에 철저한 대비책을 마련해야 한다. SNS 활용에 대한 정책수립, 조직원들의 교육, 지속적인 모니터링 및 신속한 대응이라는 리스크 관리체계를 하나씩 완성해 나가야 한다. 리스크 관리체계를 제대로 갖추고 있어야 SNS 시대의 진정한 승자가 될 수 있음을 깊이 인식해야 한다.

웹2.0 시대를 맞아 SNS가 급속도로 성장하면서 기업들 사이에서는 SNS 마케팅 활용도가 지속적으로 증가하고 있지만 아직 활용 초기인 만큼 제대로 이를 실행하고 성공하는 기업들이 많지 않다. 기업들이 SNS 마케팅을 도입하여 성공에 이르기까지는 기업의 목표와 전략에 맞는 계획을 세우고 효과적으로 운영하기 위한 내부조직, 인원 관리, 소비자와 원활한 소통을 할 수 있는 인프라 지원 등이 필요하다.

또한 SNS 활용 시 발생할 수 있는 여러 위험에 준비가 되어 있어야 한다. 인터넷상에서 한번 퍼진 정보에 대한 컨트롤은 매우 어려우므로 '블랙컨슈머'가 흘린 부정확한 정보로부터 기업을 보호할 수 있는 방안을 마련해야 한다.

"비즈니스에서 일어나는 격동은 조직의 내부나 외부환경에서 일어나 조직의 성과에 영향을 미치는 예측 불가능하고 급속한 변화를 말한다. 트렌드 2025에서는 지금으로부터 10년, 또는 그 이상의 기간 동안 전 세계가 갈수록 심화되는 격동의 시대를 맞이할 것으로 예측한다."

불확실성이 커지면서 기업은 생존과 성장이라는 두 가지 목표를 동시에 추구해야 하는데 SNS는 빠르게 변화하는 환경 속에서 여러 가지 위험에 대해 미리 대비할 수 있는 하나의 조기경보 시스템으로써의 역할을 할 것이다. 고객들이 갖고 있던 불만이나 유언비어 등이 인터넷에 토로하여 급속도로 전파되어 기업에 위험적 요소로 발전할 수 있다. 이런 요소들은 조기에 발견하고 고객의 불만을 즉각적으로 대응하고 해결해 주어야 한다.

실제로 KT는 작년 말 아이폰 출시를 두고 잘못된 오해가 인터넷으로 퍼져나갔고 트위터를 통해 더 많은 유언비어가 발생할 가능성이 높았다. KT는 트위터 계정을 통해 오해와 잘못된 내용에 대해 적극적으로 대응했고 잘못된 정보가 퍼져나가는 것을 사전에 어느 정도 감쇄시킬 수 있었다. 또한 델은 델컴퓨터의 제품이나 서비스에 불만이 있는 소비자를 찾아 해당 고객과 대화를 하고 문제점이 있을 시 사과하고 해결을 약속한다. 델컴퓨터 내부에서도 트위터는 '조기경보 시스템'이라는 평가가 나온다.

3. SNS의 마케팅의 특징과 장단점

성공적으로 SNS 마케팅을 활용한 기업들의 사례 연구를 통해 기존 기업들이 갖추어야 할 자세와 실행지침과 다양한 SNS 활용방법을 확인하였다. 또한 SNS 마케팅의 특징과 장단점을 정리하였고, SNS 마케팅을 도입하는데 따르는 리스크와 그에 대한 대책들을 살펴보았다. 연구를 통해 기업의 성공적인 SNS 마케팅을 위한 방법을 다음과 같이 다섯 가지로 정리해 보았다.

① SNS 마케팅 전담 부서를 만들어 전문인력들을 따로 배치하여 관리하여야 한다는 것이다. 국내의 KT와 델의 경우가 이에 해당한다. 고객과 직접 대화할 수 있는 교육된 인력을 배치하여 고객에게 친근하게 다가갈 수 있고 항시 빠르게 대응할 수 있는 전담관리원을 배치할 수 있어야 한다.

② 기업의 마케팅 목표를 명확히 세우고 목표에 맞는 적합한 SNS 채널을 활용한다. SNS를 활용한 마케팅은 기업홍보나 제품홍보, 고객응대, 여론파악 등 다양하며 SNS 채널의 각 특징도 다양하기 때문에 목적에 맞는 적합한 마케팅 채널과 방법을 선택해야 한다. SNS를 활용하여 정보를 제공하고 활용하는 것만으로 기업의 이미지가 친숙하고 젊은 기업으로 보일 수 있다.

오바마의 경우 대선 공약과 정책에 대한 홍보 내용을 트위터를 통해 게시해 젊은 유권자의 표심을 사로잡은 사례는 이미 널리 알려져 있다. 이렇듯 참신한 미디어를 선점하는 것 자체로 기업의 이미지를 구축하는데 도움이 될 수 있다.

SNS를 활용한 또 다른 마케팅 방법은 제품에 대한 홍보이다. 기업의 SNS 채널에 접근한 고객은 이미 제품에 대한 관심을 보이고 있는 고객이기 때문에 각 제품에 관심이 있는 고객에 대한 세분화와 차별적인 마케팅이 가능하다. 또한 고객응대나 불만접수 채널로써 활용할 수도 있다. SNS를 활용할 경우 단지 계정만 생성하면 되기 때문에 비용이 절감되며, 빠르고 효율적인 1:1 답변으로 사용자 만족도도 높다. 또 다른 마케팅 활용방안으로 여론을 파악하고 시장조사로써 활용하는 방법이 있다. 트위터의 경우 메시지 검색기능이 있어 일반인이 트위터에 올린 여론 동향이나 상품에 대한 생각들을 기업이 엿볼 수 있는 공간이 될 수 있는 것이다. 실제로 P&G와 스타벅스는 트위터를 활용해 고객의 반응을 수집하고 여론을 파악하는데 트위터를 사용해 비용절감과 신속하게 정보를 파악했다.

③ 각종 콘텐츠와 이벤트를 통해 고객이 능동적으로 참여할 수 있는 기회와 재미를 제공한다. SNS는 자신의 생각과 의견, 경험 등을 서로 참여하여 공유하는 개방된 온라인 툴과 미디어 플랫폼이다. 한번에 메시지를 전달하는 것에 그치는 것이 아닌 고객과의 지속적인 양방향 소통을 필요로 한다. 기업과 고객 쌍방에 공통되는

이익이 될 수 없다면 기업과 고객은 지속적으로 연결될 수 없다. 따라서 고객의 관심을 끌고 지속적인 관계 형성을 유지할 수 있는 재미와 감동이 있는 콘텐츠나 아이디어가 필요하다.

④ SNS 유형에 대한 이해와 목적에 맞는 적절한 채널 활용이 필요하다. 콘텐츠와 이벤트를 만들었다면 그것을 적절한 SNS 채널을 통해 소비자에게 보내야 한다. 블로그는 소비자와 본질적인 커뮤니케이션을 할 수 있는 커뮤니케이션 허브가 되어야 하고, 트위터의 경우 콘텐츠와 커뮤니케이션 과정의 신디케이션 역할을 해야 하며 페이스북의 경우 모든 활동의 전진기지가 되어야 한다. 단일 SNS 채널이 아닌 통합된 SNS 채널을 활용하면 더욱 효과적인 마케팅을 수행할 수 있을 것이다.

⑤ 기업은 우선 SNS 마케팅에 앞서 좋은 제품을 만들어야 한다. '좋은 제품과 서비스를 제공하는 기업에 대해 고객들은 좋은 이야기를 할 것이다. 제품과 서비스가 형편없으면 고객은 그에 걸맞은 이야기를 퍼뜨릴 것이다. 몇 년 전만 하더라도 기업은 평범한 제품을 시장에 내놓은 뒤 막대한 비용을 들여 광고를 하면 그만이었다. 그리고 제품에 대한 고객반응이 회사에 들려올 때쯤이면 이미 상당수 고객이 그 제품을 구매한 후였다. 형편없는 제품을 내놓고도 오랫동안 팔아먹을 수 있었다. 그런데 이제 세상이 변했다. 신제품이 출시되고 채 몇 분도 지나지 않아 고객리뷰와 블로그 포스트가 인터넷에 올라온다. 친구들끼리 제품에 관한 생각을 적은 이메일이 오간다. 제품이 좋은지 안 좋은지 24시간 이내에 누구나 알게 되는 상황에서 허접한 제품을 내놓을 수 있을까.'

마케팅의 가장 기본이자 핵심이야말로 '좋은 제품'이다. 좋은 제품을 만드는 것이야 말로 모든 기업의 사명이자 숙명이며, 좋은 제품과 서비스가 있다면 언제나 소비자들은 기업이 성공할 수 있도록 도와주었다. 그동안 제품과 광고의 비중이 광고 쪽에 더 치중했다면 SNS의 등장으로 이제 제품 쪽의 비중이 높아져야 한다. 좋은 제품만 확보하고 있다면 SNS의 네트워크 확산력을 통해 빠르게 전파될 것이다. 하지만 만약 나쁜 제품이나 서비스를 보유하고 있다면 SNS를 통해 나쁜 점은 나쁜 대로 확산되어 기업의 이미지를 손상시킬 리스크 때문에 먼저 좋은 제품을 우선으로 갖추어야 한다.

기업의 SNS 마케팅은 필수가 아니다. 이러한 준비가 제대로 갖춰지지 않았다면 차라리 시도하지 않는 것이 좋다. SNS 마케팅은 그만큼의 리스크를 감수해야 하기 때문이다. 기업이 이러한 준비를 얼마나 갖추고 SNS를 도입해 마케팅을 하느냐에 따라 미래의 성공과 실패가 결정될 것이다.

8-1 게임 멀티 플랫폼의 개요

1. 게임 멀티 플랫폼의 정의

게임 멀티 플랫폼(Multi Platform)은 운영체제(OS), 디바이스 등 특정시스템 또는 기기 고유의 특성에 얽매이지 않고 작동되어 서비스되는 게임을 의미한다. 예를 들어, 마이크로소프트 윈도우를 기반으로 하는 PC는 물론 특정 기업의 스마트폰, 태블릿PC 등 어떤 디바이스에서도 별도의 변환 프로그램 없이 게임이 구동되는 것이다.

게임 개발과 이용과정에 사용되는 소프트웨어나 하드웨어를 다른 플랫폼에서 동일하게 실행할 수 있는 게임을 총칭한다. PC, 콘솔, 스마트폰 기기, 아케이드 게임 기기 등 다양한 게임 플랫폼을 통해 게임을 구동하고 게임의 사용이력과 기록이 보관되어 다양한 기기에서 하나의 게임을 연속적으로 즐길 수 있는 게임 서비스 체계이다.

게임 기기의 성능차이와 네트워크 유무에 의해 동일한 게임이 아닌 동일한 게임 IP5를 사용하는 게임도 넓은 의미의 게임 멀티 플랫폼으로 해석한다.

게임 멀티 플랫폼은 시간과 장소, 이동성의 제한 없이 다양한 게임 플랫폼을 사용하여 게임을 이용할 수 있는 3A-게임 라이프(Anytime, Anywhere, Anydevice)를 실현하고 있고 3A-게임 라이프의 현실화는 이용자의 편의를 증대하고 대규모 잠재시장을 창출이 가능하도록 변화와 혁신을 이루고 있다.

[그림 8-1] 게임 멀티 플랫폼 서비스 구성

자료 : 임충규(2004.) 재구성

2. 게임 멀티 플랫폼 진화과정

초기 멀티 플랫폼은 다양한 플랫폼을 통합하는 개념이 아닌 특정 플랫폼 안에서 다양한 단말을 지원하는 것으로 시작하였다.

① 콘솔(비디오) 게임 : 게임 타이틀이 특정 콘솔 기기를 지원하는 것이 아닌 모든 콘솔 기기를 지원하였다.

② 모바일 게임 : 특정 이동통신사 네트워크를 사용하지 않고, 애플리케이션 마켓을 통해 다양한 스마트폰으로 유통하였다.

③ PC 게임 : 온라인 유통 플랫폼을 통해 윈도우나 맥을 한 번에 이용하도록 유통하였다.

④ 온라인 게임 : 특정 퍼블리셔가 아닌 다양한 퍼블리셔를 통해 유통하는 시스템 도입하였다.

게임산업은 시대별로 핵심 플랫폼이 등장해 아케이드 게임에서 콘솔(비디오) 게임, PC 온라인 게임, 모바일 게임, VR 게임을 거쳐서 멀티 플랫폼 게임으로 변화와 혁신으로 발전하고 있다.

[그림 8-2] 게임 멀티 플랫폼의 진화과정

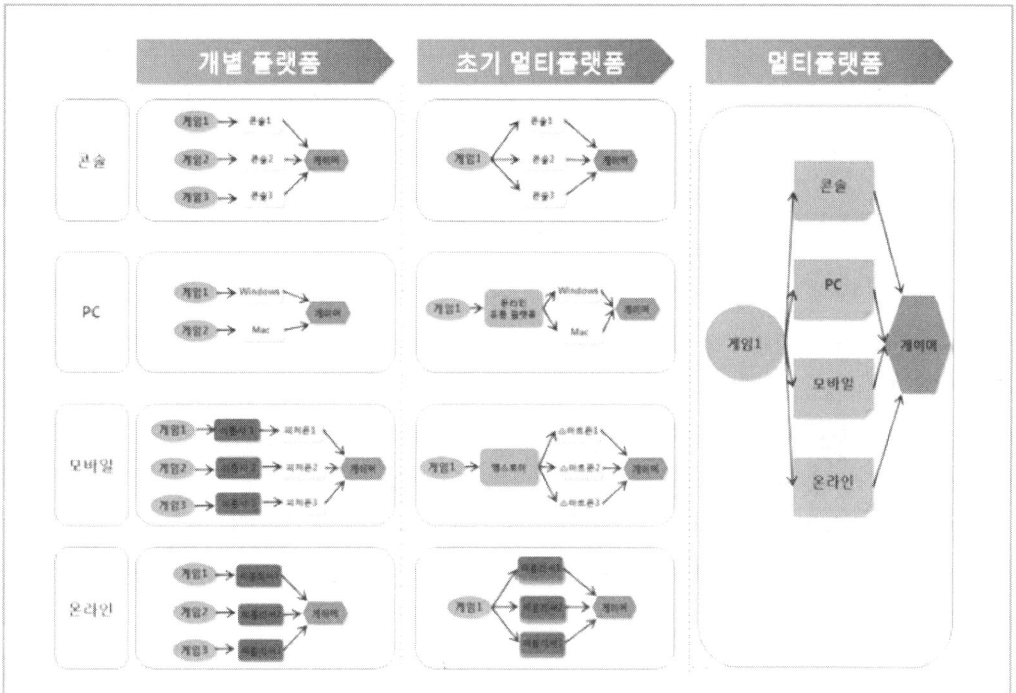

참조 : KOCCA 포커스 한국콘텐츠진흥원

게임 플랫폼의 혁신변화는 기술혁신에 따라 이전과 다른 제품으로 변모한 새로운 형태의 상품을 출시하는 급진적 혁신하는 형태로 변화 발전을 계속하고 있다.

최근에는 멀티 플랫폼 게임은 세부적인 업그레이드와 유통경로의 확대를 통해 동일한 상품을 계속 판매하는 점진적 혁신이며, 이용자 수요에 맞춘 수요 유인적 기술혁신 변화로 신규이용자 유인효과를 동시에 확보하는 현황이다.

게임 멀티 플랫폼의 진화과정은 초기 게임 멀티 플랫폼의 다양한 플랫폼을 통합하는 개념이 아닌 특정 단일 플랫폼 안에서 다양한 단말을 지원하는 것으로 시작하였다.

현재 게임 멀티 플랫폼으로의 진화는 스마트 미디어 환경의 확산과 네트워크나 게임기기가 성능이 우수한 게임엔진이 등장하고, 클라우드 서비스 확대 등으로 하나의 게임을 모든 게임 플랫폼에 동시에 지원하는 체계로 변화하고 있다. 특정 게임 타이틀을 콘솔(비디오), PC 온라인, 모바일(스마트폰) 기기, VR를 통해 게이머가 시간과 장소에 제약을 받지 않고 이용한다.

예를 들어 '언리얼 엔진'으로 개발한 게임은 PC뿐만 아니라, Xbox360, PS3 등의 콘솔 플랫폼용 게임과 애플의 iOS, 구글의 안드로이드 등의 모바일 플랫폼용 게임에 이르기까지 별다른 추가 개발의 인력투입과 비용증대업이 모든 플랫폼에서 구동될 수 있는 게임 개발이 가능하게 하였다.

3. 게임 멀티 플랫폼 부상과 환경변화

최근 스마트폰, 태블릿PC, VR, 스마트 TV, 클라우드 서비스의 급성장과 비중확대로 게임의 탈 PC화가 가속화하고 다양한 스마트 디바이스에서 실행되는 게임 멀티 플랫폼화 진행 중이다.

[그림 8-3] 게임 플랫폼의 변화

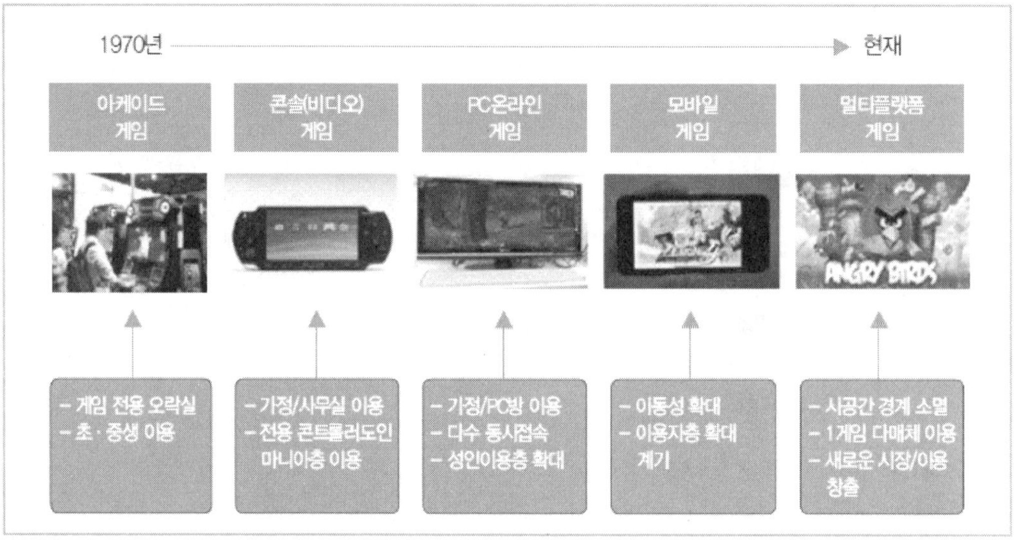

참고 : 허용석(2011.), "게임산업의 3大 진화방향과 시사점", 재구성

모바일 게임과 소셜 게임 기업들이 스마트 기기로의 영역 확대를 꾀하고, 온라인 게임 기업의 경우 기보유한 IP를 활용하여 플랫폼 다양화를 시도하고 모바일 게임 기업은 모바일 소셜 플랫폼 사업을 통해서 게임 멀티 플랫폼 시대에 대비하고 있다.

유무선 통신 인프라의 발달은 게임 플랫폼 간 연동을 자연스럽게 추동하였으며 게임 기업은 멀티 플랫폼적 요소를 활용하고 수익다각화를 통한 매출증대 전략을 추진하고 있다.

8-2 게임 플랫폼의 유형 및 특징

1. 게임 플랫폼의 비즈니스 모델에 따른 분류

1) 통합자 플랫폼

통합자 플랫폼(Integrator Platform)은 사업자가 외부의 혁신을 자신의 플랫폼에 통합하여 최종 사용자에게 제공하는 형태의 플랫폼이다. 통합자 플랫폼에서 서비스나 제품은 플랫폼 소유자가 고객에 판매하게 되며, 이는 높은 수준의 통제를 가능하게 한다. 이러한 형태의 플랫폼으로서 대표적인 사례는 애플의 앱 스토어이다. 애플 앱 스토어는 애플리케이션 개발자와 고객 사이에 위치하며 애플리케이션의 모든 판매 및 서비스는 애플을 통해 이루어지게 되어 있다. 이를 통해 애플은 애플리케이션 매출의 30%를 가져간다.

2) 제품 플랫폼

제품 플랫폼(product platform)은 자사의 플랫폼을 외부에 제공하여 외부 혁신자가 그 위에 (on top) 제품이나 서비스 요소를 얹어 고객에게 제공하는 것을 말한다. 이 때 서비스나 제품의 판매주체는 외부 혁신자가 되며, 외부 혁신자가 직접 고객에게 판매하게 된다.

이러한 형태의 플랫폼으로서 대표적인 것은 구글 안드로이드의 하드웨어 플랫폼이나 리눅스의 오픈소스, 아마존의 클라우드 컴퓨팅이 해당되며, 게임 측면으로서는 언리얼이나 유니티와 같은 게임 엔진을 예로 들 수 있다. 이들 게임 엔진은 게임에 핵심적인 기술을 제공하며, 개발사는 이들 엔진을 사용해 자유롭게 제품을 만들어서 고객에게 판매할 수 있다.

3) 양면 플랫폼

양면 플랫폼(two-sided platform)이다. 이는 외부 개발자와 최종 소비자가 플랫폼 사업자의 적재 하에 자유롭게 직접적인 거래를 하는 형태를 말한다. 이러한 형태의 플랫폼은 페이스북이나 카카오톡을 들 수 있다. 이 형태의 플랫폼을 이해하기 위해서는 양면시장이라는 개념부터 정의할 필요가 있다.

일반적인 시장은 판매자가 구매자를 직접 상대하는 단면시장(one-sided market)이다. 하지만, 서로 다른 이해관계를 가지고 있는 둘 이상의 집단 간 거래를 중개함으로서 새로운 가치를 창출하는 시장이 존재하며, 이를 양면시장(two-sided market)이라고 한다. 이러한 양면시장이 기능하기 위해서는 단순히 판매자와 구매자를 연결시켜주는 것으로는 힘들며, 새로운 서비스나 상품을 통해 이 두 집단을 만족시켜주어야 한다.

〈표 8-1〉 플랫폼 구분에 따른 주요 사례

구 분	통합자 플랫폼	제품 플랫폼	양면 플랫폼
경쟁시장	Apple Inc. iPhone (애플리케이션 스토어) InnoCentive.com (과학적 문제풀이) Local Motors Inc. (자동차 디자인) Riz(신발) TopCoder Inc. (소프트웨어 코드)	클라우드 컴퓨팅 사업 (Amazon.comInc, Google) Gore-Tax 개인용 컴퓨터 플랫폼, 하드웨어 'OEMs' Google Android (하드웨어 개발)	SAP(제3 애플리케이션) Facebook Inc. (광고주, 위젯 개발자) 대부분의 웹 포털, 전화번호부 eBay Inc., Craigslist Inc. 빅데이터 그룹 (innovation hunts) 비디오 게임, 콘솔 게임
협업 커뮤니티	Threadless.com (티셔츠) Google Android (운영체제 소프트웨어 개발)	비디오 게임 'modders'(Valve Corp의 Half-Life 플랫폼과 유사) Linux와 오픈소스 개발 (TiVo Inc와 Motorola Inc의 linux사용) 의료기기 회사, 의사들 (사용자 혁신) Wikipedia	Apple Inc. iPhone(탈옥) 빅데이터 그룹 (insight clubs) Communispace corp. (제품 피드백과 혁신 커뮤니티) SAP(개발자 네트워크) Statacorp LP (통계적 소프트웨어 모듈 개발)

참고 : Boudreau & Lakhani, 2009.

2. 온라인 게임 플랫폼

1) 온라인 게임 플랫폼의 개요

온라인 게임이라 함은 네트워크를 통해 즐기는 게임들을 통칭하는 단어이면서, 이제는 세계 게임 산업에서 중요한 플랫폼 중 하나로 인식되고 있다. 그러나, 전통적인 플랫폼 사업의 전형을 보여주는 콘솔과 달리 온라인 게임 플랫폼은 인터넷이라는 공유재를 바탕으로 서비스가 되기 때문에, 서비스에서 특정 사용자를 배제하기가 용이하지 않은 특성을 가지고 있었다. 이에 따라, 그 어느 게임 플랫폼보다 독특하게 성장하였다. 또 하나 온라인 게임에서 주목할 것은 온라인 게임이 기존의 게임의 역사에서 쌓아온 경험과는 전혀 다른 경험을 제공하게 되었다는 것이다.

이는 기존의 게임 개발의 유산을 전혀 가지지 못한 새로운 개발사들이 큰 성공을 하게 되는 토대가 되었으며, 한국이 그 어느 국가보다 먼저 온라인 게임 플랫폼을 선도할 수 있는 기회를 제공하였다. 이에 따라 한국은 전 세계 온라인 게임 점유율 21%를 차지하며 빠르게 성장하였다(문화체육관광부, 2014). 여기에서는 이러한 성장의 배경을 역사적인 관점에서 찾아보고 유통구조와 현재 주요 이슈를 검토해 보고자 한다.

2) 온라인 게임 플랫폼의 역사

우리는 최초의 온라인 게임이라고 하면 1996년에 서비스를 한 넥슨의 [바람의 나라]를 떠올리나, 온라인 게임의 역사는 사실 그보다도 더 오랜 역사를 가지고 있다. 컴퓨터 게임의 역사가 컴퓨터 자체의 여명기와 함께 하는 걸 생각해 볼 때, 온라인 게임 역사 역시 컴퓨터 네트워크의 역사와 함께 하는 것은 전혀 이상한 일은 아닐 것이다.

1960년대 후반에 여러 명의 사용자가 하나의 컴퓨터를 사용할 수 있는 기능이 등장하였으며 time-sharing, 1969년에는 현재 인터넷의 기반이 되는 ARPRANET이 런칭 되었다. 또한, 1970년대 초중반에는 이더넷을 사용한 근거리 네트워크 기술이 보급되기 시작하였다. 이들 기술을 바탕으로 클라이언트-서버 또는 피어 투 피어(Peer-to-Peer) 형태의 네트워크 연결 및 이에 기반한 게임이 등장하기 시작하였다.

초기에 등장한 게임들은 서버 기반이긴 하였지만 1인용 게임이었다. 주인공은 스타트렉의 함장이 되거나, 서부 개척시대의 모험자가 되어서 text를 기반으로 서버에 접속해서 게임을 즐기는 형태였었다. 하지만, 컴퓨팅 파워가 증가함에 따라 대학에서는 수많은 학생들이 접속해서 온라인 교육을 활용할 수 있는 시스템을 개발하기 시작했고, 그 중 하나가 일리노이 대학의 PLATO 시스템이었다.

1972년에 PLATO IV에서는 터미널에 그래픽 기능을 제공하기 시작하였고, 학생들은 이 기능을 활용하여 멀티 플레이어 게임을 개발하였다. 이 시절에 나온 대표적인 멀티 플레이어 게임으로서는 〈팬저(Panther, 1975)〉가 있는데, 이 게임은 현재 FPS 게임의 전형적인 데스매치 구조를 따르고 있다.

플레이어는 양편으로 나뉘어서 탱크를 타고 상대방 기지를 공격하는 게임이었다. 사용자는 최대 50명 이상도 수용 가능하였다고 하며, 팀원끼리 메시지 전달기능 및 전장 전체에 브로드캐스팅을 하는 기능 등 현대 온라인 게임들이 가지고 있는 특성들을 모두 포함하고 있었다. 그래픽은 선을 통해 3차원을 구현하였고, 배경은 간단하게나마 나무, 돌 등이 표현되었으며 이러한 전장은 게임을 진행할 때마다 랜덤으로 바뀌었다.

현재 MMORPG(Massive Multiplayer Online Role Playing Game)의 시조로 평가되는 MUD(Multi-User Dungeon)도 이 시기에 탄생했다. 1978년 영국 에식스(Essex) 대학의 로이 트룹소(Roy Trubshaw)가 만들었다. 최초로 만든 게임의 제목은 〈MUD1〉이었는데, 이는 당시 유행하던 텍스트 어드벤처 게임인 〈조크(Zork)〉를 대학교 인트라넷 망을 통해 여러 사람이 즐길 수 있도록 만든 게임이다(디스이스게임, 2008). 게임에서 유저는 텍스트를 통해 세계를 인지하고, 간단한 명령어(1, 2 또는 attack 등)를 활용하여 여러 사람들과 대화를 하고 같이 모험을 할 수 있었다.

머드는 그 이후 계속 진화하여 1984년에는 학교 인트라넷망 뿐만 아니라, 인터넷을 통해 전 세계에서 접속할 수 있게 되었으며 데이터 베이스 시스템이 도입되어서 좀 더 복잡한 세계와 시스템을 구현할 수 있게 되었다.

[그림 8-4] 펜저 게임 플레이 화면

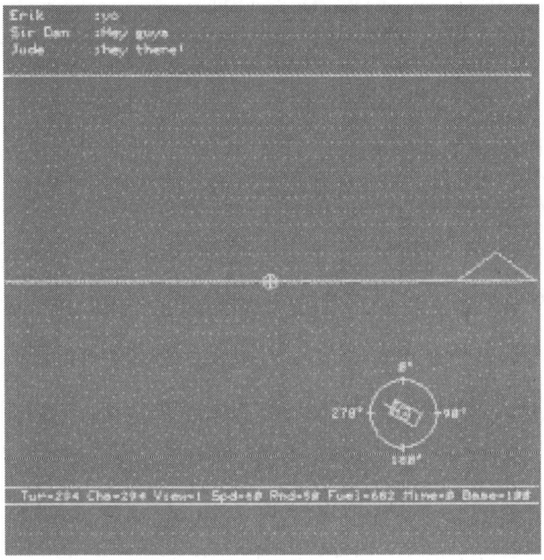

참고 : http://tvtropes.org/

[그림 8-5] MUD1 첫 화면

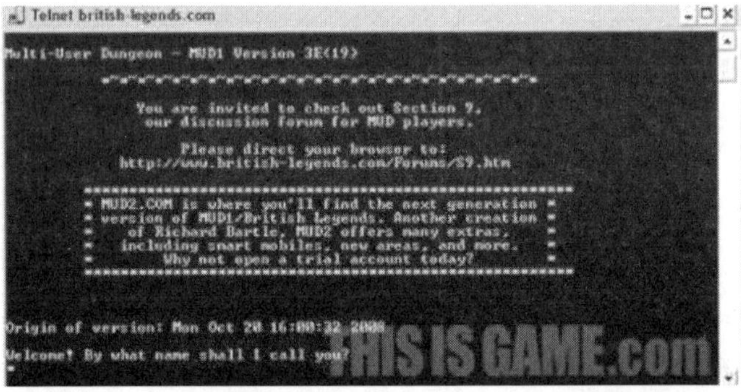

출처 : 디스 이스게임(2008.)

이러한 게임이 상업적으로 판매되기 시작한 것은 학교와 같은 공공시설이 아닌 사설 온라인 서비스 시스템이 등장하면서부터이다. 컴퓨서브(CompuServe)와 같은 업체들은 1979년부터 개인 사용자들에게 서버를 사용할 수 있는 상용 서비스를 개시하였으며, 이를 통해 사용자들은 온라인 채팅이나 이메일, BBS나 게임 등을 사용할 수 있었다. 이는 대학이나 연구소 및 기술기반 기업 이외 일반 사람들이 처음으로 온라인 게임을 만나게 된 순간이었다.

최초의 상업적인 온라인 게임은 〈Island of Kesmai〉였다. 이 게임은 ASCII 그래픽을 활용한 텍스트를 통해 지도를 보여주고 플레이어의 이동을 묘사하였다. 이 게임을 즐기기 위해서는 사용자는 컴퓨서브 접속비에 추가하여 시간당 6불에서 12불을 추가로 지불해야만 했다. 이때부터 〈울티마 온라인〉과 〈리니지〉가 나오기까지 온라인 게임 플랫폼은 컴퓨서브와 같은 사설 온라인 서비스 기업에 기반하여 운영되었다.

[그림 8-6] 〈Island of Kesmal〉 플레이 화면

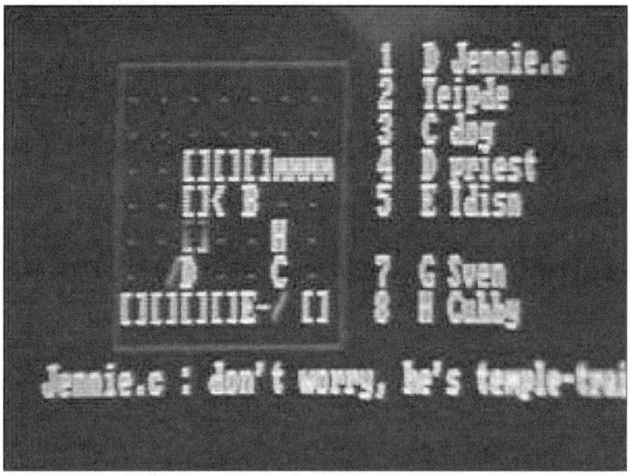

참고 : 차세대 게임 플랫폼의 현황과 정책연구, KOCCA 14-61

1997년 오리진 시스템은 〈울티마 온라인〉을 출시했다. 〈울티마 온라인〉은 기존의 온라인 게임과는 여러 가지 측면에서 달랐는데, 첫 번째로 클라이언트를 마치 PC 게임을 사듯이 구입하여야 했으며, 기존의 시간당 과금과는 달리 월정액 서비스였다는 것이다. 사용자는 클라이언트를 설치하면 오리진 시스템의 서버에 접속하여 게임을 즐길 수 있었으며 이를 통해 온라인 게임 플랫폼의 헤게모니가 기존 온라인 서비스 기업에서 온라인 게임 개발사로 이동하게 되었다. 〈울티마 온라인〉 이후 온라인 게임 개발사는 사설 온라인 서비스 기업에서 벗어나 독자적인 서비스와 과금체계를 구축하기 시작하였다.

1998년에 출시된 엔씨소프트의 〈리니지〉는 이러한 과금체계에 혁명적인 시스템을 도입한다. 즉 PC방 과금제로서 사용자는 월정액을 내지 않고도 PC방에 가서 게임을 하면 무료로 게임을 즐길 수 있었다. 이 때 PC방 업주는 엔씨소프트에 사용료를 시간 단위로 제공하여야 하는 지금으로서는 매우 보편적이지만 당시로는 혁신적인 과금모형을 개발하였으며, 얼마 지나지 않아 온라인 게임 사업의 표준적인 과금 모델 중 하나로 자리매김하게 되었다.

온라인 게임에서 또 하나의 핵심적인 과금 모델인 부분유료화 모델이 등장한 시기는 2000년으로 거슬러 올라간다. 당시 최초로 아이템 판매를 시도한 것은 바로 네오위즈의 인터넷 커뮤니티 서비스 '세이클럽'으로, 기본적인 채팅서비스를 무료로 제공하되 커뮤니티에서 제공하는 아바타를 꾸미기 위해서는 아이템을 구매해야 하는 형태로 부분유료화가 시작됐다.

국내 1세대 게임사인 넥슨은 이러한 성공 모델을 곧바로 게임에 도입했다. 캐주얼 퍼즐게임 〈퀴즈 퀴즈(現큐플레이)〉에 2001년 4월 20일 국내 최초로 부분유료화 모델을 적용한 것이다.

〈퀴즈 퀴즈〉는 1999년에 정식 서비스를 한 게임이었으며, 정식 서비스 이전까지 온라인에서 캐주얼한 게임이라는 새로운 경험을 제공하였기 때문에 많은 인기를 끌었다. 하지만, 전통적인 온라인 게임의 비즈니스 모델인 월정액과 PC방 과금을 적용하자 문제가 발생했다. 〈퀴즈 퀴즈〉는 캐주얼한 게임이었기 때문에 고객들의 서비스 사용시간은 짧았고, 이런 짧은 시간의 경험에 있어서 월정액은 고객에게 많은 저항을 야기했다. 그로 인해 고객이 빠르게 이탈하고, PC방에서도 과금저항이 높아지자 넥슨은 서비스 전체를 무료로 제공하기로 하고, 부분유료화를 게임에 도입하기로 한 것이었다.

이는 〈퀴즈 퀴즈〉를 높은 수익을 창출할 수 있는 캐쉬 카우로 바꾸는 역할을 하였을 뿐만 아니라, 이후 개발되는 넥슨의 게임들이 높은 수익을 창출하게 되는 기반이 되었으며 온라인 게임의 판도를 바꾸는 역할을 하였다. 온라인 게임은 게임 포털 및 퍼블리싱 사업이 시작되면서 하나의 게임 플랫폼으로서 완결성을 가지게 되었다.

다양한 카드 및 보드게임을 서비스하는 게임 포털인 〈넷마블〉과 〈한게임〉은 하나의 게임으로 승부하는 넥슨이나 엔씨소프트와 달리 다양한 게임을 통해 고객을 서비스 내에서 순환시키고, 고객을 유지함을 통해 가치를 창출하는 형태로 서로 경쟁하고 있었다. 이런 포털들의 경쟁이 심화됨에 따라 다른 게임 포털과의 경쟁에서 우위를 점하기 위해 더 많은 게임을 서비스하고자 하는 경쟁이 시작되었다.

그러나, 많은 수의 게임을 다 직접 개발하는 데에는 인력이나 시간 측면에서 한계가 많기 때문에 개발비용이 필요한 제작사들에게 자금을 지원하고 자사의 포털에 독점적으로 서비스를 하면서 수익을 분배하는 '퍼블리싱'이라는 방식을 도입하기 시작하였다. 이는 게임 산업의 높은 경쟁도 한 몫을 하였다.

새로 등장하는 게임이 많아짐에 따라 다른 온라인 게임과 경쟁하기 위해서는 마케팅이 필수불가결한 존재로 등장하였다. 하지만, 자금력과 전문인력이 부족한 중소 온라인 게임 업체들에게는 큰 부담으로 작용하게 되었다. 이에 따라, 다양한 게임을 통해 경쟁력을 강화하려는 게임 포털과 고객기반을 낮은 가격에 빠르게 확보하고 싶은 중소

개발사의 욕구가 일치하여 퍼블리싱이 게임 산업에 빠르게 확산되기 시작하였다.

최초의 퍼블리싱 사례는 〈넷마블〉이었다. 2001년, 넷마블은 나코인터랙티브에서 개발한 3D 〈라그하임〉을 퍼블리싱하였다. 넷마블의 브랜드와 고객기반을 바탕으로 〈라그하임〉은 빠른 시간 내에 시장에서 자리매김할 수 있었으며 플랫폼으로서 게임 포털과 새로운 비즈니스 모델인 '퍼블리싱'을 통해 온라인 게임 플랫폼을 완성시키는 데 일조하였다.

3) 온라인 게임 플랫폼의 유통구조

역사에도 살펴보았지만 온라인 게임은 PC 게임 유통이나 인터넷 서비스의 하부 카테고리에서 발전하였지만, 소비자가 비용을 부담하는 인터넷 서비스에 기반하여 유통이 되면서 다른 게임과 다른 플랫폼 구조를 가지게 되었다. 비디오 게임은 앞서 언급한 바와 같이 게임 콘솔 플랫폼과 유통 네트워크, 개발 퍼블리싱 등 복잡한 구조를 가지고 있으며, 이로 인해 게임 개발사는 전체 매출의 10~20%의 수익만을 가져갈 수 있었다.

반면에 온라인 게임은 유통을 인터넷을 통해야 하나 이는 대부분 무상으로 이루어진다. 물론, 대규모 대역을 사용하기 때문에 서비스 회사는 관련하여 상당한 비용을 지출하게 되나, 최근에는 이러한 다운로드 서비스도 p2p 그리드 형태로 변형되어서 비용이 큰 폭으로 감소하였으며, 매출의 비율에 무관하게 발생하기 때문에 유통이라는 측면에서 인터넷 서비스 회사는 유통구조에서 사실상 배제되어 있다.

따라서, 비디오 게임의 콘솔 플랫폼과 같은 역할은 퍼블리셔가 진행한다. 퍼블리셔는 게임 포털을 통해 사람들을 모으고, 게임 포털을 통해 게임을 서비스함으로써 개발사와 고객을 연결시키며 이를 위해 마케팅, 고객기반 확보, 과금 및 고객응대 등을 한다.

[그림 8-7] 비디오 게임과 온라인 게임의 유통구조 비교

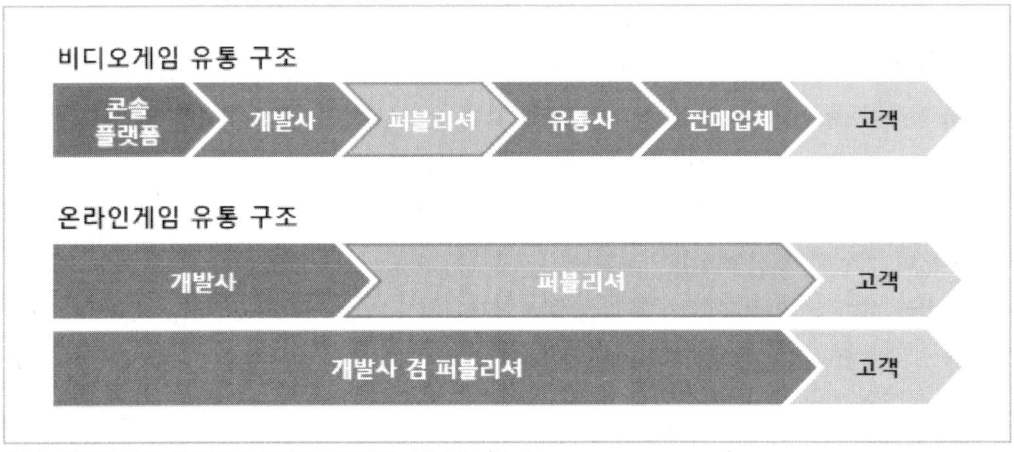

출처 : 차세대 게임 플랫폼의 현황과 정책연구, KOCCA 14-61

이에 따른 수익배분은 게임 콘텐츠에 따라 다른데, 일반적으로 40~60%를 개발사가 가져간다. 이러한 콘텐츠를 국내에서 수익배분하는 데 있어서는 정착이 되었으나, 대형 퍼블리셔를 통해 해외 서비스를 진행할 경우에는 여러 가지 문제가 발생하는 경우가 많았다.

특히, 해외 퍼블리셔 → 국내 퍼블리셔 → 개발사로 플랫폼이 증가하면서 개발사의 수익이 급감하는 사례가 많았다. 대표적인 사례가 스마일게이트의 〈크로스파이어〉였으며, 결국 국내 퍼블리셔가 제외되고 해외 퍼블리셔와 국내 퍼블리셔가 직접 연계되는 형태로 마무리가 되었다.

4) 온라인 게임 플랫폼의 최근 주요 이슈

최근 온라인 게임 산업은 여러 가지 측면에서 내우외환이 겹치고 있다. 콘텐츠 산업의 특성상 승자독식으로 인한 과점화가 극대화되었으며, 이에 따라 중소 게임 개발사나 퍼블리셔가 대형 개발사 또는 퍼블리셔에게 인수되거나, 수익악화로 인해 다른 산업으로 이동하는 경향이 심화되었다.

2012년에는 엔씨소프트가 400~500명 수준의 구조조정을 진행하였으며, 2013년에는 네오위즈가 비슷한 규모의 구조조정을 단행한 바 있었다. 2014년 게임 백서에서는 국내 온라인 게임 산업 역사상 처음으로 매출이 감소하는 현상이 발생하였음을 보고하였다. 이러한 매출감소의 원인은 여러 가지가 있겠지만 업계에서는 크게 다음의 3가지로 보고 있다.

① 보드게임 및 카드게임의 규제에 따른 매출감소
② 무료 게임에 가까운 리그오브레전드의 높은 시장점유율에 의한 시장축소 효과
③ 게임규제 등으로 인한 산업위축 등

을 보고 있다.

이러한 상황에서 온라인 게임을 통해 쌓은 노하우와 자금력을 바탕으로 신규 플랫폼의 진출이 활성화되어야 하나, 현재 국내 주요 온라인 게임 퍼블리셔 및 개발사는 모바일 및 차세대 플랫폼에서 큰 투자나 움직임을 보여주지 못하고 있다. 지난 2~3년간 지속적으로 게임 규제와 관련되어 입법 및 국회청문회 등 이슈들이 연속되었으며, 대부분의 기업의 핵심역량이 이러한 부분에 집중되어 있는 상황이다.

이에 따라 큰 기업을 나와 독립을 하는 인디 게임 개발사들이 증가하고 있으나, 현재 게임 산업의 규제들은 이러한 개발사들에게 큰 진입장벽으로 작용하여 국내를 떠나 해외에 기반을 잡거나, 중국 등으로 개발자들이 다수 이동하는 현상들이 보고되고 있다.

또한, 주목할만한 변화 중 하나는 온라인 게임이 PC 기반 중심에서 멀티 플랫폼 중

심으로 변하고 있다는 것이다. 2014년 지스타에서 엔씨소프트는 차세대 MMORPG인 〈리니지이터널〉은 클라우드에 기반하여 PC 뿐만 아니라, 스마트폰, 태블릿 등 다양한 플랫폼에서 실행될 수 있음을 시현하였으며, 이러한 변화는 단순히 차기작뿐만 아니라 기존 제품에까지 전파되고 있다. 또한, 스마트폰에서도 모바일 온라인 게임이 개발되는 등 현재 온라인 게임 산업의 위기를 극복하기 위한 방편으로 플랫폼의 다양화가 진행되고 있다.

3. 모바일 게임 플랫폼

1) 모바일 게임 플랫폼의 개요

모바일 게임은 다른 게임 플랫폼에 비해 가장 꾸준한 성장세를 이어가고 있는 플랫폼이다. 2010년부터 스마트폰이 본격적으로 도입되면서 새로운 전환점을 맞이한 모바일 게임은 모바일을 중심으로 기술과 서비스가 재편되는 세계 IT 시장의 추세와 맞물려 향후 더욱 큰 성장세를 예고하고 있다.

모바일 게임이 유통되는 플랫폼은 피처폰 시기에는 각 이동통신사가 운영하는 마켓이 주류를 차지했으며, 스마트폰 시기에는 각 OS의 공식 애플리케이션 마켓이 주류를 차지하고 있다. 특히 스마트폰을 기반으로 한 애플리케이션 마켓은 낮은 수수료와 진입장벽으로 개발자의 참여를 유도한다는 점에서 이전의 플랫폼과 다르다.

모바일 게임은 온라인 게임 다음으로 해외 매출이 높은 산업이다. 피처폰 시기에는 캐주얼 게임을 중심으로 해외진출이 이루어졌으나, 스마트폰 시기부터는 향상된 기기의 성능에 온라인 게임의 노하우가 결합하면서 보다 다양한 게임 장르의 해외진출이 이루어지고 있다.

한편 해외 개발사의 국내 진출 역시 활발하게 이루어지고 있다. 특히 중국 게임 개발사와 유통사들의 유입이 두드러지는데, 국내 개발사에 거액의 자본을 투자하거나 직접 개발사를 인수하는 등의 적극적인 진출이 이루어지고 있어 향후 모바일 게임 전반에 적지 않은 영향을 미칠 것으로 예상된다.

이와 더불어 국내 모바일 게임 유통의 주요 플랫폼을 담당했던 '카카오톡'과 '라인' 같은 소셜 네트워크 서비스가 지속적으로 모바일 게임 플랫폼의 주요한 축으로써 작동할 것이며, 향후 비디오 게임 플레이스테이션과 엑스박스의 콘텐츠들이 모바일 플랫폼과 연동되는 등 기존의 영역을 뛰어넘는 새로운 서비스가 등장할 것으로 보인다.

2) 모바일 게임 플랫폼의 역사

휴대전화를 통해 즐기는 모바일 게임(Mobile Game)은 초기엔 기기에 내장되어 있는 번들 소프트웨어 정도로 다루어졌으나, 기기 성능의 발달, 무선 인터넷 도입, 사용자 증가를 통해 점차 하나의 주요 게임 플랫폼으로 자리잡게 되었다.

모바일 게임의 역사는 세계적인 흐름과 한국의 흐름이 크게 다르지 않다. 이는 한국의 휴대전화 기술개발이 일찌감치 시작되어 세계 시장에 참여해왔던 것과 연관된다.

새로운 기술개발이 활발하게 이루어는 가운데 새로운 기술이 적용된 휴대전화 신제품이 지속적으로 출시되었고, 휴대전화의 성능을 활용한 게임 역시 지속적으로 개발되는 선순환이 이루어진 것이다.

휴대전화의 번들 소프트웨어였던 모바일 게임이 본격적인 플랫폼을 구축하기 시작한 것은 무선 인터넷 서비스가 제공되기 시작하면서부터이다. 국내의 경우 1999년 8월 컴투스가 LG텔레콤을 통해 서비스한 5종의 모바일 게임이 최초로 꼽힌다. 같은 해에 KTF가 게임 서비스를 시작했으며, 이듬해에는 SK텔레콤이 서비스를 시작하면서 모든 이동통신사에서 게임 서비스를 제공하게 되었다.

이동통신사들의 무선 인터넷 서비스가 구축된 이후 2000년도부터 다운로드 게임을 중심으로 모바일 게임 시장이 본격적으로 확대되기 시작했다. 당시 국내 게임시장은 온라인 게임과 아케이드 게임이 상당한 비중을 차지하고 있어 모바일 게임의 비중은 크지 않은 상황이었으나 다음 3가지 배경을 통해 성장가능성이 높게 예측되었다.

① 휴대전화의 성능이 빠르게 향상되고 있었다.

색상표현이 단색에서 컬러로, 음향표현이 단음에서 화음으로 발전하면서 게임에서도 보다 상세한 표현을 할 수 있게 되었다. 더불어 음성통화 이외에 휴대전화를 통해 사용할 수 있는 기능에 대한 관심이 높아지면서 게임에 대한 관심도 함께 높아져갔다.

② 휴대전화의 보급률이 지속적으로 증가하고 있었다.

높은 가격으로 인해 사용자층이 제한되었던 휴대전화의 가격이 점차 낮아지고, 단말기의 크기도 휴대하기 더욱 편리하게 줄어들면서 차츰 더 많은 연령대의 사람들이 휴대전화를 사용하기 시작했다.

③ 2000년대를 전후한 시기는 IMF 외환위기 이후 사회전반에 걸쳐 침체된 시기였으며, 특히 게임 산업은 기존에 주를 이루던 PC 게임 개발사들이 연이어 폐업하는 가운데 온라인 게임 개발로 방향을 전환하던 시기였다. 이러한 배경에서 작은 규모의 인력과 자본으로 게임을 개발할 수 있다는 점에서 모바일 게임 제작에 참여하는 제작자와 개발사가 점차 증가했다.

모바일 게임 유통은 이동통신사가 무선 인터넷 서비스를 통해 게임 개발사와 게임 유저를 중개하는 방식으로 이루어졌다. 게임의 유형은 무선 인터넷에 연결해 실시간으로 게임을 진행하는 방식과 게임을 다운로드해 인터넷 연결 없이 게임을 진행하는 방식으로 크게 구분되었다.

유저들은 위의 두 가지 유형 중 통신비에 대한 부담을 이유로 다운로드 방식의 게임을 더 선호했다. 그렇지만 여전히 모바일 게임을 즐기는데 드는 비용은 높은 편이었다. 다운로드형 게임을 구입하더라도 게임가격 외에 다운로드하는데 통신비용을 더 부담해야 했기 때문이다.

이러한 부담은 2003년부터 다음과 네이버 등 인터넷 포털 사이트와 한게임 등 게임 포털 사이트들이 모바일 게임 유통에 참여하면서 일부 해소되었다. 인터넷 사이트에서 게임을 구입한 뒤 PC에 다운로드받아 유선으로 연결된 휴대폰으로 전송하는 유선 다운로드 방식을 통해 통신비용을 절감할 수 있게 된 것이다.

그러나 [그림 8-8]에서 보듯 이동통신사가 게임 콘텐츠를 휴대전화로 전송하는 방식에 여전히 정보이용료가 과금되었기 때문에 이 문제가 완전히 해결된 것은 아니었다. 모바일 게임을 구동하는 방식이 이동통신사마다 다르기 때문에 발생하는 문제도 있었다. SKVM, GVM, BREW, Ez-JAVA 등 서로 다른 방식과 휴대전화 단말기마다 액정화면 크기, 해상도, CPU 등 성능이 다르다 보니 게임 개발사들이 게임을 출시한 후에 구동방식과 사양에 맞추어 게임을 재구성하는 등의 작업을 추가로 해야 했다.

[그림 8-8] 국내 모바일 게임의 가치사슬

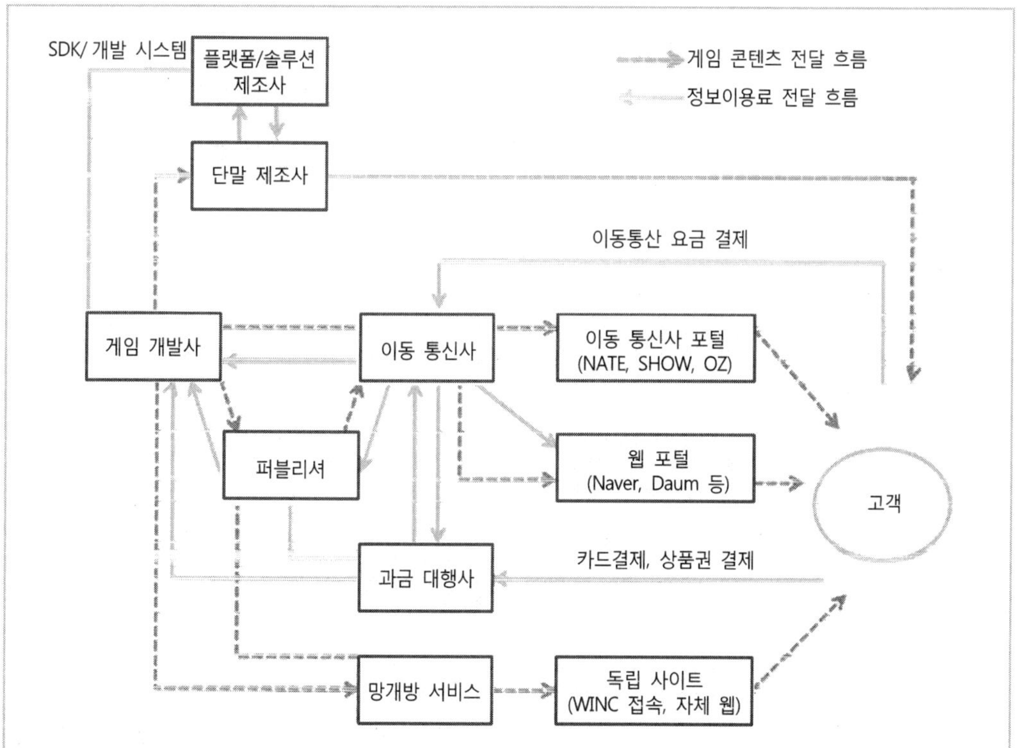

출처 : 차세대 게임 플랫폼의 현황과 정책연구, KOCCA 14-61

이는 게임의 버그를 수정하거나 추가된 내용을 업데이트하는 것과는 다른 게임이 구동될 하드웨어를 위한 소모적인 작업에 불과했다. 이러한 문제는 2005년 4월부터 출시되는 모든 단말기에 WIPI(Wireless Internet Platform for Interoperability)가 의무적으로 탑재되면서 개선되었다. 이를 통해 게임 개발사들이 방식과 사양에 관계없이 게임 개발에만 집중할 수 있게 되었다.

이 시점에 즈음해 대규모 인력과 자본이 투입된 게임들이 출시되기 시작했으며, 무선 인터넷에 접속해 게임을 즐기는 네트워크 게임이 증가하기 시작했다. 이는 모바일 게임을 즐기는 인구와 매출이 점차 증가하면서 시장으로서의 가능성을 인정받기 시작했고, 무선 인터넷 정액요금제가 출시되는 등 다양한 경로를 통해 네트워크를 사용하는 비용이 낮아진 덕분이었다.

2005년부터 스마트폰이 출시되는 2009년까지는 모바일 게임의 새로운 시도와 정체가 중첩되는 가운데 시장의 규모는 지속적으로 성장하던 시기였다. 먼저 표준화된 규격의 모바일 게임 구동방식과 사용자 편의성이 높아진 무선 인터넷 요금제를 바탕으로 다양한 모바일 게임들이 개발되는 가운데, 게임 기능이 특화된 3D 게임폰 개발과 전용 서비스가 출시되었다.

2005년 4월, SK텔레콤와 KTF는 각각 'GXG, GPANG'이라는 이름의 서비스를 출범시키며 전용 단말기를 출시하였다. 해외 유명 비디오 게임과 국내 유명 온라인 게임을 출시하고, 체험단을 운영하거나 게임 대회와 게임 공모전을 개최하는 등 다양한 노력을 기울였음에도 불구하고 큰 성공을 거두지 못하였다. 모바일 게임 시장의 규모가 일정 수준이상이 되었음에도 불구하고 새로운 서비스가 자리잡지 못한 데에는 2가지 이유를 꼽을 수 있다.

첫째, 비슷한 시기에 출시된 포터블 게임기에 비해 성능면에서 만족스럽지 못했다.

3D 게임폰은 모바일 게임을 넘어서 비디오 게임의 즐거움까지 선사하는 것을 목표로 하였으나, 소니의 'PSP'와 닌텐도의 'Nintendo DS'에 비해 성능과 컨셉면에서 게임 유저들을 만족시키지 못했다 . PSP의 경우 비디오 게임 콘솔 'PS2'를 휴대용으로 플레이할 수 있을 정도의 성능을 지녔으며, 풍부한 게임 라인업이 출시되어 기존 비디오 게임 유저들의 관심을 모았다. Nintendo DS의 경우 두 개의 스크린과 터치스크린을 활용한 직관적인 조작방식을 활용해 게임에 쉽게 참여할 수 있게 함으로써 기존에 게임을 즐기지 않던 이들까지 게임에 참여하도록 유도했다.

둘째, 휴대전화 본연의 용도와 충분한 조화를 이루지 못했다.

게임에 특화된 휴대전화로 개발되기는 하였으나, 3D 게임폰 역시 휴대전화이기 때문에 휴대전화를 사용하는 것에 불편함이 없어야 한다. 그런데 게임 기능을 강조할 경우 휴대전화 기능이 불편해지고, 휴대전화 기능을 우선시 할 경우 게임 기능이 불편해진다. 결과적으로 3D 게임폰은 휴대전화와 포터블 게임기를 효율적으로 결합하지 못했다.

3D 게임폰 사업은 성공하지 못했으나, 모바일 게임의 전체적인 규모는 꾸준히 성장했다. 휴대전화 보급률이 증가하면서 게임을 즐기는 유저들의 수가 늘어났고, 이들의 다양한 취향을 만족시키는 게임들이 제작되기도 했다. 통신사마다 게임 정액제 등의 요금상품을 제공한 것도 도움이 되었다. 하지만 해를 거듭할수록 일정수준 이상의 규모를 갖춘 개발사들이 제작한 게임들과 기존에 유저들의 인정을 받은 작품의 시리즈물들이 주로 높은 수익을 거두었다.

이로 인해 작은 규모지만 참신한 아이디어가 반영된 게임들이 주목받을 수 있는 기회는 줄어들었다. 국내에서 검증받은 작품들이 해외시장에 활발하게 진출해 좋은 성적을 거두긴했으나, 국내 모바일 게임 시장은 성장하는 규모에 비해 내적인 활력은 다소 정체된 상황이었다.

이러한 모바일 게임의 흐름은 스마트폰 출시와 함께 일대 전환을 맞이한다. 이미 세계시장에서는 스마트폰 출시와 함께 시작된 애플리케이션 마켓이 새로운 모바일 게임 플랫폼으로 자리잡기 시작했다. 애플과 구글의 애플리케이션 마켓의 특징은 개발자와 사용자가 쉽게 애플리케이션을 거래하는 환경을 조성한다는 것이다. 특히 과도한 유통마진 없이 애플리케이션 판매수익을 개발자에게 유리한 비율로 분배한다는 점, 그리고 애플리케이션을 구입하는 즉시 무선 인터넷을 통해 스마트폰으로 다운로드 및 설치할 수 있다는 점이 기존의 방식과 다른 부분이었다.

이러한 세계적인 흐름과 달리 한국 모바일 게임 플랫폼은 2005년에 표준화된 WIPI 때문에 해외와 동일한 스마트폰 사용이 가로막혀 있었다. 이에 휴대전화 사용자들의 꾸준한 요구로 인해 2009년 4월 WIPI를 폐지하고, 2009년 하반기에 애플의 스마트폰가 출시되면서 스마트폰을 'iPhone 3gs' 기반으로 한 모바일 게임 시대가 본격적으로 열리게 되었다.

하지만 여전히 문제가 남아있었다. 게임을 출시하기 전에 사전심의를 받아야 하는 한국의 제도와 애플과 구글의 앱 마켓 운용정책이 충돌을 빚은 것이다. 이로 인해 국내 애플리케이션 마켓에서는 게임 카테고리가 제공되지 않았다. 국내 유저들이 게임을 즐기기 위해서는 별도로 해외계정을 만들어야 했다. 유저들의 불편이 가중되고, 애플리케이션 마켓의 규모가 폭발적으로 성장하면서 결국 마켓 사업자가 임의로 게임을 심의할 수 있는 법안이 마련되고 2011년 11월부터 정식으로 게임 카테고리가 서비스되기 시작했다.

플랫폼적인 측면에서 애플리케이션 마켓이 이동통신사가 제공하는 마켓과 다른 점은 통신사용료를 부과하지 않는다는 것이었다. 이동통신사가 제공하는 마켓은 게임을 판매한 금액에서 개발사와 수익을 분배하는 동시에, 게임을 전송하는데 따르는 통신료를 부과하였다. 이로 인해 개발사보다 더 많은 수익을 거두는 구조였던 것이다.

이에 반해 애플리케이션 마켓의 경우 개발자와 마켓 사업자가 7대3 정도의 비율로 수익을 배분한다. 유저가 Wi-Fi를 사용해 애플리케이션을 다운로드할 경우 전송에 따른 비용이 발생하지 않는다. 결과적으로 개발자가 가장 많은 수익을 얻는 셈이다.

애플리케이션이 개발자와 유저에게 각각 제공한 편의도 모바일 게임 플랫폼이 활성화하는 데에 도움을 주었다. 먼저 개발자에게는 개발한 애플리케이션의 등록과 애플리케이션의 업데이트를 간단한 절차로 할 수 있는 시스템을 제공하였다. 유저에게는 결제정보를 한 번 등록하면 이후에는 계정정보를 입력하는 것만으로도 애플리케이션을 구입할 수 있게 하였으며, 업데이트된 애플리케이션을 확인하고 업데이트 하는 것 역시 간단한 절차로 할 수 있게 하였다.

스마트폰이 공통적으로 보유하고 있는 하드웨어 성능은 게임성 측면에서 대폭 향상된 게임이 개발될 수 있는 기반이 되었다. 고사양의 CPU와 그래픽은 보다 입체적인 구성과 다양한 연출이 가능하게 했다. 더불어 터치스크린, GPS, 그리고 자이로 센서는 쉽고 직관적인 게임 방식을 도입하는 것은 물론, 기존에 없던 게임 방식을 게임에 새롭게 적용할 수 있게 되었다.

소셜 네트워크 게임(Social Network Game)의 유행도 모바일 게임의 새로운 경향이 확산되는데 한몫했다. 이는 게임 외적인 면에서 트위터, 페이스북 등 스마트폰의 출시와 더불어 확산된 소셜 네트워크 서비스(Social Network Service)와 연관된 것이다.

온라인을 통해 다른 유저들과 때로는 협력하고 때로는 경쟁하는 방식은 '네트워크 플레이' 그리고 '온라인 게임'과 동일하지만, 전혀 낯선 유저가 아닌 소셜 네트워크 서비스를 통해 연결된 지인과 함께 즐길 수 있다는 점에서 새로웠다. 또한 '웹'과 '앱'이 서로 연결되어 게임을 지속할 수 있다는 점 역시 새로웠다.

스마트폰 출시 이후 모바일 게임 시장은 새로운 동력으로 성장해 나갔지만 플랫폼 차원에서 애플과 구글 등 스마트폰 제조사가 제공하는 마켓에 주도권을 내어준 상황이었다. 이러한 플랫폼은 단순히 소프트웨어의 거래를 중개하는 동시에 하나의 생태계의 역할을 한다는 점에서 중요성을 갖는다. 이에 2011년 11월, 운영체제와 이동통신사에 관계없이 구동되는 웹 플랫폼 기반의 서비스 'K-Apps'가 출범하였으나, 한정된 단말기 지원과 원활하지 못한 서비스로 인해 실패하였다.

이처럼 개발자와 유저를 중개하는 것과 동일한 방식으로 기존의 플랫폼을 대체하는 것은 어려운 과제이지만, 2012년 모바일 메신저 서비스인 '카카오톡'과 '라인'이 각각 게임 채널을 오픈하면서 새로운 플랫폼으로 자리잡았다. 모바일 메신저 서비스가 새로운 플랫폼으로 자리잡게 된 것은 소셜 네트워크 게임과 모바일 게임의 특성을 적절히 결합한 역할을 했기 때문이다. 이를 보다 자세히 이해하기 위해서는 모바일 메신저 서비스의 특징을 간략하게나마 살펴볼 필요가 있다.

스마트폰이 출시되기 이전까지는 'MSN Messensger'와 '네이트온'와 같은 인터넷 메신저가 주로 사용되었으며, 모바일을 통한 메시지 교환은 주로 문자 메시지로 이루어졌다. 인터넷 메신저는 무료로 사용하였으나, 문자메시지는 유료로 제공되고 글자수에 따라 요금이 달라지는 등의 제한이 있었다.

이에 비해 카카오톡은 무료로 제공되는 애플리케이션인데다 인터넷 메신저와 문자 메시지의 기능을 동시에 사용할 수 있었다. OS에 관계없이 많은 사용자를 확보할 수 있었고, 이는 곧 모바일 게임의 소셜 기능과 연동했을 때 더 많은 효과를 얻을 수 있음을 의미했다.

진입장벽이 낮아진 애플리케이션 마켓은 보다 합리적인 애플리케이션 개발과 유통을 가능하게 했지만, 그만큼 애플리케이션들 간의 강화된 경쟁이 이루어지게 했다. 이러한 구조 속에서 많은 사용자를 보유한 플랫폼을 통해 게임을 출시할 경우 유저의 친구목록과 연동해 게임을 더 많이 노출시키고, 더 많은 아이템 판매를 꾀하는 등의 효과를 기대할 수 있다.

이러한 장점으로 인해 국내에서 출시되는 모바일 게임의 상당수가 '카카오톡'을 통해 출시되는 경향이 자리잡았다. '라인'의 경우 일본을 비롯한 높은 수의 아시아 유저를 보유하고 있어 국내 개발사들에게 아시아 시장진출의 교두보가 되었다. 하지만 '카카오톡'과 '라인'이 기존 애플리케이션 마켓을 대체하는 것이 아니기 때문에 개발사 입장에서는 수익분배에 대한 부담이 가중된다는 점은 한계로 남는다.

3) 모바일 게임 플랫폼의 유통구조

게임의 유통구조는 콘솔 게임에서 온라인 게임으로 이동하면서 큰 변화를 겪었으며, 이러한 변화의 가장 큰 피해자는 사실 그동안 게임 산업의 헤게모니를 장악해왔던 소니와 마이크로소프트, 닌텐도와 같은 플랫폼 홀더들이었다. 그리고, 이런 독점적 플랫폼의 부재에서 온라인 게임은 개발사와 퍼블리셔 모두에게 큰 이익을 가져다 주었다.

이런 상황을 반전시킨 것이 바로 스마트폰의 모바일 애플리케이션이다. 애플과 구글은 각각 스마트폰 OS를 장악함으로써 스마트폰 콘텐츠에 대한 플랫폼을 구축하였으며, 이를 기반으로 스마트폰의 모든 콘텐츠의 과금 프로세스를 독점하고, 발생하는 모든 수익의 30%를 플랫폼이 가져가고 있다. 사실, 이는 기존의 모바일 콘텐츠 유통 체계에 비해서는 매우 개선된 상황이었다.

기존에는 50%를 통신사가 가져가고, 나머지 50%를 개발사가 가져갔으며, 사실상 게임 콘텐츠를 다운받기 위해서는 비싼 데이터 요금을 사용자가 게임마다 게임 가격만큼 지불해야 했기 때문에, 실제로는 약 25%만이 개발사가 가져갈 수 있는 구조였었다. 여기에서 70%로 개발사 수익이 늘어난 것은 정말로 획기적인 변화이었다.

하지만, 이런 구조에서 카카오톡과 라인과 같이 SNS 기반 중계 플랫폼이 등장하였으며, 이들은 약 21%의 매출을 이러한 SNS 플랫폼을 사용하는 대가로 가져갔다.

여기에 더하여 점점 개발규모가 커지고 대형화되자 마케팅을 전담하는 퍼블리셔와 개발사가 분화가 되었으며, 퍼블리셔가 잔여수익의 40~60%를 가져가고 개발사가 나머지 수익을 가져가게 되었다. 이에 따라 현재 개발사들은 총 매출의 20~30%의 수익을 가져가는데 이는 과거 콘솔 게임, 시대의 상황보다는 개선된 것이나 장기적인 미래를 보기에는 어려운 복잡한 유통구조이다.

최근에는 SNS 기반 중계 플랫폼들인 카카오톡과 라인을 배제하고 게임이 출시되는 사례가 증가하고 있으며, 최근 출시된 넷마블의 〈레이븐〉은 카카오톡을 통하지 않고서도 매출 1위를 달성하는 실적을 통해 이러한 SNS 기반 중계 플랫폼의 생존이 위협을 받고 있는 상황이다.

4) 모바일 게임 플랫폼의 최근 주요 이슈

모바일 게임 플랫폼과 관련한 이슈로 크게 3가지를 꼽을 수 있다.

(1) 이슈는 모바일 게임 유통 플랫폼에 대한 새로운 모색이다.

현재 애플 앱스토어, 구글의 구글 플레이가 주를 이루는 플랫폼을 대체하고자 하는 시도가 지속되고 있다. 이동통신 3사는 2015년 5월부터 각 통신사가 개별적으로 운영하던 마켓을 하나로 통합하기로 하였다. 애플리케이션 등록과 정산을 단일한 창구에서 처리함으로써 기존 마켓에 대항하기로 한 것이다. 하지만 기존의 마켓이 표준적인 기능을 수행하고 있는 상황에서 앞서 언급했던 'K-Apps'의 사례를 얼마나 효과적으로 극복할 수 있을지는 미지수이다.

따라서 기존의 모바일 게임 플랫폼을 완전히 대체하는 것이 아닌 새로운 관점에서의 접근이 필요할 것으로 보인다. 기존 애플리케이션 마켓과 효율적인 연계를 하는 것이 도움이 될 수 있다. 개발자들에게는 흥행하는 게임에 대한 정보나 국내와 해외의 시장동향 또는 기술동향에 대한 정보를 제공하고, 유저들에게는 새롭게 출시되는 많은 게임 중에서 인기를 얻는 게임을 추천하거나, 유저들이 제공한 정보를 바탕으로 이미 출시된 게임들 중에서 유저가 관심을 가질만한 게임을 제안하는 등의 서비스를 제공하는 것이 한 가지 방법이 될 수 있다.

더불어 새로운 모바일 게임 플랫폼으로 자리잡은 모바일 메신저에 대한 피로도가 높아지고 있는 것도 새로운 과제다. 개발자의 입장에서 기존 마켓과 수익을 분배하는데 더해 추가로 수수료를 지불하는 것이 부담일 수밖에 없으며, 유저 입장에서도 소셜 네트워크 게임에 대한 관심이 줄어든 상황에서 친구목록을 활용한 기존의 마케팅 방식에 피로를 느끼고 있기 때문이다.

'퍼블리셔'로서의 역할을 강화하는 것이 이러한 과제를 해결할 수 있는 한 가지 방법이 될 수 있다. 잠재적인 게임 유저들에게 접근할 수 있는 좋은 통로로서의 역할만 하는 것이 아니라, 가능성이 있는 게임을 발굴하고 보다 적극적인 제휴를 함으로써 개발자와 플랫폼이 윈윈 할 수 있는 구조를 마련하는 것이 필요하다.

(2) 성장하고 있는 중국 게임 시장이다.

2011년부터 급격하게 시작한 중국시장은 자국의 방대한 유저와 막대한 자본력을 바탕으로 빠른 속도로 해외진출을 추진하고 있기도 하다. 이러한 흐름은 한국에서도 나타나고 있다. 2000년대 중반까지만 해도 중국은 한국 온라인 게임 시장이 활발하게 진출하는 해외진출 대상에 머물렀으나, 2000년대 후반부터 상황이 전환되기 시작했다.

2000년대 후반부터 시작된 중국 게임 업체의 한국 게임 시장 진출이 가속화되고 있다. 중국 최대 게임 업체인 텐센트코리아는 넷마블게임즈에 5,300억을 투자했으며 그 외 다수의 국내 게임 업체들에 지분투자를 진행한 바 있다. 중국 최대의 전자상거래 업체인 알리바바는 지사를 설립하여 국내 게임 업체 인수와 투자, 게임 시장 진출을 타진하고 있는 중이다.

이러한 중국 게임 시장의 국내 진출은 앞으로도 확대될 전망이다. 먼저 중국이 국가적으로 문화산업의 집중육성을 천명하면서 게임에 대한 전폭적인 지원을 예고한 가운데, 세계적인 규모를 갖춘 IT 업체들 대부분이 게임 사업을 운영하고 있기 때문이다.

[그림 8-26]에서 확인할 수 있듯 중국의 게임 시장은 전 분야에 걸쳐 성장세를 보이고 있지만 그 중에서도 모바일 게임이 높은 성장세를 보이고 있다. 여기엔 스마트폰과 태블릿PC의 대중적 보급과 3G 및 4G 네트워크 확산이 기여한 바가 크다. 특히 샤오미(Xiaomi), 화웨이(Huawei), 레노보(Lenovo) 등 중국 벤더업체들이 저가(Low-end) 스마트폰을 전략적으로 생산함에 따라 중국 스마트폰 이용자 수는 2013년 이후 기하급수적으로 증가하고 있다.

이러한 중국 모바일 게임 시장의 팽창은 국내 모바일 게임 플랫폼에 위기이자 기회로 작용할 것으로 예상된다. 국내 시장에 활발하게 진출해오는 중국 모바일 게임과 자

제8장 게임 멀티 플랫폼(네이버/카카오 등)

본을 효율적으로 받아들이면서 동시에 중국 시장으로 진출하는 교두보로 활용하는 전략이 요구된다.

[그림 8-9] 중국 게임 시장 규모추이(단위 : 억 위안)

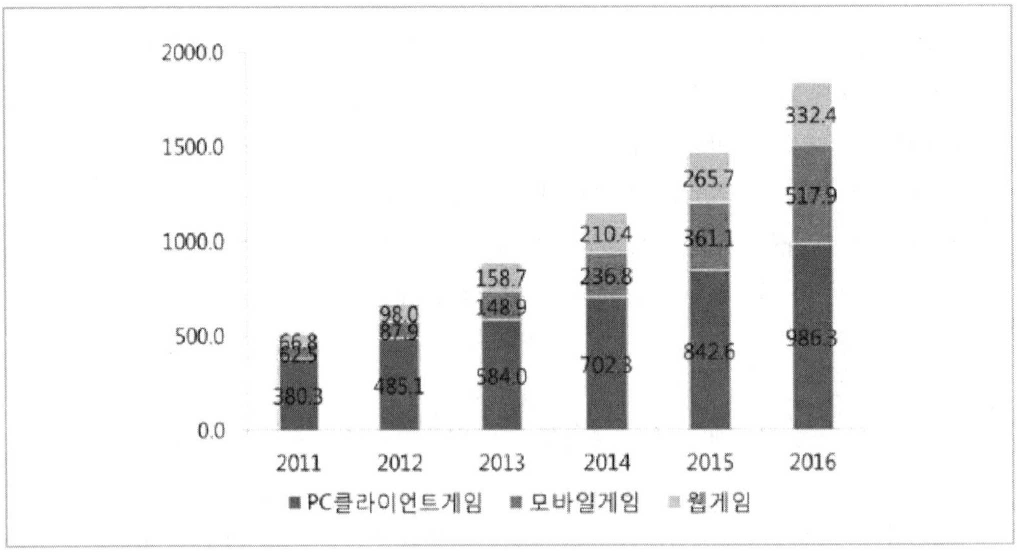

출처 : 차세대 게임 플랫폼의 현황과 정책연구, KOCCA 14-61

(3) 기존 플랫폼을 넘어서는 컨버전스의 흐름이다.

기기의 성능면에서 컴퓨터 게임, 비디오 게임, 모바일 게임은 각각의 특징과 차이점을 지니고 있었다. 그러나 하드웨어 성능면에서 가장 뒤처져 있었던 모바일 게임의 하드웨어가 비약적으로 향상되고, 온라인이 각 플랫폼을 연결하면서 새로운 흐름이 나타나기 시작했다.

최근 비디오 게임 플랫폼을 중심으로 콘솔을 콘텐츠의 허브로 활용하려는 움직임이 나타나고 있다. 소니의 'Playstation'과 마이크로소프트의 'X-box'가 게임을 포함해 영화, 드라마, 음악과 같은 콘텐츠를 제공하고 있으며, 애플, 구글, 아마존 등의 업체들도 자사가 운영하는 마켓에 접속할 수 있는 디바이스를 출시하는 등 게임을 포함한 엔터테인먼트 플랫폼의 지각변동이 이루어지고 있다.

특히 소니는 'Playstation Now' 서비스를 통해 자사의 게임을 스트리밍으로 제공하고 있다. 현재까지는 플레이스테이션 기기에 한해 플레이할 수 있지만, 향후 디바이스에 제한을 두고 있지 않을 것이라는 예고를 한 바 있어 스마트폰 등에서도 플레이가 가능해질 것으로 예상된다. 이와 같이 디바이스와 플랫폼 자체를 넘어서는 새로운 방식이 실현될 경우 모바일 게임 플랫폼은 또 다시 전환을 맞이하게 될 것이다.

4. VR 게임 플랫폼

1) VR 게임의 플랫폼 개요

가상현실(Virtual Reality)은 컴퓨터 등을 사용한 인공적인 기술로 만들어낸 실제와 유사하지만 실제가 아닌 만들어진 가상의(상상의) 환경이나 상황 등을 통해 사용자의 오감을 자극하며 실제와 유사한 공간적, 시간적 체험을 하게함으로써 현실과 상상의 경계를 자유롭게 드나들게 하는 몰입형 멀티미디어를 통칭하는 말이다.

한편, 디스플레이로 현실을 보면서 그 위에 원하는 정보를 더하는 증강현실 (AR : Augmented Reality)이 가상현실의 일종으로 등장하였다. 증강현실은 가상으로 생성된 시각, 청각, 촉각 정보 등을 실제 환경에 실시간으로 증강하여 사용자가 그 정보들과 상호작용할 수 있도록 함으로써 정보의 사용성과 효용성을 극대화하는 차세대 정보처리기술이다.

[그림 8-10] 가상현실의 분류

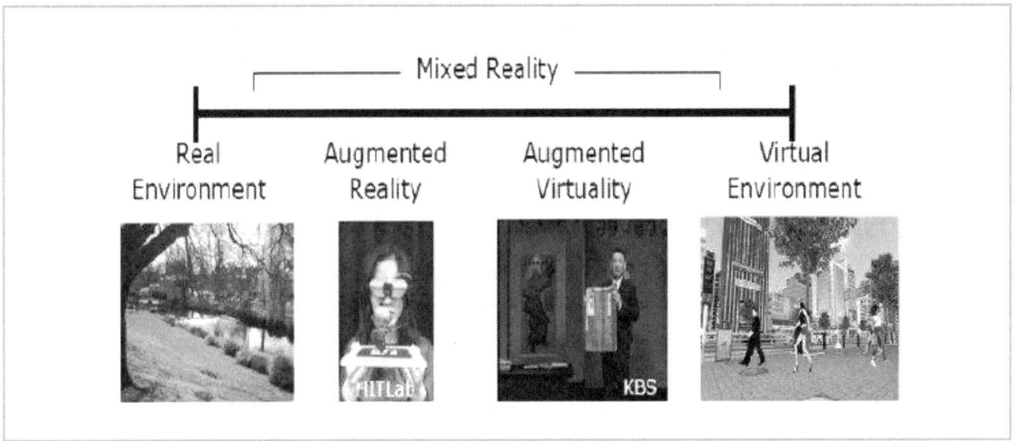

출처 : 차세대 게임 플랫폼의 현황과 정책연구, KOCCA 14-61

Milgram et al.(1995년)는 현실과 가상이라는 연속적인 측면에서 가상현실을 분류하였다. 이 때 현실과 가상이 혼합되는데 있어서 배경이 현실인 것은 증강현실(Augmented Reality)로, 배경이 가상인 것은 증강가상(Augmented Virtuality)으로 정의하였다. 그리고, 현실과 가상현실을 제외하고 그 중간에 위치한 모든 것을 포괄적으로 혼합현실(Mixed Reality)이라고 정의하였다.

Rekimoto & Nagao(1995년)는 인터페이스 특성에 따라 Virtual Reality를 크게 4가지로 분류하였다. 이 때 기준은 이용자의 입장에서 이용자가 인지활동을 하는 공간이 현실인지, 가상공간인지, 이용자가 상호작용을 하는 대상의 구조가 어떻게 되는가에 따라 나누었다.

GUI(Graphic User Interface)는 가장 일반적으로 사용되는 컴퓨터와 인간간의 인터페이스 양식인데, 이 구조에서는 현실과 컴퓨터는 인터페이스를 통해 명확하게 구분되어 있으며, 서로 연관이 되지 않는다. 사용자는 GUI를 통해서 현실, 그리고 가상세계와 개별적으로 상호작용을 이룬다.

[그림 8-11] HCI 관점에서 가상현실의 분류

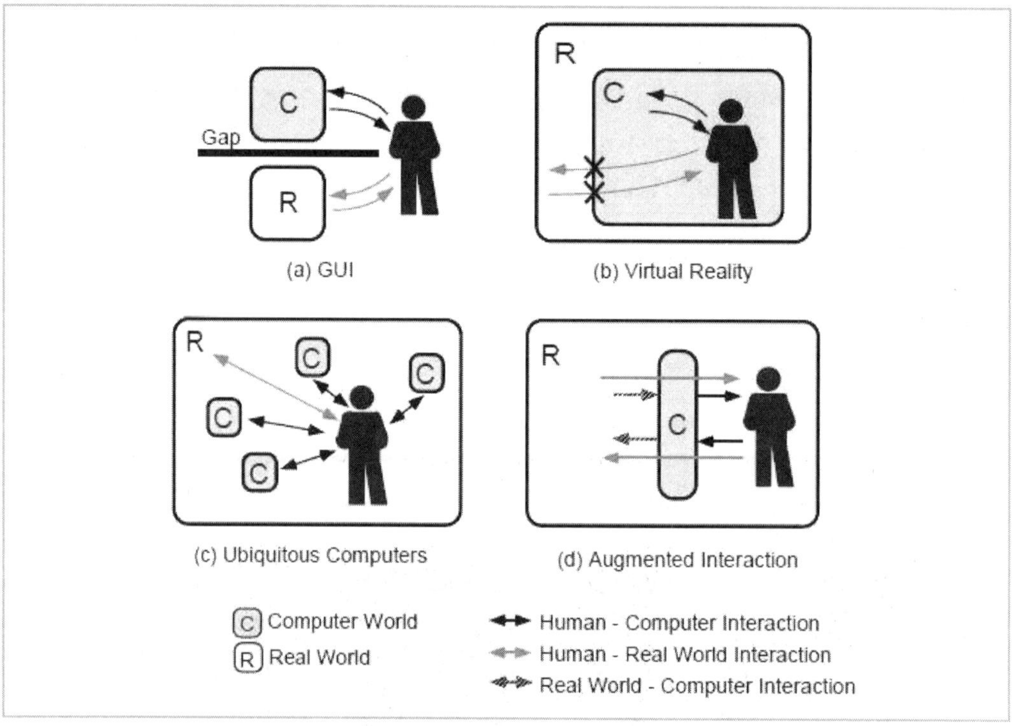

출처 : 차세대 게임 플랫폼의 현황과 정책연구, KOCCA 14-61

반면에 가상현실에서 컴퓨터는 사용자를 모두 가상 세계 안에서 포괄하며, 사용자와 현실세계간의 상호작용이 가상공간으로 인해 가로막히게 된다. 유비쿼터스 환경에서 사용자는 현실세계에 기반하여 다른 컴퓨팅 시스템과 상호작용을 하게 되는 반면에 증강현실은 사용자와 현실세계의 상호작용을 컴퓨터를 통해 중재하며, 사용자의 실제 상호작용의 대상은 현실세계인 구조이다.

Milgram et al.(1995년)의 Reality-Virtuality Continuum에 서비스의 특성을 추가하여 분류하였다. 컴퓨터 기반 서비스는 한 두명이 이용하는 서비스와 수천명 이상이 한꺼번에 사용하는 서비스의 특징에 주목하였으며, 이에 따라 Reality-Virtuality와 Solitary-Pair-Group-Community라는 두 가지 관점에서 가상현실 애플리케이션을 분류하였다.

이런 관점에서 순수한 Reality와 순수한 Virtuality는 가상현실에서 배제한 나머지 영역만이 가상현실 애플리케이션이라고 분류하였다. 이에 따라 Virtual World에 해당하는 〈세컨드라이프(second life)〉나 MMORPG 등은 제외되었으나, 모의조종훈련과 같이 이용자의 관점에 내재되어 있는 시뮬레이션은 가상현실의 영역에 포함된다.

[그림 8-12] 커뮤니티 서비스에 따른 가상현실의 분류

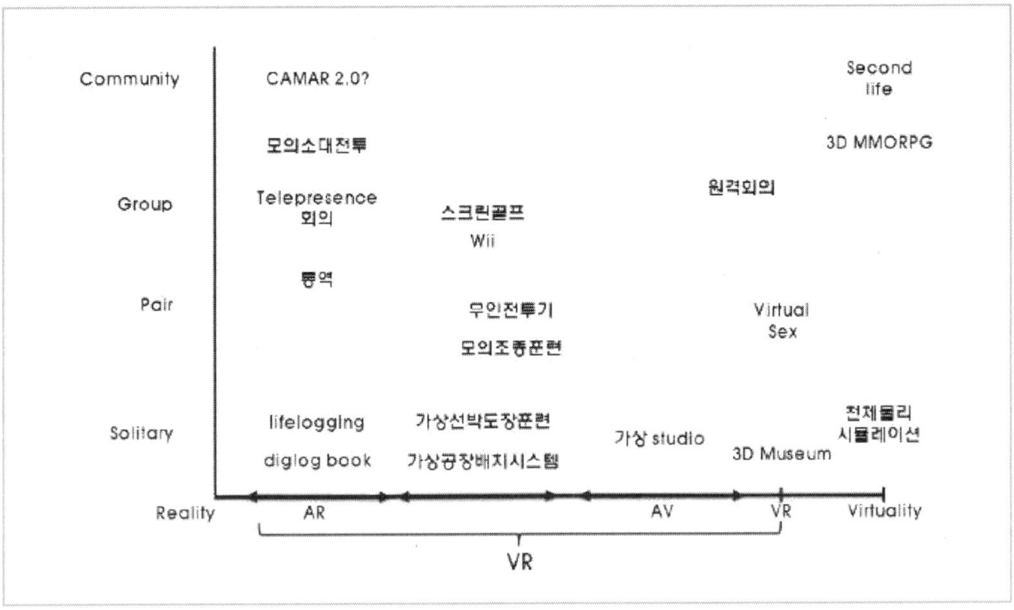

출처 : 차세대 게임 플랫폼의 현황과 정책연구, KOCCA 14-61

2) VR 게임 플랫폼의 역사

게임 업계에서 최근 열광하고 있는 가상현실 기술은 사실은 엔터테인먼트 기기를 위해 개발된 것은 아니었다. 초기 대부분의 기술은 NASA와 미공군이 훈련과 연구를 위해 개발하였고, 그 후 가상현실에 대해서는 학문적인 연구가 중심이었다. 하지만 년대 초 중반에 게임산업에 가상현실 붐이 1990 불어서 많은 기업들이 가상현실 게임 플랫폼을 개발하였다. 이러한 기업 중 대표적인 곳은 버추얼리티 그룹(Virtuality Group)과 닌텐도(Nintendo)였다.

버추얼리티 그룹은 1991년에 세계 최초로 가상현실 게임기기를 출시한 회사로서, 창업자인 조나단 왈던(Jonathan Waldern)는 1985년에 회사를 창업할 당시 영국에서 박사과정에 있는 학생이었다. 그는 자신의 박사논문주제를 바탕으로 1985년에 영국에서 창업을 하였다. 그는 초기 VR 게임 장비에 대한 기본적인 개념을 확립하였으며, 최근 장비의 핵심 개념들인 HMD, 3D 트랙커, 데이터글로브 등을 선도적으로 개발하였다.

왈던이 그 누구보다 선도적으로 게임과 가상현실을 연결한 장비를 제시하였기에, 초기에는 아타리, IBM, BT 등과 같은 기업들과 함께 공동적으로 작업을 진행하였다. 당

시 그는 보안을 위해 창문이 전혀 없는 창고에서 70여명의 직원들과 함께 개발 및 생산을 진행했었는데, 그 당시 참가했던 사람들은 그 모든 경험이 너무나도 선도적이었다고 회고하고 있다.

Virtuality가 1991년에 상용화로 내놓은 제품은 CS(Cyber Space) 1000이었는데, 이는 캡슐포드 안에서 HMD를 쓰고 조작하는 게임기였다. 초기 모델들은 게임이나 그래픽 측면에서는 조악했었으나, 전혀 다른 혁신적인 경험을 제공한다는 점에서 게임 산업계에 큰 영향을 끼쳤으며, 게임 산업 이외에도 포드나 IBM 같은 기업들은 이러한 기술을 라이선스하여서 가상현실 기반 제품을 만들고자 하였다.

게임 콘솔 기업 중에서는 세가가 Virtuality와 함께 공동연구 및 게임 콘솔 출시를 진행하였다. 세가는 1991년에 Virtuality와 함께 VR 기반 콘솔을 개발한다고 선언한 바 있었으며, 컬러 LCD를 적용한 HMD(헤드마운트 디스플레이, Head Mount Display)에 동작 센서를 추가하여 머리의 움직임을 인식할 수 있는 장비를 CES 등에 발표한 바 있었다.

세가는 콘솔과 더불어 4개의 게임을 개발 진행하였다고 알려져 있으나, 테스트 도중 나타난 멀미나 두통 등의 문제를 해결하지 못하여 최종적으로 상업화하지는 않았다고 알려져 있다. 닌텐도는 이런 문제를 해결하기 위해 단색 화면을 가상현실에 사용한 바 있었다.

Virtuality는 1000 시리즈의 성공을 바탕으로 아타리나 세가와 함께 공동개발을 진행하면서, 다른 한편으로는 아케이드용 장비개발에 집중하여 가격을 낮추는 일에 집중하였으나, 1992년에 나온 가상현실 영화 〈론머맨〉으로 인해 전체 시장은 큰 변화를 맞이하였다.

[그림 8-13] Virtuality CS1000 시리즈

출처 : 차세대 게임 플랫폼의 현황과 정책연구, KOCCA 14-61

〈론머맨〉에서 헐리우드는 당시 최고의 컴퓨터그래픽으로 가상현실을 묘사하였으며 이로 인해 가상현실에 대한 사람들의 인지와 수요가 급격히 늘어났다. 하지만, Virtuality의 제품은 소비자가 영화를 통해 경험한 그래픽과 몰입감을 재현하는 데에는 한계가 있었고 Virtuality는 쇠락의 길을 걷기 시작하였다.

닌텐도는 휴대용 게임 콘솔인 게임 보이(Game Boy)의 성공에 힘입어 차세대 게임 콘솔로서 닌텐도 64와 함께 새로운 경험을 제공할 수 있는 가상현실 기술에 주목하였다. 이에 따라 게임보이 콘솔의 개발책임자였던 요코이 군페이(横井..平)는 가상현실 기술과 게임을 조합한 휴대용 콘솔인 '버추얼보이(Virtual Boy)'를 개발 및 출시하였다. 버추얼보이는 3D 입체화면을 통한 몰입감을 중시하였으며, 비용을 절감하기 위해 게임 보이와 마찬가지로 단색으로 게임 화면을 구성하였다.

[그림 8-14] 버추얼보이

[그림 8-15] 마리오테니스

출처 : 차세대 게임 플랫폼의 현황과 정책연구, KOCCA 14-61

닌텐도 버추얼보이는 초기 시장을 선점하기 위해 엄청난 마케팅 비용을 투자하였다. 런칭 전에 마케팅 비용은 당시 비용으로 약 25백만 달러를 투입하였으며, 그 이외에도 NBC를 통한 광고로 5백만 달러를 사용하였다. 당시 닌텐도 내부에서는 초기 판매목표를 콘솔 백만개 및 소프트웨어 2천만개로 예상하였으나, 실제 1995년에 판매된 물량은 35만개에 불과하였으며, 1996년에 출시 중단되기까지 총 77만대만 팔린 것으로 알려져 있다. 이 시점에서 가상현실을 활용한 게임 콘솔에 나선 것은 버추얼리티 그룹과 닌텐도뿐만이 아니었다. 다양한 벤처기업들도 가상현실 경쟁에 참여하였다.

알려진 제품들은 Virtuality(Virtuality Group), iGlasses(Virtual I-O), Cybermaxx (Victormaxx), VFX-1(Forte Technologies) 등이 있다. 그러나, 이들 모두 버추얼리티 그룹과 닌텐도와 유사한 길을 걸었다. Edelson는 버추얼보이의 실패원인으로 크게 2가지를 뽑고 있다.

첫 번째로 장비가 크고 무거워서 활용이 어려웠다는 것이다.

버추얼보이는 10인치 화면을 사용했는데 이는 장비를 매우 크게 만들었을 뿐만 아니라 연결된 컨트롤러를 사용하는 데도 제약이 많았었다.

두 번째로는 가격이었다.

당시 웬만한 가정용 콘솔 가격과 비슷한 $180으로 출시되었는데, 이로 인해 장비가 널리 확산되지 못할 것을 우려한 개발자들로 인해 관련된 소프트웨어 개발이 원활하게 이루어지지 못하였다. 게다가 초기 가상현실 장비는 성능도 낮을 뿐만 아니라 사용도 복잡했고, 무게로 인해 사용감도 좋지 못하였다. 여기에 기름을 부은 것은 버추얼보이와 블록버스터의 공동 마케팅이었다.

[그림 8-16] i Glasses(Virtuall I-O)

[그림 8-17] Cybermaxx(Victormaxx)

출처 : 차세대 게임 플랫폼의 현황과 정책연구, KOCCA 14-61

닌텐도는 새로운 게임 경험을 고객에게 빠르게 제공하기 위해 미국 비디오대여 업체인 블록버스터와 제휴를 해서 미국 내 3,000개 지점에서 버추얼보이를 $10에 빌려서 사용해볼 수 있게 하였다. 이는 버추얼보이의 안 좋은 경험을 확산시키는 데 일조를 해서 오히려 제품의 판매를 낮추는 데 영향을 미치고 말았다.

McFerran은 Virtuality, 버추얼보이 등이 당시 영화 등으로 촉발된 높은 가상현실에 대한 기대를 원천적으로 만족시켜주지 못하였을 뿐만 아니라, 게임 콘텐츠도 제대로 된 경험을 제공하지 못하였다고 지적했다. 특히, 가상현실 게임기가 안정화가 될 시점에 플레이스테이션과 세가새턴 등 32비트 콘솔이 시장에 진입하였으며, 이들이 보여준 압도적인 그래픽과 게임 경험은 이제 초기 단계였던 가상현실 게임 장비에 있어서는 재앙에 가까웠다고 지적하고 있다.

3) VR 게임 플랫폼의 유통구조

현재까지 VR 게임 플랫폼은 삼성 기어 VR 이외에는 상용화 플랫폼이 없는 상황이다.

하지만, 삼성 스마트폰이라는 환경에 의존하는 만큼, 플랫폼의 유통구조는 모바일을 따르고 있다. 따라서, 사용자는 오큘러스 애플리케이션 내에 존재하는 스토어를 통해 콘텐츠를 구매하게 되며, VR 콘텐츠 개발사는 모바일 플랫폼과 마찬가지로 오큘러스에 전체 매출의 30%를 수수료로 제공하고 나머지를 활용하게 된다.

VR은 별도의 디바이스를 활용하는 만큼 구글 앱 스토어를 거치지 않기 때문에, 구글 등에 추가적인 수수료는 발생하지 않는 구조를 따르고 있다. 소니 플레이스테이션 4 모피어스의 경우, 아직 시장에 상용제품이 나오지 않은 상황이지만 플레이스테이션 4의 유통구조를 활용하는 것을 볼 때, 전통적인 콘솔 판매 유통구조를 답습하지 않을까 추정된다.

다만, PSN을 통한 온라인을 통한 유통을 통해 콘솔 플랫폼 홀더와 개발사 모두 수익이 크게 개선되었던 사례를 볼 때, 오프라인 유통보다는 온라인 유통에 집중하여 수익구조 배분이 이루어질 것으로 보인다.

4) VR 게임 플랫폼의 최근 주요 이슈

버추얼보이 이후 가상현실은 제한적으로만 활용되었으나, 오큘러스 리프트(Oculus Rift)의 등장 이후 이제는 구글, 애플, 삼성 등 대형 업체들이 새로운 게임 플랫폼 및 콘텐츠 플랫폼의 확보를 위해 경쟁하는 새로운 시장이 형성되었다.

오큘러스 리프트(Oculus Rift)는 1992년생으로서 현재 만 22세인 팔머 럭키 (Palmer Luckey)가 창업한 회사의 제품이다. 그는 어린 시절에 닐 스티븐슨의 소설 '스노우크래쉬'를 읽으면서 사이버 공간인 메타버스(Metaverse)에 대해 익혔고, 영화 '매트릭스'를 보면서 자라났다. 사실, 이러한 가상현실 기술의 기반은 수십년간 주변에 있어 왔고 미군이나 항공사 등에서 활용되고 있었으나, 게임 시장 등에는 보편화되지 못하고 있었다.

특히, 기존의 닌텐도나 Virtuality 그룹이 보여준 장비는 육중한 디스플레이, 비싼 하드웨어, 재미없는 게임과 느린 프로세싱으로 시장에서 잊혀져버린지 오래였다. 하지만, 럭키는 가상현실을 만드는 핵심 과제의 대부분이 스마트폰 등의 보편화로 인해 해결되었다고 생각했다. 강력한 모바일 프로세서, 해상도가 높은 휴대용 디스플레이, 정밀한 동작센서 등, 여기에 럭키가 추가한 것은 광학기술이었다.

오큘러스 리프트는 헤드셋을 하나의 화면과 두 개의 렌즈로 구축하였다. 저렴한 가격의 렌즈를 통해 사용자에게 광각의 경험을 제공할 수 있었다. 이를 위해서는 화면을 렌즈 곡률에 맞추어 적절한 왜곡을 주어야 하지만, 이는 최신 그래픽 프로그램들로 쉽게 해결할 수 있는 문제였으며, 1990년대에 풍미했던 가상현실 장비들은 이렇게 낮은 가격으로 구현할 수 없던 방법이었다.

이러한 것을 바탕으로 2011년에 팔머 럭키는 아버지의 차고에서 회사를 창업했고, 프로토타입인 CR1을 만들었으며, 계속해서 개량을 거듭하였으며, 6번째 버전의 이름이 리프트였다. 이 시점에 팔머 럭키는 전설적인 게임 개발자인 존 카맥(John Carmack)과 만나게 된다. 존 카맥은 팔머 럭키가 운영하는 구형 게임 콘솔 개조 사이트의 멤버이기도 하였으며, 팔머 럭키가 계속해서 자신의 개발과정을 사이트에 올려왔기 때문에 제품에 대한 이해가 높았었다.

존 카맥은 해당 장비를 시연하게 해달라고 팔머 럭키에게 부탁했고, 팔머 럭키는 흔쾌히 승낙했다. 하지만, 그 시연장소는 2012 E3였으며, 존 카맥은 오큘러스 리프트를 가지고 둠3를 시연해 많은 사람들의 찬사를 받았다. 이후 팔머는 자신이 다니던 대학을 중퇴하고 장비개발에 집중하게 된다.

럭키는 킥스타터를 통해 개발비용을 충당하기로 하고, 목표금액을 25만 달러로 설정한 뒤 제품을 소개하였다. 그런데, 30일 동안 목표금액의 10배가 모금되었으며, 이 모금에는 다수의 선도적인 게임 개발자들이 참여하고 있었다.

오큘러스가 기존 가상현실 게임 콘솔과 다른 길을 가는 것 중의 하나는 바로 이 개발자와의 관계이다. 아직까지 오큘러스는 정식으로 상용 제품을 내놓지 않고 개발자 키트만 제공하고 있다. 킥스타터에서 오큘러스가 모금하는 조건도 투자하면 개발자 키트를 제공하겠다는 것이었다. 이를 통해 오큘러스는 기존에는 게임 산업과 관련된 개발자 네트워크 기반이 부재했음에도 불구하고 단기간에 빠르게 오큘러스 리프트를 위한 가상현실 게임 및 애플리케이션을 개발할 계획을 가진 파트너사를 확보하게 되었다.

특히, 초기 버전의 오큘러스는 낮은 해상도와 유선으로 인한 불편함 등으로 인해 실제 상용 제품으로서 여러 가지 한계를 가지고 있었다. 이중 가장 심각한 현상은 화면이 렌즈에 의해 확대되어 발생하는 모기장 현상이었다. 사용자는 게임 내에서 격자를 느끼게 되며, 이로 인해 3D 멀미가 많이 발생한다는 지적이 있었다. 하지만, 해상도가 HD급으로 상승되고, 움직임 센서 등이 좀 더 정교해지는 등 점점 더 완성도를 높이고 있다. 현재 출시 목표는 2015년이며, 현재 삼성 갤럭시 노트 4를 활용한 VR를 먼저 런칭하고, VR 관련 애플리케이션 스토어를 별도로 구축한 상황이다.

현재 오큘러스 리프트 DK2는 7인치 960×1080 해상도, 화면 갱신 빈도(Refresh Rate) 75Hz의 OLED 디스플레이를 탑재하고 있으며, 자이로센서(Gyroscope), 가속도 계(Accelerometer), 자력계(Magnetometer)를 장착해 HMD를 쓴 유저의 얼굴 움직임을 인식할 수 있다. 또한 위치추적(Positional Tracking)이 가능한 카메라를 통해 오큘러스

리프트를 착용한 유저의 머리위치를 추적해 게임 내 움직임에 반영함으로써 보다 몰입감 높은 가상현실 환경구현이 가능하다.

특히, 75Hz의 화면 갱신비율(Refresh Rate)과 2ms, 3ms의 빠른 응답속도를 보유한 저잔상 OLED 디스플레이는 모션 블러(Motion Blur)1)와 요동치는 현상을 감소시켜 3D 멀미(Simulator sickness)를 방지하는 역할을 하고 있다. 현재 DK2의 무게는 453g으로 유선으로 DVI, HDMI 출력단자로 영상출력 신호를 받아들이는 구조로 되어 있으나, 상용화 버전에서는 무선방식 구현을 목표로 하고 있다.

오큘러스 리프트의 가장 큰 장점 중 하나는 현실에서 사용자의 머리움직임을 가상현실 속과 일치시킨다는 것이다. 사용자가 고개를 왼쪽으로 돌리면 실제 현실과 마찬가지로 왼쪽으로 시점이 변경되며, 위를 쳐다보면 게임 또는 가상현실 내에서 하늘을 쳐다보게 된다. 이는 매우 직관적인 인터페이스로서 넓은 시야각과 움직임의 일치는 사용자가 가상현실 안에 직접 들어가 있는 강력한 몰입감을 선사하며 이제까지 볼 수 없었던 경험을 제공한다.

최근에 개발되는 DK3는 음향효과도 움직임과 일치를 시켜서 뒤에서 들리는 소리를 듣고 머리를 돌리게 되면 머리움직임에 따라 소리가 이동해서 마치 현실에서 소리를 통한 공간감을 느낄 수 있게 된다.

이러한 오큘러스 리프트의 가능성을 확장시키는 것은 여러 가지 연계된 액세서리들이다. 현재, 오큘러스와 연계할 수 있는 여러 가지 장비들이 개발되고 있으며, 이중에는 현실의 움직임을 가상세계로 투영할 수 있는 장갑, 신발, 총 등이 포함되어 있다.

2014년 3월, 페이스북은 오큘러스 VR을 주식교환 방식으로 20억불에 인수하였으며, 향후 페이스북의 핵심적인 플랫폼 사업으로 키우기 위해 강력한 투자를 단행하고 있다. 또한, 삼성전자는 페이스북과 협력하여 오큘러스 VR을 삼성의 스마트폰과 연계할 수 있는 기어 VR을 개발하여 출시하였다.

기어 VR은 미국 시장에서 199불의 가격에 출시되었으며, 출시 당일 품절되기도 하는 등 좋은 판매성적을 거두었을 뿐만 아니라, VR 장비가 가지고 있는 하드웨어의 문제를 스마트폰을 통해 해결함으로써 향후 VR의 방향성을 모바일로 전환하는 계기로서 작용하기도 하였다.

이러한 VR 시장의 가능성에 대해 소니도 2014년 게임 개발자 컨퍼런스에서 모피어스라는 HMD VR 단말을 소개하며 대응에 나서기 시작하였다. 프로젝트 모피어스 HMD는 960×1080해상도의 LCD 스크린이 탑재되어 있어 90도의 시야각으로 가상현실 화면을 감상 가능하며, 내부에는 가속도 센서와 중력 센서가 내장되어 있다.

이 장비는 소니의 콘솔 게임기인 플레이스테이션 4와 연동되어 사용되는 장비로 알려져 있다. 게임 조작은 게임 콘트롤러인 듀얼쇼크 4, 모션 컨트롤러인 PS 무브, 동작 인식은 PS 카메라를 통해 이루어지며, 두 플랫폼을 모두 경험한 전문가는 하드웨어 측면에서는 삼성과 페이스북이 앞서고 있으나, 게임 경험 측면에서는 모피어스가 앞서고 있다고 밝히며 향후 VR 경쟁이 치열하게 진행될 것임을 보여주고 있다.

온라인 게임 개발사로 유명한 CCR 게임즈는 자사의 SF 게임인 〈이브 온라인〉의 세계관에 기초한 〈이브 발키리〉의 VR용 시연영상을 공개하였는데, 원래 이 제품은 오큘러스 VR에 대응한 제품이었으나, 최근 발표에서는 오큘러스뿐만 아니라 모피어스도 지원한다고 밝혀 현재 개발사들은 이 두 플랫폼이 주된 플랫폼으로 시장을 선도할 것으로 보고 있는 것으로 추정된다.

이에 대응하여 애플도 VR 장비를 개발하고 있는 것으로 알려져 있고, 관련한 특허가 다수 발표된 바가 있으나, 실제 진행상황은 전혀 공개되지 않고 있다. 마이크로소프트의 경우 VR이 아닌 AR 장비인 '홀로렌즈'의 개념을 공개하였으나, 현재까지 공개된 것은 실제 영상이 아닌 구현사례 영상이고, AR 관련한 기술적 장벽이 VR보다 더 높기 때문에 실제 구현에는 오랜 시간에 걸릴 것으로 예측되고 있다.

구글도 AR 관련 콘텐츠 회사인 '매직 리프'를 약 5억불에 인수하고, 관련한 사례 영상을 공개하였다. 이 역시 CG로 구현된 사례여서 실제 구현에는 시간이 걸릴 것으로 보고 있다.

5. 스마트 TV 게임 플랫폼

1) 스마트 TV 게임 플랫폼 개요

스마트 TV는 인터넷 접속과 독자적인 플랫폼 환경을 중심으로 다양한 콘텐츠를 편리한 이용환경에서 제공 가능한 TV를 일컫는다. 시장조사 업체 디스플레이 서치(Display Search)는 스마트 TV는 특정 포털의 제약 없이 인터넷으로부터 콘텐츠를 구해볼 수 있는 TV를 의미하며, 검색과 추천 기능을 보유하고 사용자에 의한 업그레이드와 가정 내 다른 단말과의 원활한 연결이 가능해야 한다고 정의하고 있다.

좁게 정의하면 다양한 스마트 단말에서 이용 가능한 각종 콘텐츠와 서비스, 플랫폼, 네트워크 등을 유기적으로 연계하여 제공하는 것을 의미하며, 넓게 확대하면 모든 종류의 콘텐츠 간 경계가 불분명해짐에 따라 TV상에서 방송 이외에 다양한 멀티미디어 콘텐츠를 서비스해주는 것을 뜻한다고 정리한 바 있다.

현재 매출액 기준으로 2014년 전 세계 TV 제조업체별 점유율은 삼성전자와 LG전자가 1, 2위를 차지하고 있다.

[그림 8-18] 국가별 스마트 TV 보급가구 비율

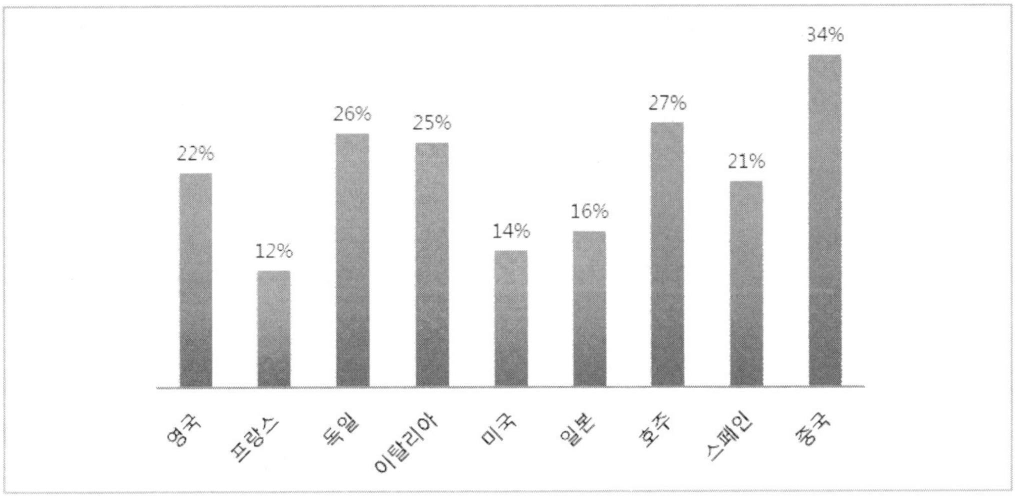

출처 : 차세대 게임 플랫폼의 현황과 정책연구, KOCCA 14-61

평판TV의 경우 삼성전자와 LG전자를 합친 점유율은 45.9%, UHD TV의 경우는 49%로서 국내 업체들이 크게 선전하고 있다. 삼성전자는 9년 연속 TV 시장점유율 1위를 기록하고 있으며, UHD TV 시장의 경우 북미시장에서는 글로벌 점유율보다 높은 35.4%의 점유율을 보이고 있다. 즉, 하드웨어 기준으로는 국내 업체들이 스마트 TV에서 앞서나가고 있다.

스마트 TV 보급률 측면에서는 중국이 타 국가에 비해 비교적 높은 스마트 TV 보급률을 보이고 있으나, 기타 국가의 경우 아직은 낮은 수준으로 알려져 있다. Ofcom에 따르면 중국의 스마트 TV 보유가구 비율은 34%로 가장 앞서 있으며, 그 다음으로는 호주(27%), 독일(26%), 이탈리아(25%) 순으로 나타났다.

[그림 8-19] 보급률별 스마트 TV 보급가구 비율

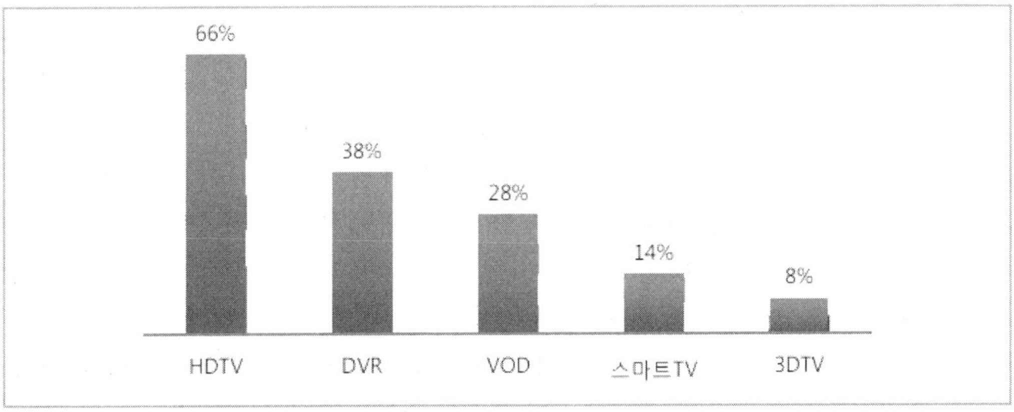

참고 : 차세대 게임 플랫폼의 현황과 정책연구, KOCCA 14-61

미국의 경우, DVR이나 VOD 등의 보급으로 인해 스마트 TV의 보급률은 14%로 낮게 나타나고 있다. 특히, 애플 TV, 넷플릭스 등 셋톱박스들은 스마트 기능을 도입하여 스마트 TV 확산에 부정적인 영향을 주고 있는 상황이다.

영국의 경우 년 분기 전체 판매량, TV 중 스마트 TV가 차지하는 비중은 20% 수준이었으나, 2014년 1분기에는 그 비중이 45%로 증가함으로써 스마트 TV가 확산되는 양상을 보여주고 있다.

스마트 TV의 사용 측면에서는 아직까지 TV로의 기능이 주로 사용되고 있으며, 인터넷 접속 단말로서 비중은 노트북이나 데스크탑에 비해 낮은 수준을 보여주고 있다. 하지만, 이러한 접속 패턴은 국가별로 상이하다. 영국과 이탈리아의 경우, 스마트 TV 보유자의 80% 이상이 TV에 인터넷을 연결하고, 주기적으로 인터넷 접속을 하고 있다. 반면에 일본의 경우, 인터넷을 이용하는 스마트 TV 보유자 비중은 56%로 낮게 나타나고 있다.

하지만, 플랫폼 단에서 스마트 TV 플랫폼은 아직 지배적인 플랫폼이 존재하지 않는다. 이에 따라 시장 선점을 위한 기능개선과 생태계 확보경쟁이 치열하다. H/W 측면에서는 삼성전자와 LG전자는 자체 플랫폼을 도입하여 경쟁하고자 하고 있으며, TV 제조사 관점에서는 이와 같이 자체 플랫폼을 도입하는 업체와 타 업체가 제공하는 플랫폼을 도입하는 업체로 양분되고 있다. 특히, 스마트 TV는 사물인터넷(IoT)의 허브로 작동할 수 있는 만큼 그 중요성은 점점 더 커지고 있으며, 경쟁구도도 복잡해지고 있는 상황이다.

2) 스마트 TV 게임 플랫폼의 역사

사실 이러한 스마트 TV는 수동적인 매체로서 TV가 능동적인 매체로서 발전하고자 하는 오랜 역사의 산물이다. 전통적으로 TV는 방송사가 일방적으로 송출하는 콘텐츠를 시청하는 수동적인 매체였으며, 소비자는 채널 변경 이외에는 다른 선택을 할 수 없었다. 이를 위해 TV 이외의 부가적인 장비(비디오, DVD 등)가 개발되었으며, TV 내부에 자체 녹화기능까지 포함되면서 소비자의 선택권이 개선되기는 하였으나, TV 소비 콘텐츠라는 측면에서는 여전히 수동적인 특성에서 벗어나지 못하였다.

하지만, 네트워크 기술의 등장에 따라 VOD(Video On Demand)라는 개념이 등장하면서 TV 기반 능동형 서비스가 시작되었다. 하지만, 네트워크 품질, 콘텐츠 공급부재 등으로 인해 한동안 정체되어 왔다. 하지만, 인터넷의 발달로 PC에서 영상 콘텐츠 공급이 활발해지고, TV 부가 장비들도 인터넷과 연결되면서 기능이 무한히 확장되면서 넷플릭스 등 VOD 중심의 업체가 블록버스터와 같은 전통적인 수동형 서비스 매체를 압도하게 되면서 시장의 양상이 크게 변하기 시작하였다.

애플은 2006년에 애플 TV를 출시하면서 빠르게 스마트 TV 시장에 진출하였다. 초기 애플 TV는 아이튠즈의 동영상 제공 서비스를 소형 셋탑박스에 연계하여 제공하는 상품이었고, 사용도 불편하였으며 콘텐츠도 별로 없는 상황이었다. 하지만, 2010년에 2세대 애플 TV를 출시하면서 스마트 TV 시장에서 주목을 받기 시작하였으며, 2012년에는 UI 및 성능을 업그레이드한 3세대 애플 TV가 출시되었다.

마이크로소프트는 게임 콘솔을 통해 가전 시장에 진입하기 위한 '스마트 홈 엔터테인먼트 허브 전략'을 지속적으로 추진해오고 있었다. 게임 콘솔 온라인 서비스인 '엑스박스 라이브'를 통해 마이크로소프트는 온라인 동영상, 검색, SNS 및 방송 콘텐츠까지 제공을 해오고 있었으나, 콘텐츠 미비와 불편한 인터페이스 등으로 스마트 TV 시장에 성공적으로 진입했다고 평가하기는 어려운 상황이다. 하지만, 지속적으로 이런 부분들을 개선해오고 있어서 중장기적으로 어떤 결과가 나오게 될지에 대해서는 주의가 필요한 상황이다.

구글은 2010년 5월, 안드로이드를 TV에 접목시킨 구글 TV 플랫폼을 통해 스마트 TV 시장에 진출하였다. 구글은 스마트 TV를 직접 제작하는 대신 TV 제조업체들과 제휴하여 구글 TV 탑재 제품을 생산 / 보급하는 협력체계를 바탕으로 구글 TV를 제작 / 유통하였다. 하지만, 초기에 선보인 1세대 구글 TV는 소비자에 대한 이해부족으로 인한 실패로 평가를 받았으며, 2011년말 2세대 구글 TV를 공개하였다. 2세대에서 구글은 유튜브의 오리지널 콘텐츠 확보, 실시간 방송 채널 서비스 추진 등 콘텐츠 확보에 주력하고 1세대에서 지적된 소비자 불만사항을 개선해나가고 있는 중이다.

구글은 소니와 샤프를 중심으로 안드로이드 OS를 중심으로 스마트 TV 플랫폼에서 재기를 모색하고 있다. 이번 CES2015에서 발표된 안드로이드 TV는 구글 TV에서 강조되던 소셜 기능이나 웹 검색이 아닌 VOD와 플랫폼 서비스에 초점을 둔 것이 특징이다. 여기에 구글 플레이, 구글 캐스트, 음성검색 기능 등 기존 스마트폰 시장에서 강점으로 부각된 구글의 솔루션을 탑재하고 있다. 소니는 향후 소니가 제작하는 모든 스마트 TV에 안드로이드 TV 플랫폼을 적용할 계획임을 밝히기도 했다.

삼성과는 다른 업체들에 비해서는 LG 스마트 시장에 진입이 늦었다. 2011년부터 삼성과 LG는 스마트 TV 사업을 본격적으로 개시하기 시작하였으나, 마케팅 캠페인을 통해서 스마트 TV에 있어서 UHD나 3D 기능의 디스플레이 성능 우위와 기존 유통망을 활용하여 현재 두 업체가 스마트 TV 시장의 1, 2위 점유율을 기록하고 있는 상황이다.

삼성과 LG의 스마트 TV는 구글 TV 플랫폼에 기반하여 안드로이드를 활용하여 플랫폼을 구축하였으나, 최근 들어서는 이러한 플랫폼 비즈니스의 가치를 깨닫고 스마트

TV의 OS를 독립적인 OS로 교체하고 있다. 삼성은 타이젠 OS를 플랫폼으로 활용한다고 발표한 바 있으며, LG는 Web OS를 인수하고, 이를 활용하여 스마트 TV를 구축하고 있으며 기존 가전 시장에서의 경쟁우위를 바탕으로 현재 스마트 TV 시장에서 1, 2위의 점유율을 확보하고 있다.

현재 국내 업체들은 H/W 성능이나 보급 측면에서는 세계적인 입지를 구축하고 있으나, 플랫폼이나 콘텐츠 경쟁력 측면에서는 구글, 애플과 같은 다른 글로벌 사업자들에 비해 미약하다고 평가받고 있다. 이는 H/W, 플랫폼, 서비스 및 콘텐츠, 네트워크가 유기적으로 연결되는 생태계 조성이 스마트 TV 활성화의 핵심인 상황에서 빠르게 해결해야 하는 요인으로 지적받고 있다.

스마트 TV 애플리케이션 개발에 참여했던 업체들은 삼성과 LG 등 스마트 TV 선도 업체들이 애플리케이션 개발에 있어서 H/W나 OS 등 개발환경에 대한 불확실성을 해소하지 못하고 있다고 입을 모으고 있다. OS의 변경이나 다양한 H/W 기준 등은 애플리케이션 개발에 어려운 요소이다.

또한, 게임 등에 효과적인 입출력장치에 대해서는 추가적인 구매가 필요한 상황이어서 이 역시 게임 플랫폼으로서 기능에 대해서는 회의적인 시각을 가지고 있다. 게임 플랫폼 비즈니스는 외부 개발업체와 생태계구축이 필수적인 것을 고려할 때 이는 국내 가전업체가 빠르게 넘어야 할 문제라고 보인다.

3) 스마트 TV 게임 플랫폼의 최근 주요 이슈

(1) 스마트 TV 시장을 장악하기 위해 콘텐츠 확보에 집중

스마트 TV 시장에 참여하고 있는 주요 업체들은 다양한 콘텐츠 확보에 집중하고 있다. 방송 콘텐츠 측면에서는 넷플릭스가 장악한 시장을 뺏기 위한 경쟁이 치열하다 특히 넷플릭스가 주요 '하우스 오브 카드(House of Card)'와 같이 자체 제작한 드라마는 오바마 대통령이 열성팬임을 고백할 정도로 인기를 끌고 있다. 이에 따라 아마존 및 구글도 프리미엄 콘텐츠 확보에 대해 집중을 하고 있다.

애플도 H/W보다는 콘텐츠 확보에 집중하고 있다. 이번 애플의 봄 신제품 발표회에서 4세대 애플 TV를 내놓을 것이라는 예측과 달리 애플은 HBO 나우 서비스를 공개했다. 이 서비스는 HBO를 통해 유통되는 모든 영상을 한달에 14.99불만 내면 무제한으로 볼 수 있는 서비스로 넷플릭스와 비슷한 모습을 보여주고 있으나, 여기서 주목할 것은 이 서비스가 애플을 통해 독점적으로 공급되고 있다는 것이다.

여기에 대항하여 넷플릭스는 4K 콘텐츠의 주도권을 장악하고자 투자하고 있다. 아직 UHD 보급이 미미한 상황에서 콘텐츠 부족으로 인한 공백을 독점적으로 확보하고

자 하는 것이다. 여기에 대항하여 삼성, LG, 소니 등 TV 제조사와 디즈니, 20세기폭스, 워너, 소니 등 콘텐츠 제작사 등은 4K 서비스 활성화를 위한 UHD 연합을 결성하여 콘텐츠와 H/W의 선순환을 모색하고 있다.

아동용 콘텐츠를 확보하기 위한 경쟁도 치열하다. 구글은 2014년 2월, 아동을 대상으로 한 동영상 서비스인 유튜브 키즈(YouTube Kids)를 런칭하였다. 이 서비스는 아동들이 쉽게 사용할 수 있고 직관적인 UI 설계를 중점으로 두었다. 우선 내용을 단순화하여 '쇼, 음악, 교육, 검색'의 4가지 메뉴 아이콘을 중심으로 하고 있으며, 이를 통해 어린이들은 원하는 콘텐츠를 쉽게 시청할 수 있게 하였다.

또한, 아이들에게 인기를 끌고 있는 IP인 '토마스와 친구들, 세서미 스트리트, 내셔날 지오그래픽 키즈' 등의 인기 콘텐츠를 확보하여 제공하고 있다. 구글 글래스 이후 신기술의 피어팩터(fear factor)에 또한 중점을 두고 있는데, 부모들이 이러한 콘텐츠 플랫폼을 쉽게 수용할 수 있도록 부모들이 자녀 이용을 확인, 통제할 수 있는 기능을 추가하여 이용시간이나 검색기능 통제 등을 통해 교육용 매체로 입지를 다지고자 노력하고 있다.

헬스케어 콘텐츠 역시 TV 콘텐츠에 있어서 핵심적인 요소로서, 콘텐츠 확보전쟁의 중심축에 존재한다. TV를 통한 운동이라는 개념은 2007년 닌텐도가 'Wii Fit'을 선보이면서 널리 알려지기 시작하였으며, 마이크로소프트의 키넥트(Kinect)로 게임 및 인터랙티브 콘텐츠의 하나의 축으로서 확실하게 자리잡고 있다. 이러한 헬스케어 콘텐츠를 스마트 TV로 가져오기 위해 삼성은 미국 데일리번(DailyBurn)과 제휴하여 스마트 TV를 통해 연령과 몸무게, 심박수 등에 따라 맞춤형 피트니스 운동을 제공하는 서비스를 월 불의 유료로 10 제공하고 있으며, 요가, 근력운동 등 다양한 콘텐츠를 추가하고 있다.

또한, 삼성전자는 스마트 TV의 액세서리로 이러한 헬스케어 콘텐츠를 확장하고자 하고 있다. 2013년 4월 '피트니스 바이크'를 출시해서 실내에서 자전거를 타며 게임과 운동을 즐길 수 있게 하였다. 이는 유럽의 빅벤 인터랙티브(Bigben Interactive)가 개발한 콘솔용 게임을 컨버팅한 것이다.

(2) 스마트 TV를 게임으로 활용하기 위해 클라우드 활용이 보편화

소니는 게임 콘솔 플랫폼인 플레이스테이션 3를 출시하면서 기존 플레이스테이션 2와 하위 호환성을 유지하기 위해 노력했으나, 이는 결국 콘솔의 가격상승으로 이어져 오히려 하위 호환성으로 인한 고객 기반 확장으로 인한 효과보다 높은 가격으로 인한 수용감소가 더 큰 영향을 받아 7세대 콘솔 경쟁 초반에 큰 어려움을 겪은 바가 있었다. 이에 따라, 소니는 8세대 콘솔인 플레이스테이션 4에서는 과감하게 콘솔에서 플레이스테이션 3 지원을 제외하고 가격을 낮추어서 발매하였다.

하지만, 마이크로소프트와 경쟁이 심화된 상황에서 기존에 쌓아올린 플레이스테이션 3 콘텐츠의 부재는 심각한 위협으로 작용했다. 이에 따라, 하위호환성 문제를 해결하기 위해 소니는 플레이스테이션 3을 클라우드로 제공하기로 했다. 이를 위해 소니는 클라우드 게임회사인 가이카이(Gaikai)를 인수했으며, 플레이스테이션 나우라는 이름으로 서비스를 시작했으며 플레이스테이션 4뿐만 아니라 PS 비타, 소니 스마트 TV 등을 통해 사용할 수 있다. 한 달에 19.99불, 세 달에 44.99불의 요금제로 플레이스테이션 3 게임을 무한하게 사용할 수 있다고 한다. 현재는 북미에서만 사용되고 있다.

삼성은 게임 콘텐츠가 핵심적인 서비스라고 판단하고, 주요 콘텐츠 기업과 협업하여 게임 서비스를 강화하고 있다. 소니가 클라우드를 통해 플레이스테이션 3의 주요 게임을 인터넷 스트리밍 형태로 제공하는 PS NOW 서비스를 삼성 스마트 TV에서 이용할 수 있도록 제휴하였으며, 타이젠 OS에서 유비소프트, 야후, 핀콘 등 주요 업체들과 타이젠 TV 지원 게임을 제작하여 CES2015에서 발표하였다.

LG전자는 리모콘에 동작인식 기능을 추가한 매직리모컨을 통해 인터페이스 측면에서 게임 서비스를 차별화하고 있다. 이를 통해 포인터 컨트롤을 활용한 비행슈팅게임 〈에어어택(Air Attack)〉을 발표하였으며, 모바일에서 독특한 터치인터페이스로 인기있는 디즈니 게임인 〈스왐피(Swampy)〉를 제공하고 있다.

〈표 8-2〉 삼성전자의 타이젠 TV지원 게임

게임명(개발사)	주요 내용
플레이스테이션 나우 (소니 컴퓨터엔터테인먼트)	소니의 게임콘솔 플레이스테이션 3의 주요 게임을 인터넷 스트리밍 형태로 스마트 TV에서 이용
Just Dance Now! (Ubisoft)	• TV 화면에 맞춰 춤을 추며 자신의 춤 상태를 확인 • 멀티플레이 가능
Bingo Home (Yahoo, 삼성전자)	• 멀티스크린 기반 빙고게임 • TV, 스마트폰, 태블릿 등과 호환
Hello Hero (fincon)	전 세계 150개국에서 서비스되고 46개국에서 다운로드 1위를 기록한 바 있는 인기 모바일 게임을 TV로 제공

참고 : 차세대 게임 플랫폼의 현황과 정책연구, KOCCA 14-61

6. 클라우드 게임 플랫폼

1) 클라우드 게임 플랫폼의 개요

클라우드 게임 플랫폼은 네트워크에 연결된 상태에서 즐기는 게임이며, 한 때는 게임 온 디맨드(Game on Demand)라 불리기도 했다. 클라우드 게임은 전통적으로 두가지 형태가 존재하였다.

(1) 파일 스트리밍을 통한 게임

첫 번째는 파일 스트리밍을 통해 게임을 즐기는 방법으로 이는 프로그래시브 다운로딩(progressive downloading)이라 하기도 하는데, 사용자의 장비에 게임 전체 사이즈 5% 미만의 게임 일부분을 먼저 제공하고, 사용자가 게임을 즐기는 동안 나머지 부분을 전달하는 방법이다. 이는 인터넷이 지금과 같이 빠른 속도로 제공되지 못한 초기에 게임을 온라인으로 유통하려는 시도의 일환으로 사용되었다. 이는 파일 대부분이 클라이언트에서 실행되기 때문에 사용자의 장비가 게임이 요구하는 사양을 만족시키지 못하면 성능을 제대로 낼 수 없다.

(2) 비디오 스트리밍을 통한 게임

두 번째는 비디오 스트리밍을 통해 게임을 즐기는 방법이다. 실제 사용자가 즐기는 게임은 서버에 저장되어 실행되며 사용자의 클라이언트는 게임의 조작을 서버로 전달하고, 그 결과로 발생한 비디오 결과물을 사용자의 장비로 직접 전송한다. 이는 사용자가 콘솔이나 고가의 장비가 없이도 게임을 할 수 있다는 장점이 있다. 이에 따라, 최근에 제공되는 클라우드 게임 플랫폼은 비디오 스트리밍을 활용하고 있다.

이런 방식으로 유명한 개발사는 가이카이(Gaikai)와 온라이브(OnLive)가 있는데, 가이카이는 소니가 인수하여 플레이스테이션 3 기반의 클라우드 게임 서비스를 런칭하였으며, 온라이브는 대만 제조업체인 HTC에서 인수하여 스팀과 공동으로 클라우드 게임 서비스를 준비하고 있다.

현재 클라우드 게임의 관건은 지연시간(latency)이다. 지연시간이 60ms를 초과하면 게이머들은 게임패드를 통한 입력과 TV를 통해 나타나는 게임 화면이 불일치한다고 느끼게 된다. 나는 지금 버튼을 눌렀는데, 화면 속 캐릭터는 한 템포 늦게 움직인다는 뜻이다. 현재 상용화된 클라우드 게임 플랫폼의 지연시간은 120~140ms 내외다. 아무리 둔감해도 화면반응이 느린 것을 눈치챌 수밖에 없다. RPG, 시뮬레이션 등 정적인 게임 장르는 별문제 없이 즐길 수 있지만, FPS, 액션, 스포츠 등 동적인 게임 장르를 즐기자니 미흡하다.

때문에 클라우드 게임 사업자는 다양한 최적화 기술을 동원해 지연시간을 낮추려고 노력하고 있다. 목표는 80~100ms로 80ms 정도만 되어도 일부 초인 FPS / 액션 장르를 제외한 모든 게임을 쾌적하게 즐길 수 있다. PS 나우 역시 80ms 정도를 목표로 하고 있다. 현재 150ms정도는 국내 게임 개발회사에서도 충분히 구현하고 있는 것으로 나타났다.

2) 클라우드 게임 플랫폼의 역사

클라우드 컴퓨팅 기술의 원류가 되는 병렬처리 기술은 원래는 적은 비용으로 강력한 컴퓨팅 파워를 낼 수 있는 슈퍼컴퓨터에 기반한 기술이었다. 하지만, 대부분의 컴퓨터가 남아도는 자원들을 보유하고 있고, 이를 활용하는 시도들에 따라 현재의 클라우드 컴퓨팅 기술로 확장되었으며, 이를 통해 HD급 3D 렌더링과 같은 복잡한 작업까지 확장됨에 따라 클라우드 게임이 가능하게 되었다.

2000년 창업한 핀란드 회사인 G-Cluster는 처음으로 클라우드 게임 서비스를 상용화하고자 시도하였다. 2000년 E3에서 G-Cluster는 클라우드 게임 기술을 선보였으며, 당시에는 서버와 휴대용 장비를 Wi-Fi로 연결하여 보여준 것이었다.

상용 서비스는 2005년에 IPTV 네트워크를 활용하여 Cyprus Telecom Authority를 통해 진행되었다. 2008년에는 HD를 지원하였으며, 2010년에는 프랑스 회사인 SFR와 상용 서비스를 런칭하기도 하였다. 2009년에는 온라이브(OnLive)가 클라우드 게임 서비스를 2009년 GDC에서 공개했고, 2010년에 서비스를 개시하였다. 온라이브 게임을 사용하기 위해서는 TV에 연결하기 위한 별도의 콘솔이 필요하였으나, 최근에는 그 플랫폼을 확장하여 PC 및 모바일 장비에서도 온라이브 게임을 즐길 수 있다.

사용자는 월정액으로 게임을 사용하는 형태였으나, 초반에는 무료로 서비스를 진행하였다. 그러나, 서버 비용 등을 감당하지 못하여 2012년에 모든 직원을 해고하고 약 오백만불에 HTC에 매각되었다. 마이크로소프트는 온라이브를 인수하는 대신에, 온라이브 직원을 선별적으로 채용하는 방식으로 온라이브의 역량을 흡수하였다.

2011년에는 가이카이(Gaikai)가 시범 서비스를 시작하였다. 가이카이는 사용자가 시범용 게임을 무료로 해볼 수 있는 것을 주된 서비스로 진행하였으며, 이를 통해 EA의 핵심 게임인 〈데드스페이스 2〉, 〈매스이펙트 2〉, 〈심즈 3〉를 제공할 수 있었다. 가이카이는 웹사이트를 통해 즐길 수 있었으며, 페이스북이나 모바일기기 및 IPTV를 통해서도 게임을 즐길 수 있었다.

가이카이를 사용하는 사용자는 별도의 다운로드나 플러그인, 등록없이 웹을 통해 가이카이에 접속하고, 광고를 본 뒤 게임을 즐길 수 있었다. 이러한 서비스의 간편함으로 인해 2011년 가이카이의 월사용자는 1천만명을 넘었으며, 이러한 고객기반을 바탕으로 EA뿐만 아니라 유비소프트, 캡콤 등 강력한 콘텐츠 회사들과 제휴할 수 있었다.

2012년에는 삼성이 가이카이와 협업하여 스마트 TV에 가이카이 서비스를 제공하기도 하였었다. 가이카이는 2012년 7월, 소니 컴퓨터 엔터테인먼트가 3800만불에 인수하였으며, 이후 플레이스테이션 나우 서비스로 변경되어서 소니를 통해 서비스되고 있다.

2011년에는 대만의 클라우드 컴퓨팅 회사인 유비투스가 일본 도코모를 통해 LTE 네트워크를 통한 모바일 서비스를 시작였으며, 2012년에는 LG와 함께 C-games라는 클라우드 게임 서비스를 한국에 런칭하였다. 2013년에는 구글 TV로 서비스를 확장하였다.

3) 클라우드 게임 플랫폼의 유통구조

클라우드 게임 플랫폼은 네트워크 및 서버 등의 한계로 인해 초기부터 새로운 첨단 게임을 즐기는 플랫폼이 아니라, 과거 출시된 유명한 게임 콘텐츠를 즐기는 플랫폼으로 자리매김하였다. 그로 인해 클라우드 게임은 기존의 게임 유통방식과는 다르게 월정액 서비스를 중심으로 하고 있다. 여기에 대한 수익배분 형태는 아직 알려진 바는 없다.

클라우드 게임 플랫폼은 그 특성상 네트워크를 기반하여 유통되어야 하며, 최근과 같이 네트워크 압축기술이 클라우드 게임 기술의 핵심으로 등장하기 전까지는 네트워크의 성능이 주요한 역할을 하였다. 그래서, 초기 게임 플랫폼 유통구조는 복잡한 구조를 따를 수 밖에 없었다. 초기 플랫폼이었던 G-Cluster의 경우 VOD나 셋탑박스 제조사, 네트워크 제공사 등에 수익을 나누어주어야만 했다.

하지만, 최근에는 인터넷망을 중심으로 클라우드 게임이 스트리밍되고 있으며, 이로 인해 유통에 있어서 이해관계자가 큰 폭으로 감소하였다. 삼성과 소니의 협력이나 LG와 유티투스의 협력을 볼 때, 현재로서는 디바이스가 아닌 콘텐츠 제공 플랫폼에서 수익을 나누는 구조로 보이며, 클라우드 게임 시장의 헤게모니를 장악하기 위해서는 자체 서비스 플랫폼이 중요하게 대두되고 있다.

[그림 8-20] 클라우드 서비스 개념도

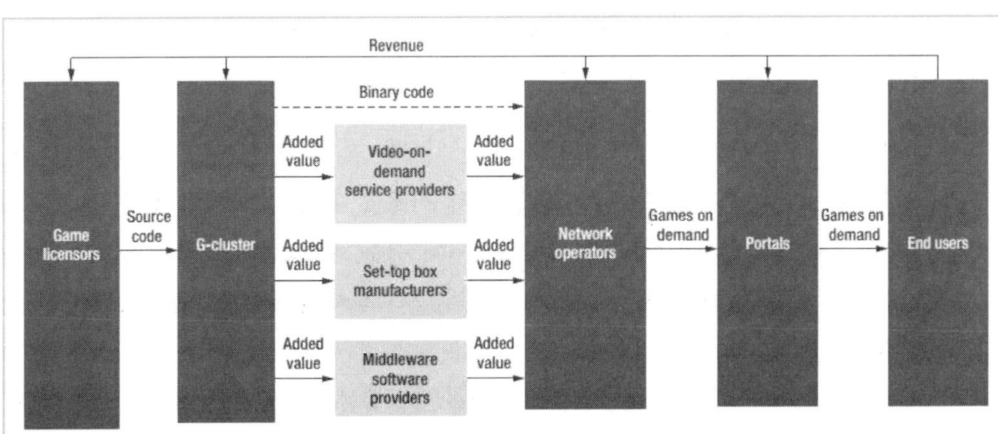

출처 : 차세대 게임 플랫폼의 현황과 정책연구, KOCCA 14-61

이런 관점에서 삼성과 LG가 자체 OS를 사용하여 스마트 TV 콘텐츠를 제공하려고 전략적 방향을 수정한 것으로 보인다. 콘텐츠를 직접 과금할 경우 애플이나 구글의 사례가 존재하기 때문에, 수익배분은 30% 또는 그 이하로 책정될 것으로 보인다. 다만, 월정액 서비스와 같은 것은 조금 더 복잡한 구조를 가질 것으로 예측된다.

전통적인 방법은 음악 스트리밍 월정액 서비스와 마찬가지로 사용비율 또는 시간에 따라 나누어서 배분하는 방법인데, 이 역시도 플랫폼 회사가 30%, 나머지 콘텐츠 개발사가 70% 가져가는 구조가 아니면 생태계를 구축할 수 없기 때문에 이러한 전례를 따라 유통구조가 구성될 것으로 보인다.

4) 클라우드 게임 플랫폼의 최근 주요 이슈

(1) 게임 콘텐츠를 보유한 기업들이 클라우드 서비스를 인수

클라우드 서비스는 최근 들어서 게임 콘텐츠를 보유한 기업들과 합종연횡이 이루어짐에 따라 큰 변화를 겪고 있다. 콘솔 게임, 플랫폼 홀더이자 게임 개발사이기도 한 소니는 클라우드 게임 회사인 가이카이(Gaikai)를 인수했으며, 플레이스테이션 나우라는 이름으로 서비스를 시작했으며, 플레이스테이션 4뿐만 아니라 PS 비타, 소니 스마트 TV 등을 통해 사용할 수 있다. 한달에 19.99불, 세달에 44.99불의 요금제로 플레이스테이션 3 게임을 무한하게 사용할 수 있다고 한다. 현재는 북미에서 밖에 사용이 되지 않고 있다.

하이엔드 콘솔 게임 플랫폼의 양대 산맥인 마이크로소프트는 온라이브의 구조조정 당시 인력흡수를 통해 인수효과를 누렸다. 반면에, 대만 스마트폰 제조사인 HTC는 온라이브를 인수하였는데, 이는 스팀 플랫폼을 보유한 밸브와 협업을 위한 것이다. 이후 온라이브는 스팀 플랫폼과 연계하여 진행될 것으로 보인다.

(2) TV 기반 서비스가 중심

소니는 클라우스 서비스인 플레이스테이션 나우를 출시하면서 플레이스테이션 4뿐만 아니라 PS 비타, 소니 스마트 TV 등을 통해 사용할 수 있게 하였으며, 최근에는 그 범위를 삼성 스마트 TV로까지 확장하였다. LG의 경우, 대만 클라우드 게임 회사인 유비투스와 협력하여 C-games라는 클라우드 게임 서비스를 런칭하고 자사 스마트 TV에 공개하였다.

현재 이들 서비스는 아직 스마트 TV가 게임 플랫폼으로서 소비자에게 명확한 포지셔닝이 부재한 상황에서 활발하게 사용되지는 않고 있으나 향후 큰 포텐셜을 창출할 것으로 기대하고 있다.

8-3 게임 플랫폼의 기술동향

1. 게임 개발기술의 개요

1) 게임 1.0과 게임 2.0 비교

게임 2.0 시대의 구분은 게임 1.0 시대의 현실적 한계를 고려하지 않고 새로움만을 강조하는 불편한 개념은 아니다. 온라인 게임의 경우 개발단계에서부터 모드 게임 형식의 이용자 참여가 활발하다. 따라서 혁신과 변화의 시대를 좀 더 기술적으로 구분하기 위하여 구분한다.

게임 2.0은 스마트 미디어 환경의 확대로 게임 산업의 기술 · 서비스 혁신 시대의 새로운 게임 운영방식으로 이해하면 된다.

〈표 8-3〉 게임 1.0과 게임 2.0 개념 비교

구 분	게임 1.0	게임 2.0
생산주체	생산자 → 이용자	생산자 ↔ 이용자
콘텐츠 유통	일방향 단일 플랫폼	다채널 멀티 플랫폼
기술혁신	독자적 고도화	참여적 융합화
정보흐름	폐쇄적 전문화	공유적 개방화

게임 2.0 시대는 게임 콘텐츠 개발 / 제작자와 이용자가 능동적으로 커뮤니케이션하는 과정이 강화되고, 이용자에 대한 수요유인을 더욱 증진하기 위해 메시지를 공유한다. 게임 콘텐츠의 유통에 있어 게임 1.0 시대는 아케이드 게임, 비디오 게임, PC온라인 게임, 모바일 게임이 단일 플랫폼과 채널(기기)로 유통한다. 게임 2.0 시대에 접어들면서 다채널 멀티 플랫폼 형식을 빌어서 동일 게임의 멀티 서비스와 콘텐츠 이용이 가능하다.

기술혁신의 특성을 보면, 기존에는 플랫폼 고유의 특성을 살려 기술혁신의 독자적 고도화를 진행한 것에서 더 나아가 플랫폼 간 경계를 허물고 참여적 융합화를 통해 기술혁신을 추구해 나갈 것으로 전망이다.

단일 플랫폼별 서비스 체계에 중점을 둔 게임 1.0 시대에는 게임 개발과 비즈니즈 모델 등을 각 기업별로 정보를 폐쇄적으로 독점하고, 기업별 전문화를 강조하였고 게임 2.0 시대에는 개발 노하우와 비즈니스 경험, 운영시스템 등을 공유하고, 개방화하여 새로운 영역과 가치를 창출할 것으로 산업계에서도 기대된다. 단지 참여적 융합, 공유를 통한 개방이 새로운 생태계의 확장을 촉진할 수 있으나, 또 다른 독점과 폐쇄를 야기할 수 있다는 우려 역시 현실화될 수 있다.

2. 고화질 게임 기술환경 및 사례

1) 고화질 환경

(1) 고화질 기술개요

고화질(UHD : Ultra High Definition) 방송이란 Full HDTV가 제공하는 화질보다 4배에서 16배 선명한 초고화질 해상도에, 음질도 최대 22.2채널을 사용하여 실제 현장에서 듣는 것 같은 느낌을 구현하는 차세대 실감방송 서비스를 말한다.

최근에 보편적으로 구현되는 4K UHD 해상도(4K Ultra High Definition ; 4K Ultra HD ; 4K UHD)는 가로 해상도가 4000pixel(4 kP)로 차세대 고화질 해상도를 지칭하는 용어이다. 일반적으로 4K UHD는 3840×2160의 해상도를 의미하며, 디지털 영화환경에서는 4096×2160의 해상도를 기준으로 한다. 최근에는 '수퍼 MHL' 표준규격에 따르는 8K 해상도기술 등이 등장하여, 모바일과 대화면 TV간의 빠른 전송이 가능하게 되고 있다.

[그림 8-21] 4K 해상도 비교

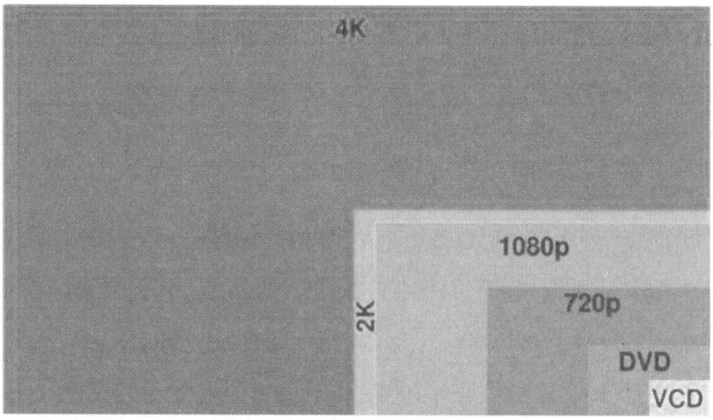

출처 : 차세대 게임 플랫폼의 현황과 정책연구, KOCCA 14-61

UHD 환경에서는 화소수의 증가에 따른 화질의 증가뿐 아니라 컬러를 표현하는 화소 당 비트수도 증가함에 따라 화면에서 구현되는 움직임이 훨씬 부드럽고 자연스러워져 더욱 현실에 가깝게 이용자가 느낄 수 있게 한다. 또한, 60인치 이상의 대형 디스플레이에서는 현재의 HD급 해상도로는 화질저하를 가져오게 되며, UHD 환경은 화각이 61도 이상이 되므로 작은 화면보다는 큰 화면이 필수적인 요소라고 할 수 있다.

UHD 환경을 구축하기 위해서는 다양한 부분의 기술이 복합적으로 결합되어야 한다. 즉, 촬영, 저장, 편집, 압축, 전송에서부터 단말기, 디스플레이, 인터페이스 기술의 결합을 통하여 UHD 실현이 가능하게 된다.

UHD 기술의 발전은 대형화면 TV기술의 발달과 방송장비 발전에 따른 수요를 충족시키기 위하여 발전되었고 우선적으로 방송환경에 적용되고 있으나 이러한 기술의 발전이 현재 게임 환경에도 적용되고 있다. 하지만 아직 우리나라는 UHD 환경으로의 전환을 위한 국가적 차원의 정책마련과 기술개발 및 콘텐츠 확보라는 과제가 있으며, 일본, 미국, 유럽을 중심으로 하는 변화에 함께 발맞추어야 하는 상황이다.

특히 게임의 경우 소니는 2012년에 플레이스테이션 3의 4K 영상용 애플리케이션을 제공하였으며, 2013년에는 마이크로소프트가 차세대 Xbox one을 발매했으며, 이는 4K UHD 게임이 지속적으로 가정용 디스플레이 시장과 직접 연계가 되고 있으며, UHD 방송산업과의 연계도 되고 있음을 알 수 있다.

2) 고화질 기술동향

(1) 하드웨어부분

고화질 게임을 이용하기 위해서는 기본적인 하드웨어 환경이 필수적인데, 우선 고성능 그래픽카드와 UHD 모니터가 대표적이다. 또한 최근 4K 이상의 고화질을 지원하는 콘솔이 출시되었고 이에 따른 고화질 환경전용 게임들이 지속적으로 출시될 것이다.

(2) 비디오카드

그래픽카드 점유율로는 NVIDIA사 제품이 50%에 달하고 AMD사 제품이 30%정도로

[그림 8-22] 그래픽카드 점유율

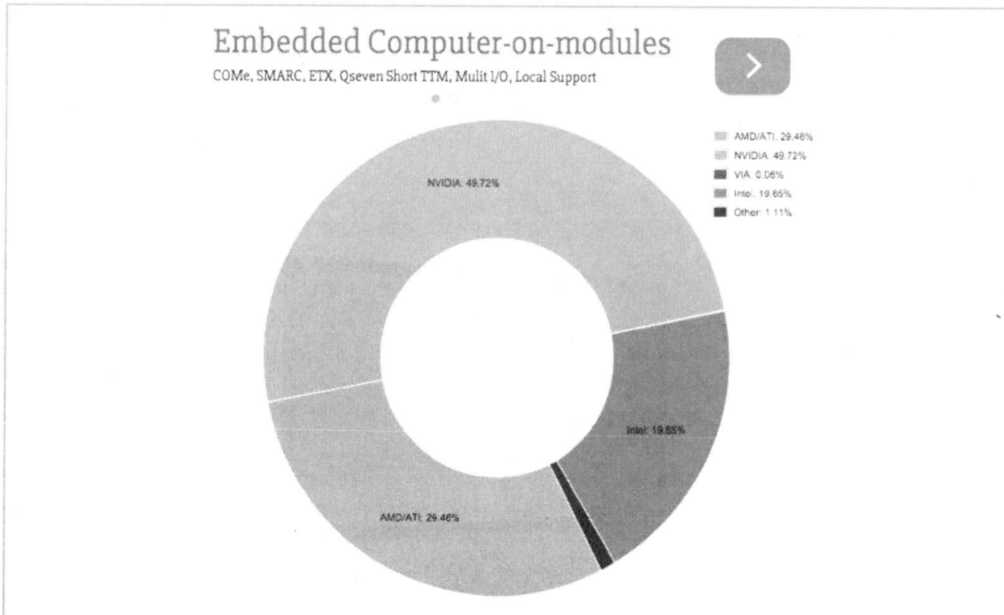

출처 : 차세대 게임 플랫폼의 현황과 정책연구, KOCCA 14-61

시장을 장악하고 있으며 그밖에 인텔사의 제품도 있다. 이것 4K구현을 위한 그래픽 카드는 NVIDIA사의 GeForce GTX 계열과 AMD사의 Radeon R9 시리즈가 최근 최신 사양의 제품이다. 이러한 최고사양의 그래픽카드는 최소 100~150만원부터 가격이 시작된다. 성능을 살펴보면 2015년 3월에 출시된 NVIDIA사 타이탄X는 쿠다코어 3,072개를 적용하고 맥스웰 아키텍처를 기반으로 하며, 칩에 들어간 트랜지스터 집적수는 80억개에 달한다(출처 : http://techholic.co.kr / archives / 30709).

[그림 8-23] NVIDIA사의 GeForce GTX TITAN Z

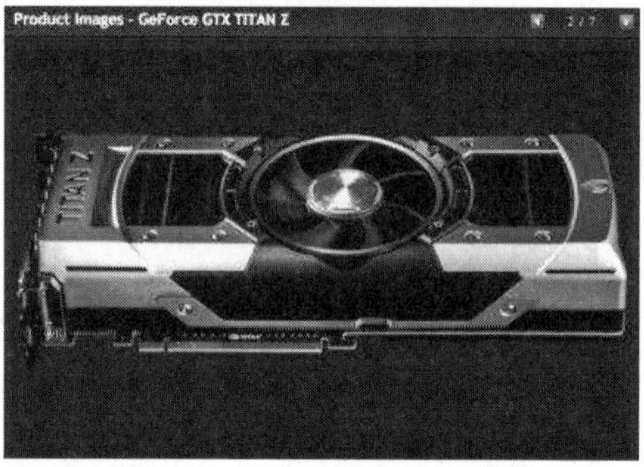

[그림 8-24] AMD사의 Radeon R9

출처 : 차세대 게임 플랫폼의 현황과 정책연구, KOCCA 14-61

(3) UHD 모니터

고화질 게임을 이용하기 위한 기본적으로 갖추어야 하는 디스플레이는 콘솔 게임과 연결하는 UHD TV와 PC와 연결하는 UHD 모니터 등으로 나눌 수 있다. UHD 모니터는 3840×2160의 해상도를 가지고 있으며 23인치 4K UHD도 등장했으나, 대부분 28인치 이상의 제품라인이 형성되어 있으며 가격은 28인치 모니터가 미국기준 $700선부터 형

[그림 8-25] UHD 모니터

출처 : 차세대 게임 플랫폼의 현황과 정책연구, KOCCA 14-61

성되고 있으나 고품질 패널을 장착한 모니터는 $3,000정도의 가격대를 보이기도 한다. 또한 얼마나 더 나은 품질의 영상을 제공하는 모니터인가를 결정하는 것은 패널의 종류뿐 아니라 모니터 재생률(Refresh rate)과 컴퓨터의 CPU 및 그래픽카드의 성능에 좌우된다고 할 수 있다.

(4) 고화질 게임 지원 콘솔

4K를 지원하는 대표적인 콘솔은 소니의 플레이스테이션 4(PS4)와 마이크로소프트의 Xbox one이다. 특히 소니는 PS4에 더불어 4K 동영상을 지원하는 캠코더, 카메라, 휴대폰등의 제품을 생산함으로써 통합적인 UHD 홈 엔터테인먼트 환경제공을 하려고 하고 있다. 최근에는 소니나 마이크로소프트, 그리고 닌텐도 이외에 업체에서 4K를 지원하는 콘솔게임시장 진출의 노력이 보이고 있는데, 최근 화웨이는 저가의 4K 지원 콘솔인 트론을 출시하기로 정했으며, NVIDIA는 최근 미국 샌프란시스코에서 개최된 GDC(Game Developers Conference) 2015에서 안드로이드 TV 콘솔 '쉴드 (SHIELD)'를 출시했다고 밝혔다.

쉴드는 비디오, 음악, 앱 및 최신 게임들을 가정에서 즐길 수 있는 안드로이드 기반의 TV 콘솔이며, 최대 4K 해상도의 비디오 콘텐츠 재생은 물론, 단 한 번의 클릭만으로 구글 음성검색 기능을 가능하게 하며 안드로이드의 앱 생태계를 제공한다(출처 : www.itworld.co.kr).

3) 고화질 게임 적용 사례

(1) GTA 5(Grand Theft Auto 5)

자동차 절도를 테마로 꾸준히 인기를 모으고 있는 GTA 시리즈가 PC 버전을 출시하면서 4K를 지원한다. 1997년 첫 출시된 이후 2001년 GTA는 3D인터페이스로 만들어졌

[그림 8-26] GTA 5

출처 : 차세대 게임 플랫폼의 현황과 정책연구, KOCCA 14-61

으며, 2013년 PS3와 Xbox360 환경에 맞게 GTA5가 출시되었고 2015년 상반기에 PC버전이 출시된다.

(2) 더위처 3

더위처 3(The Witcher 3)는 엑션어드벤처 장르의 게임으로 NDVIA의 엔비디아 헤어웍스(NVIDIA HairWorks)나 엔비디아 피직스(NVIDIA PhysX)와 같은 기술을 통해서 더 나은 수준의 리얼리즘을 게임에 구현하도록 했으며, 2015년 5월 출시 시에 NDIVIA와 공동프로모션을 실시하여 GeForce GTX 그래픽카드(GTX 980, 970, 960)나 노트북(GTX 970M 등)을 구매시 무료 코드를 제공할 예정이다.

[그림 8-27] 더워치 3

출처 : 차세대 게임 플랫폼의 현황과 정책연구, KOCCA 14-61

2. 가상현실 / 증강현실 / 웨어러블 게임 기술환경 및 사례

1) 가상현실 / 증강현실 / 웨어러블 기술개요

가상현실(VR)은 실제는 아니지만 컴퓨터 등을 사용하여 인공적인 기술로 만들어진 실제와 같은 환경이나 상황을 또는 그 기술 자체를 의미한다. 증강현실(AR)은 가상현실의 일부 분야로써 현실세계와 가상세계를 결합하여 일반 현실에서는 얻을 수 없는 부차적인 정보를 동시에 제공하는 환경을 의미하며 최근 마케팅이나 게임에 활용되고 있다.

원래 가상현실은 인간이 실질적으로 경험하기 힘든 환경을 가상적으로 체험하게 하여 원격조작, 군사교육, 의료수술, 시뮬레이션 등에 활용되었으나, 최근에는 게임환경에 적극적으로 활용되며 시각적 인터페이스뿐 아니라 청각, 촉각 인터페이스의 개발도 이루어지고 있다.

최근에 가상현실을 대표하는 기술적 장비는 웨어러블 디바이스 중 헤드마운트 형태의 디스플레이에 장갑이나 스틱 등의 동작인식을 기기를 장착하는 것이다. 최초의 가상현실 구현 기기는 모톤 헤일리그(Morton Heilig)가 1962년 고안한 센서라마(Sensorama)라는 이름의 기계로 3D 화면과 오디오로 구현되며, 몰입적인 환경을 재현하기 위해 촉각과 후각 자극, 심지어 바람까지 내보내 자극하는 복합 기술에 기반을 둔 프로토타입 기기로 만들어졌다.

2) 가상현실 / 증강현실 / 웨어러블 기술동향 및 사례

(1) 헤드마운트와 연동게임

최근의 헤드마운트 기기의 대표적인 제품은 오큘러스리프트(Oculus Rift)이다. 헤드셋을 장착하면 머리의 움직임에 따라 시각이 변화하며 안구의 변화도 감지하여 현실적인 디스플레이를 제공한다. 또한 다양한 업체들이 VR 기기 개발에 뛰어들고 있는데 예를 들어 스마트폰 경쟁력을 앞세운 삼성전자는 오큘러스와 공동 개발한 '기어 VR'을 지난해 9월 공개한 이후 12월과 올해 2월 각각 미국과 국내 시장에 정식 출시했다.

[그림 8-28] 오큘러스리프트를 활용한 게임 : InMind VR

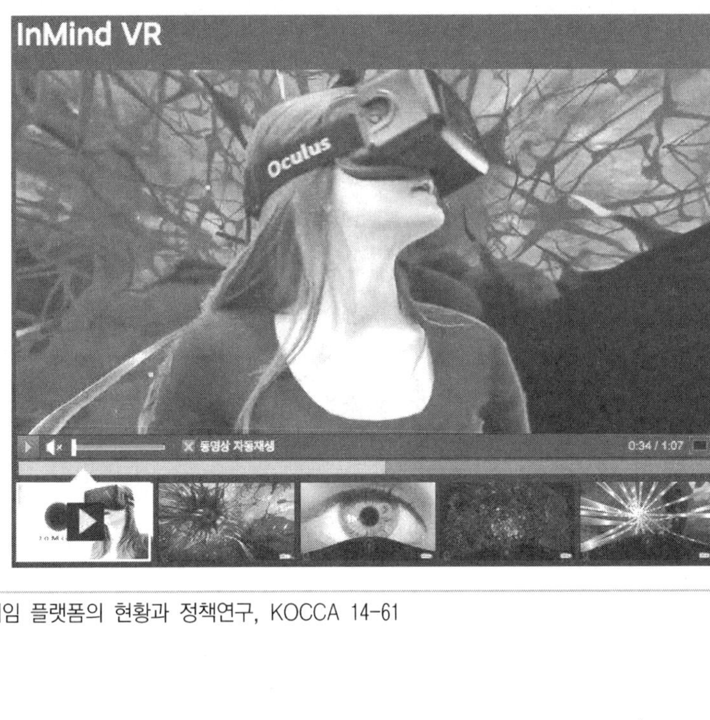

출처 : 차세대 게임 플랫폼의 현황과 정책연구, KOCCA 14-61

최근 폐막한 MWC 2015에서는 '갤럭시 S6 · 엣지'를 지원하는 '기어 VR 이노베이터 에디션 for S6'도 선보였다. 구글과 LG는 각각 '구글 카드 보드'나 'LG G3' 등의 초저가 VR기기를 내놓아 스마트 환경과 연동된 VR 환경을 제공하고 있다.

오큘러스리프트는 2012년 이후 개발자 버전을 계속 출시하였으며 2015년에 상용 버전을 출시로 목표로 하고 있다. 오큘러스의 VR 환경의 공헌은 과거에 비하여 가볍고 상대적으로 가격이 저렴한 VR 기기의 상용화의 가능성을 열었다는 것이다.

2014년 발표한 오큘러스리프트 DK2는 7인치 960×1080 해상도, 재생률(Refresh Rate) 75Hz의 OLED 디스플레이를 탑재하고 있으며, 자이로센서(Gyroscope), 가속도계(Accelerometer), 자력계(Magnetometer)를 장착해 HMD를 쓴 유저의 얼굴 움직임을 인식할 수 있다고 하며, 위치추적(Positional Tracking)이 가능한 카메라를 통해 오큘러스리프트를 착용한 유저의 머리위치를 추적해 게임 내 움직임에 반영함으로써 보다 몰입감 높은 가상현실 환경구현이 가능하다고 한다.

삼성에서 개발한 Gear VR은 삼성의 스마트폰인 갤럭시 노트 4를 활용하는 기기이며, 360° 파노라믹 뷰와 96° 시야각을 제공한다. 갤럭시 노트 4의 화면크기인 5.7인치에 해상도(2560×1440 3D)를 통해 입체를 감상할 수 있게 한다. 가격은 20만원대이며 스마트폰을 활용하므로 무선 환경을 제공한다. 2015년 3월 DeNA사는 Gear VR을 활용한 1인칭 슈팅게임인 Protocol Zero를 북미에 출시하였다.

[그림 8-29] 삼성 Gear VR

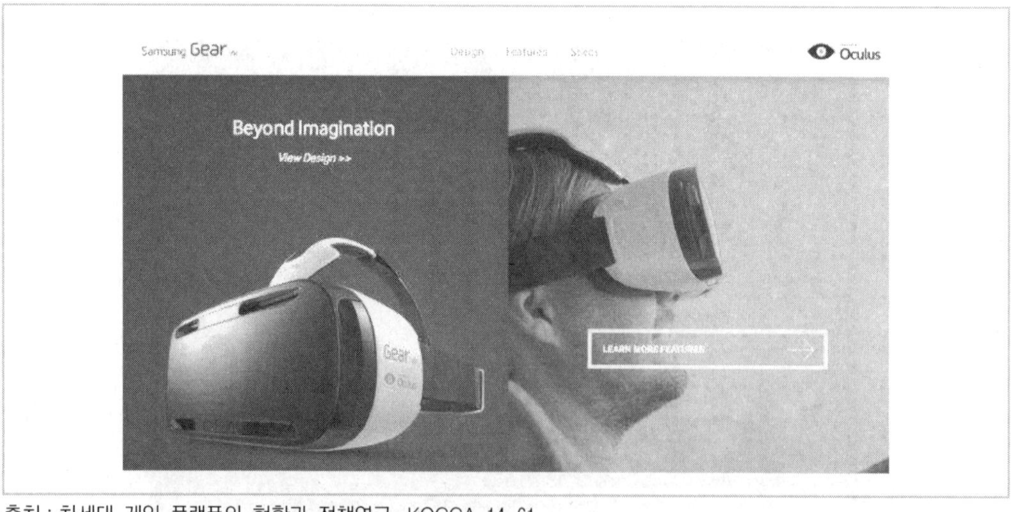

출처 : 차세대 게임 플랫폼의 현황과 정책연구, KOCCA 14-61

[그림 8-30] Protocol Zero DeNA

출처 : 차세대 게임 플랫폼의 현황과 정책연구, KOCCA 14-61

소니는 프로젝트 모피어스라는 VR 기기의 프로토타입을 2015년 공개하고 2016년 상용화를 목표로 하고 있다. 이 프로젝트 모피어스는 1920×1080 OLED 디스플레이를 채용하고, 초당 120프레임의 영상표시에 대응하는 것으로 알려졌다. 또한 반응속도는 기존의 오큘러스 제품에 비해 2배가량 빠르며 동작인식에 대한 지연은 줄였다. 소니의 가상현실기기 부분의 참여는 소니의 주력사업인 PS4 콘솔 게임기와의 연동을 통한 게임에 대한 몰입감을 증가시키려 하는 전반적인 게임 산업의 생태계 차원으로 이해할 수 있다.

[그림 8-31] 소니 프로젝트 모피어스

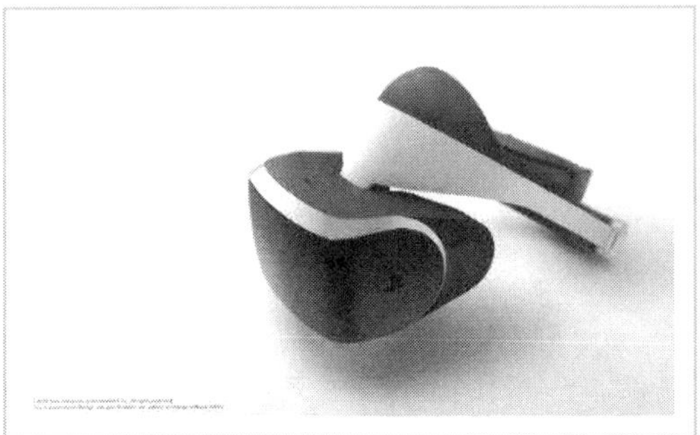

[그림 8-32] Valve Stream VR

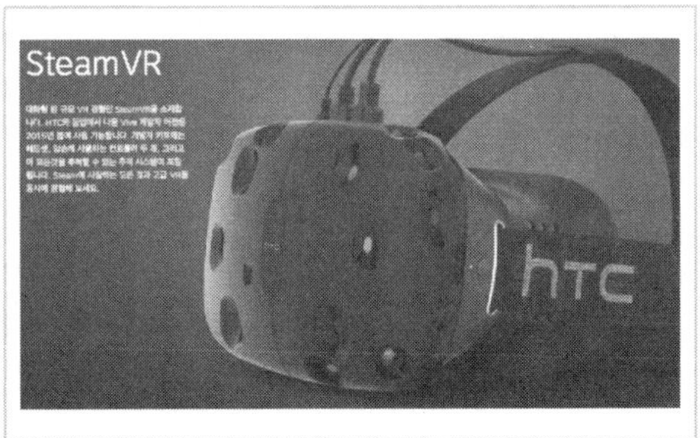

출처 : 차세대 게임 플랫폼의 현황과 정책연구, KOCCA 14-61

가장 최근에 밸브는 스 팀VR이라는 VR 기기를 소개하면서 VR 시장에 뛰어들었다. 밸브는 온라인 게임 유통망을 가지고 있고 PC용 게임 관련 개발자나 스튜디오와의 연계가 용이하다는 데에 기대가 높아지는 이유가 있다. 따라서 스팀 VR에서 이용할 수 있는 콘텐츠도 스팀을 통해 유통될 가능성이 높고, 앞으로 스팀 게임을 PC가 아닌 거실 TV에서 즐길 수 있도록 돕는 일종의 PC 게임용 콘솔 '스팀머신'도 스팀 VR과 연동할 것으로 알려졌다.

일반적으로 VR 기기가 고가의 장비라는 인식이 있으나 최근의 구글에서 개발한 안드로이드 기반의 구글카드 보드나 LG G3는 무료이거나 1~2만원 안팍의 저렴한 가격으로 스마트폰과 연동하여 사용하게 함으로써 쉽게 VR 환경을 체험할 수 있게 한다.

[그림 8-33] 구글의 구글카드보드

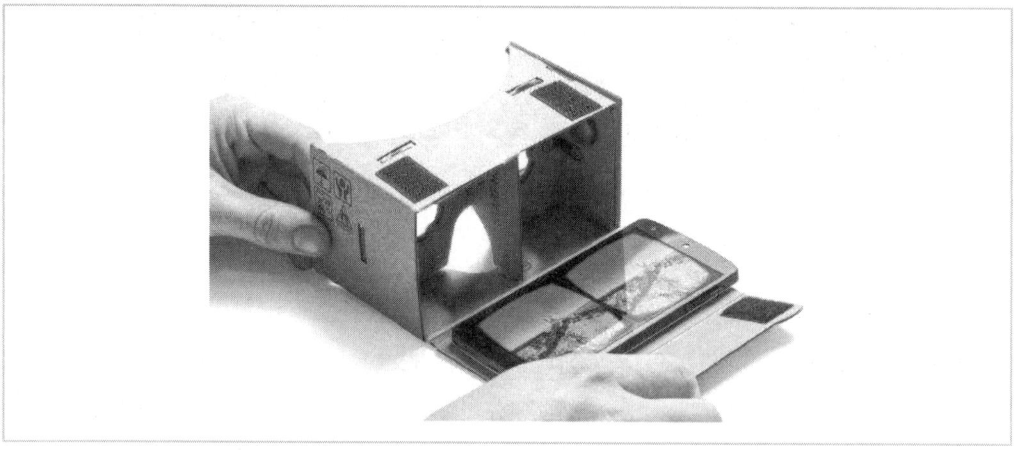

출처 : 차세대 게임 플랫폼의 현황과 정책연구, KOCCA 14-61

구글카드보드 전용 게임은 구글스토어를 통하여 제공되고 있으며 대부분 무료로 제공되고 있다. 국내에서는 네오썬의 'VR 쥬라기랜드, VR T-렉스, VR 좀비 디펜스' 등이 있으며, 네스토스, 클릭트 등에서도 VR 기술이 접목된 게임을 선보일 예정이다.

(2) 증강현실 게임

증강현실을 활용하는 게임들은 소니의 Playstation Eye, PS vita, 마이크로소프트의 Kinect, 닌텐도의 Nintendo 3DS 등의 기기 또는 스마트 기기를 활용하여 카메라를 통한 현실장면에 게임에서 제공하는 그래픽이 추가되어 증강된 현실을 제공한다.

가. GPS 활용 : Ingress(인그레스)

대표적인 증강현실 게임인 인그레스(Ingress)는 구글이 만든 실시간 증강현실 게임으로, 게임자는 양진영으로 나가 실내가 아닌 외부로 나가 서로 땅따먹기를 하는 게임이다. 2013년 12월 출시된 인그레스는 구글맵과 GPS를 활용하여 두 팀으로 나뉘어 실제 존재하는 현실의 포털을 연결해가며 영역을 넓혀 나가는 게임이다.

[그림 8-34] 인그레스 화면 예시

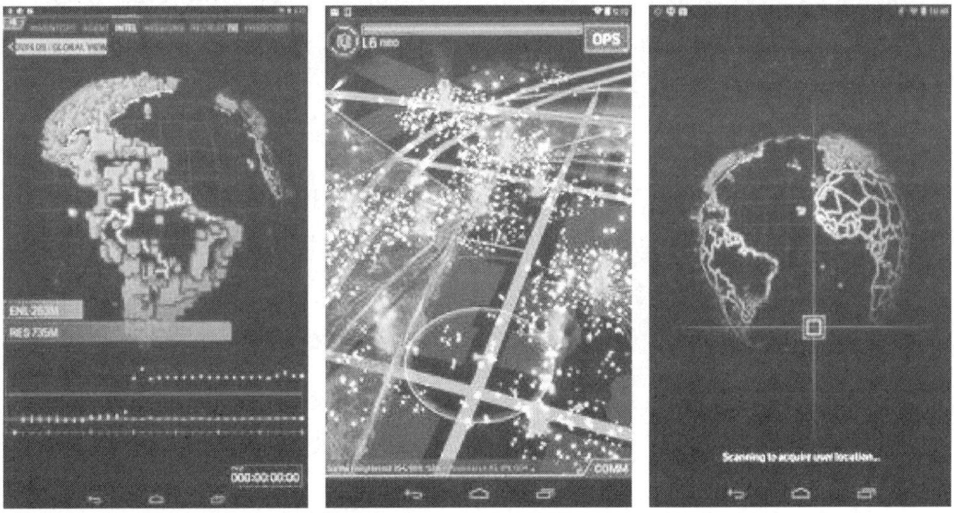

출처 : 차세대 게임 플랫폼의 현황과 정책연구, KOCCA 14-61

나. 카드 / 보드게임과의 결합 : Drakerz Confrontation, PulzAR

Drakerz Confrontation(드레이커즈)는 매직 더 게더링, 유희왕, 포켓몬스터류의 카드 게임을 활용한 증강현실 게임이다. 실제 손으로 카드를 이용하는 현실적인 상황과 웹캠과 PC를 활용한 디스플레이 구현을 결합하여 몰입도를 높인다. 이러한 Drakerz는 소니 PS Vita를 활용한 PulzAR와 함께 일반 보드 게임에 증강현실을 추가한 게임이다.

다. 스포츠 게임 : Table Ice Hockey

Table Ice Hockey(테이블 아이스하키)는 PSV Vita를 이용하여 즐기는 게임으로 집 안의 식탁이나 책상 위에 아이스링크를 만들고 어떠한 각도에서도 하키 게임을 관전할 수 있게 하는 게임이다.

[그림 8-35] Drakerz-Confrontation

[그림 8-36] PulzAR

출처 : 차세대 게임 플랫폼의 현황과 정책연구, KOCCA 14-61

(3) 웨어러블 디바이스 활용

VR 또는 AR 게임이 헤드마운트나 센서를 활용한 웨어러블 디바이스를 활용하는 경우가 많지만 최근 애플워치에 대한 관심에서 보는 것과 같이 손목에 차는 시계형 웨어러블 디바이스에 대한 관심이 높아지고 있고 구글글래스와 같은 안경형 웨어러블 기기가 이용되고 있다.

손목시계형 웨어러블 기기는 스마트 기기와 연동이 되어 착용하고 있는 이용자의 건강상태 등을 지속적으로 모니터링하며, 안경형 웨어러블 디바이스는 길찾기나 주변정보를 눈에 보이는 현실에 추가하는 증강현실의 역할을 한다. 삼성에서도 안드로이드폰과 연동되는 기어와 기어 2를 출시했다. 하지만 작은 디스플레이를 제대로 활용하는 게임은 아직 드물다.

애플워치를 활용한 게임의 형태가 계속 예상되고 있는데, NFC를 활용한 주변 사람들과 상호작용이나 가상 동물돌보기, 간단한 아케이드 게임, 신체단련 및 개인운동에 대한 게이미피케이션, 모바일 게임의 클라우드 연동을 통한 수시게임 접근 등이 그 예라고 할 수 있다.

안경형 디바이스를 활용한 게임도 개발이 되고 있는데, 구글글래스를 활용한 게임으로는 자이로스코프를 활용한 균형맞추기 게임이나 음성인식기능을 같이 활용하여 슈팅 게임 등 일상생활 중 간단히 즐길 수 있는 게임의 단계이다.

3. 클라우드 게임 기술환경 및 사례

1) 클라우드 게임 기술개요

클라우드 게임은 클라우드 서비스를 활용하여 게임을 서버에 저장하여 이용자가 서버 컴퓨터에서 실행되고 연산처리되는 게임을 필요할 때 단말기에서 즉각적으로 이용할 수 있는 게임 환경을 의미한다. G-cluster 같은 2000대부터 시작된 클라우드 서비스와 최근에는 OnLive, Nvidia Grid, PlayStation Now, Steam 등의 다양한 클라우드 게임 스트리밍 서비스가 등장하면서 클라우드 게임 스트리밍이 주류 게임 시장으로 진입 중이다.

이들 클라우드 게임은 중앙 서버에서 게임 연산을 처리하기 때문에 사양이 낮은 PC나 노트북, 혹은 플랫폼이 서로 다른 태블릿PC, 스마트폰, 스마트 TV 등에서도 고사양의 하드코어 게임들을 즐길 수 있게 해주며 저장공간을 확보하지 않아도 되는 장점을 보유하고 있다. 클라우드 게임 스트리밍 서비스는 게임 유저들의 게임 이용행태를 소프트웨어 구매에서 게임 스트리밍 서비스 '가입'으로 변화시킬 수 있는 가능성을 보이고 있으며, 큰 폭으로 클라우드 게임 이용자 수가 증가할 것으로 예상된다.

하지만, 데이터 전송 및 압축기술과 광대역 네트워크 설치 등의 기반이 갖추어져야 하고 순간 순간 작동에 민감한 게임의 특성상 지연현상이 문제가 될 수 있으며 너무 차이가 나는 사양이나 화면크기 및 비율을 고려하여 게임을 제작해야 하는 한계가 있을 수 있다.

2) 클라우드 게임 기술동향 및 사례

(1) G-cluster

G-cluster는 핀란드 기업이 제공하는 클라우드 게임 서비스이며 전 세계 800만 이상의 이용자를 확보하고 있다. IPTV 네트워크와 작은 신용카드 정도의 크기의 셋탑박스를 활용하여 TV와 Wi-Fi 연결만 가능하면 300여 정도의 게임을 즉시 즐길 수 있다.

제공 게임사는 디즈니, EA, 코나미 등 메이저 회사들이 참여하고 가격은 미화 $100 정도이며 50개 게임을 패키지로 하여 약 미화 $5정도를 지불한다.

[그림 8-37] G-cluster

출처 : 차세대 게임 플랫폼의 현황과 정책연구, KOCCA 14-61

(2) OnLive

OnLive는 2010년 6월 서비스를 시작하였으며, 윈도, 맥, 안드로이드 플랫폼에서 구동되는 클라우드 게임 서비스이다. 하지만 2012년 이후 경영난이 심각해져 많은 직원을 해고하고 서비스의 지속이 희망적이지 않았으나, 2014년 클라우드 리프트나 온라이브 번들 등의 서비스를 제공하면서 경영난을 타개하려고 노력 중이다. 하지만 액티 비전이나 EA 등의 대형 게임사의 타이틀을 보유하지 못한 한계를 가지고 있다.

[그림 8-38] OnLive

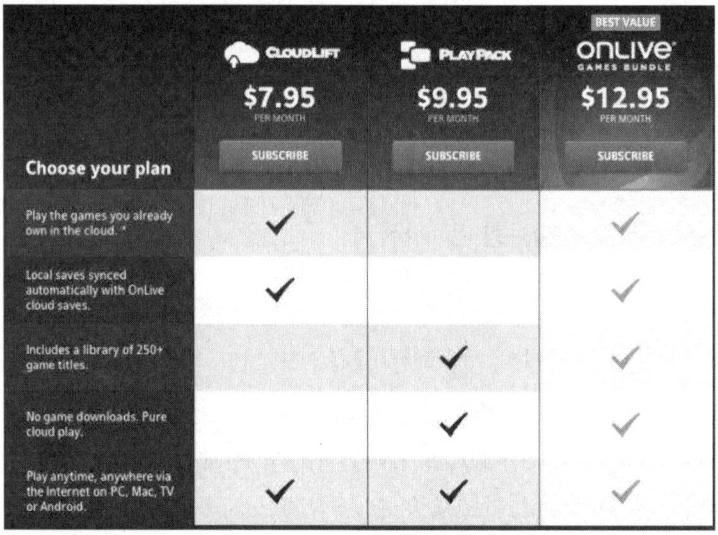

출처 : 치세대 게임 플렛폼의 현황과 정책언구, KOCCA 14-61

(3) PlayStation Now

소니사의 Playstation Now는 2015년 1월부터 한달 요금 미화 $19.99달러로 정액제 클라우드 서비스를 시작했다.

PS Now는 스마트 TV를 포함해 PS4, PS VITA 등 다양한 기기로 준비 중이며, 우선은 PS4부터 서비스를 시작하였다. 즉, PS4를 가지고 있는 사람이 인터넷을 통해 PS Now에 가입하고 정액요금을 결제하면 일정 기간 동안 PS3 기기와 게임 타이틀이 없어도 게임을 다운로드하지 않고 스트리밍 방식으로 PS3 게임들을 즐길 수 있다.

[그림 8-39] PlayStation Now

출처 : 차세대 게임 플랫폼의 현황과 정책연구, KOCCA 14-61

PS Now 서비스를 통하여 SCE, 세가, 워너브라더스 인터렉티브, 반다이 남코가 배급하는 유명 게임들인 '더라 스트오브어스, 파이널판타지 13, 소닉 시리즈, 킬존 3, 데드오어얼라이브(DOA)5, NBA2K14, 세인츠로우 시리즈, 엑스컴 : 에너미워딘' 등을 이용할 수 있다.

(4) C-games

2012년 하반기 LG유플러스사에서부터 서비스하기 시작한 국내 클라우드 서비스인 C-games는 스마트 TV를 보유한 가입자에게 기존 PC나 게임 콘솔에서 즐기던 게임을 제공하고 있으며 PC에서도 C-games를 통해 게임을 즐길 수 있게 한다.

[그림 8-40] C-games에서 서비스하는 게임 예

참고 : 차세대 게임 플랫폼의 현황과 정책연구, KOCCA 14-61

또한 LG 유플러스 스마트폰 LTE 요금제 가입자는 스마트폰에서도 클라우드 게임 서비스를 이용할 수 있다. GPU를 통한 전송기술을 지닌 nvidia사와 제휴하여 여기에 LG 유플러스사가 초고속 통신환경을 더해 서비스를 제공한다(위키피디아, http://ko.wikipedia.org / wiki / 클라우드_게임). 현재는 총 56개의 게임을 제공하고 있으며 윈도 PC와 안드로이드 플랫폼을 지원하며 맥 OS와 iOS 환경에선 구동되지 않는다.

(5) 기타 기술 및 융합

고화질, 가상 및 증강현실, 클라우드 서비스 등의 새로운 게임환경은 각각 개별적인 영역이 아닌 융합이라는 틀 안에서 통합적으로 이해되어야 한다. 스마트 TV 기술과 클라우드 기술의 발전은 콘솔 게임 환경을 변화시킬 것이며, 고화질 디스플레이의 발전은 증강현실 차원을 더욱 향상시킬 것이다. 그럼에도 불구하고 시계 등의 웨어러블 디바이스의 작은 화면을 이용한 단순한 아케이드 게임 또한 이동 중이나 잠시 시간을 보내기 위한 수단으로 계속적으로 이용자들의 수요가 있을 것으로 예상된다.

더불어 인공지능과 딥러닝의 기술은 온라인을 통한 게임 이용자간의 상호작용뿐 아니라 게임 내 가상인물 또는 동물과 이용자와의 인터렉션이 가능하게 할 수 있다. 다만 여전히 한국의 차세대 게임 플랫폼 기술은 디스플레이 중심의 하드웨어 중심이기에 차세대 플랫폼을 활용할 게임 콘텐츠 개발이 절실하다.

8-4 게임 플랫폼의 미래

1. 게임 미디어 생태계의 확장

1) 상생, 공존 그리고 열린 구조

(1) 미디어 생태계는 다변화되고 있으며, 상생과 공존, 열린 구조로의 확장기대

게임과 연동되는 미디어의 스마트화에 따라서 스마트 미디어의 빅뱅 시대 도래를 예측된다. 스마트폰, 태블릿PC, 스마트 TV를 중심으로 한 스마트 미디어와 클라우드 컴퓨팅 서비스의 결합은 보다 근본적이고 커다란 혁신을 가져올 전망이다. 게임 플랫폼의 독자적 고도화와 전문화에서 탈피, 서로 상생하고 상호 영향을 주고받는 수평적 질서로의 변화를 요구받고 있다.

참여적 융합화, 공유적 개방화의 단계를 거쳐 새로운 개념의 게임 미디어 생태계를 구축해 나갈 것이다.

2) 보완가치 창출로서의 게임 멀티 플랫폼

(1) 게임 멀티 플랫폼이 게임 산업시장 확대 동인(動因) 역할

기존 게임 산업은 게임 이용자 요구(needs)에 따라 플랫폼별 영역이 명확히 구분되는 특징이 있다. 게임 멀티 플랫폼 시대에는 플랫폼별 영역이 명확하게 구분되어 하나가 득세하거나 흡수하지는 못하는 시장환경이다.

3A-게임 라이프 시대로의 환경변화는 게임이용자의 이용시간 증대와 게임 이용자의 외연 확대로 이어져 새로운 시장영역을 창출, 기존의 시장을 잠식하는 것이 아닌 기존 시장의 규모를 넓히는 보완가치로서 역할이 기대된다. 게임 멀티 플랫폼으로의 변화 과정에 주목할 또 다른 사항은 소프트웨어 분야의 수익과 실행 가능한 기기 구입의 다양성 확보 등 하드웨어적 측면 양자 수익이 기대되어 시장규모를 확대할 가능성이 있다.

2. 게임 산업의 재구조화 심화

게임 미디어 생태계를 자극하여 플랫폼 영역별 자원의 재분배를 촉진하고 게임 산업 전반의 혁신적인 변화와 재구조화가 심화될 전망이다. 게임 멀티 플랫폼 개념은 이상적이지만 현실적인 제약사항이 여전히 존재, 고사양 하드코어의 수요가 있어 기존 플랫폼 영역 역시 공고화될 것이며 당분간 기존 플랫폼과 멀티 플랫폼 게임의 공존이 예측된다.

3. 가치사슬 체계 내 변화동향

1) 제작적인 측면에서 게임 콘텐츠 제작효율성 극대화

(1) 게임개발비용과 인력투입의 효율성 극대화

게임 산업의 가장 큰 특징 중에 하나는 기타 콘텐츠 산업과 마찬가지로 고위험, 고수익(High Risk, High Return) 산업으로 높은 위험이 상존하는 문제이다. 게임 기업들은 기술적 혁신을 주도하고 진화하면서 고사양 콘텐츠를 제작해 왔으며, 이러한 수요는 게임개발비용을 기하급수적으로 증액된다.

단일 플랫폼별 게임 고도화를 추구해 온 게임 기업들은 게임 개발기간과 비용, 그리고 인력을 보다 많이 투입하는 구조로 변화되었고 개발비용은 비례하여 점차적으로 증가한다.

기존의 플랫폼 파괴를 통한 게임 콘텐츠 제공은 타 플랫폼에 맞게 게임을 새롭게 구축하고 변환함으로써 가능하였으며, 별도의 인력과 비용을 역시 재투입한다.

게임 멀티 플랫폼을 개발하는 경우, 제작 시작단계에서부터 다양한 플랫폼에 맞는 게임개발을 상정, 산술적으로는 단일 플랫폼용 개발비용 정도의 투입으로 게임 멀티 플랫폼을 서비스를 할 수 있어 위험요소가 대폭 감소한다.

2) 유통적인 측면에서 게임 콘텐츠 유통체계의 재구조화

(1) 온라인 서비스 유통방식 채택과 수익다각화 추진

기존의 게임 유통방식이 하드코어 이용자를 겨냥한 패키지 중심의 정액제 서비스가 주였다면 게임 멀티 플랫폼 유통은 온라인 유통 서비스 체계를 바탕으로 단일 플랫폼을 지원하는 전통적인 일회성 매출보다는 다수의 게임 플랫폼을 지원해 수익을 다각화하여 매출을 증가시킬 목적이다.

'스팀(Steam), 오리진(Origin)' 같은 온라인 유통 플랫폼과 '앱 스토어, 안드로이드 마켓'으로 대표되는 모바일 전용 유통 플랫폼의 등장으로, 기존에 확보하고 있던 콘텐츠와 신규 콘텐츠를 활용한 다양한 부가 콘텐츠를 신속히 제공하여 수익으로 전환한다.

(2) 불법복제 문제를 해결하기 위한 하나의 대안

PC 게임, 콘솔 게임의 게임타이틀은 기존의 게임 콘텐츠 유통방식 속에서 불법복제 문제로 산업적, 경제적 손실발생, 플랫폼의 존폐가 거론될 만큼 중요한 문제이다.

PC와 콘솔 게임의 게임 타이틀 패키지를 온라인게임과 모바일 게임 등 다양한 멀티 플랫폼으로 확장하여 제공한다면 불법복제로 인한 경제적 손실을 일부 극복할 것으로 예상된다.

(3) 새로운 유통체계와 해외 수출경로 확대

기존 단일 플랫폼별 해외 수출경로는 복잡다단한 단계와 지역적 환경을 극복하는데 많은 비용과 역량이 소모된다.

국가별, 영역별, 플랫폼별 해외 수출통로와 방법에 있어 기준과 해석, 범위가 제각각으로 게임 콘텐츠의 해외 수출에 많은 난관들이 존재한다.

'앱 스토어, 안드로이드 마켓'으로 대표되는 새로운 유통질서는 해외로의 수출경로를 재편하고 확대하는데 기여한다. '클라우드 컴퓨팅'을 통한 게임 멀티 플랫폼 시스템 역시 새로운 소비유통 모델로 해외 게임이 용자와 공급자들과의 상시적 연결체계 가동할 수 있어 해외로의 수출기회와 기반이 확대될 것으로 사업자들은 전망이다.

3) 이용측면에서 게임 이용인구의 확장과 편의성 증대

(1) 잠재적 이용인구의 신규 유입 확대

게임 멀티 플랫폼 시대는 하드코어 이용자의 마니아적 특성과 더불어 3A-라이프 환경구축으로 게임 이용시간이 증대하여 게임 콘텐츠에 대한 소비충성도가 증대될 가능성이 많다.

게임 멀티 플랫폼 콘텐츠는 하드코어적 요소보다 캐주얼 성격의 콘텐츠가 우선 서비스될 가능성이 높으며, 스마트폰 게임이나 소셜 게임, 웹 게임 중심으로 시장이 형성되어 콘텐츠 이용에 대한 진입장벽이 상대적으로 낮아져 신규 이용자의 유입이 가능할 것으로 전망된다.

(2) 콘텐츠 접근 수월성과 편의성 증대

멀티 플랫폼이 시간과 장소, 단말과 플랫폼 간 경계를 초월하는 특징이 있어 시간과 장소 등의 영향없이 게임 콘텐츠에 쉽게 접근할 수 있으며, 다양한 스마트 기기와 플랫폼을 통해 하나의 게임을 즐길 수 있어 게임에 대한 충성도와 편의성이 증대된다.

4. 클라우드 게임 성장기대와 한계

1) 콘솔 게임 대안으로 성장기대

일정 규모 이상의 클라우드 게임 시장이 형성된다면 단일 버전 게임을 여러 종류의 단말에 제공할 수 있는 있다는 점에서 막대한 개발비용과 인력투입의 위험요소를 안고 있는 콘솔 게임을 대체할 수 있는 대안으로 성장할 수 있다.

PC와 콘솔 게임 타이틀의 불법복제와 중고 게임패키지 유통이라는 고질적 문제를 클라우드 게임 서비스를 통해 일부나마 해결할 수 있으며, 이를 통해 기존 유통구조를 바로잡고 막대한 손실이 발생한 콘텐츠 비용을 회수하고, 게임 산업 전반의 수익성이 개선된다.

2) 클라우드 게임 성패, 기술과 비즈니스 모델 성숙이 관건

클라우드 게임이 주목을 받고 있는 것은 사실이나 블록버스터 등 하드코어 게임에 대한 지속적인 관심과 마니아층이 존재하고 네트워크 환경이 원활하지 못한 지역과 국가에서의 서비스 문제 등으로 획기적인 성장에는 한계를 가질 것이라는 일부 전망도 있다. 클라우드 게임의 성장 여부는 고성능 게임의 원활한 저사양 서비스 등 기술의 완성도와 비즈니스 모델의 성숙도에 의해 판가름 날 것이다.

5. 게임 플랫폼에 대한 전망

1) 온라인 게임 플랫폼

(1) 온라인 게임 시장의 위기는 과대 평가

현재 온라인 게임 산업의 위기가 사실상은 과대 평가되었으며, 장기적인 안목에서 온라인 게임 플랫폼을 보아야 한다고 지적하였다. 온라인 게임 산업이 현재매출이 감소하는 등 외형적인 지표에서 여러가지 위기지표가 나오고 있는 것은 사실이나, 온라인 게임 매출감소의 이면에는 규제로 인한 카드 / 보드류 게임 매출감소와 함께 승자독식 고착화로 인한 중소기업 이탈이라는 효과가 복합적으로 반영이 필요하다. 좀 더 객관적으로 상황을 살펴볼 필요가 있다.

(2) 키보드, 마우스 인터페이스는 중요하며 지속

인터페이스 측면에서 PC 기반 플랫폼이 제공하는 키보드, 마우스 환경은 매우 중요하며 이에 기반한 게임 산업은 지속될 것으로 예측된다. 대체재(태블릿, 스마트폰)의 가격경쟁력으로 인해 데스크톱 위주의 PC 하드웨어 기반에 대해서는 대부분 회의적인 시각을 보유하고 있다.

2) 모바일 게임 플랫폼

(1) 모바일 게임에서 중국에 뒤처지고 있다는 것을 인정해야 함

① 한국은 온라인 게임에서 중국 시장을 압도한 경험 때문에 현재 중국 개발사나 중국 모바일 게임 시장을 경시하는 측면이 있다.

② 콘텐츠의 질이나 규모면에서 우리는 중국뿐만 아니라 일본, 유럽, 미국 등에 비해서도 뒤처지고 있으며, 이러한 상황을 인지한 상태에서 모바일 게임 산업전략을 수립해야 한다.

(2) 현재 한국 모바일 게임의 어려움은 상당부분 구조적인 특성에 기인

① 현재 한국 모바일 게임이 뒤처지고 있는 원인에는 유통구조 등으로 인해 악화된 수익구조가 큰 역할을 차지한다.

② 이러한 유통구조 문제가 해결되지 않으면 다양성과 성장을 장기적으로 담보하기 어렵다.

3) 클라우드 게임 플랫폼

(1) 게임 관련 클라우드 기술은 이미 성숙

① 전문가들은 게임 관련 클라우드 기술은 상용화 수준에 왔으며, 엔씨소프트와 같은 국내 업체도 이미 경쟁력있는 기술을 확보한다.

② PS now와 같은 정식 서비스 이외에도 개별 게임 측면에서 이미 적용되는 게임도 상당히 많으며, 이러한 게임 경험들이 다른 플랫폼과 경쟁할 수 있는 상황이다.

(2) 게임 관련 클라우드 기술의 용도는 고민 필요

① 클라우드 자체는 단독으로 플랫폼으로 성립하기 어려움이 있다.

② PC보다는 TV나 콘솔과 연계된 플랫폼으로서 별도의 플랫폼이라기 보다는 플랫폼 기반 기술 또는 하부 플랫폼이라고 봐야 하는 것이 바람직하다.

4) 스마트 TV 게임 플랫폼

(1) 콘솔 게임 플랫폼과 충돌

① 스마트 TV는 TV를 중심으로 한 플랫폼이라는 측면에서 게임 콘텐츠에서는 콘솔과 충돌이 불가피하다.

② 스마트 TV를 보기 위해서는 독자적인 게임 플랫폼이라기 보다는 게임 콘솔과 경쟁하는 대체 플랫폼으로서 바라보아야 한다.

(2) 스마트 TV가 바라보는 시장은 모두가 가지고 싶은 영역

① 스마트 TV가 현재 있는 곳은 단순히 게임 콘솔과 스마트 TV만 충돌하는 곳이 아니라, 넷플릭스, 아마존, 애플, 구글, 밸브 등 엔터테인먼트 산업의 모든 플랫폼 홀더들이 확보하기 위해 경쟁하는 곳이다.

② 따라서 경쟁에 대한 범위를 넓게 가져가야 할 필요가 있다.

(3) 클라우드와 연계가 필수적

① TV는 H/W 측면에서 한계가 있으며 다른 플랫폼과 경쟁하기 위해서는 클라우드 연계가 필수적이다.

② 이미 스마트 TV에서 게임으로 경쟁하고 있는 선도업체들이 따르고 있는 전략이기도 하다.

(4) 스마트 회사가 콘텐츠 TV 사업 마인드가 부족한 것이 심각한 위협

① H/W 인스톨 베이스 측면에서 스마트 TV 플랫폼이 국가적인 차원에서 경쟁력있

는 산업이 될 수 있을 가능성에 대해서는 전문가들은 동의한다.

② 현재 세계 1, 2위를 차지하고 있는 삼성전자와 LG전자가 가지고 있는 콘텐츠 사업 마인드 부재로 인해 게임 플랫폼으로서 성장할 수 있는 가능성에 대해서 전문가들은 회의적인 시각을 보이고 있음. "구색 맞추기에 급급한데 그 이유가 담당자 입장에서는 그 사람들의 목표는 상사에게 지적받지 않기 위해서 구색을 맞춰야 한다. 겉보기에만 그럴 싸하면 된다. 상사도 잠깐 본 다음에 겉보기만 괜찮으면 넘어가는 것이다. 콘텐츠의 퀄리티를 정확하게 판단할 수 있는 능력이 없다."

(5) 스마트TV 게임 플랫폼 성공을 위해서는 개발사에게 유인 제공 필요

① 게임 플랫폼에서는 킬러 콘텐츠가 중요한데, 현재 스마트 TV 게임 플랫폼에서는 이러한 킬러 콘텐츠를 보유한 업체가 진입할 필요성을 느끼기 어렵다.

② 플랫폼은 콘텐츠를 기반으로 생태계를 구축하여 성장하는 것이 핵심인데, 그동안 콘텐츠 기업에 대해 홀대를 하거나 위험을 떠넘기는 모습을 많이 보여서 신뢰를 잃었다.

③ 개발회사들이 들어올 수 있는 유인을 명확하게 제공해야 한다.

5) VR 게임 플랫폼

(1) VR은 전혀 다른 경험을 제공하기 때문에 중요한 플랫폼

VR은 기존의 평면 디스플레이 기반 게임과는 전혀 다른 몰입감을 제공하기 때문에 굉장히 중요한 플랫폼으로서 역할을 할 것으로 전문가들은 낙관하고 있다.

(2) VR 플랫폼이 해결해야 할 사용자 측면의 진입장벽이 많음

VR이 제대로 게임을 서비스하기 위해서는 현재로서는 해결해야 할 진입장벽이 여러 가지가 있다. 특히, 사용자의 행태와 거부감 등이 빠르게 해결해야 할 문제이다.

(3) 인터페이스나 시력이 나쁜 사람들에 대한 고려 등이 아직 미비

① VR은 안경을 쓰거나 난시가 있는 등 눈이 좋지 않은 사람들이 사용하기에는 생리적인 문제가 존재하며, 3D 멀미도 무시할 수 없는 장벽이다.

② 3차원 공간을 인지할 때 뇌가 인지하는 물체와 실제로 시신경이 인지하는 물체간에 차이가 존재하며, 이는 사용의 피로감이나 멀미, 두통 등 여러 가지 문제를 야기시키는 데 빠르게 해결해야 하는 요인이다.

(4) VR 플랫폼이 해결해야 할 기술적 장벽도 여전히 존재하나 빠른 극복 기대

사용자 행태뿐만 아니라, 기술적으로도 화질 등 측면에서 해결해야 할 문제가 존재

하나, 이런 부분 등은 빠르게 극복할 수 있을 것으로 기대한다.

(5) VR 플랫폼 표준전쟁은 이제 시작

① 소니, 오큘러스 등이 VR 플랫폼을 장악하기 위한 전쟁은 이미 시작되었으나 아직까지 불확실한 요인들이 많아 기술의 상용화 초기 단계이다.

② 게임 콘텐츠 측면에서는 현재 소니가 게임에 대한 플랫폼 경험을 기반으로 사용자 경험에서는 우위를 차지한다.

(6) VR 플랫폼에 대한 국내 개발자들의 인식은 아직 낮음

① 국내 개발자들도 VR 플랫폼이 충분히 매력적인 분야로 인식하고 있으나, 단기적인 관점보다는 중장기적인 관점에서 접근하고 있다.

② 이는 이미 빠르게 움직이고 있는 미국 및 일본 개발회사들과는 차이가 나는 부분이며, 향후 정책수립 및 전략수립 등에 있어서 고려할 필요가 있다.

(7) 콘텐츠의 확보는 플랫폼의 성공으로 선행되어야 할 사항

① 콘텐츠의 부재는 플랫폼 측면에서 큰 한계이다.

② 반면에 이 콘텐츠가 해결되면 VR 플랫폼은 다른 전기를 맞이할 것이다.

(8) VR 플랫폼은 모바일 기반으로 움직일 것

6) 기타 플랫폼

(1) 프로젝션 기반 게임 플랫폼

현재 언급된 플랫폼 외에도 다른 게임 경험을 제공할 수 있는 기술들은 아직까지는 사람들의 라이프스타일과 기술수준을 볼 때 추가적으로 차세대를 이끌기에는 한계가 있다.

(2) 게임 방송 플랫폼

① 게임 외부 환경을 구성하는 플랫폼에 있어서는 새로운 기회가 존재한다.

② 아프리카TV와 같은 경우 새로운 형태의 콘텐츠 포맷을 선도하고 있으며, 이는 강력한 경쟁력을 제공한다.

③ 게임 환경 플랫폼, 특히 게임 방송 플랫폼은 대중화가 되고 있으며, 이는 새로운 한류를 창출할 수 있는 기회를 제공할 수 있다.

④ 이미 게임스트리밍 서비스 관련하여 미국 및 중국에 경쟁력있는 업체가 존재하며, 단순히 아프리카TV를 글로벌로 서비스하기 보다는 새로운 기회를 창출해야 한다.

⑤ 콘텐츠 측면에서 아프리카TV는 여러 가지 기회를 가지고 있다. 이러한 기회를 게임 시스템과 연계하여 확장할 수 있다.

(3) 웨어러블 디바이스 기반 플랫폼

① 웨어러블 디바이스 측면에서는 아직 플랫폼의 주류로 들어오기는 어렵다.

② 과거에 이미 유사한 사례가 있었으나 이러한 경험은 강렬하게 전달되기 어려운 특성이 존재한다.

6. 게임 기술에 대한 전망

1) UHD

① 사용자 경험 측면에서 UHD는 중요한 기술. 4K 디스플레이는 전혀 다른 경험을 제공하며, 빠르게 대중화될 것이다.

② 4K 디스플레이 보급으로 인한 콘텐츠 부재 문제를 겪을 것이며, 4K로 인한 기술 개발이 중요한 이슈로 부각될 것이다.

③ 개발비 측면에서 급격한 상승이 예상되며 이를 해결할 기술확보가 필수적이지만, 그렇지 못하다면 인건비 측면에서 유리한 고지를 차지하고 있는 중국이나 베트남에 시장을 뺏길 가능성이 존재한다.

2) 인공지능

① 인공지능은 현재 인간과 경쟁할 수 있는 수준까지 올라와 있으며, 최근 발표되는 여러 가지 결과물들은 놀라운 수준이다.

② 게임에 적용했을 때 파급력이 높을 것으로 판단된다.

③ 그러나, 게임에 적용은 단순히 똑똑한 것 이상의 무언가가 필요하고 이는 기술적 수준과는 다른 문제로서, 게임 기술로서 차별화가 가능한 영역이다.

④ 하지만, 산업기술이라는 측면에서 게임에 AI를 적용하는 것은 기회가 존재하며 게임 기술이라는 측면에서 AI에 있어서는 충분한 투자 대비 효과를 노릴 수 있는 영역이다.

3) 국가경쟁력을 확보 가능한 기술영역

① 게임 기반기술 측면에서 미국과 중국이 현재 매우 빠른 속도로 기술을 개발하고 있으며, 대부분의 영역에서 한국을 추월해나가고 있다.

② 네트워크 인프라의 우위가 있기 때문에 클라우드 서비스 측면에서 경쟁력이 존

재, 이를 해결하기 위해서는 클라우드 기반기술에 대한 투자와 함께 글로벌한 플랫폼 역량이 필요하다.

③ AI의 경우, 기반기술로는 많이 뒤쳐져 있지만 게임 산업기술이라는 측면에서 기회가 존재하며 투자할 필요성이 있다.

7. 차세대 플랫폼에 있어서 전략적 방향성

1) 온라인 게임에 여전히 기회가 존재

가 차원으로서 차세대 플랫폼을 접근함에 있어서도 우리의 강점에 기반하여 시작해야 함. 특히, 온라인 게임에 있어서는 우리는 경쟁력이 존재하므로 이를 살릴 수 있도록 최대한의 노력이 필요하다.

2) 온라인 게임 경험에서 파생된 새로운 엔터테인먼트 가능성 존재

① 온라인 게임의 경험을 좀 더 깊게 살펴보자면 사실 거기에는 SNS의 속성이 상당부분 가미되어 있다.

② 온라인 게임을 좀 더 분해하거나 확장하여 메타 프로덕트로서 새로운 엔터테인먼트가 탄생할 수 있다.

3) 온라인 게임과 융합 콘텐츠로서 이스포츠를 다시 주목할 필요있음

① 이스포츠는 한류로서 전 세계에 어필을 하고 있으나, 이것이 한국의 온라인 게임과 연계되어 제대로 된 시너지를 내지 못하고 있다.

② 이스포츠에 대해 국가차원에서 전략적으로 접근할 필요성이 있다.

4) 모바일은 후발 주자라고 인식하고 경쟁에 임하여야 함

① 국가 전략 측면에서 한국이 모바일 게임 플랫폼 측면에서는 중국, 일본, 미국 등에 상당히 뒤쳐져 있다는 것을 인식해야 한다.

② 그런 인식 하에서 유통구조를 개선하고 다각적인 노력을 기울여야 한다.

5) 스마트 TV 플랫폼은 게임 콘솔과 경쟁하는 영역

① 스마트 TV는 TV를 중심으로 한 플랫폼이라는 측면에서 게임 콘텐츠에서는 콘솔과 충돌이 불가피하다.

② 스마트 TV를 보기 위해서는 독자적인 게임 플랫폼이라기 보다는 게임 콘솔과 경

쟁하는 대체 플랫폼으로서 바라보아야 한다.

6) 스마트 TV 플랫폼은 H/W 기반 업체의 한계 극복 필요

① H/W 인스톨 베이스 측면에서 스마트 TV 플랫폼이 국가적인 차원에서 경쟁력있는 산업이 될 수 있을 가능성에 대해서는 전문가들은 동의한다.

② 현재 세계 1, 2위를 차지하고 있는 삼성전자와 LG전자가 가지고 있는 콘텐츠 사업 마인드 부재로 인해 게임 플랫폼으로서 성장할 수 있는 가능성에 대해서 전문가들은 회의적인 시각을 보인다.

제 1 장	스마트 미디어의 개요
제 2 장	스마트 미디어의 특징 및 활용
제 3 장	스마트 미디어 기술 및 응용 서비스
제 4 장	IT 비즈니스 플랫폼의 개요
제 5 장	플랫폼 발전과 활용
제 6 장	핀테크 플랫폼(삼성 / 알리 / 애플 페이 등)
제 7 장	소셜 플랫폼(SNS / 페이스북 등)
제 8 장	게임 멀티 플랫폼(네이버 / 카카오 등)
제9장	**음원 플랫폼(멜론 / 벅스 / Milk 등)**
제10장	웹툰 플랫폼
제11장	웹드라마 플랫폼
제12장	K-컬처 플랫폼(한류 뷰티 / 스킨 / 드라마 등)
제13장	스마트 홈 플랫폼
제14장	스마트 자동차 플랫폼

9-1 음원 플랫폼의 개요

음원(音源, Sound source)이란 음(Sound)의 근원(Source)을 말한다. 실제 악기를 직접 연주하면 나타나는 소리가 바로 음원인데, 음악 세계에서 모든 악기를 음악을 들을 때마다 직접 연주한다는 것은 현실적으로 불가능하다. 따라서 해당 악기의 소리를 특정한 매체(Digital Audio Tape, CD, DVD 등)에 기록하였다가 필요할 때 소리로 환원하여 사용하게 되는데, 이러한 과정에서 나타나는 결과의 모체가 바로 일반적으로 애기하는 음원이 되는 것이다.

1. 플랫폼 현황

세계 디지털 음악 유통 플랫폼에서 가장 큰 규모를 차지하는 것은 다운로드 플랫폼과 스트리밍 플랫폼이다. 현재 다운로드(소유) 서비스에서 스트리밍(대여) 서비스로 트렌드가 이동하는 추세이다.

2. 음악시장의 분류

전체 음악시장은 크게 '라이브 음악'(Live Music)과 '기록음악'(Recorded Music) 시장으로 나누어진다. '라이브 음악' 시장은 공연, 콘서트, 음악 페스티벌 등을 포함하는 시장이고 '기록음악' 시장은 음반시장으로 불리기도 하며, 음악의 녹음을 통한 물리적 유통과 디지털 유통, 공연권, 배경음원 시장으로 세분화된다.

〈표 9-1〉 음원시장의 분류

구 분		정 의
라이브 음악(Live Music)		공연, 콘서트, 음악 페스티벌 등
기록음악 (Recorded Music)	물리적 (Physical)	모든 유형의 음악(앨범, 싱글, 뮤직비디오 등)의 오프라인 음반, 카세트, CD, LP / EP4), DVD 등을 포함하며 CD 판매에서 Amazon과 같은 인터넷을 통한 구매형태도 오프라인 판매로 간주함
	디지털 (Digital)	온라인이나 모바일을 통해 다운로드받은 싱글트랙, 디지털 앨범, 뮤직비디오 판매, 벨소리, 링 백톤, 멜로디, 음성 등으로 구성된 모바일 음원상품도 포함. 아울러 온라인이나 모바일을 통한 가입비 수익, 오디오 / 비디오 스트리밍으로부터의 디지털 수입, 기타 다른 형태의 디지털 수익도 포함(디지털 음악시장)
	공연권 (Performance Rights)	기록음악(음반, 음원)을 TV, 라디오와 같은 방송에서 사용한 경우나, 제3의 필요에 의해 나이트클럽, 바, 레스토랑, 호텔 등의 장소에서 사용되어 발생하는 수익으로, 인터넷을 이용한 라디오 스타일 스트리밍 수익을 포함. 음원 라이선스를 보유한 개별회사로부터 음반사가 벌어들이는 수익을 의미
	배경음악 (Synchronisation)	2010년부터 집계되기 시작한 수익시장으로 TV 프로그램, 영화, 게임, 광고 등의 제작 시 배경음악으로 사용(sync)된 기록음악(sound recording)의 로열티와 수수료를 의미함

참고 : 세계 디지털 음악시장의 유통과 수익구조 분석, 2012.12.27 KOCCA

3. 디지털 음악시장

디지털 음악시장은 디지털 유통시장에 해당하며 기록음악을 디지털화한 파일의 형태로 인터넷을 통한 다운로드, 스트리밍 등의 방식에 의해 모바일, 스마트 기기 등으로의 유통, 월정액(Subscription) 수익이나 광고 베이스 무료 서비스를 포함한다.

디지털 음악시장의 대표적인 서비스 형태는 다운로드, 스트리밍, 클라우드 방식이 있고 이는 〈표 9-1〉과 같이 분류된다. 음악 라디오-스타일 스트리밍 서비스의 경우, 서비스되는 음악의 저작권자들은 공연권(Performance rights)을 통한 로열티를 받는데 이는 기록음악의 매출이 된다.

〈표 9-2〉 디지털 음악시장의 서비스별 분류

서비스 방식	유통형태			시장분류
디지털 유통	다운로드 (Download)	디지털 앨범, 트랙의 영구 다운로드 (Permanent Digital Downloads)		디지털 음악
		디지털 앨범, 트랙의 일시적 다운로드 (Limited Downloads)		디지털 음악
	스트리밍 (Streaming)	오디오	On-demand(Interactive)	디지털 음악
			Radio-style	방송
			클라우드(Cloud)	디지털 음악
		비디오(Music Video)		디지털 음악
	모바일 (Mobile)	Mastertone, Ringtone, Ringbacktone 등의 모바일 상품		디지털 음악

참고 : 세계 디지털 음악시장의 유통과 수익구조 분석, 한국콘텐츠진흥원 2012.12.

9-2 디지털 음악 유통 플랫폼의 분류

1. 분 류

디지털 음악 유통 플랫폼은 크게 서비스 방식에 따라 다운로드, 스트리밍, 모바일 유통 플랫폼으로 나누어진다. 모바일 플랫폼의 경우, 시장이 축소되고 있는 실정이라 실질적인 시장은 다운로드, 스트리밍 서비스 플랫폼이 주축이 된다. 현재 디지털 음악 유통에서 가장 큰 비중을 차지하고 있는 것은 다운로드 서비스이며, 대표적인 글로벌 오디오 다운로드 플랫폼은 iTunes Music Store이다.

〈표 9-3〉 주요 글로벌 음악 유통 플랫폼

유통 플랫폼 분류			명 칭
Music Download			iTunes Store, Amazon MP3, Google Music Store, Napster, eMusic, 7digital
Music Streaming	Audio	On-demand	Spotify, Rdio, Rhapsody, MOG, Deezer
		Radio-style	Pandora, Last.fm, Slacker
		Cloud	iTunes Match, Google Music, Amazon Cloud Player
	Video		YouTube, VEVO, MTV Networks Music, Muzu TV, Dailymotion Music, Yahoo Music

참고 : 세계 디지털 음악시장의 유통과 수익구조 분석, 한국콘텐츠진흥원 2012.12.

미국 디지털 음악시장에서 1위는 iTunes로 64%, 2위는 Amazon MP3로 16%, 3위 Google Play 5%, 나머지 eMusic, Zune Music Pass 등은 5% 이하의 점유율을 보이고 있다. 미국 디지털 음악시장에서 라디오-스타일과 온 디맨드 스트리밍 분야의 인지도 조사에 의하면 1위는 Pandora로 50%, 2위는 iHeartRadio(Clear Channel)로 25%, 3위는 Spotify로 19%이다.

현재 글로벌 뮤직 비디오 플랫폼은 YouTube, VEVO 등이며, 음악 오디오 스트리밍 서비스는 Spotify, Deezer 등이 글로벌 시장을 형성하고 있다.

2. 변화 추세

최근의 디지털 음악 유통 추세는 다운로드 서비스에 스트리밍 서비스로의 변화를 꼽을 수 있고 이는 콘텐츠의 소유에서 대여로의 변화이며 글로벌한 추세이다. 미국 음반협회(RIAA)의 최근 데이터에 따르면, 미국의 음악 스트리밍(Streaming) 및 가입(Subscription) 매출은 18.9% 증가했으며 이것은 대여 시장점유율이 점차 증가하고 있고, 메인스트림 기준으로 부상하고 있다는 것을 의미한다.

이에 다운로드 중심의 주요 음악 스토어들이 자사 클라우드 서비스와 연계한 음악 스트리밍 서비스를 출시(iTunes match, Google play, Amazon Cloud player 등)하고 있다. 기존 뮤직 비디오 스트리밍 사업자들은 라이브 음악공연 스트리밍 사업으로 혁신을 추구하고 있는 경향을 보이고 있다(YouTube, VEVO 등).

3. 유통 플랫폼별 현황

1) 다운로드 플랫폼

(1) iTunes Music Store

2001년 등장하고 2003년에 20만개의 음원을 바탕으로 iTunes Music Store를 본격 출시하고 현재 iTunes Store는 56개국을 추가하여 전 세계적으로 119개국에서 이용할 수 있다.

iTunes의 가격정책은 음악 1곡($0.69, 0.99, 1.29)18), 뮤직 비디오($1.99), 앨범($8.99, 9.99, 14.99)의 가격(variable pricing model)을 아티스트가 선택하도록 하였다.

IT 전문 미디어 Business Insider에 따르면, 음반 레이블의 최고 수익원은 Apple의 iTunes로 2011년에만 음반업체에 약 32억 달러의 수익을 지급한 것으로 알려졌다.

〈표 9-4〉 애플 / 구글 / 아마존의 디지털 콘텐츠 스토어 경쟁력 비교

구 분		아이튠즈	구글플레이	아마존
콘텐츠 확보현황		• 가장 방대한 음원 콘텐츠 제공 • 음원 : 2800만 곡 이상(12.4 기준) • Universal, Sony, EMI, Warner Music	• 애플은 물론 아마존보다도 적은 수의 콘텐츠 확보(1500만 곡) • Universal, Sony, EMI	• 콘텐츠 확보에서 구글보다 우위 • 음원 : 2000만 곡 이상 (12.7 기준) – Universal, Sony, EMI, Warner Music
가격 전략	음원 (앨범 / 싱글)	• 싱글 : \$1.29, \$0.99, \$0.69 • 앨범 : \$8.99, \$9.99, \$14.99	• 싱글 : \$1.29, \$0.99, \$0.69, and free • 앨범 : \$9.99 이하	• 싱글 : \$1.29, \$0.99, \$0.69 • 앨범 : \$5.00~\$10.99 이상 다양
	음원 서비스 정책	• 스트리밍 : 지원 안됨 • 다운로드 : 아이클라우드를 통해 10개 단말까지 동기화 가능	• 스트리밍 : 동시에 여러 단말기에서 플레이 불가 • 다운로드 : 오프라인 재생을 위해 최대 10개 단말까지 다운로드 가능	다운로드, 스트리밍 : 아마존 클라우드 드라이버를 통해 최대 8개 단말까지 동기화 가능
	기타 서비스 정책		매일 한 곡의 음원을 무료로 제공함으로써 이용자의 스토어 방문유도	
지원단말		Apple 단말기	Apple 단말기 혹은 데스크톱 버전의 브라우저 구동이 가능한 단말기 넥서스 Q의 경우 안드로이드 단말을 통해 작동 가능	가장 다양한 단말활용 지원, Amazon Instant Video의 경우 Kindle은 물론 PC, 스마트폰, 태블릿, 셋탑박스, 게임콘솔, 스마트 TV에서도 가능
단점		애플은 아이튠즈를 통해 가장 방대한 규모의 디지털 콘텐츠를 제공하며 시장을 선도하고 있지만, 자사 단말에 한정한 서비스 제공과 스트리밍 옵션이 제공되지 않는 점은 약점으로 지적	구글은 가장 다양한 서비스 옵션을 제공하고 있지만, 구글 플레이에서 제공되는 콘텐츠 자체가 적은 점은 최대 약점으로 지적	H/W 판매보다 콘텐츠 판매에 더 높은 비중을 두고 있는 아마존은 셋톱박스, 게임콘솔 등 가장 다양한 유형의 단말을 지원

참고 : 세계 디지털 음악시장의 유통과 수익구조 분석, 한국콘텐츠진흥원 2012.12.

(2) Amazon MP3

Amazon.com에서 운영하는 음원 유통 사이트로 2007년 9월 25일 베타 서비스를 시작했으며, 2008년 12월 3일 영국, 2009년 4월 1일 독일, 2009년 6월 10일 프랑스 등에서 서비스를 시작하였고 일본, 이탈리아, 스페인에서 뒤를 이어서 서비스를 시작하였다.

서비스 시작 후 EMI, Universal을 포함한 2만 개 이상의 제작사(label)와 18만 명 이

상의 음악가로부터 2백만 곡 이상을 제공받았으며, 2007년 12월 Warner, 2008년 1월 Sony가 참여하여 현재 2,200만 곡이 제공되고 있다.

(3) Google Play

2012년 11월 16일 Google Play와 연계한 음원 다운로드 서비스인 Google Music 출시로 디지털 음악시장에 진출하였다. 현재 미국에서만 이용 가능하고 PC, Android 2.2 이상 단말에서 이용 가능하고 음원 음질 320kbps 수준이다.

음악 가격정책은 한 곡당 판매가격 0.69~1.29달러로써 iTunes, Amazon MP3 등과 유사하다. Artist Hub는 뮤지션이 직접 자신의 음원을 업로드해서 판매할 수 있도록 하였다. 아티스트 페이지 구축을 위한 초기 비용 25달러만 지불하면 이후 추가 비용 없이 자체적으로 원하는 만큼 음원을 올려 판매할 수 있으며 판매가격 설정도 자유롭다.

'오늘의 무료 음원(Free Song of the Day)'은 신인 뮤지션이 팬 층을 확대할 수 있도록 하기 위함이다. Rolling Stones, Coldplay, Busta Rhymes 등의 라이브 음원 독점 공개 등을 통해 콘텐츠 차별화 전략을 구사하고 있다.

Google의 자체 SNS인 Google+를 통해 Google Music 이용자가 구매한 음원은 친구와 공유 가능하고 1회에 한하여 전곡 감상이 무료로 지원되며, 공유 글에서 '구매' 버튼을 클릭해 음원구매가 가능하다.

Google Music은 Warner Music을 제외한 나머지 Universal, Sony, EMI, 그리고 1000여개의 인디 음반사와 저작권 계약을 하여 동참하고 있다.

2) 클라우드 플랫폼

(1) iTunes match

2011년 10월 애플은 클라우드 기반의 단말 간 콘텐츠 연동 서비스 iCloud와 iTunes Match 서비스를 런칭하고 이용자로 하여금 콘텐츠를 모든 애플 디바이스에서 이용할 수 있도록 하였다.

이용자가 보유 중인 음악 파일을 Apple의 클라우드 스토리지 iCloud에 등록해 놓고 언제 어디서든 Apple 단말을 통해 스트리밍으로 이용할 수 있는 서비스로서, iTunes Match는 이용자의 단말에 저장된 음원을 스캔해 iTunes의 음악 라이브러리와 대조한 후, 같은 음악이 있을 경우 판매용 음원과 동일한 256kbps급 DRM-Free 포맷으로 대체해 이용할 수 있도록 한 서비스이다.

매치된 음원은 iTunes에 이미 존재하는 파일로 제공되므로 별도의 업로드가 필요 없고 개인별 클라우드 스토리지 용량도 소모하지 않는다.

iTunes match 이용자는 연간 24.99달러의 요금으로 클라우드상에 자신만의 라이브러리를 구성하고 이용할 수 있는 서비스로 이를 통해 최대 2만 5000개의 음원을 업로드할 수 있으며, 최대 10개의 서로 다른 단말에서 업로드한 음원이용이 가능하다.

iCloud는 서비스 개시 3개월 만에 가입자 8,500만 명 돌파하였다.

(2) Google Music

Google Music은 보유 베타 버전의 클라우드 음악 서비스로서 음원을 무료로 업로드해서 들을 수 있다. 2012년 5월 최대 2만 개 보유음원을 업로드해 이용할 수 있는 서비스를 개시해 무료로 제공하고 있다. 당시 메이저 음반사와 협상 실패로 음원 다운로드 서비스 개시는 실패하였다.

(3) Amazon Cloud Player

아마존은 2011년 3월 말부터 미국 내 아마존 이용자를 대상으로 자사 디지털 음원 스토어 Amazon MP3의 1500만개 음원을 근간으로 한 클라우드 음악 서비스 'Cloud Player' 서비스를 제공하고 있다.

Amazon은 클라우드 음악 서비스 'Cloud Player'를 발판으로 디지털 음악시장을 공격적으로 공략 중이나, 이 역시 큰 성과를 거두지는 못하고 있다.

〈표 9-5〉 클라우드 음악 서비스 비교

구 분	iTunes Match	Amazon Cloud Player	Google Music
월정액	없음	없음	없음
Storage 요금	$24.99 / 년간	$ 24.99 / 년간	무료
저장한계	25,000곡	250,000곡	20,000곡
서비스 국가	50+	4(미국, 유럽)	6(미국, 유럽)
스트리밍 음원 수	2800만 곡	2000만 곡	1500만 곡
음악파일 타입	AAC, 256kbps	MP3, 256kbps	MP3, 320kbps
기기 / 지원 플랫폼	OS X, Windows, iOS	Android, Windows, OS X, iOS, Web	Android, Web

참고 : 세계 디지털 음악시장의 유통과 수익구조 분석, 한국콘텐츠진흥원 2012.12.

3) 오디오 스트리밍 플랫폼

(1) Spotify(on-demand)

스웨덴에서 2008년 10월 출발한 Spotify는 유럽 최대 음악 스트리밍 사업자로 2011년 미국, 영국, 호주, 뉴질랜드, 독일, 스웨덴, 핀란드, 노르웨이, 덴마크, 프랑스, 스페인, 오스트리아, 벨기에, 스위스, 네덜란드, 아일랜드, 룩셈부르크 등 17개국에서 서비스 중이다. 세계 4대 음반사 Universal, Sony, EMI, Warner Music을 포함, 30만개 음반사와 계약하고, 2000만곡을 서비스 중이며 날마다 2만곡씩 추가되고 있다.

2012년 12월 현재 사용자는 2000만 명을 넘었고 그 중에서 유료가입자는 500만 명 수준으로 유료가입자 비율이 20%가 넘었다. 음반저작권 업계에서는 Spotify가 주요 수익원으로 주목받고 있는 것으로 나타났는데, Spotify는 서비스를 시작하고 지금까지 5억 달러의 저작권료를 지급하였다.

2011년 미국 진출 시, Facebook과 제휴를 맺고 이용자가 청취 중인 음악을 뉴스 목록에 보여주는 소셜 기능을 제공하였으며, 최근에는 'follow' 버튼, 'discover' 탭 등 이용자가 새로운 음악을 발견할 수 있도록 지원하는 신규 기능을 출시하고 있다.

그러나 이 같은 성장세에도 불구하고 Spotify는 아직까지 수익을 내지는 못하고 있는 것으로 알려졌다. New York Times에 따르면 Spotify는 2011년 대비 458% 증가한 9,900만 달러의 매출을 기록했으나 손실액 역시 전년 2,600만 달러에서 4,200만 달러로 급증하였다.

2012년 6월 기준 자산가치를 40억 달러로 평가받은 Spotify는 현재까지 2억 2,000만 달러의 투자금을 유치한 가운데, 최근 Goldman Sachs와 1억 달러의 투자계약을 체결한 것으로 전해졌다.

반면 벤처캐피털 및 투자자들은 Spotify가 유저에게 판매하는 콘텐츠에 대한 소유권이 없다는 이유로 거액의 가치평가에 회의적인 입장을 유지하고 있으며, 음반저작권자 진영이 향후 Spotify의 이윤을 감시하고 드러나지 않은 이익에 대해 세금부과를 요구할 수도 있다고 주장하였다.

Spotify의 성장률이 현재와 같은 속도를 유지한다면 Spotify의 이용자 수가 향후 2년 내에 iTunes를 앞지를 수도 있다는 전망이다.

(2) Deezer(on-demand)

프랑스의 음원 스트리밍 서비스인 Deezer는 2007년 8월 프랑스에서 서비스 개시, 2011년 말 세계적인 사업확장기를 맞이하였는데 2012년 3월 기준 유럽 46개국에 서비스를 확장했고, 2012년 10월 160여 개국에서 서비스 중이다.

월평균 2,600만의 가입자, 700만의 액티브 유저, 200만 명의 유료가입자를 확보, 유료가입자 수를 기준으로 세계 2위의 규모의 사업자로 평가된다. Deezer의 서비스 곡수는 2000만 트랙이고, 웹 기반의 서비스는 특히 다운로드 애플리케이션이 활성화되지 않은 개발도상국의 이용자들을 유인하는 좋은 방법이 될 것이다.

2011년 5,000만 유로의 매출기록, 2016년까지 10억 유로의 매출을 달성할 수 있을 것으로 전망하고 있다. 최근 Warner Music Group의 소유주인 Access Industries로부터 1억 3,000만 달러의 막대한 투자금을 유치하였다.

〈표 9-6〉 온디맨드 스트리밍 서비스 비교

구 분	Spotify	Rdio	Rhapsody	MOG	Deezer
이용국가	핀란드, 프랑스, 네덜란드, 스페인, 영국, 미국 등 17개국	미국, 영국, 캐나다 등 13개국	미국	미국, 호주	150여개국 (미국, 일본 등 제외)
가격	• Spotify Free : 무료(ads) • Spotify Unlimited: US$4.99 / 월 • Spotify Premium: US$9.99 / 월	• Rdio Web: US$ 4.99 • Rdio unlimited : US$9.99 / 월	• Free play plan : 무료 • Basic Plan : $4.99 / 월 (no ads) • Primo plan : $9.99 / 월 (mobile access)	• Limited-time : 무료 • Basic : US$4.99 / 월(no ads, unlimited) • Primo : US$9.99 / 월(no ads, unlimited, mobile)	• Deezer Premium : £4.99 / 월, Deezer Premium+ : £9.99 / 월
플랫폼	윈도우, 애플, 리눅스, 블랙베리, 안드로이드	윈도우, 애플, 안드로이드, 블랙베리	윈도우, 애플, 안드로이드, 블랙베리	파이어폭스, 안드로이드	
뮤직 라이브러리	약 2000만 곡	약 1800만 곡	약 1300만 곡	약 1600만 곡	약 2000만 곡
스트림 비율	160kbps free 310kbps premium	64kbps 이상	128kbps 제공 64kbps free	256kbps(웹) 64kbps(모바일)	

참고 : 세계 디지털 음악시장의 유통과 수익구조 분석, 한국콘텐츠진흥원 2012.12.

(3) Pandora(Radio-style)

미국의 대표적인 인터넷 스트리밍 라디오 Pandora는 미국 디지털 라디오 시장의 약 66%, 미국 전체 라디오 시장의 4.3%를 점유하고 있다. Pandora 앱은 Appstore(iOS)와 Android Market에서 가장 다운로드 수가 많은 무료 음악 애플리케이션이다.

2011년 3분기 기준 4,000만 명의 청취자를 확보, 전년 대비 약 65% 증가, Pandora의 유료 서비스 가입자는 약 100만 명으로 추정되며 2011년 가입매출액의 약 80%에 해당된다.

특히 Pandora는 자동차 업계와 파트너십을 체결하고 링크-업 서비스까지 영역을 확장하고 있는데 현재 Honda, BMW, Toyota 등 14개 자동차 기업들과 제휴하고 있다. Pandora는 2012년 동안 약 2억 2,900만 달러의 음성 광고와 스크린 광고를 포함한 모바일 광고매출을 올릴 것으로 예상되며, 이는 Google에 이어 2위에 해당하는 성적이다. 하지만 Pandora는 모바일 광고를 통해 실제 수익은 내지 못하고 있다.

〈표 9-7〉 라디오 스타일 음악 스트리밍 서비스 비교

구 분	Pandora	last.fm	Slacker
이용국가	미국, 호주, 뉴질랜드	영국, 미국, 독일 등 8개국 (recommendation service)	미국, 캐나다
가격	• 무료 : 40시간 / 월 스트리밍 • US$ 0.99 : 무제한 스트리밍 • Pandora One : US$ 36 / 년간 : 고품질 스트리밍	• 영국, 미국, 독일 : 무료 • 그 외 국가 : 가입비 $3 / 월	• Slaker Radio Plus : US$ 3.99 / 월 • Slaker Premium Radio : US$ 9.99 / 월
플랫폼	파이어폭스, 윈도우, 윈도우 모바일, 안드로이드 팜, 블랙베리, 노키아, 윈도우 미디어 플레이어	윈도우, 애플, 리눅스, 안드로이드, 블랙베리	안드로이드, 블랙베리, 윈도우 미디어 플레이어
뮤직 라이브러리	80만 곡	1200만 곡	850만 곡
스트림 비율	64kbps(free) 192kbps	128kbps	128kbps(MP3) 64kbps(모바일)

참고 : 세계 디지털 음악시장의 유통과 수익구조 분석, 한국콘텐츠진흥원 2012.12.

4) 비디오 스트리밍 플랫폼

(1) YouTube

2005년 2월 시작된 인터넷 Video Sharing Service로 2006년 11월 Google에 인수됨, 매월 8억 명의 방문자 수, 하루 동영상 재생횟수 40억 회로 동영상 전송 최대 글로벌 플랫폼이다.

세계 음악시장에서 아마추어였던 저스틴 비버나 수잔 보일도 YouTube에서 스타로 성장했다. YouTube에 업로드된 레이디가가의 프로모션 비디오의 누계 재생횟수는 무려 20억 회이다.

YouTube는 구글과 같이 광고 베이스의 수익모델, 하지만 YouTube에서 제공하는 뮤직비디오 1회 재생시 발생하는 광고수익은 1센트 미만으로 미미한 수준이다. 음반사 등의 이익을 고려한 뮤직비디오 서비스는 소비자의 호응을 얻지 못하고 있어 수익화 대책마련에 비상이 걸린 상황이다.

이에 YouTube에서는 동일한 동영상 콘텐츠라도 인기 채널을 통해 유통할 경우 더욱 많은 광고비를 견인할 수 있다(㉮ 어떤 동영상을 개인적으로 YouTube에 업로드할 경우). CPM(Cost Per Mille)은 2달러 미만이지만, 유명인의 YouTube 채널을 통해 동영상을 게재할 경우에는 CPM이 20달러까지 증가한다.

〈표 9-8〉 글로벌 디지털 음악 플랫폼의 주요 서비스 항목비교

구 분	Xbox	iTunes	Spotify	Pan dora	Ama zon	Goo gle	Rap sody	Sam sung	Sony	Dee zer	rara	Rdio	Zune
무료 스트리밍	0	x	0	0	x	x	x	0	x	0	x	0	x
Subscription	0	x	0	0	x	x	0	0	0	0	0	0	0
DTO / Purchase	0	0	0	x	0	0	0	0	x	x	x	0	0
Cloud locker	0	0	x	x	0	0	x	0	x	x	x	x	x
Artist-basedradio	0	x	0	0	x	x	0	0	0	0	x	0	0
Recommendations	0	0	0	0	0	0	0	0	0	0	0	0	0
25M+Tracks Globally	0	0	0	x	x	x	x	x	x	x	x	x	x
PC+Mobile+ Home	0	0	0	x	0	0	x	0	0	0	x	0	0
Social Integration	0	0	0	x	0	0	0	0	0	0	x	0	x
Scan and match	0	0	x	0	x	0	0	0	0	0	x	0	x

참고 : 세계 디지털 음악시장의 유통과 수익구조 분석, 한국콘텐츠진흥원 2012.12.

최근 YouTube는 자사 비디오 콘텐츠의 30%가 99%의 트래픽을 유발한다고 발표, 이는 70%의 비디오 콘텐츠가 1%의 트래픽만을 유발하며 수익창출에는 거의 도움이 되지 않음을 의미이다.

Credit Suisse가 전망한 2009년 YouTube의 경영실적에서 수익은 2억 4,000만 달러인 반면, 비용은 7억 1,100만 달러로 4억 7,100만 달러의 순손실이 발생한 것으로 나타났다. 이는 YouTube의 사업 모델이 효율적이지 못함을 뜻한다. 이처럼 뚜렷한 수익모델을 제시하지 못하고 있다. YouTube는 콘텐츠 강화전략의 일환으로 자체 제작, 오리지널 콘텐츠 확대, Live채널의 실시간 스트리밍 서비스, 고품질 서비스 제공 등으로 수익 확보전략을 구사하고 있다.

현재 YouTube는 수익성 강화를 위해 YouTube 채널의 유료화를 시사, 시점 · 요금 수준은 미정이다. "YouTube를 통해 오리지널 콘텐츠 채널을 운영하는 제휴사들에게 채널 구독자를 상대로 한 가입형 유료 과금 모델(subscription model) 적용을 허용하는 방안을 검토 중"이다.

9-3 디지털 음악 유통방식과 수익구조

1. 디지털 음악 유통을 위한 글로벌 음악 표준 코드

디지털로 음악을 해외에 유통하기 위해서는 먼저 각 음악의 분류를 위해 글로벌하게 통용되는 국제음악표준 코드를 사용하는 것이 필수이다. 디지털 앨범을 위해서는 UPC(Universal Product Code)가, 디지털 트랙을 위해서는 ISRC(International Standard Recording Code)가 필요하다.

위의 두 코드는 바코드와 국제표준 기록음악 코드로서 음원의 영구적인 고유번호가 되며 스토어 판매 시나 저작권료 징수에 있어 판매실적과 다운로드 횟수 등을 보다 효율적으로 추적 및 관리할 수 있다. 따라서 iTunes Store나 기타 세계적인 디지털 음악 유통을 위해서는 필수적이다.

ISRC는 오직 음악녹음(Sound Recordings)과 뮤직 비디오 녹음(Music Video Recordings)에 부여하는 국제표준 코드이다. 이 코드의 부여기관은 ISO에 의해 IFPI가 선정되어 이곳의 허가를 득한 개인이나 단체(Encoding Houses)에게 코드를 발급받아야 한다. 한국에는 ISRC 코드를 부착하지 않아 글로벌 유통에 어려움 발생하고 있다. 그리고 ISRC 코드의 부여 기관에 관한 문제도 존재한다.

2. 디지털 음악 유통을 위한 세금 코드와 판매세

미국의 디지털 음악시장에서 음악을 유통하기 위해서는 IRS(Internal Revenue Service)에서 US 세금 코드(Tax ID)를 발급받아야 하고, 이를 통해 음원판매 시 판매세(Sales tax)를 자동 납부해야 한다. 판매세의 경우 국가마다 비율이 다르며 아시아나 북미, 남미 등의 경우에는 0~10%대인 반면, 유럽의 경우 10~20%로 높은 편이다.

3. 디지털 음악 저작권과 로열티

디지털 음악시장의 경우 수익의 많은 부분이 저작권 권리에서 발생하므로, 특히 글로벌 유통의 경우 해당 시장의 저작권 현황과 로열티 요율 등을 숙지할 필요가 있다. 미국에서 음악에 관련되는 저작권은 원곡(Song)에 관한 저작권과 기록음악(Sound Recording)에 관한 저작권이 있고, 각각의 저작권자는 원곡 저작자(와 원저작자의 권리를 가진 퍼블리셔)와 기록음악 저작자(아티스트, Performer와 기록음악의 저작권을 가진 자)이다.

<표 9-9> 미국의 음악 저작권자

분 야	저작권자	관 계
원곡(Song)	• 작사 / 작곡가 (Songwriter, Composer) • 퍼블리셔(Publisher)	• 작사 / 작곡가가 Initial Copyright Owner • 이들의 권리를 계약에 의해 대행하는 자가 퍼블리셔
기록음악 (Sound Recording)	• 아티스트(Recording Artist), 퍼포머(Performer) • 음반사(Label)	• 기록음악의 저작권자는 일반적으로 음반사이며, 이는 권리에 대한 계약으로 정해짐 • 계약이 없을 경우 원칙적으로 아티스트(Artist, Performer)에 귀속 • 어떤 경우에는 제작자(Producer)나 레코딩 엔지니어일 수도 있음

참고 : 세계 디지털 음악시장의 유통과 수익구조 분석, 한국콘텐츠진흥원 2012.12.

미국의 음악 관련 저작권법(The Copyright Act)에 따르면 6가지 배타적 권리가 발생하며 각 권리에 대한 권리 여부는 <표 9-10>과 같다.

미국의 경우, 기록음악에 대한 공연권, 전시권은 음반사나 아티스트에게 권리가 없다. 즉, 음반을 (지상파, 케이블 등의) TV나 라디오에 방송했을 때, 작사 / 작곡가나 퍼블리셔의 권리는 발생하나 음반사나 아티스트의 권리는 발생하지 않는다.

<표 9-10> 원곡과 기록음악에서 저작권자의 배타적 권리

배타적 권리	권리자	
	song	sound recording
복제권(Make copies or phono records)	○	○
공연권(Perform publicly)	○	–
배포권(Distribute copies or phono records)	○	○
전시권(Display publicly)	○	–
2차 저작권(Prepare derivative works)	○	○
디지털 음성송신권 (Perform publicly by digital audio transmission)	–	○

참고 : 세계 디지털 음악시장의 유통과 수익구조 분석, 한국콘텐츠진흥원 2012.12.

반면 디지털 오디오 방송, 즉 Pandora와 같은 웹캐스터나 Sirius XM 같은 위성방송 또 지상파 방송사의 인터넷 홈페이지를 통한 방송 등에서는 음반사나 아티스트에게만 digital performannce rights가 발생한다. 하지만 미국 저작권위원회에서는 디지털 다운로드와 스트리밍 서비스인 경우, 다운로드인 경우는 복제권만 인정하고 스트리밍 서비스인 경우 복제권과 공연권을 동시에 인정한다.

미국은 디지털 음악의 권리와 요율에 대한 사항을 Copyright Royalty and Distribution Reform Act of 2004에서 규정했고, 권리의 로열티 요율은 저작권 로열티

위원회(Copyright Royalty Board)가 정하도록 하고 있다. 원곡과 기록음악에서 발생하는 저작권 로열티는 크게 6가지로 복제권, 공연권, 디지털 복제권, 디지털 공연권, 싱크권(Synchronisation Rights)이 있다.

법적(Statutory)으로 로열티 요율이 정해지는 권리는 복제권, 디지털 복제권, 디지털 공연권 등이고, 관련자 간의 계약으로 정해지는 권리는 공연권(Performance Rights), 싱크권 등이다.

현재 디지털 음악 산업의 중심인 다운로드 서비스(iTunes, Amazon MP3 등), 스트리밍 서비스(Spotify 등)의 관련 권리와 요율은 〈표 9-11〉과 같다.

〈표 9-11〉 음악 관련 저작권 로열티의 종류 및 법적 요율

로열티 종류	내 용	요 율	징수 기관	권리자
복제권 (Mechanical royalty)	음악이 매체(CD, 테이프, 음반 등)의 형태로 복제될 때마다 지불하는 로열티 요율은 CRB에 의해 법적으로 정해짐	• 9.1cents / 곡당(곡당 길이 5분내) • 1.75cents / 1분당(곡당 길이 5분 이상)	Harry Fox Agency	Songwriter
공연권 (Performance royalty)	기록음악이 라이브(호텔, 공공건물 등)나 방송(TV, 라디오)을 통해 실연되었을 때마다 지불하는 로열티	• Blanket fee로 계약 • 요율은 PROs와 음악을 사용하는 기관 사이의 1:1 계약으로 결정됨	〈PROs〉 • ASCAP • BMI • SESAC	Songwriter
디지털 복제권 (Digital mechanical royalty)	기록음악이 디지털로 다운로드되거나 스트리밍될 때 발생 • Permanent download / Limited download • On-demand streaming • Ringtone 등 요율은 CRB에 의해 법적으로 정해짐 • iTunes, Spotify 등	• Permanent download : 9.1 cents / 5분 이내 (1.75 cents / 분당, 5분 이상) • On-demand streaming / Limited download : 서비스 수익의 10.5% • Ringtone : 24cents	Harry Fox Agency	Songwriter
디지털 공연권 (Digital performance royalty)	• Broadcaster's website service • Digital radio-style streaming 요율은 CRB에 의해 법적으로 정해짐 • Pandora 등	(2012년 기준) • Broadcaster : $0.0020 • Webcaster : $0.0021	Sound Exchange	Performer (Sound recording)
싱크권 (Synchronisation royalty)	영화, 광고, 방송 프로그램, 게임, 등의 영상과 음악이 매칭되어 사용될 때 발생하는 로열티 • YouTube 등 • 위의 싱크된 영화, 게임, 프로그램 등이 공연될 때는 Public performance royalty 발생하지 않음	요율은 제작자(음악사용자)와 권리자 사이의 계약에 의해 결정	• SESAC • HFA	• Songwriter • Sound recording

참고 : 세계 디지털 음악시장의 유통과 수익구조 분석, 한국콘텐츠진흥원 2012.12.

4. 미국의 디지털 음악 저작권 현황

1) 디지털 복제권(digital mechanical rights)

미국에서 디지털 음악 서비스는 라디오 스타일, 오디오 스트리밍 서비스만 제외하고 대부분 복제권의 대상이 된다. 기존의 미국 음악 유통에서 복제권이 인정되는 서비스 형태는 다음과 같이 3가지 형태이다.

① 물리적 유통(CD 및 LP 등 실물 음반판매)

② 디지털 다운로드(Apple iTunes 등 온라인 서비스 업체를 통한 디지털 다운로드),

③ Spotify로 대표되는 정액 결제방식의(On-demand) 스트리밍 음악 서비스 등

최근 미국 음반제작 및 유통업계와 디지털 음악 서비스 업체 간의 복제권 로열티 협상이 일괄적으로 타결되었다.

새로운 음원 로열티 협상으로 기존 3종의 음악 판매방식 외에 클라우드 서비스 및 웹하드 등을 통한 디지털 음원 서비스를 포함해 신규 5종의 디지털 음원 서비스 형태에 대한 복제권의 로열티 권리가 새로 인정받게 되었다.

미국 음반업계와 디지털 음악서비스 업체 간 로열티 협상타결로 iTunes, Amazon MP3, Google Play 등의 음악 서비스 업체들은 CP(Universal Music, EMI, Sony Music 등)에 복제권료를 지불하게 되었다.

미국 연방법은 녹음된 음원이 (복제되어) 판매될 때마다 해당 권리를 가진 음반 유통업체가 징수할 권리인 복제권 로열티(Mechanical Royalty)에 대한 협상을 5년마다 하도록 규정하고 있으며, 협상내용은 2004년 설립된 미국 저작권 로열티 위원회(CRB : Copyright Royalty Board)에 의해 법률로써 권리를 보장받게 되었다.

〈표 9-12〉 추가된 복제권 로열티 대상 서비스

서비스 종류	서비스 내용
Paid Locker Services	클라우드 서비스 및 웹하드 등을 통한 음원의 영구 디지털 저장방식을 지원하는 정기 결제 기반 주문자 스트리밍 및 다운로드 방식
Purchased Content Lockers	디지털 음원 및 벨소리 및 CD에 대한 독립 저장 서비스(Locker)를 제공하는 서비스 방식, 이들 서비스 업체들은 음원 저작권자와의 합의가 필요
Limited Offerings	특정 장르나 특화된 음원 플레이 리스트를 제공하는 정기 결제방식의 서비스
Music Bundles	CD 및 벨소리, 영구적인 디지털 음원 다운로드 방식이 결제된 서비스, CD 구매 시 MP3 구매가 가능한 쿠폰 등을 제공하는 형태
Mixed Service Bundles	디지털 음원 서비스를 다양한 제품과 결합해 판매하는 방식, 인터넷이나 이동통신 서비스 가입 시 디지털 음악 서비스나 음원저장 서비스를 제공하는 것이 대표적

참고 : 세계 디지털 음악시장의 유통과 수익구조 분석, 한국콘텐츠진흥원 2012.12.

최근 미국 음반제작 및 유통 업계와 디지털 음악 서비스 업체 간의 로열티 협상이 일괄 타결됨으로써 디지털 음원 서비스 업계는 과거 복수의 음반 및 유통 업체들과의 저작권 협상을 일일이 진행해야 했던 부담에서 벗어날 수 있게 되었으며, 음반제작 및 유통 업계도 지금까지 사각지대에 놓여 있었던 신규 서비스에 대한 로열티 권리를 법적으로 보장받을 수 있게 되었다.

현재 정해진 복제권 로열티 요율(Mechanical royalty rate)은 2012년 12월 31일까지 유효하며, 그 내용은 〈표 9-13〉과 같다.

〈표 9-13〉 복제권 로열티 요율

권리 대상	음악 길이	요 율
물리적 녹음(Physical recordings)	5분 이하	곡당 / 9.1￠(0.091$)
	5분 이상	1분당 / 1.75￠ 예 5:01-6:00=6×1.75=10.5￠(0.105$)
영구적 디지털 다운로드 (Permanent digital download)	5분 이하	곡당 / 9.1￠
	5분 이상	1분당 / 1.75￠
벨소리, 컬러링 등(Mastertone ringtunes 등)		곡당 / 24￠

참고 : 세계 디지털 음악시장의 유통과 수익구조 분석, 한국콘텐츠진흥원 2012.12.

기간제 다운로드(Limited download)나 온디맨드 스트리밍(On-demand streaming)서비스의 경우는 매우 복잡하므로 Harry Fox Agency의 자료, "HFA Ready to Implement New Digital Era Mechanical Royalty Rates" 참조

2) 디지털(기록음악) 공연권

디지털 기록음악 공연권(Digital Performance of Sound recordings)은 인터넷 라디오 사업자(Broadcaster와 webcaster)에 해당되는 것으로, 로열티의 요율은 Webcaster Settlement Acts에 따라 Federal Register에서 정한 규정(Terms)과 CRB에 의해 로열티 요율(Royalty rate)에 따라 정해진다.

현재 디지털 기록음악 공연권의 로열티의 징수(Royalty collection)는 2007년 3월 9일, CRB(Copyright Royalty Board)에 의해 정해져 발표된 요율에 따라 Sound Exchange 52)에 의해 징수된다.

2008년 후반기에 국회에서 Sound Exchange에 Copyright Royalty Board에 의해 이루어진 요율과 다른 요율을 웹 캐스팅 서비스 사업자들과 합의할 수 있는 권한을 주는 2008년 Webcaster Settlement Act를 통과시켰다.

Sound Exchange는 CRB에 의해 법적 허가를 받아 이루어지는 서비스 사업자들에 의

해 지불되는 로열티를 징수하는 유일한 기관이다. 로열티 징수 대상은 다음과 같다.

① 기존에 존재하던 가입비 서비스(Preexisting Subscription Services)

② 기존의 위성 디지털 오디오 라디오 서비스(Preexisting Satellite Digital Audio Radio Services)

③ 유자격의 비가입비 전송 서비스(Eligible Nonsubscription Transmission Services)

④ 새로운 가입비 서비스(New Subscription Services, e.g., subscription webcasters; certain cable or satellite television music distribution services)

⑤ 비즈니스 건물 서비스(Business Establishment Services)

사업자는 달마다(Monthly based), 인터넷을 통해 나간 음악에 대한 음악명, 아티스트(가수), 앨범, 방송횟수 등의 자세한 정보를 담은 'census' report를 Sound Exchange에 제출해야 한다.

5. 디지털 음악 플랫폼에 따른 유통과정과 수익구조

1) 다운로드 플랫폼

다운로드 플랫폼(Permanent download)은 iTunes, Amazon, Google, eMusic 등에 해당된다. 기록음악(Sound recording)의 권리를 가진 음반사나 어그리게이터(Aggregator)와 플랫폼과의 기록음악 유통에 관한 계약을 체결한다.

음반사나 어그리게이터에 기록음악의 권리와 복제권의 로열티 두 가지를 포함하는 'wholesale fee'를 지급하고 음반사나 어그리게이트가 두 가지 권리에 대한 수익분배를 한다.

2) 기간제 다운로드와 온디맨드 스트리밍 서비스 플랫폼

기간제 다운로드(Time-limited or conditional download)와 온디맨드 스트리밍(On-demand streaming) 서비스 플랫폼은 월정액(Subscription), 광고를 통한 수익을 창출한다.

기록음악의 권리를 가진 음반사나 어그리게이터와 플랫폼과의 기록음악 유통에 관한 계약을 체결한다. 유통 플랫폼은 두 가지 라이선스를 취득해야 한다. 하나는 음반사로부터 기록음악의 유통에 관한 라이선스로 이를 통한 수익배분한다.

퍼블리셔로부터 음악의 기간제 복제(Limited reproduction)에 대한 라이선스(복제권 발생) 등을 포함한다. 하지만 다운로드받아서 스트리밍하는데 따른 복제권과 공연권이 동시에 발생하므로 이 속에는 Performance Royalty가 징수되기도 한다.

3) 라디오-스타일 스트리밍 서비스

라디오-스타일 스트리밍 서비스는 월정액 혹은 광고-베이스는 무료로 서비스한다. 기록음악의 권리를 가진 음반사나 어그리게이터(Aggregator)와 플랫폼과의 기록음악 유통에 관한 계약을 체결한다.

인터넷 라디오는 2가지 저작권료를 지급해야 한다. 첫 번째는 음반사나 아티스트에 대한 Digital Performance Royalty로 Sound Exchange에 지급한다. 그리고 음악에 대한 Performance Royalty로 PROs에 지급된다.

〈표 9-14〉 디지털 음악 유통 플랫폼에 따른 수익과 수익권리자

플랫폼	저작권 로열티 / 수익분배(로열티 징수단체)		수익권리자
iTunes (download)	판매수익	mechanical royalty(HFA)	publisher, songwriter
		판매수익 분배	label, artist
Pandora (radio-style streaming)	Performance royalty(PROs)		publisher, songwriter
	Digital performance royalty(Sound Exchange)		label, artist
Spotify (On-demand streaming)	Mechanical royalty(HFA)		publisher, songwriter
	Performance royalty(PROs)		publisher, songwriter
	Distribution 수익(월정액, 광고수익 분배)		label, artist
YouTube (video On-demand streaming)	Performance royalty(PROs)		publisher, songwriter
	Synchronisation royalty(HFA)		publisher, songwriter, label, artist
	광고수익 분배		label, artist

참고 : 세계 디지털 음악시장의 유통과 수익구조 분석, 한국콘텐츠진흥원 2012.12.

6. 디지털 음악 유통 플랫폼의 수익배분의 예

1) iTunes 사례

iTunes에서 판매된 음악에 대해 수익이 나면 30%는 Apple의 몫, 70%는 기록음악의 권리를 가진 음반사(혹은 아티스트)의 수익, 70% 중 판매세(sales tax) 10%가 적용된다. 그리고 미국에서는 70% 중에서 복제권이 적용되어 5분 이내의 곡인 경우 9.1cents가 Harry Fox Agency에 징수되어 Publisher나 Songwriter에게로 분배되고, 나머지를 음반사(혹은 아티스트)가 받아 분배함(예를 들면, 음원이 1.29$에 판매되었을 경우 이것이 retail price이고, 이중 70%에서 10%의 판매세를 제하고 63%가 Wholesale price이다. 이 가격에서 복제권이 적용되고, 음반사, 아티스트의 수익이 분배된다.

하지만 우리나라의 음악을 외국 퍼블리셔나 어그리게이터(Music Aggregator)를 통해 iTunes에 올린 경우 Apple의 30%, 70%의 10% Sales tax를 제하고 63%(Wholesale fee)가 국내 어그리게이터나 음반사로 오고 이후 Publisher나 Songwriter, 음반사(혹은 아티스트) 사이의 분배가 일어난다.

2) Pandora 케이스

Pandora의 경우 전체 수익에서 Performance Royalty를 PROs에 지급(Pandora 전체 수익의 4.1%), 이 금액은 PROs의 지급규정에 따라 퍼블리셔나 Songwriter에게 지급된다.

① Digital Performance Royalty의 경우, 곡당 $0.0021을 Sound Exchange에 지급(Pandora 전체 수익의 49.7%)된다.
Sound Exchange에 의해 징수된 로열티는 Sound Exchange Administration fee로 5.3%를 제하고 다음과 같이 분배 : 음반사(50%) / AFM(American Federation of Musicians) (2.5%) / AFTRA(American Federation of Television and Radio Artists) (2.5%) / Artist, performer(45%), Pandora, Spotify 등 스트리밍 서비스의 로열티, 수익배분에 불투명한 점이 많아 미국에서도 많은 불만들이 제기되고 있다.

② DigitalMusicNews에 의하면 iTunes에서 1곡이 다운로드되어서 얻는 수익은 Pandora의 스트리밍 서비스의 경우 1곡 스트리밍당 약 $0.0012로서 700번 스트리밍이 되어야 도달된다고 말한다.

③ 현재 미국에서 Pandora의 저작권 로열티가 다른 라디오(AM, FM, 위성 라디오 등)에 비해 분배율이 지나치게 높다는 이의 제기에 의해 Pandora법(Internet Radio Fairness Act of 20 12, H.R. 6480(IRFA))이 만들어지고 있다.

9-4 국내 음원 플랫폼

1. 멜론 플랫폼

1) 개 요

2004년 11월에 서비스를 시작한 대한민국의 유료 음원 사이트이다. SK텔레콤의 음원 서비스였던 곳이자 앞으로 카카오의 음원 서비스가 될 곳이며 사이트는 운영 중인 트위터 계정과 페이스북 계정이 있다.

2016년 1월 카카오에 매각된 로엔 엔터테인먼트의 소유로, 원래 SK텔레콤 소유였으나 자회사였던 로엔에 넘겨줬고, 이후 2013년 8월 로엔이 SK 밖으로 매각되면서 현재는 통신사 음원 사이트가 아니다. 다만 2013년 매각 당시 로엔을 다 팔지 않고 15%는 남겨뒀고, 2016년 인수 때 카카오가 SK측 로엔 지분도 흡수했으나 대신 SK가 카카오 지분을 받아갔기 때문에 완전히 SK와 관계가 끊긴 건 아니다.

2013년 이후로도 아직까지 정기결제 시 T 멤버십으로 50% 할인 혜택을 받을 수 있다. 기존의 멜론폰이 여전히 사용가능하고, 멤버십 혜택이 있기 때문에 매각과 상관없이 원원하는 관계인 것은 변하지 않았다. 다만 카카오 산하에서의 행보는 지켜봐야 알 것이다.

이름의 유래는 정확히 알려져 있지는 않으나, 과거 사이트 개편 전 안내문구에 "멜론처럼 신선한 활력과 상큼한 즐거움을 선사하는 서비스를 제공해 드리고자 하는 멜론의 서비스 정신을 의미"한다는 부분이 존재하기도 하였다. O가 대문자로 쓰이는 걸로 미루어 보아 Melody+On을 합쳐서 MelOn으로 지은 듯하다.

현재 관련 업계 최고의 점유율을 자랑하고 있다. 2015년 3분기 기준 점유율은 56.9%. 2~3년 전까지만 해도 65%까지 갔다가 요즘 하락세인데 이 정도이다. 순 이용자수(UV)도 700만명이 넘어 현재까진 압도적인 1위. 2015년 들어서야 엠넷이나 지니에 조금 따라잡혀 입지가 많이 줄었으나 여전히 음원 사이트의 대명사로 불리며 아이돌 팬덤들 사이에서도 중요한 사이트로 꼽히고 있다.

SK텔레콤의 회원을 대상으로 한 혜택이 많은데, 예를 들어 멤버십 포인트를 활용하여 타사에 비해 저렴하게 음원을 이용할 수 있다. 원래는 매달 할인이 가능했지만 1년에 3개월 만 할인이 되도록 바뀌었다.

SK텔레콤에서 휴대폰을 구매할 시 멜론을 평생 무료로 이용할 수 있다든지, 하지만 2014년 들어서는 가격인상과 다른 음원 사이트의 성장에 따라 이용자 수가 꽤나 줄어들었다.

2013년 1월 1일부터 음원 가격인상에 따라 스트리밍과 다운로드 가격이 모두 대폭 올랐는데, 오히려 이걸 역이용하여 2012년 말에 이용권을 마지막으로 싸게 파는 듯한 마케팅을 펼쳐 일부에서 논란이 되기도 했다. 그러다가 다른 음원 사이트가 더 싸게 하는 것을 알고 추가 할인에 들어가 제일 싸졌다.

아이돌 팬덤에서 가장 중요하게 여기는 음원 사이트. 다른 사이트보다 음원이 공개 예정 시간을 가장 잘 준수하기도 하고, 점유율 50% 가까이 되는 워낙 많은 사람들이 이용하다보니 아이돌 그룹의 컴백이 다가오면 종합 차트 1위나 진입 줄세우기를 위하여 혈안이 된 팬클럽을 많이 볼 수 있다.

진입 줄세우기란 음원이 공개된 후 처음으로 갱신되는 종합 차트의 1위부터(앨범에 포함된 곡 수에 따라 다르지만) 6위~15위 정도까지를 모두 수록곡으로 채우는 것. 웬만한 아이돌 팬 덤이 아니곤 힘든데, 이 때의 줄세우기가 다음날 아침 차트를 보며 스트리밍을 돌리는 머글 일반인들에게 깊은 인상을 심어주기 때문. 다만 일반 유저들도 많은 만큼 순위를 올리는 것이 쉬운 일은 아니다.

멜론에서는 1위~3위까지의 실시간 순위를 그래프로 제공하는데, 높은 실시간 상승세를 보이며 그래프가 한계치 위로 치솟는 것을 '지붕을 뚫었다'라고 표현하기도 한다. 실시간 순위는 상대적인 것이기 때문에 지붕을 많이 뚫었다고 해서 절대적인 음원 다운로드나 스트리밍 이용량이 많다고 보긴 힘들다.

예를 들어 2012년에 가장 많이 지붕을 뚫었던 빅뱅의 'Blue'는 연간 음원 차트 10위권에도 들지 못했다. 2015년 들어서는 1~3위 곡에 한 해 5분 단위 실시간 순위보기, 24시간 누적이용자 등을 지원하기도 한다. 역대 24시간 누적이용자 최고치는 박명수 & 아이유가 2015 무한도전 가요제에서 공개한 '레옹'. 2015년 8월 22일부터 23일까지 무려 1,400,010명이 이 곡을 감상했다.

2) 플레이어 프로그램

멜론 플레이어라는 전용 프로그램이 존재한다. 참고로 실행속도가 무척 느리다. 플레이어 자체의 디자인은 꽤 투박한 편이었지만 2014년 6월 말 업데이트로 상당히 깔끔한 디자인으로 바뀌었다. 2014년 6월 24일부로 Mac OS X, 모바일에서 웹 스트리밍을 지원하기 시작했다.

모바일로는 안드로이드, iOS, 윈도우폰, 스마트 워치용 타이젠에 플레이어가 있다. 이 중에 윈도우폰 플레이어는 그냥 소리는 나온다 수준이다.

iOS에는 폰용과 패드용이 따로 존재하는데, 패드용 플레이어는 몇 년간 업데이트가 되지 않고 있다. 덕분에 패드용 플레이어에선 라디오 등 최신 서비스를 전혀 이용할 수 없다.

기어 S를 사면 기본 앱으로 딸려오는 앱 중에도 멜론이 있다. T쉐어와 T맵도 있다. T맵이 없다면 스마트폰에 연결하고 소프트웨어 업데이트를 해주자. 기어 S에서 몇 안 되는 쓸모 있는 앱 이자 기본 앱 중 쓸모 있는 앱이다.

이를 보다 못한 국내의 한 개발자가 OSX용 플레이어를 개발했다. 멜론 모바일 앱을 리버스 엔지니어링해서 제작해서 모바일 스트리밍권이 없다면 이용할 수 없다. 하지만, 멜론측의 요청으로 다운로드가 제거되었다.

3) 멜론 뮤직 어워드

한국의 음악사이트 멜론에서 주최하는 대중음악 시상식. 2005년부터 어워드를 개최하기 시작하여 2009년부터는 오프라인으로 확대되어 MBC 플러스와 함께 개최하고 있다. MBC MUSIC과 MBC every1에서 방송된다.

2. 벅스 플랫폼

1) 벅스 플랫폼의 개요

벅스는 대한민국의 유료 음원사이트이다. 사업 초기에 파산위기까지 몰렸으나, 쥬크온을 운영하던 아인스 디지털이 네오 위즈의 투자를 받아 벅스사업을 양수 후 사명을 네오 위즈벅스로 변경하였으며 이후 네오 위즈 인터넷라는 이름을 거쳐 주식회사 벅스로 회사명을 바꾸고, 쥬크온을 벅스 브랜드로 사이트를 통합하여 운영 중이다. 즉, 구 벅스는 망했고, 현재의 벅스는 구 쥬크온이 이름을 바꾼 형태이다.

쥬크온 브랜드를 사장시킨 이유는 B2C 시장에서 쥬크온보다 벅스의 인지도가 더 높았기 때문이다. 이 거래로 B2B 음악시장 랭킹에서 쥬크온이 멜론을 제치고 1위에 올랐으나, B2C 시장에서는 멜론의 뒤를 이어 2위이다. 아이리버와 제휴를 맺고 있던 쥬크온에 인수되어 아이리버 플러스 3에 연동시키기도 하였고, 공동 판촉 이벤트 같은 것도 하고 있었다.

2) 벅스 음원의 특징

2016년 7월 7일 기준 음원보유량은 7,891,310곡이다.

(1) 앨범 아트

앨범 아트는 네이버 뮤직이나 엠넷 등에 비해 귀중한 것이 많다. 특히 희귀한 1990~2000년대 초 추억의 애니메이션 사운드 트랙의 앨범 아트는 그림크기와 해상도면에서 다른 음원 사이트의 것을 압도한다. 일본 애니메이션의 앨범 아트는 일본 아마존닷컴에서 해상도가 높은 것을 구할 수 있는 것과 비교할 만하다. 6275×6275(약 12MB) 이 링크의 사진을 보면 포함된 사진보다 글자 부분이 더 선명한데, 아무래도 디자인 원본 PDF를 갖고 있는 듯하다.

(2) 음 질

최초로 원음판매(Flac, Wav)를 실시하기도 하였다. 이 때문에 초기에는 실제 원음으로 받을 수 있는 곡은 몇 곡 없으나, 꾸준한 업데이트로 원음지원이 많이 늘어났다.

[그림 9-1] 벅스 음원보유량(2016.7.7일 현재)

wav 파일은 효용성이 없어서 wav 파일은 없어지고 flac 파일만 제공한다. 물론 flac과 wav의 음질 차이는 무손실 압축 포맷으로 별 차이는 없다. 그리고 멜론에서 최대 192kbps로 받을 수 있는 몇몇 곡들을 320kbps로 받을 수 있다. MP3 파일 인코딩 품질이 음악 사이트로서는 양호한 편이다.

과거에는 다운로드 이용권을 구매했을 시 Flac 파일로도 다운로드가 가능했지만 현재는 각 음악사들의 요청에 따라 이용권을 통해서는 Flac 파일구매가 불가능하고 오직 개별곡 구매 혹은 앨범 단위로만 구매가능하다. 곡별 구매는 900원으로 비싼 편이지만 앨범 단위로 구매할 시 일부 앨범은 할인이 적용되는 경우도 있다.

2015년 9월 Flac 스트리밍 서비스를 시작했다. 음질과는 별개의 문제지만, 옛날 음원의 경우 음량이 곡마다 상당히 들쑥날쑥한 모습을 많이 보인다. 예전의 음원 녹음은 현재보다 작은 음량으로 녹음되긴 했지만, 다른 스트리밍 사이트의 경우 전부는 아니라도 현재의 추세에 맞게 어느 정도 보정이 되어 있으나 벅스는 원래 음량 그대로 리핑이 되어 있어 이를 개인이 가진 프로그램으로 억지로 끌어올리면 밸런스가 상당히 깨지는 경우가 발생한다.

(3) 태그 정리

타 사이트와 달리 아티스트 이름에 규칙이 존재한다. 국내 가수일 경우 영어 이름이면 '외래어표기(영어 이름)'과 같은 식이다.

예를 들어 걸스데이는 '걸스데이(Girl's Day)'와 같은 식으로 표기한다. 한국어 이름일 땐 당연하게도 한국어 이름으로만 표기한다. '소녀시대' 같은 경우 멜론 등 타 사이트는 외래어표기인 '걸스데이'로만 표기하거나, 영어 이름인 '4minute'으로만 표기하는 등 복잡하게 되어 있다.

하지만 외국 가수 아티스트 표기는 대략 난감수준, Owl City를 Owl City, Owl City(아울 씨티), Owl City(오울 씨티) 등으로 표기하는 등 통일성이 없다.

예를 들면 '규현(슈퍼주니어)' 같은 식으로 표기했던 한국어 이름에도 '규현(KYUHYUN)'처럼 로마자 표기를 병기하고 있다.

(4) 재다운로드

멜론은 음악 재다운로드가 1년 무료인 데 벅스는 평생 무료이다. 다만, 곡당 개별요금(600원)을 내고 산 곡이 아닌 40곡에 5000원 같은 정액제로 받은 건 재다운로드 1년으로 정책이 변경되었다가 다시 평생 다운로드로 바뀌고 세 기기까지만 받을 수 있게 하였다. MAC 주소를 확인하는 것으로 추정되는데 각각 다른 MAC 주소를 가진 기기에서 세 번 다운로드받으면 더 이상 다운로드가 불가능하다. 다만, 일부 음원들은 권리사의 요청에 따라 1년간만 재다운로드가 가능하다.

(5) 과금 정보

2015년 9월 기준으로는 최근 음원 사이트들이 흔히 하듯 3개월 할인이(57%) 있고, 자동 결제를 해도 할인이 들어간다. 벅스에는 무제한 스트리밍과 모바일 기기 무제한 다운로드 서비스가 있다. 단 이때 다운로드 받은 파일은 DRM이 걸려있는 파일이다. SKT와 제휴를 해서 벅스에서 쓰는 데이터를 무제한으로 하는 서비스가 있다. 모바일 기기에서 무제한 저장과 벅스 데이터 무제한+무제한 스트리밍 서비스다.

2016년 7월 기준으로는 페이코와 벅스가 제휴를 맺어서 무제한 스트리밍과 무제한 저장이 가능한 '니나노 클럽'이용권을 내놨다. 6개월 동안 990원으로 이용이 가능하다. 이후로는 매달 8,900원 자동 결제한다. 즉 벅스에서 페이코 계정으로 로그인을 하면 된다.

3) 웹사이트

사이트를 개편하면서 어도비 에어 기반으로 바꿔어 리눅스에서도 음악이나 영화를 구입할 수 있게 되었다. 하지만 Adobe에서 리눅스용 Adobe AIR를 더 이상 지원하지 않아 최종버전이 2.6에서 멈춰 있다.

2015년 1월 3일 기준 윈도우용 Adobe AIR의 최신버전은 15.0인 점과 보안을 생각하면 지원 중단한 리눅스용 Adobe AIR를 사용하지 않는 것이 좋다. 또한 많은 리눅스 사용자들이 Adobe AIR를 설치하고도 벅스 다운로드 매니저 설치에 힘이 들어 많이들 포기한다.

컴퓨터 성능이 좋으면 가상 운영체제를 이용하면 되지만 그냥 스마트폰을 이용하거나 윈도우 PC를 사용하는 것이 편할 것이다. 그리고 태그도 v2.3(유니코드)으로 제공 중 2010년 개편 전에 벅스에서 받은 파일의 태그는 유니코드가 아니라서 외국어 운영체제에선 태그가 죄다 깨지는 것을 알 수 있다.

결제방식은 소리바다와 같은 월정액제와 곡당 요금제가 있으며, 소리바다에 없는 음악도 좀 있고 더 나아가서는 DRM이 있는 음악이나 영화도 판매한다.

4) 서비스

특이한 서비스를 멜론보다 먼저 시작하는 경우가 많다. 원음판매부터 DRM 제거 음악, 브라우저에 종속적이지 않은 웹 플레이어, 모바일 응용 애플리케이션 형태를 취한 앨범 발매, 모바일용 플레이어 및 음악 캐싱 형태 지원 등이다.

2011년부터 나는 가수다와 무한도전 가요제의 스폰서로 나서면서 독점 무편집 영상을 공개하는 등 덕을 톡톡히 보는 중이다. MBC MUSIC의 후원사이기도 하다. 원래 벅스 창업주는 로커스라는 1세대 벤처기업(벅스 인터랙티브) 형태로 인수하면서 코스닥에 상장했다. 그리고 글로웍스로 이름을 바뀐 뒤 상장 폐지했다. 2015년 들어서 100원에 이용권을 판매, 1달 공짜 이용권은 무제한 등 매우 공격적인 마케팅을 하고 있다.

복면가왕의 무편집 영상을 독점 업로드한다. 복면가왕의 음원이 대부분 공개되는 편이지만 공개가 안 되는 음원도 몇몇 있기 때문에 편집이 안 들어간 연예인 리액션 없는 영상으로 감상할 수 있는 유일한 방법이다. 지원하는 플레이어는 다음과 같다.

① 모바일은 모두 스마트폰과 태블릿에서 함께 사용할 수 있는 유니버셜 앱이다. 애플 워치와 안드로이드 웨어도 지원한다.

② 컴퓨터는 Windows에서 벅스 플레이어 4와 윈도우 스토어의 벅스 앱이 있다. 벅스 플레이어 4는 음원을 왜곡해서 재생한다는 정보가 있다. OS 없는 것은 공식적으로는 제공하지 않지만 개인사용자가 맥용 벅스 플레이어를 만들어서 배포하고 있고 벅스에서 개발을 지원하기도 했다.

③ Web이나 LG 스마트 TV에서도 가능하다.

3. 지니뮤직 플랫폼

1) 개 요

지니는 KT 뮤직에서 운영하는 음원 사이트이다. 홈페이지 첫 화면 하단에 kt music 유튜브 채널과 지니 블로그, 지니 페이스북으로 접속할 수 있는 링크가 있다.

3대 기획사인 SM 엔터테인먼트, YG 엔터테인먼트, JYP 엔터테인먼트 모임인 KMP홀딩스와 제휴하고, 올레 뮤직과 비교할 때 할인행사를 하고 KT의 포인트인 별을 이용한 할인을 올레 뮤직은 중단하지만 지니는 계속 되는 등 요즘 KT가 적극 밀어 주고 있다. 올 당초 서비스 런칭을 KT에서 직접 진행하여 KT 뮤직 자체가 붕 뜬 형태였으나, KT에서 지니 서비스를 KT 뮤직으로 이관 http://tenasia.hankyung.com / archives / 201297 하였다.

2) 특 징

지니의 특징으로 1분 미리듣기가 아닌 곡이 끝날 때까지 곡당 3번 듣고 구입할 수 있는 서비스를 제공한다. 기본적으로 모바일에 특화한 서비스라 MP3 플레이어는 지원하지 않고 PC에서 음악재생은 전용 프로그램을 설치하지 않고 웹 플레이어를 제공한다. 이 점은 컴퓨터로 스트리밍하며 게임 등의 작업을 하다보면 단점으로 작용한다. 1~2시간 정도 지나면 브라우저의 리소스 점유율이 폭발적으로 늘어나 속도가 느려지고 심한 경우에는 재부팅할 때까지 브라우저를 못 쓰게 되기도 한다.

윈도우8 이상일 경우 윈도우 앱 스토어에 전용 플레이어가 있으나, 기능이 부실하다. 2015년 중순쯤부터는 국내 음원 사이트 중 보유하고 있는 음원수가 제일 많다는 점을 부각시키고 있다. 2016년 2월 기준으로 644만여 곡 정도 된다고 한다. 참고로 같은 시기 MelOn은 410만 곡 정도이다.

지니 팩이라는 음원 스트리밍 서비스가 인기가 많은데, KT 고객은 스트리밍시 데이터가 차감되지 않아 이른바 데이터 무제한으로 이용할 수 있다는 것이 가장 큰 특징이다. 가격도 월 6000원(청소년 3000원)으로 저렴한 편이다. 업계 유일 FLAC(무손실 원음) 스트리밍을 제공한다. 뮤직허그, 지니 라이프, 지니 VR 등 다양한 서비스를 제공한다.

3) 기 타

비씨카드가 KT 계열이다 보니 비씨카드의 멤버십 마일리지인 Oh!point 홈페이지에서 음원 300곡 무료 재생 쿠폰을 뿌린 적이 있다. 수원 kt 위즈 파크의 포수 뒤 좌석의 이름이 지니 존이다 보니 kt 위즈의 홈경기가 중계되면, 화면 위쪽에 수많은 지니 뮤직의 향연이 이어진다. 2015년 10월 28일 모 사이트에서 사용하는 은어를 메인에 올려 물의를 빚기도 했다. MWC 상하이 2016에서 AMO 어워드를 수상하였다. 따라서 홈 화면에 아시아 1등 뮤직 앱이라는 문구가 추가되었다.

4. MILK 플랫폼

삼성전자에서 2014년에 출시한 음악 스트리밍 서비스이다. 소리바다가 음원을 제공하고 있다. 현재는 삼성 갤럭시 스마트폰 한정으로 사용이 가능하고, 360만 곡을 무료로 스트리밍 받을 수 있다.

여타 스트리밍 서비스들과는 달리 라디오 형식이라 특정 부분을 듣는 것이 불가능하다. 차후 모든 안드로이드 기종 스마트폰에서 사용할 수 있을 것이다. 현재 프리미엄 서비스가 시행 중이다. 30일당 5,500원이며, 매월 자동결제를 선택하면 500원이 할인된 5,000원에 이용이 가능하다. 많은 밀크 유저들은 유료 서비스를 두고 '이용할 메리트가 떨어졌다'며 타 음악 스트리밍 / 다운로드 서비스 업체로 옮기고 있다.

밀크에 점점 애니메이션 노래가 늘어나고 있다. 스테이션 하나가 새로 생겼다. 전에는 기기를 루팅하면 사용할 수 없었으나 2015년 11월 업데이트 이후 루팅 기기도 사용할 수 있으며 기어 S2에서도 사용할 수 있다. 별도로 스마트폰과 동기화 하지 않아도 음악을 들을 수 있다. 기어 VR 전용으로 MILK VIDEO의 VR판인 MILK VR도 서비스하고 있다.

호주 서비스는 2016년 4월 28일부로 종료했다. 2016년 7월 29일 현재 로엔엔터테인트 유통음원은 제공되는 것으로 확인되고 있다(예 씨스타 - I like that, 아이유의 다수 음원 등) 그러나 2016년 8월 9일을 기점으로 대대적인 개편을 하여 기본 라디오만 무료로 하고 마이 스테이션은 1분만 들을 수 있게 되었다.

9-5 음원 플랫폼의 미래

① K-Pop의 글로벌 진출을 위해 디지털 음악시장 활용 필요

- 싸이의 미국 진출은 YouTube라는 글로벌 IT 플랫폼이 있었기 때문에 가능하다. YouTube는 기존 콘텐츠 유통의 지역적인 한계를 넘어설 수 있게 해주는 역할을 수행한다.
- 하지만 디지털 음악 유통시장은 아직도 수익모델이 안정화되지 못한 불투명한 면모를 보인다.

- 글로벌 시장인 미국 시장의 경우도 디지털 음악의 주 수익원인 로열티 비율이 아직 안정화되지 못했고, 수익배분에도 많은 문제점이 발생하고 있다.

② 현재 미국, 유럽 등에서도 디지털 유통시장의 수익구조에 대한 비관적인 견해와 낙관적인 견해가 공존한다.

③ 현재의 가장 안정된 시장인 다운로드 시장(iTunes, Amazon, Google 등)에서도 저작권 로열티의 문제점이 계속 발생하고 있다.

- 법원에서는 다운로드 서비스의 복제권외에 공연권을 인정하지 않음에도 퍼블리셔들은 미리듣기 서비스 등에서 이뤄지는 스트리밍에 대한 공연권을 주장한다.

④ 가장 많은 문제가 발생하는 것은 스트리밍 서비스 시장

- 스트리밍의 경우, Spotify, Pandora 등에서 저작권 로열티뿐만 아니라 불투명한 수익분배로 계속적인 문제점이 발생하고 있는 상황이다.
- Spotify에 대한 전문가 평가도 탁월한 접근 가능성(Great for access), 용이한 노출(Okay for exposure), 현금화 최악(Horrific for monetization), 투명성의 부재(Shameful on transparency) 등으로 다양하다.

⑤ 하지만 시장조사에 따르면 다운로드 시장(iTunes, Amazon 등)과 스트리밍 시장(Spotify, Pandora 등)은 각각의 니즈가 다르므로 서로의 시장을 잠식하지 않고 계속 각각 성장할 것으로 예측하고 있다.

- Spotify 등 스트리밍 서비스의 이용자 중 2 / 3는 유료 다운로드를 구매한 경험이 있는 것으로 조사된다.

⑥ 하지만 디지털 시장으로의 변화는 필연적

- 시 · 청취 미디어 기기의 변화에 따라 음악 유통방식과 구매방식에서 큰 변화를 초래한다.
- 현재 IT 기기의 변화 방향은 콘텐츠 유통의 변화에 직접적인 영향을 주고, 이는 유통시장의 변화도 초래할 것이다(스마트, 모바일 기기 환경으로의 변화, 스트리밍 시장으로의 변화, 클라우드 서비스의 활성화 등)

⑦ 디지털 음악시장으로의 변화는 급격한 시장하락과 기존 유통구조의 몰락을 가져오지만 어쩔 수 없이 거쳐야 하고 적응해야 하는 대세이기도 하기 때문에 낙관적인 견해도 존재한다.

- 디지털 음악 비즈니스 진화의 원년으로 신규시장에서 합법적인 서비스가 본격화된 시기로 평가할 수 있다. 가입형 서비스의 지속적인 팽창과 휴대 용이성의 증대는 디지털 음악시장의 성장을 견인할 뿐만 아니라 음악시장의 미래를 밝혀주고 있다

⑧ 국내 음악의 글로벌 유통에서 수익을 제고하기 위해서는 디지털 음악시장에서 명확한 권리적용의 룰을 숙지해야 하며, 동시에 라이브 시장과 물리적 유통시장의 진출도 고려해야 한다. 현재의 음악시장 상황도 아직은 라이브 음악과 물리적 유통시장이 강세이다.

⑨ 음악 앨범판매가를 비교해 보면 비닐음반(직접 판매) 10.60$ → iTunes 8.59$ - Amazon 6.80$ → CD 5.93$ → 다운로드 3.09$ → eMusic 2.60$ → Deezer 0.07$ → Spotify 0.04$ 순의 수익을 나타내고 있다.

- 즉, 물리적 유통상품이 훨씬 더 가격이 높고, 디지털 제품의 가격은 큰 폭의 가격차가 발생한다.
- CD 고급 앨범, LP/EP 시장의 활성화 등과 같은 니치 마켓도 되살아나는 추세
- 이는 글로벌 시장진출 시 초기 비용을 절약을 위해서는 디지털 음악시장으로 진출하는 것이 유리하나, 수익을 발생시키기 위해서는 물리적 유통시장으로의 진출이 필수적임을 드러낸다.
- 뿐만 아니라 세계 음악시장 규모도 라이브 음악시장이 3, 기록음악의 물리적 유통시장이 2, 디지털 유통시장이 1의 규모를 보임으로 수익창출을 위한 창구로 라이브 음악이 필수적임을 드러낸다.

⑩ 다양한 국내 음악의 글로벌 유통과 정보제공을 위해 디지털 창구의 이용은 필수적

- 국내 아티스트를 해외에 소개하는 음악 정보공유 사이트가 필요하며 이를 통한 팬덤 형성, 음악발견, 추천 기능활성화, 자생적 문화교류의 역할도 할 수 있다.

제 1 장	스마트 미디어의 개요
제 2 장	스마트 미디어의 특징 및 활용
제 3 장	스마트 미디어 기술 및 응용 서비스
제 4 장	IT 비즈니스 플랫폼의 개요
제 5 장	플랫폼 발전과 활용
제 6 장	핀테크 플랫폼(삼성 / 알리 / 애플 페이 등)
제 7 장	소셜 플랫폼(SNS / 페이스북 등)
제 8 장	게임 멀티 플랫폼(네이버 / 카카오 등)
제 9 장	음원 플랫폼(멜론 / 벅스 / Milk 등)
제10장	**웹툰 플랫폼**
제11장	웹드라마 플랫폼
제12장	K-컬처 플랫폼(한류 뷰티 / 스킨 / 드라마 등)
제13장	스마트 홈 플랫폼
제14장	스마트 자동차 플랫폼

10-1 웹툰 플랫폼

1. 웹툰 플랫폼의 개요

1) 웹툰의 개념

(1) 웹툰의 정의

웹(Web)과 카툰(Cartoon)의 합성어인 웹툰은 텍스트, 이미지, 사운드 등의 멀티미디어 효과를 동원해 제작된 인터넷 만화를 의미한다. 웹툰은 네이버, 탑툰 등의 각종 플랫폼 매체에서 연재되는 만화를 지칭하기도 한다. 어원은 World Wide Web(웹)+Cartoon(만화)로 용어 생성당시에는 Comic보다 Cartoon이 많이 알려져 있어서 이렇게 굳어졌다.

원래 인터넷 만화를 통칭하는 단어는 'Webcomic'이다, Cartoon이란 단어는 루니툰 같은 애니메이션 만화나 그 만화의 캐릭터, 또는 신문에 실리는 적은 컷의 만평을 의미하고, Comic은 만화책을 의미하는 Comic book의 준말이기 때문이다. 하지만 우리나라의 웹툰은 Webcomic과는 차이점이 많기 때문에 웹코믹하고는 구분된다. 그래서 외국사람들도 한국 웹툰은 그냥 웹툰으로 부른다.

1990년대 후반 인터넷과 개인컴퓨터가 각 가정에 일반적으로 보급되면서 인터넷 시장의 활성화와 함께 개인 홈페이지 제작인기가 있었다. 개인 홈페이지에 짧은 에세이 형태의 만화를 연재하는 작가들이 등장하고 이 만화들이 각종 커뮤니티에 공유되면서 새로운 만화의 형태인 웹툰이 인기를 얻었다.

[그림 10-1] 웹툰의 전개

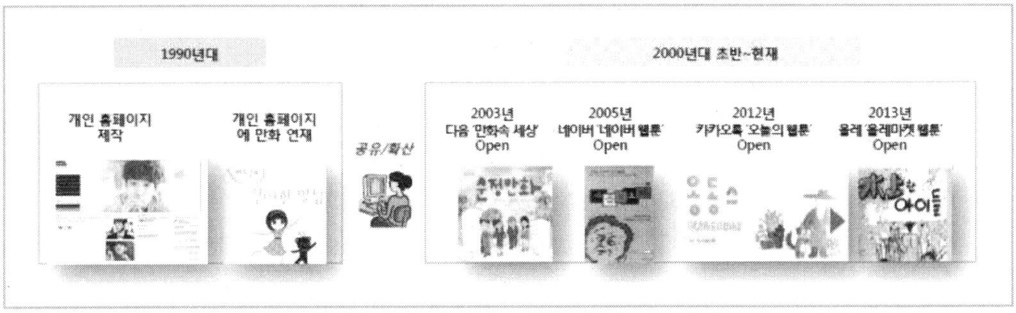

출처 : 웹툰 산업현황 및 실태조사 2014. 한국콘텐츠진흥원

짧은 에세이 형식의 만화가 인기를 끌던 중, 2003년 다음카카오의 '만화 속 세상'이 시작되고 강풀의 〈순정만화〉가 연재되고 소비자에게 주목받기 시작하였다. 〈순정만화〉를 시작으로 웹툰에 긴 서사를 가진 작품이 창작되기 시작되었으며, 웹툰 시장이 본격적으로 활성화되었다.

(2) 포털의 웹툰 서비스 시작

포털에서 작가들이 본격적으로 활동하기 시작하면서 웹툰에 서사성이 도입되었고 출판만화에서 주류였던 극화 형식의 작품들도 증가하였다. 정한 분량을 정해진 시기에 연재하면서 스토리의 완급을 조절하는 기법들도 적극 활용되기 시작하였다.

포털은 웹툰을 통해 인터넷에서 대량의 트래픽을 규칙적으로 유발하는데 성공했고, 이에 따라 광고노출을 통해 수익을 올리는 사업 모델이 고착화되었다.

(3) 웹툰의 특징

각종 연재 사이트에서 대개 무료로 제공된다. 단, 레진코믹스의 경우 완결 후에 완전히 유료화되며 완결 전 웹툰의 경우 돈을 내면 다음 편을 미리 볼 수 있다. 그리고 네이버와 다음 웹툰은 연재 중에 단행본으로 출판되는 경우 앞부분이 부분 유료화되기도 한다. 국내 대다수의 웹툰 사이트는 주 1회 연재한다. 하지만 레진코믹스의 경우, 11일 단위로 한 달에 3번 연재하는 작품도 있다. 웹툰은 마우스 스크롤을 내리면서 보기 좋게 세로로 만화가 배치되어 있는 형태가 많다.

[그림 10-2] 웹툰 플랫폼 구조

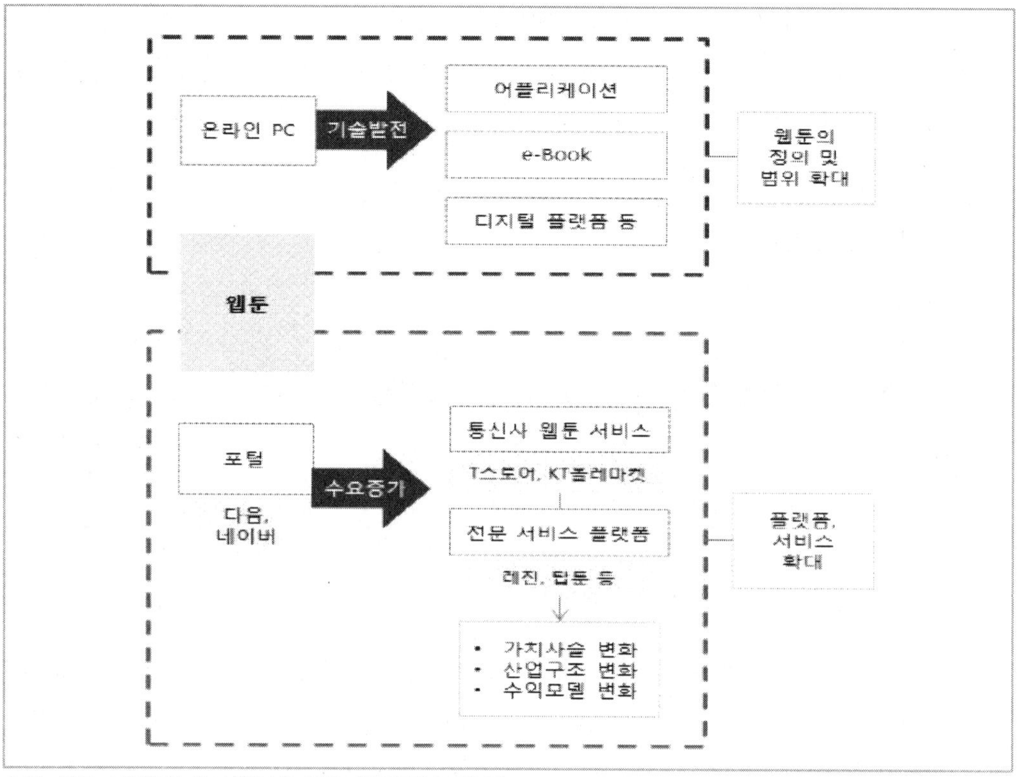

출처 : 웹툰 산업현황 및 실태조사 2014. 한국콘텐츠진흥원

웹툰은 수직으로만 칸을 배치해 읽게 되는 만화적 효과를 살리기 위해 〈1001〉처럼 칸을 세로로 나누기도 한다. 종이로 된 출판물이 아닌 웹에서 연재하는 것이기에 이를 살려 독특한 요소를 첨가하기도 한다. 웹툰의 분위기에 맞는 배경음악을 재생할 수 있도록 하는 것이 가장 대표적이다.

그 외에는 〈봉천동 귀신〉처럼 극적인 효과를 연출하거나 〈콘스탄쯔 이야기〉에서는 만화 컷에 동영상을 삽입하거나, 〈닥터 프로스트〉처럼 아예 만화 안에 플래시로 된 심리테스트를 넣기도 한다.

사이트 내 댓글이나 작가의 SNS, 블로그를 이용해 작가와 직접 소통할 수 있다. 댓글을 통한 디지털 서사의 형성은 곧 '작가→독자'의 일방향 소통에서 '독자↔독자', '작가↔독자'의 다방향 소통으로의 전환이라고 할 수 있다. 특히 천계영, 주호민, 정다정 등 이미 많은 만화가, 웹투니스트들이 트위터를 팬들과 소통하는 플랫폼으로 활용하고 있다. 트위터로 소통하는 대표적인 작가, 네이버 웹툰 〈윌유메리미〉의 작가 마인드 C 등이 있다.

2. 웹툰의 역사

1) 0세대 : 디지털 만화형식

웹툰의 0세대 모델은 고유한 인터넷상의 인터페이스 모델링으로 만화책 원작을 스캔하여 디지털화 하는 방식으로 출현하였다.

인쇄만화의 펼침면 방식을 재현하면서 가로넘기기 구독 포맷방식으로 서비스되었다. 포털 사이트의 경우, 자체 뷰어를 통해 서비스 : 현재 포털과 웹툰 전문 플랫폼의 단행본 만화 서비스는 기존 출판만화를 디지털화하여 전통적인 만화책 보기방식으로 서비스하고 있다.

대부분의 0세대 디지털 만화는 자동넘김과 초당(일정시간) 넘김의 두 가지 단순 기능만을 지니고 있다.

최초의 웹코믹은 1985년에 연재된 에릭 밀리킨(Eric Millikin)의 'Witches and Stitches'이다. 대한민국의 최초의 웹툰은 한희작의 1996년작 〈무인도〉로, 20년 정도의 짧은 역사를 가지고 있다.

[그림 10-3] 0세대 웹툰의 뷰어 형식

참고 : 웹툰 산업현황 및 실태조사 2014. 한국콘텐츠진흥원

2) 1세대 웹툰 : 스크롤 기반 웹툰

1990년대 말~2000년대 초에 1세대 웹툰은 온라인 플랫폼에 맞도록 기획부터 서비스까지 디지털화한 현재의 일반적인 웹툰 형식이다. 1990년대 중반에 서비스되기 시작한 PC 통신 만화 서비스의 맥을 이어 여러 포털사이트에서도 인터넷 만화서비스를 시작하였으며 여러 신문사와 사이트에서도 자사에 연재되는 만화를 인터넷 홈페이지를 통해 게재하였다.

연재되는 웹툰은 주로 옴니버스 장르였다. 다만 이 시기는 웹툰의 정의가 제대로 이루어지지 않던 시기라 웹툰이 의미하는 바가 넓었다. 사전적인 의미로 따진다면 그리 틀린 말은 아니나, 플래시 애니메이션을 웹툰으로 통칭하는 일도 있었고, 포털사이트에서 서비스되는 (출판)만화들을 웹툰으로 칭하기도 했다.

스크롤을 내리면서 만화를 감상할 수 있는 연출방식으로 기존의 출판만화와 다르게 세로 포맷이 일반적으로 나타났다. 1세대 웹툰은 신문만화의 세로 연출방식과 단순한 형태로 나타났으나 연출방식이 다양해지면서 칸의 구성과 시간의 흐름이 자유롭게 표현되기 시작하였다. 스크롤 방식의 만화는 시간의 흐름을 이용할 수 있기 때문에 영화적 표현이 가능하며 페이드 인, 아웃과 같은 효과를 극적으로 사용할 수 있다는 장점이 있다.

MS-DOS에서 윈도우(Window)로 컴퓨터의 기본 OS가 변화하고 온라인 매체가 통신시장에서 인터넷 익스플로러 시장으로 전환되면서, 개인 홈페이지 제작이 활발해졌고 만화를 그릴 수 있는 사람들이 홈페이지에 자신의 작품을 게시하면서 초기 웹툰이 등장하였다.

감성툰, 에세이툰 또는 일상툰이라는 명칭으로 〈스노우캣〉, 〈파페포포 메모리즈〉, 〈마린블루스〉와 같은 개인 다이어리 툰이 대세를 이루며 웹툰의 원조격 작품이 된다. 기존의 출판만화처럼 서사적인 스토리 라인과 연출법을 가지고 있는 작품이 아니라 각각의 에피소드에서 독자들의 공감대를 형성할 수 있는 웹툰으로 인터넷 커뮤니티의 발달과 함께 급격히 퍼져나갔다.

이러한 초기 웹툰들은 스크롤 방식이라는 인터넷 만화를 위한 새로운 연출법이 도입되었고, 모든 사람들에게 만화제작의 기회를 제공하였다.

2004년 강풀은 미디어 다음에 〈순정만화〉를 발표해 세로 스크롤 만화에 서사를 도입하였고 에피소드 형식이 아닌 서사가 있는 장편 웹툰으로 스크롤 방식을 활용한 연출기법을 도입하였다. 포털 사이트를 통한 정기적 연재로 현재의 웹툰 개념을 정립하였고 최근 웹툰 전문 플랫폼에서는 웹툰 형태와 단행본 만화형태 두 가지의 뷰어 방식을 사용할 수 있는 작품들 연재하였다.

웹툰의 단행본화를 목적으로 처음부터 단행본 형식으로 그림 작업을 진행한 후, 이후 웹툰 연재 형식으로 칸을 분리하여 연재하였다. 웹툰의 스크롤 방식에서 진행되는 시간의 개념을 유지하면서 단행본화를 위한 웹툰 편집에서 발생하는 이미지의 끊김을 방지하고자 하는 목적으로 이와 같은 방식으로 작업되는 작품들이 있었다.

[그림 10-4] 1세대 웹툰과 웹툰 뷰어 방식

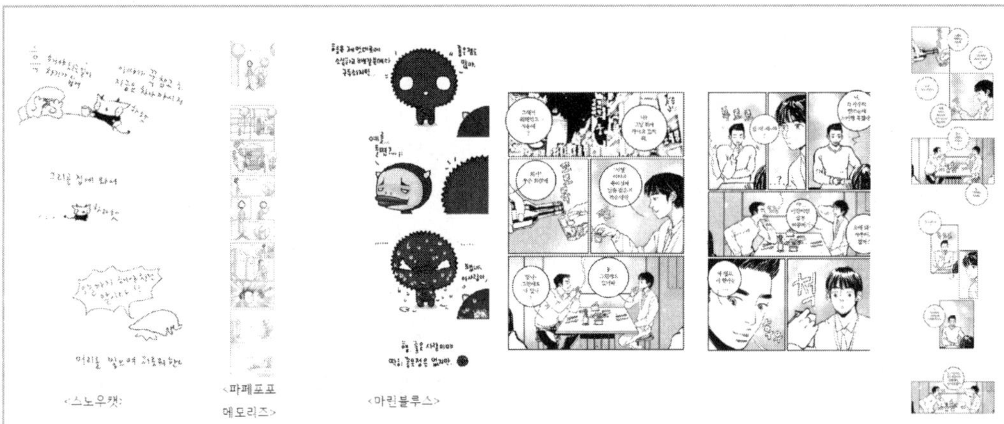

참고 : 웹툰 산업현황 및 실태조사 2014. 한국콘텐츠진흥원

3) 2세대 웹툰 : 화면에 특수 효과 첨가

2세대 웹툰은 세로 스크롤 형식의 기존 1세대 웹툰에 특수 효과(effect)와 사운드 등이 첨가된 형식이다. 네이버에서 특별 기획된 호랑 작가의 〈봉천동 귀신〉, 〈옥수역 귀신〉 등의 작품이 화재가 되었다.

[그림 10-5] 2세대 웹툰(호랑작가의 옥수역 귀신)

참고 : 웹툰 산업현황 및 실태조사 2014. 한국콘텐츠진흥원

사물을 그릴 때 360도의 입체요소를 모두 재현하여 보이지 않는 뒷면까지 표현되는 3차원 모델링 소프트웨어를 활용, 그림에 적용하여 입체적으로 화면에 배치하였다. 이용자의 시선에 따라 특정 영상 및 사운드가 나타나도록 프로그래밍하여 극적 효과를 배가시켰다.

네이버에서 연재된 〈기사도〉는 웹툰 내에 다양한 효과음 등의 사운드를 첨가하였고, 스크롤의 위치에 따라 그림과 스토리에 적합한 사운드가 나오도록 프로그래밍하여 웹툰 작품의 역동성을 강조하였다.

4) 3세대 웹툰 : 애플리케이션 형태

인터넷상에서 볼 수 있는 기존 웹툰을 애플리케이션(application)을 통해 스마트폰에서 감상하는 것을 기본으로, 스크롤 형식과 터치 형식을 함께 감상할 수 있다. 터치 형식의 경우, 단순히 페이지 넘기는 것이 아니라 터치에 따라 다음 컷 전환이나 애니메이션 효과, 사운드 등의 이펙트 효과를 첨가하는 방식으로 나타나고 있다.

웹툰 전문 플랫폼인 레진코믹스의 경우 2013년 서비스를 시작할 때 웹보다 안드로이드 애플리케이션을 통한 서비스를 먼저 시행하여 휴대성과 접근성이 강조되고 있다. 레진코믹스는 처음부터 부분유료방식으로 서비스를 시작하여 쉬운 결제를 위해 카카오게임을 통해 많은 사람들이 익숙하며 한번 결제이후 비밀번호를 되묻지 않는 구글플레이를 활용하였다.

카카오페이지, 올레 웹툰, T-스토어, 레진코믹스, 라인 웹툰, 다음카카오 웹툰 등 애플리케이션으로 출시된 콘텐츠들은 스마트 디바이스 환경에 맞춰 웹 서비스에 비해 작은 화면크기에도 불편함 없이 작품을 감상할 수 있도록 새로운 편집방식을 취하고 있다.

10-2 웹툰 산업의 제작

1. 웹툰 작가의 등단

웹툰 작가는 각 포털의 아마추어 작가의 자유 업로드 방식을 통해 창작 UCC를 선보이고 독자들의 반응과 포털의 작가선별 시스템이 맞추어 프로작가로 유입되고 있다. 다음카카오와 네이버의 경우 각각 웹툰 리그와 도전만화, 베스트 도전 등의 카테고리에 자유롭게 작품을 업로드하고 참신성과 조회수, 별점 등 각 회사의 작가선별 시스템 기준에 부합하는 작가와 계약하면서 프로작가로 데뷔할 수 있다.

다음카카오와 네이버의 경우 다음카카오 온라인 만화 공모대전, 대학만화 최강자전과 같은 공모전을 통해 수상자에게 웹툰을 연재할 수 있는 기회를 제공하고 있으며 공모전에서 좋은 반응을 얻은 작품들은 타 플랫폼으로 유입될 수 있는 기회를 얻을 수 있다.

〈표 10-1〉 웹툰 작가의 등단 유형

등단 유형	특 징
아마추어 작가	• 자유 업로드 • 웹툰 리그, 도전 만화, 베스트 도전
프로 작가	• 독자들의 반응(조회수) 작가선별 시스템(별점)에 의해 포털과 계약체결 • 포털이 작가에게 저작권료 지불
공모전 수상 작가	공모전에 입상하거나 커뮤니티에서 인기를 얻을 경우 웹툰 연재기회 제공
에이전시 소속 작가	인큐베이팅 시스템을 통해 작가로 양성되고 프로작가의 기회를 얻을 수 있음

참고 : 웹툰 산업현황 및 실태조사 2014. 한국콘텐츠진흥원

개인이 업로드한 작품이 커뮤니티상에서 인기를 얻으면 연재할 기회를 얻고 있다. 〈마린블루스〉로 인기를 얻은 작가 '정철연'은 포털이나 전문 플랫폼에 연재하고 있지는 않으나 블로거를 통해 꾸준한 팬 층을 확보하고 있으며 기업형 플랫폼인 '인텔'사의 페이스북에 일주일에 한번씩 〈마조 앤 새디〉를 업로드하며 웹툰 작가로의 입지를 다지고 있다.

〈루나 파크〉의 '홍인혜' 작가의 경우 개인 홈페이지에 웹툰을 연재하거나 기업형 플랫폼인 '예스 24' 등에서 책과 관련한 리뷰를 웹툰으로 그리는 〈루나의 북소리〉 작품을 업로드하고 있으며 책으로 출간되고 있다. 에이전시의 등장으로 에이전시의 인큐베이팅 시스템을 통해 작가로 양성되고 프로작가의 기회를 얻을 수 있다.

웹툰 산업이 활성화되면서 웹툰을 전문으로 하는 에이전시가 등장하였고 이에 따라 에이전시와 계약하는 작가가 늘어나고 있다. 에이전시는 아마추어 작가의 인큐베이팅 시스템을 통해 작가를 양성하고 작가는 에이전시의 관리 하에 웹툰 플랫폼에 연재할 수 있는 기회를 얻으며 프로작가로 데뷔할 수 있다. 이 밖에 기존 출판만화 작가와의 협업이나 자유기고 등의 방식으로도 시장진입이 가능하다.

출판만화에서 활동하였던 작가들의 웹툰 플랫폼으로의 유입은 더디게 나타나고 있으나 '이현세, 허영만, 황미나, 최경아, 원수연' 등의 프로작가들이 웹툰에서 입지를 다지고 있다. 스토리 작가로 활동하였던 작가의 경우 신인 그림 작가를 기용하여 연재하는 방식을 통해 데뷔하고 있다. 출판만화에서 활동하였던 프로작가들이 자유기고의 방식으로 웹툰 작가로 이동하고 있다.

2. 웹툰 산업의 종사자

1) 기획자

웹툰 기획자는 연재할 웹툰을 계획하고, 모든 산업과 업무까지 염두하고 작품을 계획하며, 작가의 역할이나 완성된 작품을 홍보하고 유통 판매하는 과정을 모두 관리한다. 기획자의 일을 도식으로 표현하면 콘텐츠의 발굴 → 기획 → 투자 및 제작→ 런칭 → 프로모션 → 수익 다각화 → 관리 → 재투자의 순환구조로 여기에는 작가와 작품 발굴, PPL(간접광고) 같은 투자유치, 소재 및 스토리 개발, 프로듀싱, 저작권관리, 작가 매니지먼트 등 다양한 분야가 포함한다.

2) 만화작가

만화창작을 한 후 원고료를 받아서 작품을 만들어나갈 수 있는 역량이 있는 자로서 대중문화 콘텐츠의 주요 생산자이다.

3) 보조작가

(1) 어시스던트(Assistant)

만화원고제작의 경험이 있어 원고제작의 흐름을 이해하며 작품제작의 기본지식을 갖춘 자로 메인 작가의 요구에 따라 작업을 진행한다. 작품의 주요 캐릭터보다는 보조 캐릭터, 배경 중심으로 작업하며, 원고료는 본인의 작업량에 따라 작가와의 협의 후 월급과 성과급제 등 다양한 방식으로 지급된다.

(2) 문하생

문하생(門下生)이란 도제 시스템에서 작가의 보조작업을 도우며 만화를 배우는 사람을 의미한다. 문하에 들어간다는 건 숙식을 하며 선생의 작업에 투입되고 노하우를 익히는 걸 의미하며 별도로 시간을 내어 창작의 노하우를 가르쳐주는 선생도 있지만 곁눈질+작업 참여로만 만화창작을 배워야 하는 화실도 있으며 문하에 들어온 제자이기 때문에 작업 참여에 따른 약속된 대가는 지불하지 않고, 작품의 저작권도 공유하지 않는다. 2000년대 이후부터 만화창작 인력이 대학에서 배출되며 출판만화시장에서 웹툰시장 중심으로 시장이 변화되면서 문하생을 희망하는 사람들은 점차 감소하고 있다.

3. 웹툰 플랫폼별 작품수

네이버에 연재되는 프로작가의 작품 수는 161편, 다음카카오는 135편으로 포털에 연재되는 작품이 가장 많고 참여하는 작가 수도 다음카카오가 485명, 네이버가 368명이다. 웹툰 전문 플랫폼의 경우 완결 된 작품수가 타파스틱 204편으로 가장 많고, 그 다음은 레진으로 92편이다(표 10-2).

〈표 10-2〉 플랫폼별 연재작품수(2014년)

<table>
<tr><th>플랫폼</th><th colspan="2">연재작품수</th><th>완결작품수</th><th>작가수</th></tr>
<tr><td rowspan="3">네이버</td><td>프로</td><td>161</td><td rowspan="3">322</td><td rowspan="3">368</td></tr>
<tr><td rowspan="2">아마</td><td>베스트 도전 1575</td></tr>
<tr><td>도전만화 103799</td></tr>
<tr><td rowspan="4">다음카카오</td><td>프로</td><td>135</td><td rowspan="4">409</td><td rowspan="4">485</td></tr>
<tr><td rowspan="3">아마</td><td>웹툰 리그 5279</td></tr>
<tr><td>1부 리그 10</td></tr>
<tr><td>2부 리그 15</td></tr>
<tr><td>네이트</td><td colspan="2">32</td><td>88</td><td>116</td></tr>
<tr><td>올레웹툰</td><td colspan="2">52</td><td>20</td><td>68</td></tr>
<tr><td>T스토어</td><td colspan="2">19</td><td>46</td><td>62</td></tr>
<tr><td>타파스틱</td><td colspan="2">3,324</td><td>204</td><td>2,788</td></tr>
<tr><td>스투만화</td><td colspan="2">15</td><td>17</td><td>30</td></tr>
<tr><td>팍스넷</td><td colspan="2">1</td><td>2</td><td>3</td></tr>
<tr><td>헤럴드</td><td colspan="2">1</td><td>8</td><td>9</td></tr>
<tr><td>더팩트</td><td colspan="2">20</td><td>0</td><td>10</td></tr>
<tr><td>스포츠조선 만화</td><td colspan="2">1</td><td>4</td><td>4</td></tr>
<tr><td>OSEN 만화</td><td colspan="2">15</td><td>21</td><td>24</td></tr>
<tr><td>골닷컴</td><td colspan="2">5</td><td>0</td><td>5</td></tr>
<tr><td>레진</td><td colspan="2">191</td><td>92</td><td>221</td></tr>
<tr><td>티테일</td><td colspan="2">28</td><td>3</td><td>31</td></tr>
<tr><td>웹툰스타</td><td colspan="2">12</td><td>9</td><td>21</td></tr>
<tr><td>탑툰</td><td colspan="2">118</td><td>38</td><td>99</td></tr>
<tr><td>판툰</td><td colspan="2">13</td><td>0</td><td>13</td></tr>
<tr><td>겜툰</td><td colspan="2">6</td><td>0</td><td>6</td></tr>
<tr><td>허니앤파이</td><td colspan="2">9</td><td>0</td><td>9</td></tr>
<tr><td>타다코믹스</td><td colspan="2">25</td><td>0</td><td>25</td></tr>
<tr><td>달툰</td><td colspan="2">22</td><td>3</td><td>24</td></tr>
<tr><td>라인웹툰</td><td colspan="2">54</td><td>2</td><td>56</td></tr>
<tr><td>카카오페이지</td><td colspan="2">77</td><td>0</td><td>77</td></tr>
<tr><td>곰툰</td><td colspan="2">15</td><td>3</td><td>18</td></tr>
<tr><td>코미코</td><td colspan="2">56</td><td>0</td><td>61</td></tr>
<tr><td>스핀에이</td><td colspan="2">8</td><td>0</td><td>8</td></tr>
<tr><td>프라이데이코믹스</td><td colspan="2">20</td><td>0</td><td>20</td></tr>
<tr><td>합계</td><td colspan="2"></td><td></td><td>4,661</td></tr>
</table>

참고 : 웹툰 산업현황 및 실태조사 2014. 한국콘텐츠진흥원

4. 웹툰 산업의 비즈니스 구조

1) 웹툰 산업의 비즈니스 형태

포털은 트래픽과 콘텐츠를 양산하는 창조적 이용자, 그리고 이용자의 단계를 거친 충성도 높은 신예창작자 그룹을 창출한다. 포털의 높은 트래픽 양산으로 웹툰 이용자가 확대됨으로써 콘텐츠의 수가 증가하였으며 웹툰 전문 플랫폼, 모바일, IPTV, SNS 등을 활용한 매체가 추가 발생한다.

포털 웹툰은 트래픽과 광고를 웹툰 영역으로 끌어들여 브랜드 웹툰이라는 새로운 영역을 만들어 낸다. 라이센싱 계약을 통해 웹툰을 원작으로 하는 다양한 상품을 만들어 낸다.

[그림 10-6] 웹툰 산업의 생태계

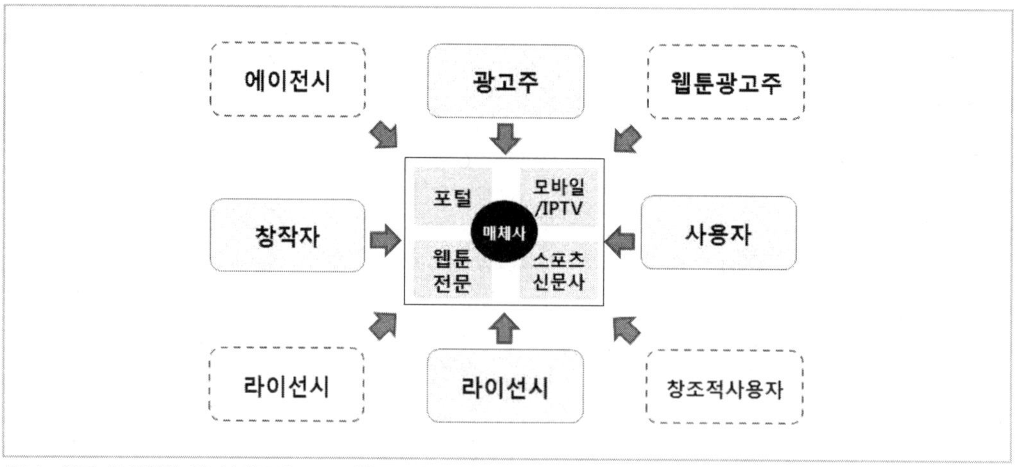

참고 : 웹툰 산업현황 및 실태조사 2014. 한국콘텐츠진흥원

2) 웹툰 작가의 수익원

(1) 원고료

매체사의 창작자 선정과 청탁에 의해 소정의 원고료를 받고 콘텐츠를 생산했고 매체사는 이를 자사 사이트에 방문한 이용자들에게 무료로 이용하도록 하였다.

(2) 광고료

웹툰 콘텐츠의 이용자 수가 늘면서 페이지뷰가 증가하자 매체사는 새로운 행위자인 광고주를 추가시켜 '창작자↔매체사↔이용자↔광고주'로 이어지는 구조를 만들었다.

포털은 이용자들이 웹툰 콘텐츠를 무료로 이용하는 대신 상업적 목적의 광고를 노출하는 방식을 도입하여 광고주들로부터 광고료를 받았다.

(3) 유료 콘텐츠 판매수익

웹툰 전문 플랫폼이 서비스되면서 유료 콘텐츠 배급과 소비가 활성화됨에 따라 창작자↔매체사↔이용자 간의 새로운 구조가 발생한다. 웹툰 전문 플랫폼은 이용자에게 얻은 수익을 일정 비율로 창작자와 분배한다. 포털 또한 유료 콘텐츠 배급비율을 높여 창작자 및 매체사의 유료 수익비율을 높이고 있다.

3) 웹툰 비즈니스의 비용

(1) 서비스 운영비용

웹툰에 대한 수요가 늘어나자 포털은 웹툰 생태계에 창조적 소비자 또는 프로슈머라고 불리는 사용자들이 웹툰을 창작해서 공유할 수 있도록 하는 시스템을 추가하여 '창작자↔매체사↔창조적 이용자↔이용자↔광고주'의 구조가 만들어진다.

창조적 이용자 그룹은 자신이 생산한 콘텐츠를 안정적으로 많은 사람에게 공개할 수 있는 포털 웹툰의 시스템을 무상으로 빌려쓰는 대신에 자신의 콘텐츠를 무상으로 제공하였으며 비용은 발생하지 않은 채로 가치의 교환이 이루어지면서 포털의 서비스 운영비용이 확장되었다. 창조적 이용자 그룹을 대상으로 한 웹툰 전문 플랫폼 발생, 창조적 이용자 그룹의 활동범위 및 매체사의 서비스 운영비용 또한 확장되었다.

(2) 수익 쉐어형 광고료

포털은 창조적 이용자의 콘텐츠 인기도가 높아지면 이를 창작자 웹툰 영역으로 올려주는 승격 시스템을 도입하였으며 이에 따라 '창작자↔신예 창작자↔매체사↔창조적 이용자↔이용자↔광고주'로 이어지는 구조가 만들어진다.

창조적 이용자는 포털에 대한 충성도가 높아졌으며 콘텐츠의 발생량도 많아졌을 뿐만 아니라 이용자의 무료 이용범위가 넓어지면서 이용자의 이익은 커졌고, 포털의 방문자 수와 페이지뷰 동반 상승하면서 노출도로 측정되는 광고주의 광고비용도 높아진다. 포털 웹툰 이용자가 증가하면서 포털은 광고영업을 강화하고 수익 쉐어형 광고료를 기업으로부터 받고 있다.

(3) 광고 웹툰 원고료, PPL 사용료, 매체 게재료

브랜드 웹툰을 통해 '창작자↔신예창작자↔웹툰 광고주↔매체사↔창조적 이용자↔이용자↔광고주'라는 구조가 형성되었으며 웹툰 광고주가 창작자에게 광고 웹툰 원고료나 PPL 사용료를 지급하고 포털은 광고주로부터 매체 게재료를 받고 있다.

(4) 콘텐츠 제공료, 콘텐츠 이용료

스마트 미디어 기기의 등장으로 포털은 모바일 서비스 사용료 또는 관계사 및 협력

사 서비스를 통한 재전송료로 콘텐츠 제공료를 추가로 지급받고 있다. 또한 '창작자 ↔ 신예 창작자 ↔ 매체사 ↔ 유료 이용자 ↔ 창조적 이용자 ↔ 이용자 ↔ 광고주' 구조가 형성되면서 콘텐츠 이용료가 발생한다.

(5) 저작권 사용료, 저작권 관리수수료, 콘텐츠 제작비

웹툰을 원작으로 한 트랜스 미디어가 활성화 되면서 '라이선시 ↔ 에이전시 ↔ 창작자 ↔ 신예 창작자 ↔ 웹툰 광고주 ↔ 매체사 ↔ 창조적 이용자 ↔ 이용자 ↔ 광고주'라는 구조가 형성되었다. 다양한 부가판권 사업자들이 라이선시가 되어 창작자에게 저작권 사용료를 지급하고 에이전시들은 이를 중계하거나 확대 재생산시키면서 저작권 관리 수수료를 발생시켰으며 창작자들은 양질의 콘텐츠를 생산하기 위해 콘텐츠 제작비를 투입하고 있다.

10-3 웹툰의 유통구조

1. 에이전시

1) 만화 에이전시의 정의

① 에이전시(agency)의 사전적 정의는 경제적인 활동 따위를 대행하거나 주선하여 주는 사람이나 회사를 뜻한다.
② 만화작품에 대해 대행권한이 있는 사람이나 회사를 말하는 것으로 주로 계약 협상을 진행하도록 권한이 부여된 사람을 뜻하며 만화작품, 작가와 관련된 전반적인 업무를 담당하는 만화 경영 마케터 활동분야 중 하나를 의미한다.
③ 최근에 들어서는 웹툰을 중심으로 관련된 기획, 매니지먼트, 에이전시의 역할을 종합적으로 수행하는 새로운 종합 엔터테인먼트 회사로 변화하고 있다.

2) 국내 주요 만화 에이전시

국내 주요 에이전시에는 ㈜한국데이타하우스(KDH), 누룩미디어, 투유엔터테인먼트, 드림컴어스(Dreamcomeus), ㈜YLab(와이랩), ㈜재담미디어, 투니드 엔터테인먼트 7개 회사가 있는 것으로 조사되고 있다.

〈표 10-3〉 국내 주요 만화 에이전시 현황

에이전시	주요 업무	설립연도
㈜한국데이타하우스(KDH)	만화기획 및 제작, 출판, 2차 판권, 저작권관리 등	• 1995년 모바일 게임 제작업체로 설립 • 2001년 스포츠서울 만화서비스 시작 • 2013년 T스토어 웹툰 서비스오픈
누룩미디어	작가 매니지먼트, 미디어믹스, 출판	2009년 4월 설립
투유엔터테인먼트	만화기획, 제작 에이전시 및 매니지먼트	2009년 설립
드림컴어스(Dreamcomeus)	One Source 제작기반 Multi Use 사업을 실현하는 콘텐츠 그룹 매니지먼트 광고, 캐릭터 라이센싱, 콘텐츠 기획, 제작 등	2009년 설립
㈜YLab(와이랩)	만화콘텐츠 제작, 웹툰, 매니지먼트, 프로듀싱, 광고만화, 웹툰 광고, 만화수출, 한일번역, 디자인 및 편집	• 2006년 윤인완 프로덕션으로 시작 • 2009년 Youn Story lab으로 개명 • 2011년 주식회사 Ylab 출범
㈜재담미디어	만화기획, 제작, 출판, 매니지먼트, 홍보 / 광고, 만화제작, 만화번역, 해외수출	2013년 3월 설립
㈜투니드 엔터테인먼트	KT올레마켓 웹툰 서비스 운영 작가 매니지먼트 수행	2014년 6월 설립
코멘트프로덕션	작가 매니지먼트 및 프로듀싱 수행	2013년 11월 설립
크릭앤리버 코리아	작가 매니지먼트	2001년 8월 설립

참고 : 웹툰 산업현황 및 실태조사 2014. 한국콘텐츠진흥원

3) 만화 에이전시의 필요성 및 역할

① 웹툰을 서비스하는 플랫폼이 확대되면서 웹툰 서비스들이 프로듀싱을 통해 안정적으로 만화를 공급하거나 서비스를 운영해 줄 외부 인력이 필요하다.

② 웹툰은 제휴를 통한 홍보, 판권 판매 등의 비즈니스 모델을 확대하면서 이를 전문적으로 관리해 줄 수 있는 인력이 필요하다.

③ 작품의 저작권 관리, 작품기획 및 신인발굴, 작품에 대한 부가판권 관리사업 등 변화하는 웹툰 시장에 맞추어 이를 관리할 수 있는 에이전시가 등장하였다.

④ 에이전시는 작가를 대신하여 웹툰을 활용한 사업을 관리하면서 작가들은 창작에만 전념할 수 있는 환경을 제공하고자 한다.

(1) 만화 에이전시의 기능

① 과거 인기 웹툰 작가들 중 원작의 가치를 인정받아 2차 판권을 계약한 경우가

있었지만 저작권 및 2차 저작물 제작에 대한 인식부족으로 피해를 보는 작가들이 발생하면서 에이전시의 역할이 중요하다.

② 웹툰을 기반으로 한 다양한 영화, 드라마, 출판, 광고, 게임 등 OSMU 사업이 활발하게 이루어지면서 에이전시의 역할이 다양해지고 있다.

③ 웹툰 작가들의 저작권 관리 및 사업화 계획수립 등 작가의 권익보호, 작가의 작업 스케줄 관리 등 작가의 작업환경을 최우선으로 고려하는 역할이 필요하다.

(2) 신인작가의 발굴

① 네이버 도전 만화, 다음카카오 웹툰 리그, 개인 블로그 게시판 검색을 통해 커뮤니티에서 인기를 얻는 작품이나 작품성을 인정받은 작품과 계약을 진행한다.

② 국내 만화 관련 학과와의 MOU를 체결하거나 관련 학과 방문, 관련 기관 방문을 통해 작품완성도와 사업성을 인정받은 학생을 발굴하여 계약을 진행한다.

(3) 매니지먼트로의 기능

현재 국내 에이전시 사업은 에이전시의 영역에 한정된 것이 아니라 매니지먼트로서의 기능도 병행하고 있다.

① 작품에 대한 저작권을 관리하며 작가들의 매니지먼트 기능을 담당할 경우 작품 기획단계부터 작가와 협업하거나 기획 후 작품에 맞는 작가를 영입하기도 한다.

② 공동기획하거나 프로듀싱한 작품 및 매니지먼트로서의 역할수행 시 약 10~30% 정도 수익을 배분한다.

③ 최근 네이버는 만화 매니지먼트 지원사업을 추진하면서 평가위원회의 심사를 통해 작품을 선정하고 네이버 만화에 정식으로 연재시킬 뿐만 아니라 저작권 관리 등의 매니지먼트 기능을 수행하고 있다.

4) 에이전시와 작가의 계약관계

(1) 작가와의 계약

① 최저 3개월에서부터 3년 정도의 연재기간이 소요되는 만화시장의 특수성으로 인해 전속계약이 이루어지기 힘든 환경이다.

② 전속계약의 경우 작가에게 계약금을 지급하기 때문에 작가와의 계약은 작품으로 이루어지고 있다.

③ 평균 2작품 정도 진행하고 있으며 작가와 에이전시 양측 모두 합의할 경우 지속적인 계약관계를 유지한다.

(2) 작가와의 수익배분

① 웹툰 작가는 기본적인 작품원고료 외에 작품의 인기를 바탕으로 영화, 드라마, 캐릭터 만화책 출판 등 2차적 수입을 창출하고 있다.

② 드라마와 영화로의 판권계약은 3000~5000만원 사이에 계약이 이루어지고 있으며 계약금에 대해서는 초기 계약금과 크랭크인이 된 후 2회에 걸쳐 작품료를 지급한다.

③ 판권계약이 진행되고 3~5년 동안 작품제작이 되지 않는 경우 계약관계에 따라 작품의 권리가 작가에게 돌아가기도 한다.

④ 작가의 수익창출을 위해 에이전시가 역할을 할 경우 작가와의 수익배분은 통상 10%로 책정되고 있으며 에이전시의 역할이 강화된 경우 최고 20%까지의 수익배분이 발생한다.

⑤ 에이전시를 통한 작품연재 계약이 이루어질 경우 에이전시 수수료를 고려하여 원고료를 산정하기도 한다.

⑥ 유명작가의 경우 작가의 브랜드 가치를 고려하여 에이전시 수수료가 10% 미만으로 책정되고 있어 신인작가와의 차이가 발생한다.

(3) 에이전시의 사업권

① 웹툰 작품에 대한 저작권은 모두 작가에게 있으며 에이전시는 계약기간 중 작가와의 협의를 통해 작품 관련 출판, 판권 등의 관리를 대행한다.

② 에이전시는 작품에 대한 사업우선권 및 우선협상권을 보유한다.

2. 포 털

1) 국내 포털업체

국내 웹툰 산업은 포털을 통해 확대되었으며 다수의 포털이 웹툰 산업에 진입하였으나 현재 다음카카오와 네이버, 네이트의 3사 체계로 구축되어 있다.

① 2000년 라이코스 포털 사이트에 '만화방'이란 코너가 개설되면서 웹툰이 논의되기 시작한다.

② 2002년 야후 코리아의 카툰세상, 파란 웹툰이 뒤이어 서비스 시작되었고 2003년 포털 사이트 다음카카오의 뉴스 채널 안에 '만화 속 세상'이라는 코너 신설로 강풀작가의 '순정만화'가 대중에게 웹툰이라는 용어를 확산시키는 계기가 되었다.

③ 2004년 6월 네이버 웹툰의 시작으로 만화서비스 중심이던 네이트가 2012년 5월 웹툰 중심으로 전향하며 본격적인 웹툰 서비스를 시작하였다.

④ 국내 웹툰 포털 사이트는 야후가 2012년 12월 31일, 파란이 2013년 7월 31일 서비스를 종료함으로써 다음카카오, 네이버, 네이트 3사 체제로 정리되었다.

⑤ 이후 개인 홈페이지나 블로그에서 연재되던 만화들은 포털이 제공하는 웹툰 전문 플랫폼에 연재를 시작하게 되면서 포털을 통한 웹툰 활성화가 진행되었다.

⑥ '다음카카오'는 20대 이상을 대상으로 한 서사형 웹툰으로 '네이버'는 10대 독자층을 타깃으로 일상적 소재를 짧게 다루는 에피소드 중심으로 연재되었다.

⑦ 요일제 시스템의 도입 및 PPS 프로그램 개발, 신인작가의 발굴 등의 노력을 하고 있다.

〈표 10-4〉 각 포털의 웹툰 코너

플랫폼	플랫폼별 특징	서비스 시작
라이코스	만화방 코너 개설	2000년 6월
야후	야후 코리아 카툰세상	• 2002년 3월 서비스 시작 • 2012년 6월 30일 서비스 종료
파란	파란 웹툰	• 2002년 서비스 시작 • 2013년 7월 31일
다음카카오	다음카카오 '만화 속 세상'	2003년 3월 4일
네이버	네이버 웹툰	2004년 6월 23일
	라인 웹툰 서비스 시작	2014년 7월 2일
네이트	네이트 만화	2012년 5월

참고 : 웹툰 산업현황 및 실태조사 2015. 한국콘텐츠진흥원

2) 포털은 신인발굴을 위한 공모전 개최

다음카카오, 네이버 모두 신인발굴을 위한 공모전을 시행하며 기준에 맞는 선정작은 해당 플랫폼 정식연재를 조건으로 한다.

〈표 10-5〉 포털의 웹툰 공모전

플랫폼	공모전명	혜 택
다음카카오	Daum 온라인 만화공모대전	상금, 다음카카오 정식연재
네이버	수퍼루키 공모전	상금, 네이버 연재
	대학만화 최강자전	

참고 : 웹툰 산업현황 및 실태조사 2015. 한국콘텐츠진흥원

(1) 다음카카오(DaumKakao)

'다음 온라인 만화공모대전'은 다음카카오와 CJ E&M의 콘텐츠 프로듀싱을 통해 작

가와 매체가 함께 작품을 완성하는 형태로 1차 예선 통과, 2차 본선 통과, 3차 최종수상까지 약 6개월의 시간이 소요된다. 수상작은 다음카카오 웹툰에서 연재를 필수로 진행해야 하며 당선작품 정시 연재종료 후 1년까지 CJ E&M이 판권에 대한 우선협상권을 보유한다.

(2) 네이버(Naver)

네이버 웹툰 공모전은 '수퍼루키 공모전'과 '대학만화최강자전' 개최한다. '수퍼루키 공모전'은 네이버 도전만화, 베스트 도전만화에 작품 업데이트시 자동 참여가 가능하며 만화연재경력이 1년 미만이거나 정식연재 경험이 없는 신인작가를 대상으로 진행 '대학만화최강자전'은 한국만화영상진흥원과 네이버가 공동으로 주관하는 공모전으로 전국 대학생(멘티)과 만화전공 교수(멘토)가 한 팀이 되어 100% 독자투표로 진행되는 공모전으로 상위 32작품을 대상으로 토너먼트 대항전이 진행되며 최종우승팀은 상금과 네이버 웹툰 정식연재의 기회를 제공한다.

3) 웹툰 작가의 선정기준 및 관리

주1회 연재가 가능한 작가들로 작가의 성실함을 보고 있으며 신인작가의 기용에 더욱 적극적이다.

네이버는 아마추어 작가들이 작품을 올리는 '도전만화' 코너에서 도전만화의 승격작품이 모이는 '베스트 도전만화' 코너도 신설하고 여기서 인정을 받으면 네이버 웹툰에 정식연재를 진행하면서 아마추어 승격제도를 도입하고 있다. 웹툰 작가의 관리는 담당 프로듀서가 작가의 작품스케줄 관리를 하고 있다.

4) 웹툰 작가의 원고료

① 웹툰 작가의 적정한 원고료에 대한 논란이 많이 제기되고 있는 가운데 현재 포털에서 지급하고 있는 신인작가의 원고료는 작가가 작품을 진행하기에는 적절하지 못한 금액이라는 의견이 많다.

② 국내 포털사이트 및 웹툰 전문 플랫폼에서의 신인작가의 원고료는 주1회 연재기준 월 120~200만원으로 책정되어 있으며 신인급에서 벗어난 경력 웹툰 작가는 1회당 70~80만원 선이며 유명작가의 경우 회당 500~600만원 사이이다.

③ 신인작가의 경우 공모전수상여부 및 과거 단행본 출판경력 등이 인정되어 원고료가 산정되기도 한다.

④ 포털 사이트마다 기준이 다르지만 최초 계약 후 A사 3개월, B사 5개월, C사의 경우 분기별로 원고료를 산정하고 있다.

⑤ 원고료 등급은 각 사다마 6등급~8단계로 고료 등급이 나눠져 있으며, 조회 수(당일, 주간, 월간단위로 측정하고 있으며, 연재당일 조회수 중요), 댓글, 별점, 트래픽 수, 마감날짜준수, 독자별점, 작품의 가치 등이 원고료 산정의 공통적 요소로 작용하고 있다.

5) 웹툰 작가의 수익확대

① 웹툰 플랫폼은 온라인 게재권만 보유하고 있으며 이후 작품의 모든 권리를 작가가 소유하고 있다. 포털은 라이센시 역할을 동시에 수행하고 있다.

② 김준구 네이버 웹툰 & 웹소설 사업부문 셀장은 "현재 네이버를 통해 연재되고 있는 172편의 웹툰 중 110편이 스토리라인을 가지고 있으며 이 중 60편이 이미 영상화 계약을 마친 상황"이라 발표하였다.

③ 포털에서는 미리보기, 완결보기 등의 유료화와 PPS(Page Profit Share) 프로그램을 활용한 수익 다각화를 모색하고 있다.

④ 브랜드 웹툰, 웹툰 PPS, 캠페인 웹툰의 도입으로 창작자에 대한 보상을 확대함으로써 창작자의 이탈을 막기 위한 전략을 도입하였다.

6) 웹툰 유료화 모델 성공을 위한 보완책

① 네이버의 요일별 웹툰은 무료로 제공되고 있으며 네이버 북스를 통해 미리보기, 완결작품, 베스트 콜렉션 등 부분유료화 모델을 시행하고 있다.

② 다음카카오의 경우 연재가 종료된 완결 웹툰에 대해 작가의 선택에 따라 웹툰 마켓에서 유료로 제공하고 있다.

③ 대여와 구매로 이용권 선택이 가능하며 유료화작품의 경우 작가와 플랫폼은 9 : 1로 수익응 배분한다. 보통 1~3권까지는 무료보기를 제공하고 있으며 그 이후에는 유료결제로 진행하고 있다.

3. 웹툰 전문 플랫폼

기존의 웹툰은 무료서비스를 기본으로 하고 있었으나 최근 등장한 웹툰 전문 플랫폼은 유료서비스를 지향하며 장르가 다양화되기 시작하였다. 2013년 유료만화서비스인 레진코믹스와 KT와 SK 양대 통신사에서 운영하는 올레마켓 웹툰과 T스토어는 대표적인 웹툰 전문 플랫폼으로 이외에도 티테일, 탑툰, 코미코, 카카오페이지 등이 있다.

1) 웹툰 전문 플랫폼의 등장

① 야후와 파란의 서비스 종료이후 네이버, 다음카카오, 네이트 포털 중심의 웹툰시장은 웹툰 전문 플랫폼이 등장하면서 변화가 나타나기 시작했다.

② 새로운 웹툰 전문 플랫폼의 등장은 모바일 환경의 구축으로 인한 자연스러운 변화이다.

③ 2013년 레진코믹스의 등장 이후 우후죽순적으로 웹툰 전문 플랫폼들이 생겨났으나 1990년대 작가의 작품연재(카툰컵), 만화가와의 불공정계약(키위툰), 관공서 지원사업을 위해 플랫폼 서비스를 실시했으나 지원받지 못해 플랫폼 서비스 중단(커피코믹스), 웹툰 서비스 실시 후 투자자의 사업부진 이유로 투자금을 회수하면서 재투자자를 찾지 못해 서비스 중단(제트코믹스) 등을 이유로 많은 플랫폼들이 서비스를 중단하였다.

〈표 10-6〉 웹툰 전문 플랫폼의 특징

플랫폼	플랫폼별 특징	서비스 시작
레진코믹스	유료서비스	2013년 6월 7일
올레마켓 웹툰	KT올레마켓 기반	2013년 7월 17일
T스토어 웹툰	SK플래닛의 모바일 콘텐츠 마켓	2013년 4월 1일
카카오페이지	카카오톡 기반	2013년 4월 9일
티테일(TTale)	연재만화 및 일러스트, 웹툰 오픈 플랫폼 서비스	2014년 2월 2일
탑툰(toptoon)	성인만화 중심	2014년 3월 1일
코미코	코미코(NHN엔터), 일본오픈 이후 한국오픈	2014년 10월 10일
스핀에이	기성, 신인작가 중심의 데일릴 웹툰	2014년 12월 1일
프라이데이코믹스	어른들을 위한 작품성 있는 웹툰 제공	2014년 12월 5일

참고 : 웹툰 산업현황 및 실태조사 2015. 한국콘텐츠진흥원

2) 웹툰 전문 플랫폼의 신인발굴을 위한 공모전 개최

레진코믹스, 올레마켓, SK플래닛은 신인작가 발굴을 위해 공모전을 개최하고 있다.

〈표 10-7〉 플랫폼별 공모전 현황

플랫폼	공모전명	혜 택
레진코믹스	레진코믹스 세계만화 공모전	상금, 한일 동시연재
올레마켓	올레마켓 웹툰 공모전	상금, 올레마켓 연재
SK플래닛	만화 스카우트 공모전	상금, SK T스토어, 서울문화사 연재 네이버 디지털 연재, 출판
미스터블루 웹툰	미스터블루 웹툰 공모전	상품, 정식연재

참고 : 웹툰 산업현황 및 실태조사 2015. 한국콘텐츠진흥원

(1) 레진코믹스

'레진코믹스 세계만화 공모전' 은 상업미발표 작품으로 한 · 일 · 중 · 미 아마추어 및 프로만화가 누구든 응모가 가능하며 수상작은 상금과 한 · 일 동시 연재혜택이 제공된다.

(2) KT 올레마켓

① 2013년 시작한 '올레마켓 웹툰 공모전'은 정식연재를 하지 않은 작품을 대상으로 진행하고 있으며 작화스킬과 스토리 구성력을 기준으로 응모작품 중 30작품을 선택한 후 유무선 올레마켓 웹툰에 게재하여 작가심사와 사용자 심사를 기준으로 최종작품을 선정한다.

② 수상작품은 모두 올레마켓에 정식 연재하여야 한다.

(3) SK T스토어

① '만화스카우트 공모전'은 SBA 서울애니메이션센터와 SK플래닛, 서울문화사, 네이버가 만화분야의 우수 콘텐츠 소재 발굴 · 제작, 온라인 연재 / 출판까지 통합적인 지원을 추진한 신인발굴 공모전으로 국내부문과 해외부문으로 나눠져 있다.

② 공동협력 사업모델의 형태로 만화스카우트 공모전에서 SBA 서울애니메이션 센터와 SK플래닛은 공모사업을 공동주관하고 있으며 제작지원금, 작품프로듀싱 지원 및 T스토어 디지털 연재, 배급, 홍보를 담당하고 있다.

③ 선정된 작품에 대한 제작기간은 1년으로 계약기간 내에 작품을 완성치 못할 경우 당선취소 및 지원금 환수가 이루어졌다.

(4) 미스터 블루

① 미스터 블루는 웹툰 서비스 실시에 따른 작가발굴 공모전을 실시한다.

② 남성만화와 여성만화로 분야를 나누어 진행 중이며 프로와 아마추어 신인작가 모두가 응모대상이다.

3) 웹툰 작가의 선정 및 관리

① 재미있는 작품으로 플랫폼에 연재된 다른 만화들의 객관적 데이터를 기준으로 대중을 선도할 수 있는 작품을 선택한다.

② 유료결제가 가능한 작품으로 구매력이 강한 20~30대의 여성이 좋아하는 장르를 선호한다.

③ 신인작가의 성공은 플랫폼의 동반성장으로 연결되기 때문에 신인작가 위주의 발굴을 선호하며 기성작가와 신인작가의 구성은 7 : 3정도로 이루어져 있다.

④ 웹툰 전문 플랫폼은 웹툰 후발주자로 플랫폼을 대표할 수 있는 스타작가를 확보

하고자 한다.

⑤ PD 1명당 약 50명의 작가를 관리하며 작품연재 전 기획단계에서 작가의 컨디션 및 작품에 대한 맨투맨 관리가 진행되며 작품연재 후 공급의 역할만 담당한다.

4) 웹툰 작가의 원고료

① 웹툰 전문 플랫폼의 경우 기존 포털에서 신인작가에게 지급하는 월 최저 고료에 비해 15~20%정도 인상된 금액인 140~200만원 지급하고 있으며 인기작가의 경우 월 2,500만원을 받기도 한다.

② A사의 경우 원고료 등급을 6등급으로 분류하고 있으며 3개월마다 한번씩 원고료를 산정하고 있다.

③ B사는 분기별 원고료 산정을 원칙으로 하고 있으나 작품의 퀄리티와 작업조건에 따라 논의하는 예외의 규정을 두기도 한다.

④ 자체 원고 랭킹 및 조회수, 댓글, 내보내기, 별점, 마감날짜준수, 작품의 컷 수 등이 원고료 인상의 요소로 작용한다.

⑤ 고정고료 지급 후 이후에 발생하는 부가수익을 나누는 시스템이다.

⑥ 낮은 원고료로 인해 플랫폼은 작가에게 수익이 발생할 수 있도록 유료화 방식을 채택하고 있다.

⑦ 브랜드 웹툰 및 영화 웹툰(영화기반의 웹툰) 제작으로 작가에게 수익이 발생할 수 있게 한다.

5) 웹툰 작가의 수익개선책

레진코믹스는 180종의 작품이 연재되고 있으며, 이중 30%가 유료 결제되는 부분 유료화 결제방식으로 웹툰은 무료라는 인식을 깨고 다음 편을 기다리지 않고 보기 위해서 결제해야 하는 사업 모델을 도입하였다.

10-4 웹툰 국내외 플랫폼

1. 차세대 한류 콘텐츠 웹툰

웹툰 업체들이 전 세계의 웹툰 잠재독자를 10억명 이상으로 예측하면서 해외 웹툰시장에 대한 기대가 높다. 국내 웹툰의 가장 큰 차별점은 일본의 망가나 미국의 그래픽 노블과는 달리 세로스크롤 방식이며 독특한 스토리를 갖고 있다.

한류 드라마의 영향을 받아 드라마의 원천콘텐츠인 웹툰에 관심을 갖기 시작하였다. 타파스틱과 네이버 웹툰은 플랫폼을 서비스하고 있으며 다음카카오와 레진코믹스는 콘텐츠 중심으로 해외진출을 시도하고 있다.

〈표 10-8〉 해외진출 플랫폼

해외진출 방식	플랫폼	내 용	서비스 시작
플랫폼 서비스	네이버	중국어 영어, 태국어 서비스	2014년 7월
	타파스틱 (타파스미디어)	북미시장 겨냥	2012년 3월
콘텐츠 중심	다음카카오	타파스틱과의 제휴를 통한 콘텐츠 제공	2014년 1월
	레진코믹스	중국시장 겨냥	2014년 10월
	마일랜드	• 국내 웹툰을 번역하여 중국에 제공 • 누룩미디어와 소속작가들의 작품 중국어 번역	2007년
	투니온	• 북미, 영어권 국가에 국내 웹툰 작품 유료제공 • 2015년 '허핑턴포스트'에 연재예정	2014년 11월

참고 : 웹툰 산업현황 및 실태조사 2015. 한국콘텐츠진흥원

1) 네이버 라인

2011년 12월 네이버 재팬을 통해 국내 웹툰 60여편을 일본어로 번역하여 서비스하기 시작하였다. 네이버는 자사의 모바일 서비스 '라인'을 이용하여 해외시장까지 영역을 확장하고 있다.

2014년 3분기 기준으로 라인의 글로벌 이용자는 5억 6000만명에 이르며 일본과 대만 태국에서 우위를 선점하고 있으며 남지지역 및 중동지역에서도 라인 가입자가 증가하고 있다. 2014년 7월 라인웹툰서비스를 처음 실시하였으며 12월 현재 영어 작품 70편, 중국어 작품 80편을 태국어 작품 34편을 서비스 하고 있으며 요일제 업데이트 방식을 적용, 매일 7~10개의 작품을 노출하고 있다.

스크롤 방식이 익숙지 않은 글로벌 사용자를 위해 화면 터치만으로도 상하이동이 가능한 '터치 스크롤' 기능 추가 인터넷 환경이 좋지 않은 국가를 고려해 웹툰을 온라인에서 내려받고 나중에 오프라인에서 볼 수 있는 '임시 저장' 서비스를 실시한다. 11월 '도전만화'와 같은 '챌린지리그' 코너를 개설하였으며 공모전도 함께 개최하여 각 나라의 우수 웹툰 작가들이 데뷔할 기회를 제공한다.

2) 타파스틱

2012년 3월 설립된 북미최초의 웹툰 포털 타파스틱은 출판만화가 대세이던 북미에

웹툰 시장을 이끌고 있으며 한국 웹툰을 대상으로 무료 영문번역 서비스를 실시한다.

다음카카오에 연재됐던 〈샤먼〉을 필도로 한국작가의 작품을 북미 시장에 소개하고 있으며 국내 기업과의 전략적 제휴 및 무료번역 지원으로 국내 웹툰을 해외에 서비스하고 있다.

2012년 12월 국내 스토리텔링 전문기업 풍류일가와 업무제휴(MOU)를 체결 한국 웹툰 보급을 시작한다. 2013년 SK플래닛과 콘텐츠 제휴를 통해 T스토어에 서비스 중인 웹툰의 북미진출을 진행한다. 2014년 1월 다음카카오와 전략적 제휴를 체결하고 약 52편의 작품을 번역지원하고 있다. 다음카카오의 콘텐츠 〈늑대처럼 울어라〉, 〈트레이스 2〉, 〈수의 계절〉, 〈1호선〉, 〈아메리칸 유령잭〉 외에도 〈암브로시아〉, 〈골프스타〉 등의 작품이 있다.

약 20여명의 한국작가들이 활동 중이며 무료번역지원을 통해 한국의 신인작가들의 해외진출을 돕고 있으며 작품선정의 기준은 스토리가 강하고, 한국적이지 않은 작품을 위주로 섭외하고 있다. 매일발행(Daily Release) 시스템으로 2,200여명의 작가가 2,400편의 작품을 연재하고 있으며 60여편의 한국 웹툰이 번역되어 서비스되고 있다.

누구나 연재가 가능한 타파스미디어는 프라임타임 퍼블리셔 프로그램(Primetime Publisher Program)을 도입한 본격적인 콘텐츠 제작자 기반 웹툰 시스템으로 철저하게 콘텐츠 제작자 위주의 시스템이다. 작품당 트래픽을 산정하여 페이지뷰를 많이 기록할수록 작가에게 높은 페이백을 제공하는 것으로 월별 급여를 지급하고 있는 한국과는 다르다.

3) 레진코믹스

2014년 10월 16일 큐큐닷컴과 U17(유요치)에서 총 9작품 연재되고 있으며 시나닷컴에서도 연재하고 있다. 큐큐닷컴 연재 첫날 〈디어(dire)〉는 연재 10여시간만에 22만 클릭과 공포만화 랭킹에서 5위를 기록하였으며 이외에도 〈스토리텔러〉 등이 있다. U17(유요치)에서는 〈월한강천록〉, 〈여동생은 로봇〉, 〈디어〉 연재 중이다.

4) 마일랜드

2007년 설립된 마일랜드는 중국의 대형포탈 큐큐닷컴에 국내 웹툰을 번역해 중국에 수출한다. 누룩미디어와 계약을 통해 만화가 강풀, 주호민 등의 만화를 중국에서 서비스 중이다. 〈아파트〉, 〈그대를 사랑합니다〉, 〈신과 함께〉, 〈이끼〉, 〈혈액형에 대한 간단한 고찰〉 등 250여 작가의 400여 타이틀을 큐큐닷컴에 유료로 서비스하고 있다.

5) 투니온

2014년 11월 윤태호, 전극진, 고영훈, 양우석 등 국내 웹툰 작가 15명이 ㈜투니온을 설립하면서 국내 작품들의 해외진출 및 저작권을 관리 담당한다. 한국 웹툰을 배급하는 ㈜롤링스토리 설립을 추진하여 북미 및 영어권에 한국 웹툰 작품을 유료로 공급하는 것을 목표로 한다.

2. 네이버 웹툰

1) 네이버 웹툰의 개요

포털 사이트 네이버에서 제공하는 웹툰 서비스이다. 메뉴는 연재만화를 볼 수 있는 웹툰, 아마추어 만화가가 그린 만화를 볼 수 있는 도전만화, 도전만화에서 인기가 많은 웹툰을 따로 골라낸 베스트 도전, 그리고 주말이면 일부 만화를 3권 무료로 볼 수 있는 유료만화 등이 있다.

[그림 10-7] 네이버 웹툰

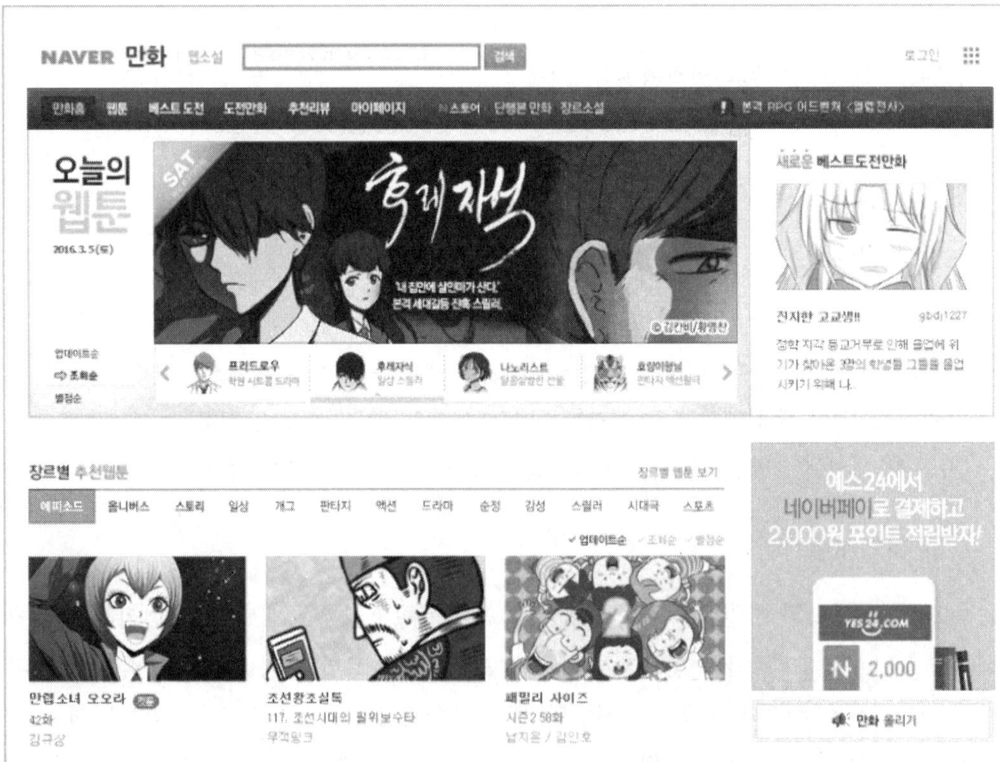

2) 네이버 웹툰의 역사

네이버의 웹툰은 2004년 6월 23일에 첫 서비스를 시작했다. 초창기엔 유료로 제공되는 출판만화가 중심이었지만 2006년 2월 개편 후에는 오히려 웹툰이 메인이 되고 만화는 뒷전이 되었다. 그리고 세월이 흐른 2016년 현재는 대한민국에서 가장 주목도 높은 만화연재 매체의 위치까지 올라섰다.

2006년부터 네이버 웹툰에서 연재를 시작한 〈마음의 소리〉 900화에 따르면 당시 시장에서의 위치는 안습이었던 것으로 보여진다. 작가가 일반 부동산 사이트와 네이버 중 어디에서 연재를 할지 심각하게 고민할 정도이다.

대한민국 포털사이트 1위가 네이버이고, 2위가 다음인 것과 마찬가지로, 네이버 웹툰의 최대 경쟁자는 다음의 웹툰 서비스인 다음 만화속세상이다. 지속적으로 정식 연재작가가 늘어나고 있어서 웹툰 작품보유량은 엄청나 다른 포털들을 추월한 상태, 단순히 종류만 많은 것이 아니라 작품당 평균 연재횟수와 평균적인 질도 높으며, 출판까지 이른 경우도 압도적으로 많다.

거기다 2012년 야후와 파란이 국내 서비스를 접으면서부터는 예전보다 영향력이 격감한 다음 만화속세상과 극소수 작품으로 연명하는 네이트 웹툰 정도만 가까스로 버티는 상태라 이젠 사실상 네이버 웹툰 독주 체제가 되었다.

더욱이 한국콘텐츠진흥원 같은 관계기관과도 연계가 활발해서 지원이나 협찬을 얻기도 하고 2009년에는 각 지자체와 연계해 홍보용 웹툰들을 편성한 일도 있는 등, 포털을 초월해 관련 네트워크가 굉장히 넓다. 심지어 원로 만화가들과 인터뷰 만화기획 전까지 했을 정도로 2012년 여름에는 네이버 앱이라는 자체 콘텐츠를 홍보하기 위해 네이버 웹툰 인기 캐릭터들로 TV 광고까지 했다. 더불어 2013년 초에는 작가들을 직접 광고 모델로 넣기도 했다. 단순히 만화 잡지를 TV 광고한다거나 하는 일은 과거에도 있었으나, 작가들을 직접 광고에 내세우는 경우는 이것이 최초이다.

2015년 2월 4일부터 단순 팀(자체적으론 셀이라고 부른다)을 넘어서 사내 독립 기업(Company In Company)으로 운영된다. 워낙 규모와 이용자 수가 많다 보니 아예 분리 수준으로 키우려는 듯. 진짜 법인도 분리시키는 것도 볼 수 있을지도...? 네이버측에서도 CIC 체제에서도 가능성이 보이면 별도 법인으로 분사시킬 수도 있다고 한다. 현재도 리더에겐 대표 직함을 부여하고, 별도의 보상체계와 인사제도를 설정할 수 있는 권한까지 부여한다고 한다.

3. 네이트 웹툰

네이트의 웹툰 서비스로 네이버 웹툰이나 다음 만화속 세상에 비해 상당히 밀리는지라 중간에 폐간되기도 하는 등 우여곡절이 많다. 폐간된 웹툰들은 사방으로 흩어졌고 유실된 웹툰도 존재한다. 다른 포털사이트의 작가가 특이한 소재를 주제로 한 웹툰을 따로 여기에 연재한 경우가 많다. 판타지 세계의 직장생활, 이중인격 등, 또한 2013년에는 성반전 만화가 4개씩이나 여기서 연재되었다.

T플레이와 같이 연재하는 것도 있다. T플레이와 같이 연재하면 아래 목록에서 T를 덧붙여서 구분한다. 2014년에 T플레이에서 먼저 연재하고 아직 끝나지 않은 만화를 하나만 남기고 네이트에서 빼려고 했지만 다시 계약했다.

2016년 현재는 포털사이트에서 연재하는 웹툰이지만 그야말로 있으나 없으나 관심도 없는 유령 사이트 취급을 받고 있다. 우선 완결과 요일별 카테고리를 없애면서 연재했던 모든 웹툰을 한자리에 모아놓았다. 즉 겉보기에는 많은 작품이 연재되듯 보이지만 실제로는 하나같이 오래전에 완결된 웹툰들이며 현재 업데이트되는 웹툰은 '미슐랭 스타' 하나뿐이다. 분위기로 봐서는 야후! 카툰세상이나 파란 카툰처럼 서비스가 중지되어도 이상할 것없는 상황이지만 두 서비스는 사이트 폐쇄로 자연스럽게 사라진 것이므로 아직 네이트가 폐쇄된것은 아니니 어떻게 될지는 좀더 지켜봐야 할 것 같다. 그리고 지금, 미슐랭 스타마저도 시즌 3 후기로 완결이 났기에 완전히 멈춰있는 것으로 확인된다.

4. 다음 웹툰

1) 개 요

다음에서 제공하는 유료만화 및 웹툰 서비스로 이전에는 오락분야의 유료만화와 뉴스(미디어다음)의 웹툰 서비스가 따로 분리되어 있었지만, 점차 웹툰쪽 서비스 규모가 커지면서 웹툰을 중심으로 통합되었다. 보다 정확히는 유료만화 서비스 '다음만화'는 다음에 소속된 회사도 아니었다. 단지 다음이 다른 회사에 외주를 줬던 것이고 계약이 만료된 뒤 만화속 세상에서 유료만화 서비스를 시작한 것. 만화속 세상과 별개로 웹툰도 연재되었으며 다음만화 웹툰에서 만화속 세상으로 건너온 작가로는 주니쿵과 hun이 있다.

2003년 2월 24일 다음이 뉴스 분야를 미디어 다음으로 재편하면서 부속서비스로 시작했다. 주요 일간지 만평도 같이 볼 수 있었다. 강풀의 순정만화가 성공한 이후 본격적으로 웹툰 서비스의 길을 걷게 된다.

완결이 난 웹툰들이나 전(前) 시즌 웹툰들의 유료화를 진행하고 있다. 웹툰 하나당 600원 정도 한다. 완결이 되었다고 곧바로 유료웹툰이 되는 것은 아니고 작가와의 협의에 따라 시기를 조율하는 듯하다. 네온비 작가는 페이스북에서 유료화 수익은 대부분 작가와 다음이 9대 1로 분배한다고 언급한 바 있다.

본래 네이버 웹툰보다 먼저 서비스를 개시한 시장의 선두주자였으나 2000년대 후반부터 네이버 웹툰에게 역전당하더니 2015년 2월 웹툰 인사이트의 구글 트렌드 분석에 따르면 영향력면에서 레진코믹스에게 추월당했다고 한다.

통계의 출처가 구글이란 점에서 네이버 웹툰이나 다음 웹툰의 이용자들이 굳이 구글에서 찾아보지 않는다는 점은 어느 정도 걸러들을 필요가 있으나, 모바일 OS 쪽에서 구글이 한국시장에서도 상당한 영향력을 차지한 걸 생각하면 레진코믹스의 영향력이 커진 것도 사실로 보인다. 네이버 트렌드를 기준으로 볼 때는 아직 다음이 좀 더 높은 편이다.

2015년 10월 19일 다음 만화속 세상과 웹툰 리그의 개편을 사전 공지하였다. 다음 웹툰 PC 페이지가 5년 만에 새로운 디자인으로 개편된다는 것과 웹툰 리그가 3.0으로 업그레이드된다는 것을 알렸다.

10월 21일 사전 공지를 했던대로 다음 웹툰 PC 사이트와 웹툰 리그가 전면 개편되었다. 작품 일러스트를 전면에 내새운 새로운 홈페이지를 비롯해 완결/시즌 완결작품을 한눈에 확인할 수 있는 편리한 기능과 #키워드를 이용해 자기 취향에 맞는 작품을 탐색할 수 있는 기능이 추가되었다.

웹툰 리그는 기존의 자동 로직에 기대었던 기존의 1, 2부 방식에서 벗어나 내부심사가 반영되는 1부 리그, 100%의 독자투표로 진행되는 랭킹전 시스템을 도입하였다. 기존의 방식이 2부 리그 → 1부 리그 → 정식연재의 방식이였다면 이번 웹툰 리그 3.0의 방식은 2부 리그 → 1부 리그 → 랭킹전 → 정식연재의 방식으로서 변화하였다.

2) 특 징

스토리 위주의 장편과 신인작가들의 역량을 시험하기 위한 8화 정도의 단편으로 많이 구성되어 있다. 종종 특별전 형식으로 이전에 유명했던 출판만화의 다시보기를 무료로 올려주기도 한다. 개편 전에는 포털에서 웹툰으로 들어가려면 약간 번거로웠지만 메인화면이 개편되면서 뉴스 목록에 보이는 웹툰을 클릭하면 바로 만화속 세상으로 갈 수 있게 되었다(다만 이 점은 네이버 웹툰도 동일하다).

그리고 작가권리를 보호한다는 명분으로 완결작들에 대해 차츰 유료화를 진행 중인 추세에 있다. 북미 웹툰 사이트 타파스틱에 공식적으로 다음 만화속 세상 작품 5개를 번역하여 업로드에 들어갔다고 한다. 타파스틱에서 연재하는 Juju's diary라는 작품을 한국어로 번역하여 서비스하기 시작했다. 매일 오전 12시, 오전 9시에 그 날 웹툰이 업데이트된다. 단 웹툰에 따라서 올라오는 시간차이가 크다. 오후 5시에 올라올 수도 있다. 네이버와 달리 지각업로드를 따지는 경우는 적은 편이다.

5. 봄 툰

탑코믹스가 2015년 7월 7일, 새롭게 오픈한 여성향 웹툰 플랫폼(웹툰 플랫폼 가운데 2세대에 속한다.) 여성 독자를 겨냥한 로맨스, BL 장르의 웹툰을 공격적으로 유치하는 한편 백합, 판타지, 개그, 액션, 스포츠, SF, 공포, 스릴러 등의 장르작도 갖추고 있다. 한국 만화가가 그린 웹툰을 주력으로 서비스 중이며 일본 등지의 출판만화 또한 번역해 공급한다.

'웹툰, 모바일', '성인 여성' 세 가지 키워드를 통해 탄생한 봄툰은 콘텐츠에 대한 구매력이 높고 2차 저작물에 대한 문화활동이 가장 적극적인 성인 여성을 공략하는 여성의 여성에 의한 여성을 위한 웹툰 서비스라고 자칭한다. 7월에 오픈한 봄툰은 회원수 약 55만명으로 월평균 10만명 이상의 회원가입자가 늘고 있고 웹툰 100여개, 출판만화 270여개의 여성향 작품들이 포진되어 있다. 2015년 매출은 10억 원 정도라고 발표하였다.

봄 툰을 운영하고 있는 곳은 (주)봄코믹스로 임대청, 임성환 공동대표가 있으며 임대청 공동대표는 내부적인 실무를 맡고 있고 임성환 공동대표는 대외적인 활동을 겸하고 있다. 특이한 것은 최근 출범한 웹툰산업협회에서 이사장직을 임성환 공동대표가 맡게 되었는데 모든 협회 이미지가 그렇듯 웹툰산업협회도 좋지만은 않다. 전체 시장에서 큰 부분을 차지하지는 않지만 여성 독자들에게는 이제 막 입소문이 퍼지기 시작하는 상태다.

얼마전부턴 라디오 광고도 시작했다. 내용은 "봄툰봄? 너도봄~ 나도봄~ 남자들은 몰래봄~"이다. 전파를 통해 송출되는 라디오에는 광고를 넣지 못하는지 나오지 않고, 인터넷 스트리밍 라디오의 시보(時報) 광고로 나온다. 특히 고릴라...

클로저스티나 성우 교체 논란 기간 동안 코미카 등과 함께 별 사건이 없던 조용한 곳 중 하나. 코미카야 역사가 짧다지만, 올레마켓 웹툰, 폭스툰 봄 툰은 상대적으로 조용한 편이다. 또한 이번 사태를 맞아 임성환 공동대표가 "메갈 작가들을 안고 갈 생각이 없다"라고 발언했다. 게다가 같은 웹툰산업협회인 탑툰이 메갈을 지지한 박달곰의 작품을 연중시키며 연재 예정인 카차라가 메갈을 비호한 것에 중단시키는 등 함부로 물의를 빚다가 쫓겨나기가 쉬운 상황이라 현재 대부분의 웹툰산업협회에 연재한 작가들이 함부로 사고를 치는 일이 별로 없다.

웹툰 플랫폼 중에서도 여성향을 중심으로 연재되고 있는 웹툰 플랫폼이다. BL(Boys love)이나 LR(Normal romance) 등이 대표적이고 PR(Paranormal romance) 다양한 장르의 로맨스 장르와 코미디, 드라마 등이 존재한다.

유료 웹툰 플랫폼의 특성상 네이버, 다음 등과 차별화를 두기 위해 성인등급의 작품 등이 대다수이며 여러 독자의 취향에 맞게 서비스씬이 다양하게 분포되어 있다. 백합 작품은 있긴 하지만 드문 편이다. 2016년 4월 13일 기준 연재작 가운데 처음초밤야, 완결작 가운데 커밍아웃이 백합 작품이다.

또한 뽕빨물, 액션물, 느와르 남성향 중심으로만 나와 작품의 다양성이 부족한 탑툰에 비해 단순히 로맨스, BL만 밀지 않고 백합, 판타지, 개그, 액션, 스포츠, SF, 공포, 스릴러 등 다양한 장르로 나와 볼거리가 많다. 특히 오랫동안 베도에서 일상물로 인지도가 있는 프리템포와 지혜가 쫀득쫀득으로 유명한 어택을 데려오는 등 아마추어에서 검증되거나, 다른 연재처에서 경력있는 작가들을 데려온다.

6. 카카오페이지

카카오에서 서비스하는 앱 서비스로 웹툰, 웹소설 등을 연재한다. 2013년 4월 9일에 첫 서비스를 시작했으며, 주로 만화와 장르소설을 유료로 판매해왔다. 2013년 중반까지만 해도 실패작 취급을 받았지만, 달빛조각사를 필두로 여러 작품들을 추가하며 당당하게 부활에 성공, 2014년 4월 21일부터 웹툰, 웹소설 무료 서비스를 시작했다. 2014년 연내에 웹툰 연재 종수를 100종으로 늘리겠다고 밝혔다. 최근에는 출판된 책들까지 서비스하고 있다.

모바일로 보는 것을 추천한다. 데스크톱 뷰를 지원하기는 하나 한 만화를 6번 이상 볼 시 모바일 뷰로 보도록 하는 페이지로 유도한다. 완결나면 모바일 뷰 전용으로 바뀐다.

10-5 웹툰 플랫폼의 미래

1. 웹툰 산업의 필요성

웹툰 산업은 만화산업에 종속되어 있는 하나의 장르로 평가받아 왔으나 현재 만화산업에서 웹툰이 차지하고 있는 규모가 더욱 확대되고 있다. 이러한 상황에서 만화산업에서 웹툰이 차지하고 있는 시장현황을 파악하기 위해 산업규모 산출을 위한 정확한 지표 마련이 시급하다.

스마트 미디어 기기의 보급으로 웹툰 소비가 확대되고 웹툰을 통한 OSMU로 수익 창출이 다양해짐에 따라 웹툰 산업에 진출하고자 하는 기업이 많아지고 있다. 그러나 이익만을 추구하는 현상으로 인해 스토리, 이미지 등의 퀄리티가 보장되지 않은 콘텐츠의 제작으로 인한 부작용이 우려되고 있는 상황이다.

웹툰은 한국의 만화산업이 디지털화 되고 스마트 미디어 기기의 보급, 통신산업의 발전으로 이룩한 고유한 장르로 평가받고 있다. 이러한 상황에서 한국만의 만화장르로 성장하기 위한 글로벌화 전략이 필요하다.

2. 웹툰 산업에 대한 데이터베이스 마련

1) 현황분석

국내 웹툰 산업은 다음카카오와 네이버의 두 포털로 인해 성장하였다고 해도 과언이 아니다. 이러한 상황에서 웹툰 산업규모 산출에 대한 객관화된 지표마련이 어려운 실정이며 대부분 추정치로 산업규모를 산출하고 있다. 따라서 웹툰 산업에 대한 올바른 산업 생태계 분석이 필요하며 포털은 물론이고 웹툰 전문 플랫폼까지 적용할 수 있는 객관화된 지표를 마련하여 올바른 시장규모를 산출해야 한다. 이를 통해 웹툰 산업의 종사자는 물론이고 웹툰으로 인한 파급력을 검증하면서 산업적 가치를 제고할 수 있다.

2) 시사점

웹툰 서비스의 시작은 무료로 제공되었으나 점차 유료화되고 있으며 미리보기와 다시보기 등의 서비스를 통해 수익이 창출되고 있다. 웹툰을 통한 광고시장의 형성이 플랫폼별로 각각 다르게 나타나고 있으며 이에 따른 수익 역시 다르기 때문에 공통적인 지표마련이 필요하다. 또한 웹툰으로 인해 창출되는 부가가치 시장에 대한 범위 설정이 필요하며 이를 위해 웹툰 산업과 관련된 전반적인 데이터베이스가 필요하다. 또한 국내 포털 및 통신사, 웹툰 전문 플랫폼에서 웹툰 산업과 관련한 수익구조에 대한 데이터 공개를 필요로 하다.

3. 웹툰 산업의 부작용방지 프로그램 마련

1) 현황분석

국내 웹툰 산업의 기업은 2014년 현재 28개로 파악되고 있으며 이는 대부분 최근에 서비스를 시작한 것으로 나타난다. 이러한 현상은 웹툰으로 인한 영화, 드라마, 웹드라마, 연극 등의 파급효과가 나타나기 시작함에 따라 무분별한 진입이 나타나는 것으로 진단할 수 있다. 따라서 웹툰을 통한 수익에만 집중하여 플랫폼의 구축을 우선으로 하며 이후 작가관리나 콘텐츠의 질적 관리수준은 낮다고 평가된다. 또한 유료화로 인한 수익창출을 기대하면서 구매능력이 있는 성인층을 공략한 성인물제작이 확대되고 있다. 웹툰 플랫폼이 다양화됨에 따라 웹툰 작가로 데뷔할 수 있는 기회가 확대되고 진입 장벽 또한 낮아지고 있다.

2) 시사점

유료화 시스템의 정착을 위해 콘텐츠의 질적인 성장이 필요하며 이를 위해 서비스 플랫폼의 관리 시스템 구축을 마련해야 한다. 다양한 소비계층을 확보하기 위해서는 다양한 장르를 확보하는 것 역시 필요하나 만화의 질적인 성장과 올바른 문화형성을 위한 작가와 플랫폼의 노력이 요구된다. 신인작가의 데뷔 기회가 많아지면서 웹툰 작가로의 진입이 수월해졌으나 작가의 역량을 갖추는데 있어 문제가 발생하고 있다.

포털사의 경우 아마추어 리그를 통해 작가의 역량을 시험할 수 있는 기회를 갖고 있으나, 신생 플랫폼의 경우 검증 시스템이 마련되어 있지 않기 때문에 체계적인 작가관리 시스템이 필요하다. 작가관리의 문제는 콘텐츠의 질적 하락으로 연결될 수 있기 때문에 중장기적인 작가관리 시스템이 필요하다.

4. 웹툰의 글로벌화 전략 마련

1) 현황분석

웹툰은 한국의 고유한 만화산업의 장르로 자리잡았다. 웹툰 플랫폼의 자발적인 해외 진출이 이루어지고 있으나, 국가적인 지원을 통해 웹툰의 글로벌화 전략을 마련할 필요가 있다. 현재 해외 웹툰 서비스 플랫폼인 타파스틱은 유일한 북미 웹툰 포털로 북미 시장의 자생적인 웹툰 작가들의 플랫폼 역할을 수행하고 있을 뿐만 아니라 한국형 발행 시스템에 독자들을 적응시키고 있다.

타파스틱은 북미시장에서 무료 영문번역 서비스를 실시하면서 국내 만화의 해외진출을 도모하고 있다. 디지털 제작으로 인해 블랙마켓의 형성 가능성이 높았던 웹툰에 대해 정식 루트를 제공하므로 인해 화이트마켓을 형성하는 발판을 마련하고 있다.

2) 시사점

웹툰을 통해 기술발전에 적응하는 만화의 새로운 가능성을 제시하고 웹툰으로 인한 콘텐츠 소비시간 증대에 따라 세계적으로 웹툰에 대한 관심이 높아지고 있다.

웹툰의 다양한 소재와 장르는 세계 시장에서 성공할 수 있는 조건을 충족하고 있으나 현지의 문화 및 양식에 적합하지 않은 번역을 통해 질적 하락을 초래할 수 있다.

웹툰 서비스 플랫폼의 자발적인 해외진출 전략이 이루어지고 있기 때문에 국가적인 지원을 통해 시너지를 창출할 수 있을 것이라 기대된다.

제 1 장	스마트 미디어의 개요
제 2 장	스마트 미디어의 특징 및 활용
제 3 장	스마트 미디어 기술 및 응용 서비스
제 4 장	IT 비즈니스 플랫폼의 개요
제 5 장	플랫폼 발전과 활용
제 6 장	핀테크 플랫폼(삼성 / 알리 / 애플 페이 등)
제 7 장	소셜 플랫폼(SNS / 페이스북 등)
제 8 장	게임 멀티 플랫폼(네이버 / 카카오 등)
제 9 장	음원 플랫폼(멜론 / 벅스 / Milk 등)
제10장	웹툰 플랫폼
제11장	**웹드라마 플랫폼**
제12장	K-컬처 플랫폼(한류 뷰티 / 스킨 / 드라마 등)
제13장	스마트 홈 플랫폼
제14장	스마트 자동차 플랫폼

11-1 웹드라마 플랫폼의 개요

1. 웹드라마의 정의

'유튜브 채널, 네이버캐스트 채널 등을 통해 시간과 장소에 구애받지 않고 가볍게 볼 수 있는 SNS 형식 드라마'를 말한다. 국내에서 일반적으로 '웹드라마'로 인식되는 콘텐츠들의 특성을 기준으로 정의를 해본다면 '웹(Web)'상에서 이루어지는 콘텐츠로서 콘텐츠의 제작 및 유통방식이 기존 지상파 드라마들과 차별성을 두고 있는 콘텐츠 정도로 이해할 수 있을 것이다.

웹드라마는 모바일 드라마, SNS 드라마와 같은 개념이라고 볼 수 있다. 따라서 지금 웹드라마의 개념을 명확하게 규정하기 보다는 넓은 의미에서 접근하는 것이 바람직 해 보인다.

2. 웹드라마와 기존 드라마와의 차별성

웹드라마는 인터넷을 의미하는 '웹(Web)'과 '드라마(Drama)'라는 단어가 합쳐져서 만들어진 신조어이다. 기존의 드라마가 주로 TV라는 매체를 통해 소비되었던 것에 비해 PC나 모바일 등의 인터넷 단말을 통해 드라마가 소비된다는 것을 강조하기 위해 이러한 용어가 만들어진 것이다.

웹드라마의 일반적인 특징으로 일부 언론에서는' 스낵 컬처'라는 표현을 쓰기도 한다. 스낵을 즐기듯이 편하게 잠깐 즐기는 콘텐츠의 형태라는 뜻으로, 드라마 영상의 길이가 10분을 넘지 않으며 주제나 소재를 가볍게 볼 수 있게 만든 드라마를 지칭하여 기존의 드라마와는 다른 내용과 형식을 가지고 있다는 것을 강조하고 있다.

그런데 기존 드라마와의 차별성을 강조하기 위해 만들어진 웹드라마라는 용어는 사람들의 미래 콘텐츠에 대한 이상적인 생각들이 투영되면서 실제의 모습보다 더 미화되는 경향을 보이고 있다. 현재 가장 많은 웹드라마를 모아 두고 있는 네이버는 30여 개 작품을 서비스를 하고 있는데, 드라마의 품질 자체로 소비자들에게 승부하고 있는 작품을 아직 찾기 어렵다.

기존 TV 드라마보다 적은 제작비로 작품을 만들다보니 작가나 연출 등 스태프들의 경험이 부족하고 여기에 출연하는 연기자들의 연기 또한 기존 드라마와 비교하면 미흡하다. 이런 이유로 일부 드라마 관계자들은 웹드라마를 'B급 드라마'라고 부르고 있기도 하다. 하지만 모든 콘텐츠가 처음 나타날 때부터 완벽한 모습으로 호평을 받았던 것은 아니었기에, 지금의 웹드라마 정도 품질이라면 향후의 모습을 기대해 보아도 좋을 것이라는 반론도 있다.

웹드라마가 기존의 드라마와 비교할 때 제작적인 측면의 차별성보다는 기획과 유통 부분의 차이점이 더 크기 때문에, 제작된 웹드라마의 품질보다는 기획과정에서의 펀딩 문제나 유통에서의 수익구조가 향후 웹드라마의 지속 가능성에 더 중요한 요소라는 관점이 더 타당해 보이기도 한다.

3. 웹드라마 플랫폼의 필요

콘텐츠의 진화와 혁신을 이끄는 동력인 웹드라마 플랫폼이 필요하게 되었다. 이 플랫폼으로 새로운 전송과 배포모델을 구현하게 된다. 뉴미디어인 스마트폰의 등장으로 인하여 그 자체로 또는 기존 미디어에 영향을 미쳐 커뮤니케이션을 행하고 웹드라마 콘텐츠를 유통하는 경로(Channel)를 확장 또는 변화를 가져오게 되었다.

웹드라마 콘텐츠 측면에서 유통경로의 확장은 곧 기존과 다른 새로운 전송과 배포 모델의 정착과 이들 모델 간의 경쟁을 뜻한다. 이로 인하여 수용자(이용자)는 웹드라마 콘텐츠에 접근하고 소비할 수 있는 더 많은 기회와 방식을 향유할 수 있다. 그리고 이용자가 선택할 수 있는 웹드라마 콘텐츠 전송과 배포 모델의 증가는 이용자가 웹드라마 콘텐츠를 소비하는 이용맥락(Use context)에 영향을 미칠 수밖에 없다.

만약 웹드라마 콘텐츠가 '무엇(내용)'이라고 한다면, 이용맥락은 '언제(시간)', '어디서(장소)' 그리고 '어떻게(방법)'라고 할 수 있는 것이 웹드라마 전용 플랫폼이다. 현재에 웹드라마는 유튜브에 공개되고 SNS를 통해 유통되던 방식에서 네이버 TV캐스트(라인), 다음 앱을 비롯한 모바일 독점 플랫폼을 비롯해 다양한 플랫폼을 통해 유통되고 있다.

라인의 경우 〈우리 옆집에 엑소가 산다〉를 비롯해 몇 편의 웹드라마를 독점적으로 제작, 공급하고 있고 그 구매수도 대단하다. 다음 앱의 경우도 기린 제작사가 제작한 〈미생 프리퀄〉을 독점적으로 공개하기도 했다.

웹드라마가 봉착하고 있는 가장 큰 문제는 명확한 수익 모델이 아직 없다는 것이다. 콘텐츠와 묶인 동영상 광고가 있긴 하지만, 이는 재생 수 한 회당 1원의 수익밖에 창출하지 못한다. 그래서 현재는 PPL 등을 통한 협찬이 주요 수익 소스가 되고 있다.

웹드라마는 차세대 플랫폼과의 협업을 통해서 수익성을 창출해야 하고 웹드라마를 제작 / 공급할 수 있는 플랫폼이 방법이다. 하지만 수많은 모바일, 웹 사용자가 생기면서 웹 콘텐츠를 소비하는 사람은 점점 늘고 있다. 본래 수익 모델이 없던 웹툰의 경우도 지금은 차세대 전략 콘텐츠이다.

웹드라마도 커다란 가능성을 지닌 시장으로 발전하고 있는 만큼, 수익구조가 자연스레 형성될 것이라 예상된다. 또한 〈연애세포〉, 〈당신을 주문합니다〉 등이 시도하는 과금형식의 콘텐츠 판매방식 또한 PPL 이외의 수익을 낼 수 있는 방식이 되기도 한다.

또한, 수요층 확보를 위해 아이돌에 의존해야 하는 상황도 해결해야 할 과제 중 하나이다. 영화시장은 대규모이기에 특정한 팬 조직에 기반을 두어 배우를 캐스팅하지 않아도 되지만, 웹드라마의 경우 시장규모상 시청자의 충성도를 고려할 수밖에 없다. 그래서 확실한 소비층을 보장받을 수 있는 아이돌을 주로 캐스팅하게 되는 것이다. 하지만 최근 웹드라마의 종류와 수가 점점 늘어나면서 아이돌이라는 존재에 의존하지 않는 다양한 배우, 스토리의 시도도 많이 이루어지고 있다.

4. 웹서비스의 정의 및 특징

웹서비스의 정의는 공급업체 및 관련 단체에 따라 다양한 정의를 제시하고 있으며, 이러한 정의들을 포괄하여 제사한 일반적인 정의는 다음과 같다.

웹서비스(Web Services)란 인터넷을 이용한 오픈 네트워크를 통해 단일한 비즈니스 또는 다수의 비즈니스 업체간의 기존 컴퓨터 시스템 프로그램을 결합시키는 표준화된 소프트웨어 기술로서 이러한 표준 기술을 이용해 모든 비즈니스를 가능하게 하는 활동을 일컫는다. 웹서비스는 PC, PDA, 핸드폰 등 다양한 디바이스를 통해서 접근할 수 있으며, 주문관리 소프트웨어 신용정보 서비스 등 다양한 애플리케이션 프로그램과 연동해 사용할 수 있다.

웹서비스는 기존의 다른 소프트웨어처럼 완벽한 정의를 지정하여 구성하는 것이 아니라 서로 주고받는 데이터 표준에 대한 정의를 규정함으로써 매우 유연하다. 인터넷상에서 웹서비스는 거래업체간의 이질적인 운영시스템, 이질적인 프로그램언어간의 커뮤니케이션 차이를 극복해 주는 연결고리 역할을 해준다.

웹서비스의 특징을 살펴보면 다음과 같다.

(1) 시스템 구조의 유연성

과거의 메인 프레임 또는 기존 서버-클라이언트 방식은 폐쇄적이면서도 소프트웨어 구조가 단단히 묶어져 있는(tight couple) 고정적 시스템이었으나, 웹서비스는 유연한(loose couple) 소프트웨어 구조를 통해 이질적인 데이터 표준을 유연하게 통합하여 운영해 준다.

(2) 사용의 편리성

웹서비스는 사용자가 소프트웨어를 설치한 후에는 사용자가 느끼지 못할 정도로 자연스럽게 서비스를 제공받으며 인터넷을 연결할 수 있는 유무선 단말기를 통해 시간과 장소에 상관없이 웹서비스에 접근하여 다양한 서비스를 제공받을 수 있다.

(3) 기존 시스템의 통합환경을 제공

기존에 자사가 보유하고 있는 내부 또는 외부의 이질적인 애플리케이션간의 통합 서비스를 제공받을 수 있으며, 새로운 비즈니스 파트너간의 시스템과의 통합도 자동적으로 이루지게 된다. 특히, 웹서비스는 새로운 시스템을 구축하는 것이 아니라 기존에 존재하고 있는 시스템을 통합하여 운영해 줌으로써 기업에게 다양한 이점을 제공해 줄 것이다.

(4) 비용이 효율적

웹서비스는 분산 시스템의 소프트웨어간의 통합을 자동화적으로 이행해 줌으로서 개별 기업마다 투입해야 하는 IT 개발 및 운영비용을 절감해 주고, 상호 연결된 작업을 기존에 비해 훨씬 빠르고 유연하며, 효율적으로 제공해 주면서 기업의 비즈니스 프로세스를 효율적으로 개선해 줄 것이다.

5. 동영상 서비스의 구분

동영상 서비스의 경우에도 실시간 여부, 제공되는 콘텐츠의 종류, 서비스가 구현되는 기기가 다르다. 그리고 동영상서비스를 비방송사업자인 포털이나 새로운 콘텐츠 유통 사업자가 제공하는 경우와 지상파방송사, 케이블TV, 위성방송사, IPTV 방송사들이 제공하는 경우도 있다. 시청자의 눈을 두고 경쟁한다는 측면에서는 모든 동영상 서비스가 서로 경쟁관계에 있다.

1) 실시간형과 시간이동형의 구분

동영상은 크게 '실시간 방송형'과 '시간이동형' 2가지로 분류할 수 있다. 국내 시장보다 OTT가 발달한 미국의 경우 넷플릭스, 훌루 등과 같은 시간이동형 OTT 서비스가 시장을 주도하고 있으며, 국내는 지상파 방송을 실시간으로 서비스하는 실시간 방송형과 시간이동형의 비중이 비슷하다.

실시간 OTT는 이동통신 3사의 OTT와 티빙, 푹, 에브리온TV가 제공하고 있으며, 시간이동형 OTT는 SK플래닛에서 운영하는 호핀과 네이버, 다음 등 포털의 OTT, 곰TV 등에서 제공하고 있다. 티빙과 푹도 VOD 서비스를 추가하여 제공하고 있으며, 에브리온TV도 VOD 서비스를 제공하려고 준비하고 있다.

실시간 채널 중에서 지상파채널의 제공여부를 확인할 필요가 있다. 이용자들은 여전히 지상파 채널을 가장 선호하기 때문이다. 유료서비스인 폭과 티빙에서만 지상파TV 채널을 제공하고 있고, 에브리온TV에서는 CJ E&M의 주요 채널을 시청할 수 없다.

2) RMC 콘텐츠와 UCC 콘텐츠

인터넷 사업자들이 제공하는 동영상 서비스(판도라TV, 곰TV, 유튜브, 아프리카TV, 페이스북)는 대체로 UCC(User Created Contents) 콘텐츠만을 제공한다.

포털 사업자인 다음TV팟과 네이버 TV캐스트의 경우에서 UCC를 위주로 콘텐츠를 제공하고 있지만, RMC(Read Made Contents) 콘텐츠도 추가로 제공하고 있다. 한편 최근에는 OTT 사업자들이 1인 방송과 웹 드라마 같이 전문가들이 모여서 적은 예산을 들여서 제작하는 사례가 증가되고 있다. 이러한 콘텐츠를 이 보고서에서는 PCC 콘텐츠라고 부른다.

반면에 지상파방송사의 푹, 케이블TV의 티빙과 에브리온TV, 모바일 IPTV 서비스로, 지상파 DMB는 RMC 콘텐츠를 제공하고 있고 UCC 콘텐츠를 제공하지 않고 있다. 지상파 방송사는 2014년 12월부터 유튜브에 지상파방송 클립을 제공하지 않고 있으며, 2015년 7월 이후 모바일 IPTV에도 지상파방송 클립을 제공하지 않고 있다.

3) IP형 기기와 TV 수상기

동영상 서비스가 제공되는 기기별로 분류하면 크게는 스마트폰과 태블릿, 그리고 PC를 포함하는 IP형 기기와 TV 수상기로 구분할 수 있고, IP형 기기는 PC와 모바일 기기로 구분할 수 있다. 인터넷 사업자의 동영상 서비스는 대부분 IP형 기기 중에서 PC로 제공되기 시작하였는데, 판도라TV, 곰TV, 유튜브, 아프리카TV, 다음TV팟, 네이버TV캐스트가 여기에 포함된다. 스마트폰의 확산으로 모바일을 통해서 동영상 서비스가 용이해지자, 이들 서비스도 모바일에서 제공되고 있지만, PC 기반 서비스를 스마트폰 스크린에 적합하게 응용하지 못하는 경우도 있다.

SNS 서비스인 페이스북은 모바일서비스가 위주이고, 페이스북의 동영상 서비스는 모바일형으로 분류될 수 있지만, 페이스북도 PC를 통해서 서비스되고 있다. 하지만, 판도라TV, 곰TV, 유튜브, 아프리카TV, 다음TV팟, 네이버 TV캐스트, 페이스북 서비스는 TV로는 확장하지 않았다. 이때 TV는 스마트 TV가 아닌 일반 TV를 의미한다.

스마트 TV의 경우 앱 서비스가 가능하므로, 모바일형 서비스가 모두 구현될 수 있기 때문이다. 호핀의 경우 IP형 중에서 모바일서비스로 먼저 출시되었고, 이후 PC와 TV로 서비스되는 기기를 확장하였다. 방송사업자가 제공하는 폭, 티빙, 에브리온TV, 모바일 IPTV는 IP형 서비스 중에서 모바일형 서비스로 출발하였지만, 이후 모두 PC서비스로 확장하였다. 이중에서 티빙과 에브리온TV는 동글을 이용하면 TV로 이용할 수 있다. 스마트 TV가 아닌 경우에도 이들 서비스를 이용하려면 크롬캐스트나 티빙스틱 같은 동글을 구입하면 이용할 수 있다.

4) 온라인 사업자와 기존 방송사업자

OTT 서비스는 온라인사업자가 먼저 시작하는 경우와 기존 방송사업자가 먼저 시작한 경우가 공존한다. 한국의 경우 지상파방송사는 2000년경부터 자사의 홈페이지를 통해 VOD형 서비스를 온라인으로 제공하였다. 판도라TV의 경우 2004년부터 인터넷망을 통해서 동영상 서비스를 제공하였다. 온라인 사업자는 새롭게 시장에 진입하기 위해서 OTT 서비스를 제공하였고, 기존 방송사업자의 경우 자사의 콘텐츠 유통경로를 확대하거나 자사의 수익 모델이 위축되는데 대응하는 차원에서 OTT 서비스를 제공하기 시작하였다.

5) 영상서비스의 사업주체와 콘텐츠 유형에 따른 분류

콘텐츠의 종류를 가로축에 두고, 사업자의 유형을 세로축에 두어 아래 [그림 11-1]과 같이 배치한다. 콘텐츠의 유형에 따라 RMC와 UCC로 구분하고, UCC의 경우 프로가 제작한 영상물, 아마추어가 제작한 영상물, 기존 영상물을 편집한 영상물 등 다양한 범주가 있다.

MCN 채널의 경우 UCC에서 조금 진보한 형식으로 UCC와 RMC의 중간 형태로 볼 수 있다. 이를 가로축으로 놓자. 세로축의 상단에는 기존 사업자(legacy 또는 incumbent)를 두고 하단에는 온라인 미디어 사업자를 배치한다.

[그림 11-1] 미디어 사업자와 미디어 콘텐츠 공간에서 미디어 서비스 분류

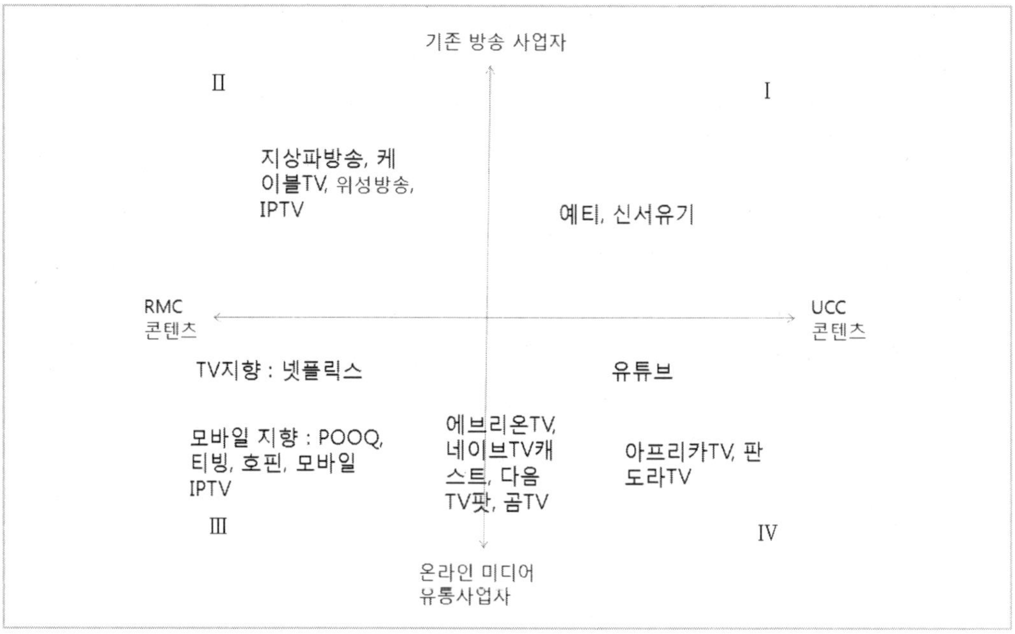

출처 : 방송영상 콘텐츠 유통 플랫폼 해외 사례 연구, 한국콘텐츠진흥원, 2015

이렇게 구분하면 2사분면에는 기존의 방송 서비스 플랫폼이 위치하게 된다. 이들은 RMC 콘텐츠를 방송 플랫폼을 통해서 유통한다. 3사분면에는 미국의 넷플릭스, 한국의 POOQ과 티빙 등의 OTT 서비스가 위치한다. 하지만 넷플릭스가 TV스크린을 지향하고 있는 것에 반해, POOQ과 티빙은 모바일 스크린을 지향한다는 면에서 차이가 있다.

한국에서는 TV스크린을 목표로 RMC 콘텐츠를 온라인으로 유통하는 사업자는 없는데, 넷플릭스가 진입할 경우 이 빈 영역을 차지할 가능성이 있다. 한국 사업자가 제공하는 서비스를 TV에 구현할 수 있는 기능을 제공하는 서비스도 있고, 아예 TV용으로 출시된 동글이 있기는 하지만 이는 모바일 서비스를 TV에 구현한 것이다. OTT 서비스를 온라인망을 통해서 동영상물을 배급하는 서비스로 정의할 경우에 이 OTT 서비스는 3사분면이나 4사분면에 위치하게 된다.

RMC를 유통하는 넷플릭스는 3사분면에 UCC를 유통하는 유튜브는 4사분면에 위치하게 된다. 4사분면에는 UCC 콘텐츠를 온라인으로 유통하는 유튜브, 아프리카TV, 판도라TV 등이 위치하게 될 것이다. 그런데 4사분면에 있는 사업자인 유튜브가 RMC 콘텐츠의 유통에 나서고 있어서 3사분면의 사업자와 경쟁에 나서고 있다. 그런데 많은 온라인 동영상 서비스가 RMC와 UCC를 함께 배급하고 있는데, 예로는 에브리온TV, 네이버 캐스트, 다음TV팟, 곰TV가 있다. 이들은 3사분면이나 4사분면에 동시에 걸쳐서 서비스를 제공하고 있다고 보면 된다. 한편, 1사분면에는 기존 방송사업자가 UCC형 콘텐츠를

유통하는 서비스가 포함되어야 하는데, 서비스로는 이 범주에 드는 사업자는 없다.

하지만 기존 방송사업자가 UCC형 콘텐츠를 제작하거나 UCC로 분류할 수 있는 MCN 콘텐츠를 제작하는 경우에 1사분면에 위치한다고 볼 수 있다. KBS가 MCN 사업으로 시작한 '예티 스튜디오', tvN이 제작하여 네이버 캐스트를 통해 배포한 '신서유기'의 경우 기존 방송사업자가 UCC를 제작하였다는 측면에서 1사분면에 배치할 수 있을 것이다.

11-2 웹드라마 플랫폼의 등장

1. 웹드라마 플랫폼의 이용

전통적 방송에서 수용자가 특정한 콘텐츠를 소비하기 위한 시·공간과 단말기의 조합은 구조적으로 결정된다. 즉, 〈KBS 9시 뉴스〉를 시청하기 위해 TV가 비치된 '거실 또는 방' 그리고 '저녁 9시'의 이용맥락은 항상 '일치성(coincidence)'을 보였다. 하지만 네트워크로 연결된 수많은 미디어가 콘텐츠를 전송하고 배포하는 최근의 미디어 생태계에서는 '비일치성'의 이용맥락이 강화되고 있다.

실제로 스마트폰, 태블릿 그리고 커넥티드 TV(connected TV) 등으로 빠르게 정착된 전문 웹드라마 플랫폼에서 이용자는 '언제, 어디서나, 어떠한, 단말기(anywhere, anytime, any device, AWATAD)'로도 웹드라마 콘텐츠를 시청할 수 있다.

이용자는 웹드라마 콘텐츠를 여러 단말기로 이동시켜 편리한 시·공간에 소비하는 '연계이용(Sequential usage)'을 하거나, 또는 여러 단말기를 통해 서로 관련 있거나 아니면 전혀 무관한 웹드라마 콘텐츠를 소비하는 '동시 이용(Simultaneous usage)'을 한다. 뿐만 아니라 동일한 공간에 있지 않더라도 웹드라마 콘텐츠의 소비와 경험을 동료

[그림 11-2] 스마트폰 등장에 따른 웹드라마 콘텐츠의 발전과정

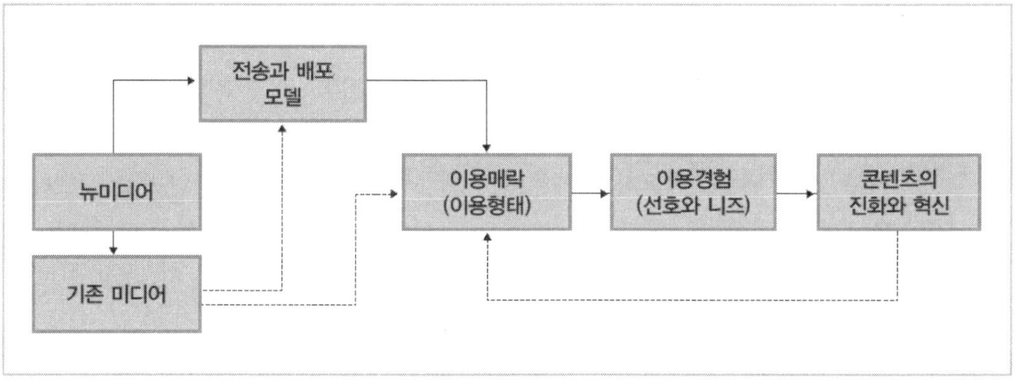

출처 : 유통 플랫폼이 이끄는 방송 콘텐츠의 진화와 혁신

제11장 웹드라마 플랫폼

및 가족과 공유하는 '사교적 시청(Social viewing)'도 언제든지 가능하다.

새로운 이용맥락의 조성과 그에 따른 웹드라마 콘텐츠 유통방식의 다양화는 웹드라마 콘텐츠의 진화와 혁신을 촉진한다. 이용맥락에 따라 이용행태가 구조화되면서 이용자에게 특정한 이용경험이 형성되기 때문이다. 이때 이용경험은 새로운 이용맥락에 부합하는 웹드라마 콘텐츠의 선호(Preference)를 결정하거나 기존과 다른 웹드라마 콘텐츠에 대한 수요(Needs)를 유발한다. 그리고 이렇게 형성된 이용자의 새로운 선호와 수요가 웹드라마 콘텐츠의 변화를 추동한다.

뉴미디어인 스마트폰의 특성을 차용하면서 웹드라마 콘텐츠 형식이 점차 새로운 표현양식인 웹드라마 플랫폼으로 발전하는 것이다. 이러한 웹드라마 플랫폼의 형태는 기존 콘텐츠 형식과 제작문법을 아예 바꿔놓는 '혁신'일 수 있으며 기존 관습과 문법을 유지하면서 새로움을 조화시키는 '진화'일 수 있다.

2. OTT 플랫폼의 등장

OTT(Over-The-Top) 서비스는 온라인 동영상 서비스 또는 인터넷 VOD 서비스와 유사한 개념이다. 지상파 4개 방송사가 연합해 만든 '푹(pooq)'과 cj헬로비전의 '티빙(tiving)'이 대표적인 사례다.

최근 미디어 기업은 모바일과 OTT 플랫폼에 걸쳐 웹드라마 등 콘텐츠를 전송하고 배급하기에 최적인 짧은 콘텐츠를 제작하거나, 멀티 플랫폼 이용경험에 적합한 웹드라마와 같은 콘텐츠 형식을 개발하는 노력을 경주하고 있다

일반적으로 새로운 전송과 배포 모델로 시장에서 경쟁해야 하는 뉴미디어 기업이 콘텐츠의 진화와 혁신에 더 적극적인 모습을 보인다. 기존의 미디어가 메우지 못한 새로운 수요의 틈새(Chasm)를 활용함으로써 자사 전송과 배포 모델의 비즈니스 기회를 극대화해야 하기 때문이다. 따라서 최근에 나타나고 있는 콘텐츠의 진화와 혁신의 모습도 OTT 플랫폼 영역의 뉴미디어 기업이 주도하며, OTT 플랫폼이 지닌 콘텐츠 전송과 배포 모델의 장점을 최대한 살리는 형태를 보여주고 있다.

OTT 플랫폼은 인터넷을 통해 드라마나 영화 등의 다양한 웹드라마와 같은 콘텐츠를 개방형 또는 폐쇄형 방식으로 서비스하는 것을 통칭한다. 인터넷을 통해 웹드라마와 같은 콘텐츠를 전송하고 배포하기 때문에 언제, 어디서나, 어떠한 단말기로 웹드라마 콘텐츠를 시청하는' TV Everywhere' 또는' N-스크린' 서비스가 가능하다. 동시에 인터넷이라는 상향채널(Return path)을 활용한 상호작용 서비스를 통해 이용자의' 능동적 시청행위(active viewership)'에 보다 잘 대응할 수 있다.

이러한 장점에 따라 웹드라마와 같은 콘텐츠의 진화와 혁신은 두 가지 갈래로 발전

하고 있다. 전자는 여러 단말기와 플랫폼에 걸쳐 콘텐츠의 생산과 소비를 최적화하는 '멀티 플랫포밍(Multi-platforming)' 이용전략이며, 후자는 이용자의 다양화된 경험(Diversified experience)에 부합하는 웹드라마와 같은 콘텐츠를 개발하고 배급하는 '매스 커스터마이제이션(Mass-customization)' 전략이 필요하다.

3. 글로벌 기업의 자사 OTT 플랫폼

글로벌 OTT 플랫폼의 오리지널 콘텐츠 제작 및 독점 공급현황인 〈표 11-1〉에서 나타나는 바와 같이 넷플릭스와 훌루처럼 Internet-to-TV 기반의 OTT 플랫폼 사업자는 전통 미디어 기업과 직접 경쟁을 위해 프리미엄 콘텐츠를 오리지널로 자체 제작하여 자사 플랫폼에 최초로 독점 공급하는 경향을 보여준다. 이러한 전략은 웹드라마와 같은 방송 콘텐츠를 시청하는 이용행태의 근본적인 변화가 배경이 됐다. 이들 OTT 플랫폼은

〈표 11-1〉 글로벌 OTT 플랫폼의 오리지널 콘텐츠 제작 및 독점 공급현황

업 체	대 상	주요 내용
넷플릭스	드라마(프리미엄)	• 'House of Cards, Arrested Development, Marco Polo' 등 제작 및 독점 • 젤다의 전설(닌텐도 게임 / 애니메이션) 실사 드라마 제작 • 드라마 제작 및 영화방영권 독점(Marvel Super Heroes)
	어린이	• 어린이 타깃의 드라마와 영화전용 포털 'Just for Kids' 구성 • 애니메이션 시리즈 'Turbo FAST' 제작 및 독점
	토크쇼	빌 코스비와 계약, 토크쇼 TV프로그램 제작추진
	여성 / 코미디	• 'Derek, Orange is the New Black' 등 제작 및 독점 공급
아마존	드라마(프리미엄)	• 'Amazon Studio, People's Production Company' 출범 • 인기작가 Michael Connelly의 경찰드라마 Bosch 제작 • X-File 작가 Chris Carter의 공상과학 드라마 The After 제작
	어린이	• 어린이용 오리지널 TV 시리즈 3편 제작(Tumble Leaf, Creative Galaxy, Annedroids)
	코미디	'Alpha House, Transparent' 등 6편의 코미디 / 시트콤 제작
훌루	드라마(프리미엄)	• 'Spy, Misfits, White' 등 25편 오리지널 시리즈 독점 공급 • 'Battleground, Spoilers' 등 제작 및 독점 공급
	다큐멘터리	'A day in life' 제작 및 독점 공급
	엔터테인먼트 뉴스	'The Morning After' 제작 및 독점 공급
유튜브(구글)	드라마(프리미엄)	• James Patterson의 베스트셀러 'Maximum Ride'를 Collective Digital Studio를 통해 유튜브 전용 동영상 콘텐츠로 제작 • 미국, 유럽 등 유명 CP와 오리지널 콘텐츠 제작지원 추진 (시리즈당 100~300만 달러 지원. 30분 이내의 동영상 중심)
	개인채널	다양한 유명스타(Justin Lin, Anthony Zuiker)들의 개인채널 런칭

출처 : 유통 플랫폼이 이끄는 방송 콘텐츠의 진화와 혁신

실시간 편성에 구애없이 이용자가 원하는 시 · 공간에 웹드람과 같은 방송 콘텐츠를 시청할 수 있다.

특히 넷플릭스는 빅데이터 기반의 추천시스템을 통해 개인맞춤형 서비스를 제공한다. 이러한 경쟁력으로 기존 유료방송의 가입자를 초과하는 자사 가입자를 확보함에 따라 1차 창구로서 오리지널 콘텐츠 제작과 독점 공급이 가능해진 것이다. 나아가 인터넷이 주는 글로벌 확장성으로 인해 규모의 경제를 실현함으로써 1차 창구로서 비즈니스 가치가 높아진 것도 영향을 미쳤다.

반면 개방형 OTT 플랫폼 사업자인 유튜브는 전통적인 방송 콘텐츠와 차별화된 오리지널 콘텐츠를 확보하는 전략에 치중한다. 자사 OTT 플랫폼 특성에 맞게 TV보다 인터넷과 모바일에서 소비가 적합한 '개인채널'을 런칭하고, 웹드라마와 모비소드처럼 짧은 길이의 콘텐츠를 제작하여 배포하고 있다. 이용자의 다양화된 경험에 부응할 수 있도록 콘텐츠의 소재를 다양화하고, 모바일 중심의 이용맥락에 맞게 15분 내외 짧은 시청에 콘텐츠를 최적화시키려는 목적을 갖는다.

4. 플랫폼의 등장에 미치는 영향

새로운 전송과 배포 모델이 이끌고 있는 콘텐츠의 진화와 혁신이 초기 보편화의 단계에 진입했다면 방송 콘텐츠를 기획, 제작, 투자하던 지금까지의 방식에도 변화가 불가피하다. 콘텐츠의 진화와 혁신에 대한 시장의 수요가 그에 상응하는 제작시스템을 자연스럽게 요구하기 때문이다. 실제로 콘텐츠의 진화와 혁신이 보여준 양태들은 기존 방송 콘텐츠 제작시스템과 다른 특징을 보여주고 있다. 이러한 특징이 제작 분야에 가져올 영향과 시사점을 정리하면 다음과 같다.

① 제작사가 방송사에 국내 판권(네트워크, 신디케이션 판권)을 선판매(pre-sale)하고 제작사가 해외 판권을 통해 수익을 확보하는 적자재정 제작방식의 변화이다. 적자재정 제작방식은 '고위험 고수입'의 사업구조를 유지하는 대신에 지리적 판권을 세분화하여 위험을 사업자끼리 서로 분산하는 장점을 준다. 하지만 오리지널 콘텐츠의 제작에 투자하고 이를 독점 배급하는 넷플릭스의 OTT 플랫폼 퍼스트 전략 사례는 적자재정 제작방식이 점차 어려워질 수 있음을 보여준다.
1차 창구로서 콘텐츠를 독점 배급하기 위한 OTT 플랫폼 사업자와 유료방송 사업자 간 경쟁이 심화되어 콘텐츠 수급비용은 상승하나 실패에 따른 위험을 분산시킬 수는 없기 때문이다. 따라서 고위험, 고수입의 프리미엄 콘텐츠를 제작하는 데 있어 새로운 시스템이 정착되기까지 당분간 불확실성이 증가할 수 있다.

② 방송 콘텐츠 소재의 다양화와 제작 주체의 다원화이다. 장르 간 컬래버레이션과

트랜스미디어 스토리텔링 전략을 적용하는 사례가 빈번해지면서 코믹스, 웹툰, 게임 등을 방송 콘텐츠의 소재로 사용하는 경향이 증가하고 있다.

이러한 제작양태는 시간이 지날수록 더 확산될 전망이다. 서로 다른 장르가 제공하는 재미를 극대화시킬 수 있거나 전체 스토리텔링을 유지하면서도 다양한 스토리텔링으로 스핀오프 제작이 가능한 소재를 발굴하는 것이 경쟁력을 좌우하기 때문이다. 그리고 다양화된 경험에 적합한 콘텐츠를 확보하려는 개인채널의 확대와 웹드라마 제작의 증가도 방송 콘텐츠 소재의 다양화를 촉진할 가능성이 크다.

특히, 짧은 길이의 웹드라마 제작이 시장에서 수익성을 갖출 경우 제작 주체의 다원화를 더욱 촉진할 전망이다. 통상 10분짜리 웹드라마 1회의 촬영 기간은 하루 반나절이며 60분 분량의 6부작을 편집과 후반까지 마치는데 두세 달이면 충분한 것으로 알려졌다. 그리고 이러한 6부작 웹드라마 한 편당 제작비는 1억~2억원으로 TV 드라마의 회당 제작비 수준에 불과하다.

즉, 웹드라마의 제작시장에 대한 진입장벽이 높지 않기 때문에 다양한 주체가 제작에 나설 것으로 보인다. 결과적으로 방송 콘텐츠 제작에서 전통 미디어 기업의 독점을 약화시킬 것이며, 방송 콘텐츠에서 '창의성의 넘침효과(spillover effect of creativity)'가 보다 큰 힘을 발휘할 수 있다.

③ 방송 콘텐츠 제작에 있어서 기획의 중요성이 증가하고 콘텐츠의 진화와 혁신에 걸맞은 제작 미학과 문법을 정착시키기 위한 다양한 노력이 확산되고 있다. 앞으로 기획은 여러 단말기와 플랫폼에 적합한 콘텐츠를 개발하고 고안하는 사전활동뿐만 아니라 콘텐츠에 대한 이용자의 관심에 따라 재빠른 대응을 요구하는 사후활동까지 그 범위가 확장될 수밖에 없다. 따라서 이미 성공을 거둔 콘텐츠를 OSMU로 활용 또는 재목적화하여 더 많은 가치를 창출하기 위한 전략적 기획역량 제고가 앞으로 더 중요해질 전망이다.

아직까지 콘텐츠의 진화와 혁신의 양태가 과거 콘텐츠와 차별화된 미학과 문법으로 정착하지는 않았다. 하지만 웹툰이 시간이 지나 알맞은 분량을 찾고 세로 스크롤의 인터페이스를 구축한 바와 같이 점차 다양한 시도 속에서 차별화된 미학과 문법을 형성할 수 있을 것이다.

따라서 OTT 플랫폼이 제공하는' TV Everywhere' 또는 N-스크린의 이용경험에 최적화된 콘텐츠 형식, 미학 그리고 문법을 밝히기 위한 다양한 주체의 도전이 필요한 시점이다. 정부 역시 새로운 전송과 배포 모델에서 우리 콘텐츠가 시장경쟁력을 갖출 수 있도록 콘텐츠의 진화와 혁신에 대한 동력을 제공하는 정책에 관심을 기울여야 할 것이다.

5. 네이버 TV캐스트 플랫폼

NHN이 2012년 6월부터 제공하고 있는 동영상서비스로, 2010년에 네이버 비디오 서비스를 종료한지 2년 만에 부활하였다. 네이버는 TV캐스트를 통해 뮤직비디오, 스포츠 하이라이트, 교양, 어린이 애니메이션 등의 동영상과 실시간 개인방송 등을 VOD와 스트리밍 방식으로 제공하고 있다. 2014년부터 다음TV팟과 같이 SMR과 계약하여 방송 프로그램도 제공하고 있다.

네이버는 대표 서비스인 TV캐스트의 서비스 로딩 속도를 높이고, 화면 플레이어의 크기 확장, 자체 기술로 개발한 멀티트랙을 제공하는 등 서비스 차별화를 위해 새로운 시도를 지속하고 있다. 또한, 모바일을 이용한 실시간 동영상 소비가 늘어나는 만큼 생중계 라인업도 대폭 강화했다. 네이버는 스포츠 생중계에 강점을 보여 왔던 만큼 기존에 진행됐던 스포츠, 스타캐스트 온에어 등을 계속해서 확대하고 다양한 외부 제휴를 강화해 오픈형 생중계 플랫폼으로 변신을 시도하고 있다.

네이버 스포츠는 가능한 모든 종목의 콘텐츠를 수급한다는 방침에 따라 기존 매체에서 접하기 어려운 비인기 종목 생중계도 지속 확대하고 있다.

2014년부터 네이버 TV캐스트를 통해서 제공되는 웹드라마가 인기를 끌고 있다. 네이버는 2015년 8월에 라이브 스트리밍 동영상 서비스 '브이(V)' 앱을 오픈하였다. 브이는 연예인의 개인방송 생중계를 콘셉트로 스타들의 일상과 쇼케이스, 콘서트 등을 실시간으로 보여주는 서비스다.

네이버 TV캐스트 플랫폼에는 플레이리그, TV 프로그램, 생중계 일정표, 추천 플레이리스트 등으로 나뉘어 있으며, 각 방송사에서 제공한 클립들이 주로 업로드되어 있다.

방송 클립은 예능, 영화/드라마, 뮤직, 게임/스포츠, 교양, 라이프, 애니메이션 등 장르별로 구분되어 있기도 하고, 방송사별로 분류도 제공한다. 그날 방영된 영상 중 프로모션을 위해 큰 사진으로 배치되어 있는 클립이 있으며, 〈실시간 TOP 50〉 클립을 제공한다.

그리고 〈주간별로 HOT 채널〉을 제공하며, 〈에디터의 선택〉이란 코너로 추천 클립이 수많은 채널 중에서 선택되어 제공되고 있다. 또한 TV캐스트 내에 개인방송 플랫폼 플레이리그, CJ E&M이 제공하는 실시간 멀티채널 서비스 빙고TV 플랫폼도 제공되고 있다.

특히, 2015년의 네이버 TV캐스트는 방송사 콘텐츠 연합인 SMR(Smart Media Rep.) 독점 제공 콘텐츠에 힘입어 눈에 띄게 달라졌다. 신규 클립 수도 많아졌고, 연간 재생수, 체류시간 모두 대폭 상승했다.

[그림 11-3] 네이버 TV캐스트의 웹드라마 전용관 화면

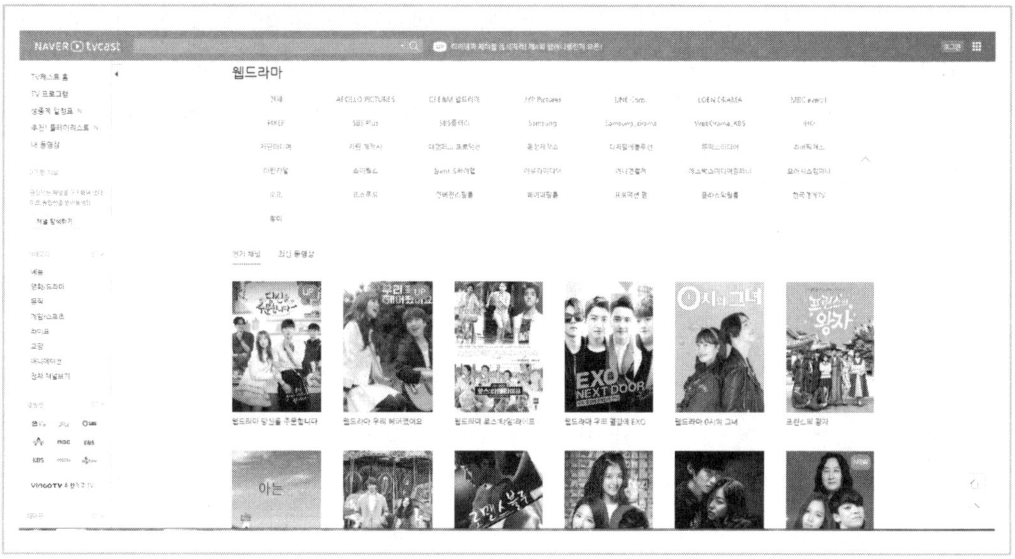

출처 : 유통 플랫폼이 이끄는 방송 콘텐츠의 진화와 혁신

6. 다음TV팟 플랫폼

다음TV팟은 포털 사이트 다음이 2007년 1월부터 제공하고 있는 동영상 서비스이다. 다음TV팟을 통해서 UCC, 오디션, 노하우, 권투경기 등 다양한 주제의 동영상을 감상할 수 있다. 2007년 6월에 실시간 방송송출이 가능하도록 하여 개인이 라이브 스트리밍 서비스를 할 수 있게 되었다. 2014년부터 SMR(지상파 방송사의 방송 프로그램을 클립형으로 쪼개어 배급하는 회사)과 계약하여 지상파 방송 프로그램도 제공하고 있다. 지상파 방송사의 방송 클립에는 15초의 광고를 먼저 시청하여야 하는데, 통상 있는 5초 후 스킵 기능도 여기에서는 없다.

〈표 11-2〉 포털과 SNS의 동영상 서비스

사업자	다 음	NHN	페이스북
서비스명	다음TV팟	네이버 TV캐스트	페이스북
출시	2007. 1	2012.6	
콘텐츠	UCC, 방송클립, 개인방송	UCC, 방송클립, 개인방송	동영상 클립
방식	VOD, 스트리밍	VOD, 스트리밍	스트리밍
이용가능기기	PC, 스마트폰, 태블릿PC		
이용료	무료		
월평균 UV	500만	600만 명	800만 명

출처 : 방송영상 콘텐츠 유통 플랫폼 해외 사례 연구, 한국콘텐츠진흥원, 2015.

또한 '마이 리틀 텔레비전'과의 독점계약으로 동영상 시장에서 빠르게 성장하고 있다. 개그맨 김구라, 마술사 이은결, 요리전문가 백종원 등 유명인들이 TV팟을 통해 생중계로 진행하는 '1인 방송'이 핵심이다. 스타들의 개성있는 방송진행에 일반인들의 재치 넘치는 채팅까지 곁들여져 큰 인기를 얻고 있다. 다음은 카카오톡과 합병한 이후 모바일 소셜 동영상 공유 서비스인 '카카오TV' 를 출시하였다. 카카오TV는 카카오톡을 통해 채팅을 하면서 채널방 내에서 나가지 않고 동영상을 감상할 수 있도록 한 서비스이다.

7. 유튜브 플랫폼

유튜브는 한국인이 가장 많이 이용하는 동영상 서비스이다. 2005년 2월에 미국에서 시작한 유튜브는 세계 최대의 무료 동영상 공유 사이트로, 2006년 10월 구글이 인수하였다. 한국어 서비스는 2008년 1월에 시작하였다. 매분 300시간 분량의 동영상이 업로드되고 있어서, 웬만한 동영상은 유튜브에 모두 있다고 할 정도로 보유한 동영상의 양이 많다. 한국의 지상파 방송사도 방송 프로그램을 여러 클립으로 쪼개어서 유튜브에 제공하였으나, 2014년 12월 이후 더 이상 제공하지 않고 있다.

유튜브에서 기업이 광고 메시지를 전달하는 방법은 두 가지이다. 빅토리아 시크릿(Victoria's Secret)처럼 유튜브 채널을 활용하여 이른바 콘텐츠 마케팅을 진행하는 방식이 첫 번째다. 다음으로는 개별 유튜브 동영상이 시작되기 전에 영상광고를 추가하는 방식이다. 이용자는 5초 후에 이 광고를 뛰어넘을 수 있다.

[그림 11-4] 유튜브의 빅코리아 시크릿

출처 : 방송영상 콘텐츠 유통 플랫폼 해외 사례 연구, 한국콘텐츠진흥원, 2015.

8. 페이스북 플랫폼

글로벌 메신저 시장점유율 1위를 기록하고 있는 페이스북에서 일 시청 동영상 재생

건수는 10억 건으로 타 매체에 비해 높은 동영상 소비력을 가지고 있다. 페이스북에서는 소리는 나오지 않지만 동영상이 스스로 작동하는 '자동 플레이' 기능을 활성화하여 페이스북에 올라온 동영상 플레이 수를 크게 끌어 올리고 있다. 2014년 9월 7일 페이스북은 동영상 시청(View)이 매일 10억 회에 이른다고 공식 발표했다. 그 중 65%가 스마트폰을 통해서 이뤄지고 있다.

페이스북은 유튜브의 동영상보다 페이스북에 직접 올라온 동영상이 이용자의 뉴스피드에 더 많이, 더 자주 보이도록 알고리즘을 조정했다. 페이스북에서 동영상이 주요 형식으로 떠오르게 한 첫 번째 사건은 2014년 7월, 8월 진행된 아이스 버킷 챌린지(Ice Bucket Challenge)이다. 페이스북이 이용자에게 페이스북에 직접 동영상을 올리고 공유하는 행위의 즐거움을 가르친 두 번째 일은 2014년 11월 초에 시작한 "고마움을 전하세요(Say Thanks)" 기능이다. 이는 페이스북 이용행위와 친구 관계를 기반으로 30초 길이의 동영상을 자동으로 제작하고 공유하는 기능이다.

세계 최대의 동영상 매체는 유튜브이지만, 페이스북의 동영상 업로드 건수가 빠르게 증가하면서 2015년에는 PC 동영상 이용자수에서 페이스북이 세계 최대 동영상 사이트 유튜브를 추월하였다.

유튜브가 이용자 제작동영상(UGC / UCC)에서 전문 채널(MCN : Multi-Channel Network)로 플랫폼의 무게 중심을 옮기는 동안, 페이스북은 페이스북 친구와 동영상을 쉽고 빠르게 공유할 수 있는 가장 효과적인 플랫폼으로 자리매김하고 있다.

[그림 11-5] 페이스북과 유튜브의 비디오 이용수(십억)

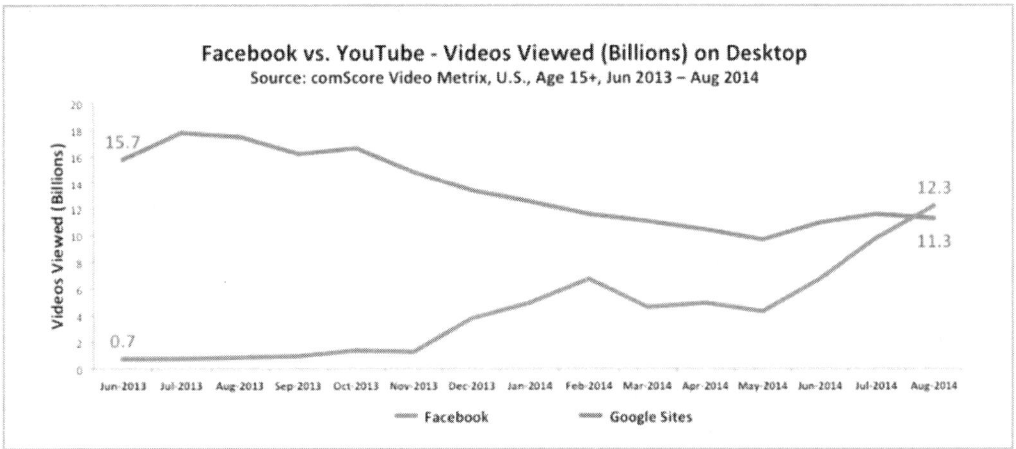

출처 : 방송영상 콘텐츠 유통 플랫폼 해외 사례 연구, 한국콘텐츠진흥원, 2015.

11-3 웹드라마 제작 및 유통현황

1. 웹드라마의 제작현황

네이버의 웹드라마 전용관 기준, 2013년 10편이던 게재 편수는 2014년에 21편으로 두 배 증가했고, 2015년도에는 11월 말 현재 51편이 제작됨으로써 매년 두 배 이상의 급격한 제작 편수 확대가 이루어지고 있다. 이용자 수도 폭발적으로 급증했다. 2013년 게재 작품의 누적 클릭수를 합한 수치와 2015년 11월까지의 게재 작품 수의 누적 클릭수를 합하면 거의 18배가 넘는 증가세를 확인할 수 있다.

① 웹드라마의 제작주체로는 다양한 규모의 제작사 및 기획사들이 가장 활발하게 참여하며 높은 비중을 가지고 있다. 특히 중소규모의 제작사가 초기 웹드라마 시장을 주도했다. 하지만 2015년에 들어서 지상파를 비롯 기존 방송사의 웹드라마 제작이 급속히 확대되고 있다는 특징을 보이고 있다.

② 전체 네이버에 게시되어 있는 82개 웹드라마 중 아이돌이 출연한 작품은 31편으로 약 38%의 비중을 차지하고 있다. 특히 아이돌은 국내에서뿐 아니라 해외시장에서의 성과를 가져올 수 있다는 점이 주요한 기용 이유가 되고 있다.

③ 웹드라마의 제작비는 보통 드라마의 한회 제작비 정도의 작은 규모로 알려져 있다. 제작비는 낮은 편이지만 아직 수익을 창출할 수 있는 방안이 마땅치 않아 제작비의 대부분을 협찬이나 정부 지원을 통해 회수하는 구조가 많다.

④ 웹드라마는 장르를 규정하기 어려울 정도로 기존 TV에서 다루기 힘든 신선한 소재를 다루고 있고, 제작목적에 따른 스토리 구조의 유연성도 보인다. 제작기법상의 특성을 보면 제한된 작은 화면으로 보는 콘텐츠인 만큼 카메라가 피사체에 근접하여 촬영하거나, 젊은 이용자층을 감안하여 즉흥적 재미를 유발할 수 있는 이모티콘, 자막, 내레이션, 음향효과 등이 사용되고 있다. 패러디나 인서트 영상 등 기존 드라마에서는 보기 힘든 표현들이 이루어지고 있는 것도 특징이다.

2. 웹드라마의 유통현황

원작을 가지고 있거나, OSMU로 활용되거나, 방송 플랫폼으로 다시 플랫포밍되는 경우가 2015년 게재된 51개 작품 중 총 20편이 해당이 된다는 점에서 웹툰/웹소설, 그리고 웹드라마, 방송이 서로 영향을 주고 받는 형태를 확인할 수 있다. 특히 네이버의 경우, 네이버 웹툰, 웹소설 원작을 웹드라마로 제작하는 협업형 트랜스미디어 전략을 사용함으로써 시너지 효과를 창출하고 있다.

① 웹드라마의 평균 러닝타임은 클립당 712초(본편 기준)를 보이고 있다. 작품당 본편 기준으로 평균 에피소드 수는 7.8회로 나타났다. 이는 전체 작품 기준으로 약 92분 정도의 이야기 구조를 가지고 있음을 의미한다. 릴리즈 방식을 살펴보면 현재 게재된 작품 기준으로는 동시 릴리즈 21편, 시차를 둔 릴리즈(연재방식)이 61편으로 시차 편성을 하는 비율이 약 3배 가량 높다.

② 대부분의 웹드라마는 글로벌 릴리즈를 염두에 두고 제작된다. 이는 수익창출을 위해 불가피한 선택으로 간주된다. 특히, 급성장하고 있는 중국 동영상 플랫폼들이 킬러 콘텐츠를 확보하기 위해 콘텐츠 제작투자를 확대하고 있는 상황에서 이들과의 합작이나 판권을 판매하는 것이 현재 우리 웹드라마의 주요 제작경향이 되고 있다.

3. 국내 플래폼을 통한 웹드라마 제작과 공급

웹드라마의 제작과 배포는 국내 OTT 플랫폼에서 더 만연하게 나타나고 있다. 스마트폰 가입자가 많고 이를 통해 콘텐츠를 소비하는 시간의 비중이 높은 '스낵컬처(snack culture)' 현상 때문이다.

현재 네이버 TV캐스트를 통해 배급되고 있는 국내 웹드라마는 이미 30편을 넘어섰다. 웹드라마를 기획, 투자, 제작하는 주체도 정부, 기업, 방송사, 제작사, 연예기획사 등 매우 다양하다.

초기에는 주로 OTT 플랫폼 사업자가 온라인 동영상을 활성화시키려는 차원에서 기업의 지원을 받아 홍보용으로 제작했다. 하지만 최근에는 새로운 콘텐츠 비즈니스 측면에서 방송사, 제작사 그리고 연예기획사가 전송과 배포를 목적으로 기획하고 제작하는 웹드라마가 증가하고 있다. 뿐만 아니라 방송사가 OTT 플랫폼 배포와 함께 TV채널을 통해 동시 방영하기 위한 웹드라마 제작도 빈번해졌다.

(〈0시의 그녀〉, 〈도도하라〉, 〈당신을 주문합니다〉, 〈우리, 헤어졌어요〉 등). 나아가 제작사가 자체 제작하여 이미 OTT 플랫폼을 통해 배급된 웹드라마를 TV방송에 편성하는 사례까지 발생하고 있다. KBS 독립영화관에 편성된 〈후유증〉, 〈출출한 여자〉, 〈썸남썸녀〉 등이 여기에 해당한다.

웹드라마의 인기에 힘입어 다른 장르 또는 시리즈로 제작이 이루어지거나 트랜스미디어 스토리텔링 전략이 적용된 형태도 있다. 〈방과후 복불복〉과 〈도도하라〉는 영화 버전으로 재목적화(repurposing)가 이루어졌고, 〈출출한 여자〉는 음식 레시피 콘텐츠로 OSMU되거나 번외편인 〈홍콩의 맛〉으로 스핀오프 제작이 추진되었다.

〈표 11-3〉 국내 웹드라마 제작 및 배급 현황

구 분	기획사	명 칭	수 량	제작사/투자사	플랫폼/배급
포털	네이버	좋은날	9부작	네이버 라인	TV캐스트
		후유증(시즌1, 2)	5 / 6부작	오아시스 픽쳐스	라인TV, 드라마피버
		우리 옆집에 EXO가 산다	16부작	네이버 라인	KBS 독립영화관
	다음카카오	미생 프리퀄	단편영화	기린제작	스토리볼 / TV팟
		썸남썸녀	12부작	도레미 엔터테인먼트	TV팟 유튜브 KBS 독립영화관
정부	교통안전공단	오렌지라이트	3부작	한국경제 TV	TV캐스트 유튜브
	군산시	낯선 하루	5부작	디지털 에볼루션	TV캐스트 KBS 웹드라마
방송사	KBS	간서치열전	7부작	티모엔터테인먼트	TV캐스트 KBS2
		프린스의 왕자	10부작	심엔터테인먼트 와이랩	TV캐스트 라인TV, 비키 KBS웹드라마
	MBC 에브리원	0시의 그녀	8부작	아이엠티브이	TV캐스트 MBC에브리원
	SBS플러스	도도하라	10부작	자체 제작	TV캐스트
		당신을 주문합니다	16부작	자체 제작	SBS플러스
	CJ E&M	우리, 헤어졌어요	10부작	YGK 플러스	TV캐스트 온스타일
기업	삼성	최고의 미래	5부작	제일기획 SBC	TV캐스트
		무한동력	6부작	아폴로픽쳐스	
	교보생명	러브 인 메모리 (시즌 1, 2)	6 / 8부작	아폴로픽쳐스(1) 디지털씨앤앰(2)	스토리볼
	죠스떡볶이	매콤한 인생	18부작	자체 제작	TV캐스트
	Allright	로스 : 타임 : 라이프	9부작	씨스토리 리버픽쳐스	TV캐스트 홈페이지
제작사 (연예 기획사)	싸이더스 iHQ	연애세포 (시즌 1, 2)	15부작	자체 제작	TV캐스트 N스토어
	JYP픽쳐스	드림나이트	12부작	YOUKU TUDOU, JYP픽쳐스	
	로엔엔터테인먼트	어떤 안녕	5부작	자체 제작	TV캐스트 Btv모바일 드라마큐브
	판타지오	방과 후 복불복 (시즌 1, 2)	12부작	자체 제작	IPTV 드라마피버 소후닷컴
	기린제작	출출한 여자	5부작	이금기(홍콩기업)	TV캐스트 KBS 독립영화관
		출중한 여자	6부작	패션잡지 싱글즈	
		모모살롱	6부작	G마켓	

출처 : 유통 플랫폼이 이끄는 방송 콘텐츠의 진화와 혁신

JYP픽쳐스 〈드림나이트〉의 경우 처음부터 글로벌 배급을 목표로 제작되었을 뿐만 아니라 무료가 아닌 유료로 배급하는 시도를 보였다. 이처럼 다양한 방식으로 웹드라마의 제작과 배급이 이루지고 있는 모습은 국내 시장에서 웹드라마가 초기 보편화(Early majority)의 단계로 어느 정도 진입했음을 의미한다.

4. 성공한 웹드라마 사례

현재 가장 많은 웹드라마를 서비스하고 있는 곳은 네이버로 2015년 5월 8일 현재 38개 작품을 공개하고 있다. 이 중 2014년 공개된 작품을 대상으로 네이버 클릭 수 기준으로 보았을 때 순위는 다음 〈표 11-4〉와 같다.

웹드라마가 관심을 많이 받고 있긴 하지만, 아직까지 빅히트작이 나오지는 못했다. 2014년 가장 많은 클릭수를 나타낸 〈연애세포〉의 경우도 600만 클릭 이상이라고 하는데 이 수치는 각각의 편수 클릭을 모두 합친 것이다. 그러므로 실제 웹드라마의 시청회수는 전체 클릭 수를 편수로 나눈 수치라고 할 수 있는데, 후하게 환산했을 경우에도 대부분의 웹드라마들이 1% 미만의 시청자들을 확보하고 있는 정도이므로 아직 콘텐츠로서의 힘은 미약하다고 하겠다.

그러나 2015년 들어 인기 아이돌을 기용한 웹드라마들이 10대들을 중심으로 크게 인기를 끌고 있고, 제작사들의 제작역량도 점점 향상되고 있으며, 긴 호흡으로 투자를 하는 사업자들의 참여가 점점 늘어나고 있어 웹드라마의 성공가능성에 대한 기대가 그 어느 때보다 큰 것 또한 사실이다.

또한 클릭 수 100만을 넘은 작품들을 자세히 들여다보면 웹드라마가 콘텐츠 소비자

〈표 11-4〉 네이버 드라마 재생횟수(2014년)

순 위	작 품	편 수	재생횟수
1	연애세포	15	600만 이상
2	후유증(시즌 1,2)	11	413만
3	뱀파이어의 꽃	6	228만
4	간서치열전	7	141만
5	출중한 여자	5	120만
6	도도하라	10	112만
7	인형의 집	12	약 100만
8	어떤 안녕	5	79만
9	모모살롱	6	56만
10	최고의 미래	5	53만

출처 : 동아일보(2015.4.4). 본방사수, 몰아보기 시대! IPTV 전용 드라마 뜬다.

들에게 사랑을 받기 위한 나름의 조건을 일정정도 찾아볼 수가 있다. 많은 관심을 모은 웹드라마들을 살펴보고 그들의 공통된 성공요소에 대해 생각해 봄으로써, 웹드라마의 성공을 조금 더 앞당길 수 있는 방법에 대한 지혜를 얻을 수 있을 것이다.

[그림 11-6] 웹드라마 〈후유증〉과 웹툰 〈후유증〉

참고 : 웹드라마 성공조건 ; 고찬수

〈후유증〉과 〈뱀파이어의 꽃〉, 〈연애세포〉는 모두 웹툰과 웹소설 원작을 드라마화한 작품들이라는 공통점을 가지고 있다. 다른 웹드라마 작품들에 비해 이미 성공한 웹툰과 웹소설을 원작으로 제작하여 탄탄한 스토리를 장점으로 가진다. 여기에 이미 웹툰 원작에 대한 충성도를 지닌 콘텐츠 소비집단이 존재하고 있다는 것도 초기 홍보와 마케팅에 큰 도움을 주었다.

〈후유증〉은 '제국의 아이들' 멤버인 동준을 주인공으로 캐스팅한 것을 홍보 포인트로 삼고는 있지만, 역시 이 작품은 웹툰 원작이 가진 강렬한 스토리와 원작만화에서 주었던 그로테스크한 분위기가 가장 큰 경쟁력이라고 할 수 있다. 김선권 작가가 네이버에 2012년 5월부터 12월까지 연재를 했던 웹툰 〈후유증〉을 각색하여 제작이 된 작품으로, 웹드라마가 제작되어 포털에 서비스되자 이미 연재가 종료된 웹툰의 조회수가 일평균 10배 증가했다고 한다. 이런 현상은 웹드라마 〈연애세포〉의 원작 웹툰 〈연애세포〉의 경우에도 동일하게 나타났으며, 웹소설을 원작으로 제작이 된 웹드라마 〈뱀파이어의 꽃〉의 월간 페이지 뷰를 2배 가까이 끌어올리기도 했다.

이처럼 유명 웹툰이나 웹소설을 원작으로 웹드라마를 제작하는 것은 기존의 원작에 대해 소비자들이 다시 한 번 관심을 가지게 함으로써 원작 저작권자에게도 도움이 될 뿐만 아니라, 원작이 이미 확보한 유명세를 웹드라마 마케팅에 적극 활용하여 드라마의 흥행에도 긍정적인 효과를 가져올 수 있다는 점에서 앞으로도 이러한 시도는 꾸준하게 지속될 것으로 전망된다.

영상화를 순조롭게 할 수 있는 1차 저작물이 많이 존재하고 있다는 것은 좋은 품질의 동영상 콘텐츠를 만들 수 있는 기반이 튼튼하다는 것을 의미하므로, 좋은 웹툰이나 웹소설이 끊임없이 만들어지는 것 자체가 웹드라마 성공의 큰 자산이라 할 수 있다. 한국의 인터넷 문화에서 웹툰이나 웹소설의 성공은 원작 스토리의 풍성함과 직결되고 이를 활용한 다양한 2차 저작물의 등장은 우리의 콘텐츠를 더욱 풍성하게 만들어 줄 것으로 기대를 모은다.

〈짝〉이라는 기존 TV 프로그램을 바탕으로 제작하여 다큐같은 웹드라마라는 독특한 형식을 가진 〈썸남썸녀〉는 출연자들의 연기가 호평을 받으며 발표 이후 오랜 기간 꾸준한 사랑을 받고 있다. 기존의 드라마와는 다른 형식을 실험적으로 채택하고 있으며 인터넷 공간을 활용하여 보다 더 자유스러운 표현을 과감하게 영상에 드러내고 있다는 장점과 함께, 20~30대가 공감할 수 있는 심리에 대한 묘사가 기존 드라마를 좋아하던 소비자들에게도 사랑을 받을 수 있는 요소가 되고 있다.

또한 〈출출한 여자〉는 음식이라는 소재를 통해 여자의 심리를 표현하는 방식이 세련되었다는 평과 함께 시청자와 광고주가 모두 만족할만한 방식으로 PPL을 가장 자연스럽게 녹여낸 작품으로 회자되고 있다. 사실 웹드라마는 불확실한 수익 모델로 인해 광고주들의 상품을 드라마에 녹여내는 PPL로 드라마 제작비를 일정 정도 해결하고 있는 경우가 많다.

인터넷에서는 규제가 거의 없다는 것을 무기로 많은 웹드라마들이 광고주들의 상품이나 회사 이미지를 드라마에 삽입하여 광고 형태로 드라마의 제작비를 충당하고 있으며, 이는 현재 대부분 웹드라마들의 주 수익원이기도 하다.

〈간서치열전〉은 기존의 단막극이 점차 시청자들의 관심권에서 벗어나는 것을 극복해 보고자 KBS에서 웹드라마 형식을 차용하여 단막극을 웹드라마한 작품이다. 인터넷

[그림 11-7] 웹드라마 〈썸남썸녀〉와 웹드라마 〈출출한 여자〉

참고 : 웹드라마 성공조건 ; 고찬수

에 먼저 웹드라마 형태의 짧은 클립으로 나누어 공개하고 마지막 결론 부분을 인터넷에 공개하기 전에 전체를 TV 방송 단막극 형태로 보여주는 전략을 사용하였다. 인터넷에 공개된 클립들로 소비자들의 호기심을 극대화하고 이 관심을 단막극의 시청률로 이어지게 하려는 의도였다.

[그림 11-8] 단막극을 웹드라마화한 KBS 〈간서치열전〉

참고 : 웹드라마 성공조건 ; 고찬수

이 작품은 방송사에서 직접 제작에 참여하여 수준 높은 완성도를 보유한 고품질의 웹드라마를 선보임으로써 일반 시청자들에게 웹드라마라는 것을 널리 알리게 된 계기가 되었다는 점에서 큰 의미를 가진다고 하겠다.

〈드림나이트〉, 〈우리 옆집에 EXO가 산다〉 이 두 작품은 2015년에 들어서 가장 크게 성공한 웹드라마들이다. 인기의 비결은 바로 10대들에게 인기가 있는 아이돌을 캐스팅한 것이다. JYP 엔터테인먼트에서 중국의 요쿠투도우 자본을 받아 제작한 〈드림나이트〉는 JYP 소속의 '갓세븐'이라는 아이돌 그룹을 주인공으로 출연시켜 기획 단계부터 아예 10대 소녀팬들을 겨냥했다.

[그림 11-9] 웹드라마 〈드림나이트〉와 〈우리 옆집에 EXO가 산다〉

출처 : 웹드라마 성공조건 ; 고찬수

더 중요한 점은 중국 자본 투입에서 알 수 있듯이 해외 특히 중국 시장을 겨냥해서 만든 웹드라마라는 것이다. 한국어로 제작된 웹드라마인데도 드라마 PPL을 통해 한국에서는 볼 수 없는 중국 제품들이 자주 등장하고 있다.

이는 중국 웹드라마 소비자들이 한국의 드라마를 선호하기 때문에 나타난 현상으로 중국에서 인기가 있는 한국의 스타를 활용하여 중국 제품의 광고 드라마를 찍은 것이라는 느낌을 줄 정도이다.

〈우리 옆집에 EXO가 산다〉는 요즘 국내외로 최고의 인기를 누리고 있는 아이돌 그룹 EXO를 주인공으로 10대들의 판타지를 드라마에 그대로 담고 있다. 여자 주인공의 옆집에 EXO가 살게 되면서 일어나는 일들을 스토리로 담았는데, EXO가 출연한 웹드라마라는 것만으로도 10대들 사이에서 크게 화제가 되었다. 라인과 SM엔터테인먼트가 공동 제작하여 중국, 태국 등 전 세계 시장에 유통함으로써 수익면에서도 의미있는 성과를 거두고 있는 중이다.

10대들의 강력한 지지로 큰 인기를 누리고 있는 이 두 웹드라마는 아이돌에 의지한 기획과 제작이라는 분명한 한계에도 불구하고, 웹드라마의 해외 시장 진출방식에 대한 새로운 시도와 모색이라는 점에서 주요한 의미를 지니고 있다.

11-4 웹드라마 플랫폼의 미래

1. 웹드라마 성공조건

지금까지 선을 보인 웹드라마 중에 많은 소비자들에게 일정 정도 관심의 대상이 되었던 작품들을 네 가지 형태로 분류해서 살펴보았다. 이 네 가지 분류 속에 앞으로 웹드라마가 성공을 하기 위한 조건들이 포함되어 있다고 보았기 때문이다.

1) 원작확보

첫 번째 웹드라마의 성공을 위한 조건은 바로 원작확보이다. 웹툰이나 웹소설처럼 이미 만들어진 원작을 사용하는 것만이 정답은 아니지만 검증된 스토리들이 많이 존재한다는 것은 웹드라마가 가진 가장 큰 성공 자산이라 할 수 있다.

물론 능력있는 작가들이 웹드라마에 투입되어 창작 스토리를 바탕으로 한 성공한 웹드라마가 많이 나오는 것도 기대해 볼 수 방송 트렌드 & 인사이트 2015.6-7 l vol.01 있겠지만, 지금 같은 웹드라마의 발아기에는 좋은 원작 스토리들을 저렴하고 쉽게 확보하는 것이 효율적이기 때문에 웹툰이나 웹소설의 활용은 웹드라마 성공의 중요한 요소가 된다고 본다.

2) 콘텐츠 소비자에 대한 이해

두 번째 성공조건은 웹드라마 콘텐츠 소비자에 대한 이해이다. 단순히 10대를 위한 콘텐츠가 아닌, 작게 쪼개져서 분절되어 있는 미래의 콘텐츠 소비자들의 취향을 제대로 파악하여 그들이 원하는 새로운 감각의 콘텐츠를 보여주는 것이 웹드라마가 미래의 콘텐츠로서 기존의 드라마와는 차별성을 가질 수 있는 요소가 될 것이다.

3) 기존 드라마의 장점 활용

세 번째는 기존 드라마가 가진 장점을 잘 활용하는 것이다. 웹드라마 역시 드라마이다. 기존 드라마의 연출진과 작가 그리고 스태프들의 노하우 활용은 웹드라마 성공의 중요한 요소이다.

4) 시장의 마케팅과 유통전략

마지막으로는 웹드라마의 시장을 해외로까지 넓혀 마케팅과 유통전략을 짜야 한다는 것이다. 인터넷 세상은 이제 국경이 사라져가고 있다. 국경 없는 콘텐츠들의 경쟁에서 살아남을 수 있는 웹드라마를 기획하여 제작-유통하는 것만이 미래 콘텐츠로서 자리를 굳건하게 할 수 있는 방법이다.

새로운 콘텐츠의 지속가능한 성장을 위한 조건은 기가 유선망의 등장과 스마트폰의 일반화 등 기술의 발전으로 인해 인터넷 환경은 점차 동영상 콘텐츠 위주로 발전해가고 있다. 동영상 콘텐츠에 대한 수요가 늘어나면서 혁신적인 디지털 콘텐츠 제작을 지향하는 새로운 콘텐츠 생산자들이 나타나기 시작했고, 제작비가 많이 투입되는 드라마 분야에도 웹드라마라고 하는 새로운 형식을 꿈꾸는 콘텐츠가 관심을 받고 있는 것이다. 이 새로운 콘텐츠의 지속가능한 성장을 위해 필요한 것은 콘텐츠 자체가 가진 경쟁력이다.

경쟁력을 확보하기 위해 필요한 우선적인 성공의 조건은 원작, 소비자에 대한 이해, 전문적 제작인력의 역량활용, 글로벌 지향 콘텐츠 등으로 정리될 수 있다. 미디어 환경의 변화로 인해 콘텐츠 소비자들의 요구도 끊임없이 변화하고 있으며, 웹드라마의 부상과 뜨거운 관심은 이러한 소비자들의 변화가 표현된 것이라 할 수 있다.

웹드라마가 과연 미래의 콘텐츠로서 지속 가능한 수익 구조를 만들어내고 자립 기반을 만들어 낼 수 있을지는 아직 알 수 없다. 하지만 확실한 것은 웹드라마에 대한 열정으로 미래를 만들어가고 있는 창조적인 사업자들에게 지금은 기회의 시간이고, 이 기회의 시간에 성공의 조건들을 잘 활용하여 콘텐츠 소비자들에게 다가간다면 미래의 콘텐츠 지형을 바꿀 수 있는 새로운 도약이 가능하다는 점이다.

12-1 K-컬처

1. K-컬처의 개요

한류(韓流 : Korean Wave)는 대한민국의 대중문화를 포함한 한국과 관련된 것들이 대한민국 이외의 나라에서 인기를 얻는 현상을 뜻한다.

'한류'라는 단어는 1990년대에 대한민국 문화의 영향력이 타국에서 급성장함에 따라 등장한 신조어이다. 초기 한류는 아시아 지역에서 주로 드라마를 통해 발현되었으며 이후 K-pop으로 분야가 확장되었다. 2010년대에 들어서는 아시아 외의 지역에서도 어느 정도 영향을 끼치기도 한다.

한류에 해당되는 대한민국의 문화는 주로 다음과 같다.

① 음악 : 한국 가요, K-Pop

② 드라마 : 한류 드라마, K-드라마

③ 언어 : 한국어

④ 기술 : 스마트폰, 자동차

⑤ 음식 : 한식

⑥ 게임 : 대한민국 게임

⑦ 그 외 : 대한민국 애니메이션, 웹툰, 한류스킨, 한류뷰티 등

[그림 12-1] 한류문화의 대표적인 콘텐츠

출처 : 위키백과 한류에서

2. K-컬처의 역사

1) 1990년대 : 대중문화의 발전

1987년 6 · 29 선언으로 인해 대한민국에 민주주의가 들어서기 시작하면서 대중들은 대중문화에 대해 더 많은 관심을 가지기 시작했다. 이와 함께 SBS를 포함한 여러 케이블 TV, 위성방송 채널 등이 개국하면서 본격적인 상업방송이 활성화되었고, 이는 곧 방송환경의 발달로 이어졌다.

방송환경의 발달은 대기업 자본의 문화산업 참여를 유도했고, 그 결과 체계적인 생산 과정의 도입 등 문화 콘텐츠의 질을 높이는 여러 변화가 일어났다. 이 과정에서 대한민국의 문화 산업에는 '기획'이라는 개념이 본격적으로 자리잡기 시작했는데, 그 예로 1990년대에 설립된 기획 영화제작사 '신씨네', 기획 아이돌 소속사 'SM엔터테인먼트' 등이 있다.

1994년, 〈쥬라기 공원〉의 1년 수익이 자동차 150만 대 수출 수익에 맞먹는다는 사실이 언론을 통해 알려지면서 문화의 경제적 효과에 중점을 둔 '문화산업론'이 지지를 얻기 시작했다. 그리고 몇 년 후 대한민국의 외환위기와 IT 산업의 쇠락이 겹치면서 산업

구조에 변화가 필요하게 되자 정부는 국가 차원에서 문화산업을 지지하기 시작했다.

2) 2000년대 : 아시아에서의 인기

2000년대 즈음 대중문화가 발전하면서 대한민국 시장만으로는 대중문화 산업을 감당할 수 없게 되었고, 이에 기업들은 대한민국에서 벗어나 더 넓은 시장으로의 진출을 모색하기 시작했다. 그리고 얼마 안 있어 2000년 2월에 대한민국의 댄스 그룹 H.O.T.가 베이징에서 공연을 하면서 본격적인 중국에서의 한류를 일으켰다.

이후 2003년 베이비복스의 곡인 〈I'm Still Loving You〉는 발매 후 중국에서 차트 1위, 대만에서 4위, 홍콩에서 2위, 태국에서 1위를 기록하며 성공을 거두었다.

2005년 베이징에서 열린 정지훈의 공연 'Rainy day-Beijing'은 관객 4만 명을 동원하며 큰 성공을 이루었다. 한편, 2001년 보아가 일본에서 출시한 정규 음반 〈Listen to My Hear〉는 대한민국 노래 최초로 오리콘 앨범차트 1위에 오르는 성과를 내었다.

2000년에 방영된 드라마 〈가을동화〉는 같은 해 대만에 수출된 후로 여러 나라에서 관심을 모았다. 또한 이 드라마의 영향으로 드라마의 촬영지를 보기 위해 외국에서 찾아오는 관광객이 등장했다. 대한민국의 영화 〈쉬리〉는 2000년에 일본에서 개봉하면서 흥행 1위를 달성했다.

2003년에 공개된 드라마 〈대장금〉 또한 여러 나라에서 관심을 받았는데, 이 드라마는 단순한 대중문화 이외에도 한국의 전통문화를 함께 외국에 알렸다는 점에 의의가 있다. 2003년에는 드라마 〈겨울연가〉가 일본에 수출되면서 인기를 끌었으며, 2004년에는 〈풀하우스〉가 아시아에서 인기를 끌었다.

[그림 12-2] 대만 국제도서전에 한국관에 설치된 대장금

출처 : 위키백과 한류에서

2008년에는 드라마 〈주몽〉이 이란에서 시청률 85%를 기록하며 큰 인기를 끌었다. 이어서 여러 대한민국 드라마들이 이란에서 인기를 끌었고, 현지 언론은 대한민국 드라마 관련 기사를 비중있게 다루며 직접 드라마 촬영장소를 찾기도 하였다. 또, 네팔에서는 〈엽기적인 그녀〉 같은 대한민국 영화가 인기를 끌어 일부 젊은이들 사이에서 '사랑해요(Sarang hyo)' 같은 한국어가 유행하기도 했다.

2009년 대한민국의 아이돌 그룹 동방신기는 한국 그룹 최초로 도쿄돔 무대에 섰다. 이후 2000년대 후반 동방신기가 소속사와의 분쟁으로 인해 활동이 주춤하자, 소녀시대나 카라와 같은 걸 그룹들이 해외진출의 주를 이루었다.

2009년 카라는 〈Pretty Girl〉로 태국의 'AS TV 아시아 팝 차트'에서 1위를 달성했으며 태국 네티즌들에 의해 패러디 영상이 만들어지는 등 인기를 끌었다.

3) 2010년대 : 세계화

2000년대 말부터 대한민국의 문화콘텐츠 기업들은 아시아 지역에서 벗어나 다양한 지역으로의 진출을 시도하기 시작했다. 가수로서 일본에서 인기를 끌었던 보아는 2008년 미국 진출을, 대한민국 내에서 인기를 끌었던 원더걸스는 2009년 미국 진출을 선언했다. 하지만 모두 큰 성과는 거두지 못하고 대한민국이나 일본으로 복귀하게 되었다.

2011년에는 SM엔터테인먼트가 프랑스 파리와 미국 뉴욕에서 'SM타운 콘서트'를 성공적으로 진행했고, 2012년에는 한류 팬들을 대상으로 한 컨벤션 KCON이 성황리에 개최되었다.

또, 2013년에는 슈퍼주니어가 상파울루, 리마, 산티아고, 부에노스아이레스, 멕시코시티 등 남미 도시에서 성공적으로 콘서트를 개최하였다.

[그림 12-3] 대표적인 컬처 강남스타일

출처 : tech & future 08 09 VOL.042012

2012년에는 싸이의 〈강남스타일〉이 세계적으로 인기를 끌었다. 〈강남스타일〉은 기존의 서양에 존재했던 소수의 한류 커뮤니티뿐만 아니라 대중사회에서도 인기를 끌었다. 2012년 9월에는 미국 빌보드 차트에서 2위를 차지했다. 또, 2014년 5월 31일에는 유튜브 최초로 조회수 20억 건을 돌파하는 성과를 내기도 했다. 버락 오바마 미국 대통령은 2013년 한·미 정상회담 도중 "세계의 많은 사람들이 대한민국 문화에 매료당하고 있다"면서 딸들이 자신에게 강남스타일 춤을 가르쳐 줬던 일화를 언급했다.

한편, 아시아에서는 대한민국 예능이 인기를 얻기 시작했다. 〈신서유기〉는 중국 QQ닷컴에서 1천만 뷰를 돌파해 인기를 끌었으며, 〈런닝맨〉은 중국, 인도네시아 등지에서 인기를 끌었다.

3. 지역별 K-컬처

2000년대 초 동북아시아와 동남아시아를 중심으로 한류가 퍼지기 전부터 1990년대 말부터 중국에서는 한류의 씨앗이 자라고 있었다. 1992년 한·중 수교가 성사된 후 처음으로 1993년에 중국중앙방송국(中國中央電視台, CCTV)에서 드라마 〈질투(嫉妒)〉가 방영되었다. 그러나 중국수용자의 관심을 끌지는 못했다. 그 후 1997년에 CCTV에서 〈사랑이 뭐길래(愛情是什麼)〉가 방영되면서 큰 인기를 얻었다. 이후에는 〈별은 내 가슴에〉나 〈의가형제〉 같은 드라마가 중국에 수출되기도 하였다.

또 1998년에는 H.O.T의 음반이 중국에서 발매되었다. 이후 2000년 2월 베이징에서 열린 H.O.T.의 공연은 본격적으로 한류가 중국에 퍼지는 데에 큰 영향을 주었다.

중국에서는 대한민국 문화 마니아를 뜻하는 한미(韓迷 한미[*])라는 단어가 생겨났다. 또, 비슷한 뜻의 합한족(哈韓族 하한쭈)이라는 단어 또한 등장했는데, 이는 대만에서 일본 문화를 좋아하는 사람들을 합일족이라고 부른 데서 유래했다. 대한민국의 대중문화 중에서도 드라마를 좋아하는 팬들은 한극미(韓劇迷 한쥐미)라고 부르기도 한다.

2003년 일본에 수출된 드라마 〈겨울연가〉는 NHK에서 방영된 이후 일본 중장년 여성을 중심으로 인기를 얻었다. 이러한 인기로 인해 일본에서는 〈겨울연가〉의 주인공이었던 배용준을 욘사마(ヨン様)라고 부르며 숭배하는 '욘사마 붐'이 일어났고, 이는 곧 드라마 촬영지를 '성지순례'하는 관광 붐으로 이어졌다.

이에 2004년 일본에서 대한민국을 방문한 관광객은 전년 대비 5.5% 증가했다. 2005년 〈겨울연가〉의 여주인공 역을 맡았던 최지우가 도쿄 관저에 방문했을 때 당시 일본의 총리였던 고이즈미 준이치로는 최지우와 함께 〈겨울연가〉에 대한 얘기를 나누었다. 또한 심포지엄에서는 "자신보다 배용준이 더 인기가 많다"고 농담을 하기도 했다. 이러한 공로로 배용준은 2008년 대한민국에서 문화훈장을 수상했다.

4. K-Pop

1) K-Pop의 개요

K-Pop(케이팝)은 대한민국에서 대중적 인기를 얻는 유행음악을 총칭한 이름이다. 간단히 가요, 또는 유행가라고 부르기도 하며, 영미권의 대중음악을 팝(Pop)이라고 부르고, 영미권 이외의 국가의 대중가요도 국가 이니셜을 붙여 나타내는 데서 K-Pop이라고 쓴다. 특히 대한민국 대중가요가 해외에서 인기를 얻게 된 이후에 K-Pop이라는 명칭이 대한민국 이외 국가에서 대한민국 대중가요를 가리키는 이름으로 널리 자리잡고 있다.

2) K-Pop의 역사

1990년대에는 한국 음반시장이 가장 호황을 누린 시기로 김건모의 〈잘못된 만남〉은 단일 음반 판매량만 250만 장 이상을 기록해 한국 기네스에 등재되었다. 같은 시기 서태지와 아이들, 신승훈 등이 100만 장 판매고를 돌파했다. 또한 1990년 김완선은 여자 가수로서 최초로 100만 장을 팔았다.

지금의 보이그룹과 걸그룹이 이끄는 K-Pop은 SM Entertainment의 아이돌 그룹들인 H.O.T와 신화로 거슬러간다. 이 그룹들이 1990년대 서태지와 아이들의 여러 요소를 혼합하는 음악적 방향과 보이그룹이라는 성공의 모델을 모방하면서 이후 한국 대중 음악산업은 현재의 K-Pop 산업으로 변모하기 시작한다. 이들은 일렉트릭 댄스와 랩, 때로 R&B를 혼합한 장르로 주로 10대와 20대 위주의 팬덤으로부터 인기를 끌었다.

서태지와 아이들의 유산은 이후 양현석의 YG Entertainment를 중심으로 한 웰메이드 오버그라운드 아이돌 음악이라는 현대 K-Pop의 한 축을 형성했다. 서태지와 아이들에 뒤지지 않는 음악성과 대중성을 획득한 듀스는 이후 자생적인 한국 힙합 씬의 모범이 되었다. 박진영의 JYP Entertainment 또한 이들의 노력에 뒤지지 않았고 음악성과 음악 비즈니스 모두에서 현대 K-Pop의 중요한 부분을 차지하고 있다.

1980년대 후반과 1990년대 초반 한국 대중음악의 질적 도약을 이끌었고 동시에 대중성의 영토를 확장한 유재하, 이승철, 이승환, 신해철, 015B, 김현철, 윤상, 유영석, 윤종신, 봄여름가을겨울 등 당시 젊은 싱어송 라이터 집단의 영향은 끊어지지 않고 유희열, 전람회로 이어졌으며, 홍대 일대를 중심으로 한 언더그라운드에 음악적 모범을 제시하거나 함께 공존하며 현대 K-Pop의 중요한 한 축을 형성하고 있다.

2000년대 들어서는 음반시장이 급격히 작아지면서 음반판매량 20만 장을 넘기도 힘들어졌다. 이후 음반시장 불황이 계속되면서 온라인에 중점을 두는 시장체재로 바뀌었다.

2000년대 후반부터 현재까지 아이돌 그룹이 인기를 얻고 있다. 원더걸스는 'Nobody'로 미국 진출을 선언 한 뒤, 한국인으로서는 최초로 빌보드 핫 100에 76위로 진입했다.

이 외에 2010년대 들어서는 많은 그룹들이 일본 진출을 선언했는데[모호한 표현], 소녀시대는 'Gee'로 일본 오리콘 싱글 차트 일간 1위에 올랐다. 이 외에 카라도 오리콘 차트에 오르며 한류 열풍을 일으켰다. 2012년 가수 싸이는 '강남스타일'로 미국 빌보드의 싱글차트인 핫100차트에서 7주 연속 2위를 차지했다.

선우정아를 비롯한 이른바 홍대 뮤지션들이 빅뱅과 2NE1의 곡을 작곡하고, 유희열의 안테나뮤직이 오디션 프로그램인 K-Pop Star에 참여하고, SM 엔터테인먼트가 음악적 고민을 샤이니, 에프엑스로 풀어내 팬덤 뿐이 아닌 대중 감상자와 평론의 호감을 얻는 등 K-pop이란 그 이전 시기 비교적 가벼운 아이돌 댄스 음악만을 지칭하던 정의로부터 변화하고 있다.

3) K-Pop의 특징

(1) 국제화된 음악

총체적으로 팝, 락, 힙합, 알앤비 그리고 전자음악의 결합이라고 할 수 있으며, 서양의 사운드에 아시아인의 퍼포먼스를 결합시키는 특징을 지니기 때문에 보다 글로벌한 음악으로 불린다. 한국가수들의 소위 칼군무와 어려운 안무 동작들은 케이팝을 세계적으로 이끄는데 큰 공헌을 했다.

현재 케이팝은 비단 아시아뿐만 아니라 세계음악시장에서도 큰 영향을 끼치고 있다. 한국 가수들에게 곡을 주는 외국 프로듀서들도 많다. 윌아이엠, 션 가렛에서부터 미국에서 자란 테디 등이 이에 속한다. 케이팝 가수들과 콜라보레이션을 한 힙합가수도 많다.

에이콘, 칸예 웨스트, 루다크리스, 스눕독, 윌아이엠 등이 이에 속한다. 노르웨이와 스웨덴에서 곡을 받기도 한다. '월스트리트저널'에서 한 제작자는 "한국은 미국의 비트에 스칸디나비아 반도의 곡 스타일을 원한다"고 말했다.

(2) 디지털 앨범과 인터넷 채널

여러 아이돌그룹들을 위시해 케이팝은 최근 무서울 정도로 성장했으며, 그 이면에는 인터넷이 큰 몫을 담당했다. 전통적인 오프라인 음악시장이 줄어들며 자연스레 온라인 음악시장의 크기가 커졌고, 이는 짧은 기간 안에 임팩트를 줘야 하는 한국 음악시장에서 미니앨범과 디지털 싱글앨범 제작의 붐을 일으켰다. K-Pop의 글로벌한 전파와 인기에는 유투브 등 인터넷의 발달이 큰 영향을 미쳤다.

(3) 방송 채널

케이팝 가수들의 프로모션은 '컴백'이라는 기제와 함께 시작한다. 케이팝 가수들은 공중파 음악프로그램 등과 같은 다양한 프로모션 활동을 전개한다. 대표적인 방송은 KBS의 뮤직뱅크, SBS의 인기가요, MBC의 음악중심이 있다. 새 앨범의 첫 번째 무대를 주로 '컴백무대'라고 지칭한다. 컴백의 일환으로 티저 사진, 비디오 등을 공개하기도 한다. 케이팝은 다양한 장르로 세분화되며, 아시아 가수의 서양, 유럽 음악의 구사는 케이팝의 특징임과 동시에 세계의 이목을 끌기도 한다.

(4) 시각적 효과

시각적인 효과 또한 케이팝의 특징 중 하나다. 콘서트, 뮤직비디오에서부터 가수의 몸매, 의상까지 큰 신경을 쓴다. 케이팝 뮤직비디오는 주로 화려하고 색채감이 짙으며, 예전 팝 뮤직비디오에 비견해도 화려함 면에서는 우위를 점한다.

(5) 군 무

군무는 케이팝에서 중요한 요소 중 하나다. 군무는 여러 명이 무대를 꾸밀 때 가수들이 자리를 바꾸는데에서 시작했다. 서태지와 아이들의 무대부터 자리바꿈이 공공연해졌고, 이는 훗날 케이팝 안무에까지 영향을 끼쳤다.

케이팝 안무는 포인트 안무라는 특징을 지니기도 하는데, 주로 훅 부분에서 쉬운 안무를 각인시키는 행위를 말한다. 이 포인트 안무는 주로 가사를 따라가기도 한다. 포인트 안무는 슈퍼주니어의 '쏘리쏘리'와 같이 곡의 히트 유무를 결정하기도 한다.

안무의 호흡을 잘 맞추고 마치 한사람인 것처럼 안무를 선보이는 아이돌을 군무돌 또는 칼군무돌이라고 칭한다. 칼군무돌로 유명한 아이돌은 틴탑, 인피니트 등이 있다.

안무에 맞춰 곡이 쓰이기도 하며 팬들이 쉽게 따라할 수 있음의 유무에 중점을 둔다. LA의 한 안무가인 Ellen Kim은 "케이팝은 팬들과 함께 하기를 원한다. 그래서 안무가 쉽게 나오는 경향이 있다"고 이야기한다.

12-2 뷰티 플랫폼

네이버, 카카오, 판도라 TV 등 인터넷 플랫폼이 콘텐츠 확보에 힘을 쏟는다. 개인방송 영역에서도 뷰티 콘텐츠 확보경쟁이 일어난다. 충성도 높은 이용자확보, 글로벌 사업진출, 용이한 수익화 가능성이 이유로 꼽힌다.

1. 네이버 뷰티 플랫폼

네이버는 지난 5일 베트남 호치민 최대 쇼핑몰 비보시티에서 'V 라이브 뷰티 오픈 스튜디오'를 열었다. 다또아, 예니 등 한국 뷰티 콘텐츠 창작자가 한국 화장 팁을 소개했다. 직접 화장시켜주는 행사도 진행했다. 최근 뷰티 분야 콘텐츠 창작자를 양성하는 '뷰스타 리그'도 시작했다. 콘텐츠 제작기술부터 화법까지 5주 동안 전문교육 프로그램을 제공한다.

[그림 12-4] 네이버 뷰스타 리그 이미지

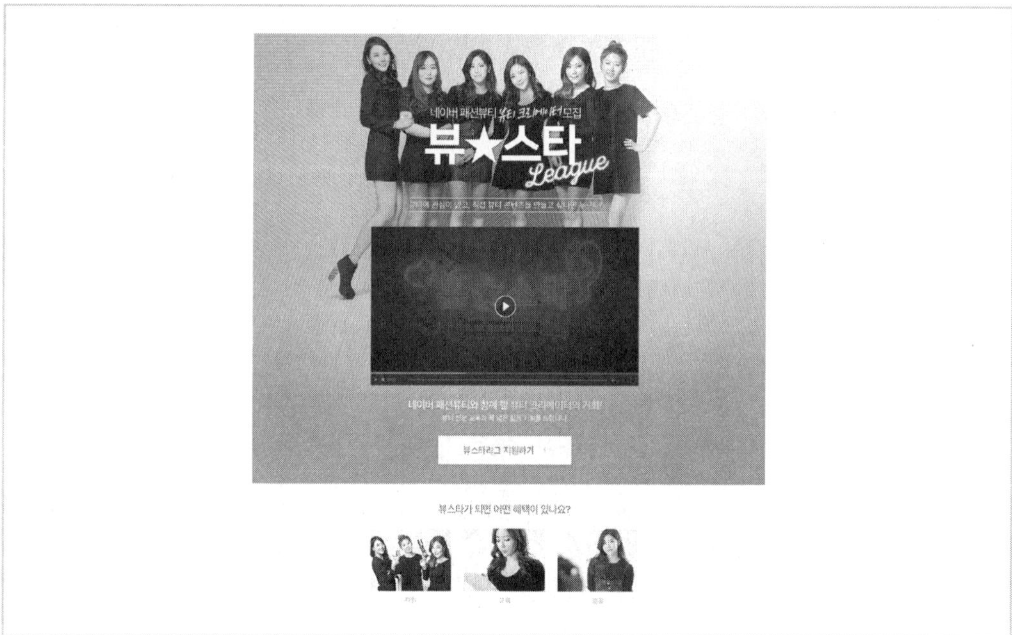

출처 : 전자신문 DB

패션뷰티, TV캐스트 등 네이버 다양한 플랫폼에서 활동한다. 우수 창작자로 선정되면 실시간 동영상 서비스 브이(V)에서 글로벌 뷰티 크리에이터로 참여가 가능하다. 네이버 관계자는 "뷰티 콘텐츠를 강화하려면 콘텐츠 창작자부터 양성해야 한다"며 "수요는 급증하는데 전문 창작자는 부족하다"고 설명했다.

2. 카카오 뷰티 플랫폼

'카카오톡'을 중심으로 뷰티 플랫폼 사업자로서의 영역을 넓혀간다. 이미 높은 이용률을 보이며 콜택시 업계를 장악한 '카카오택시' 등에서 경험을 바탕으로 O2O(온라인과 오프라인을 연결) 플랫폼을 확장한다.

카카오는 올해 초 다음 모바일 화면 개편을 통해 남녀공감 탭을 신설했다. 이 탭에서 '여성'을 선택하면 화장법, 패션, 헤어 등 다양한 뷰티 콘텐츠가 제공된다. 카카오 관계자는 "2030 남녀 주요 관심사인 패션뷰티 등 콘텐츠를 맞춤형으로 제공한다"고 말했다.

3. 판도라TV 뷰티 플랫폼

판도라TV도 최근 대표 뷰티프로그램 '화장대를 부탁해' 콘텐츠를 제공하기 시작했다. 한채영, 최희, 유소영 등 유명 연예인 메이크업 노하우 등을 소개한다. 이를 위해 케이블 방송업체 '티캐스트'와 업무제휴를 맺었다.

[그림 12-5] 판도라TV 티캐스트 업무제휴 이미지

출처 : http://www.etnews.com / 20160304000104

개인방송 영역에서도 뷰티 콘텐츠가 확대되는 추세다. 아프리카TV 뷰티 관련 생방송 수는 지난해 10월 159개에서 올해 1월 745개로 급증했다. 다수 멀티채널네트워크(MCN) 사업자도 뷰티 관련 창작자와 콘텐츠를 확대한다.

뷰티 콘텐츠는 젊은 여성층 사이에서 가장 많이 소비되는 콘텐츠다. 이용자 충성도도 높다. 네이버가 지난해 개설한 패션뷰티판은 설정자가 600만명을 돌파했다. 비활성판이기 때문에 따로 설정해야 네이버 모바일 첫 화면에 노출된다. 하루 방문자도 140만명을 넘어섰다. 네이버 관계자는 "헤어, 화장, 패션 등 뷰티 콘텐츠를 보기 위해 젊은 여성층이 거의 매일 들어온다"며 "따로 설정을 통해 네이버 화면을 변경한 만큼 다른 판보다 이용자 충성도가 높다"고 설명했다.

[그림 12-6] 네이버 패션 & 뷰티판(사진 캡처)

K뷰티 인기로 글로벌 진출에도 청신호가 켜졌다. 네이버가 개설한 'V뷰티' 채널은 구독자 30만명을 넘었다. 50% 이상이 해외에서 소비된다. 네이버 관계자는 "베트남에서 한국 뷰티 콘텐츠 관심이 높아 뷰티 생방송 행사를 열었다"며 "글로벌 성공 가능성이 높은 분야"라고 설명했다.

피키캐스트도 대만 진출에 유명 뷰티 에디터 콘텐츠덕을 봤다. 일부 콘텐츠는 조회수가 100만건을 넘기도 했다. 송진 한국콘텐츠진흥원 책임연구원은 "중국 등 해외 소비자 사이에서 한국 화장품과 패션 아이템이 인기"라고 분석했다.

수익화도 용이하다. 패션뷰티는 광고와 정보경계가 모호하다. 마케팅 효과가 크다. 제품판매와 접점도 넓다. 송 연구원은 "광고 외에 유의미한 수익모델 개발이 필요한 MCN에 가장 효과적 분야가 뷰티 콘텐츠"라고 설명했다.

12-3 K-컬처 화장품/스킨푸드 플랫폼

화장품 마케팅의 진화는 계속된다. 치열한 마케팅 경쟁이 전개되면서 소비자들과 소통하기 위한 마케팅 플랫폼이 인쇄와 방송 영역을 넘어 다양하게 진화되고 있는 것이다. 최근에는 웹툰을 비롯하여 애드무비까지, 소비자들은 엔터테이너적인 콘텐츠를 즐기는 동시에 브랜드 메시지를 소비자에게 전달하는 방향으로 발전하고 있어 관심을 모으고 있다.

제12장 K-컬처 플랫폼(한류 뷰티/스킨/드라마 등)

1. 화장품 트렌드의 변화

1) 뷰티 블로거를 서브 모델로 적극 활용하여 블로거의 바이럴 효과기대

① 각 브랜드의 메인 모델 이외에 유명 뷰티 블로거를 서브 모델로 활용하여 온라인 바이럴 캠페인에서 적극 활용하고 있다.

② 특히 유튜브, 페이스북 등의 바이럴(퍼가기) 기능을 제공하고 있는 매체에서 광고 집행을 통해 일반 유저들로부터 많은 관심을 유도하고 있다.

③ 스타를 활용한 화장품 PPL 마케팅과 더불어 또 하나의 뷰티 마케팅 툴로 급부상 하고 있다.

[그림 12-7] 뷰티블로거 포니, 유튜브에서의 광고 모델 활용 및 뷰티 모델, 유튜브 / SMR 영상 바이럴 광고활용

[뷰티 블로거 담쓰, 유튜브 및 매장 오프라인 광고 모델 활용]

출처 : MezzoMedia

2) 화장품-캐릭터 콜라보 제품을 통한 마케팅 활동 활발

① 해외 브랜드에서 시작된 캐릭터 콜라보레이션이 국내 화장품 업계로 번져 다양한 브랜드에서 콜라보 제품을 출시하고 있다.

② 더페이스샵×뿌까, 에뛰드×미키&미니, 아리따움×스폰지밥 등 국내 로드샵 브랜드 중심으로 활발하게 진행하고 있다.

③ 키덜트 마케팅이 활발해짐에 따라 화장품업계에서도 캐릭터 바람이 거세게 불고 있으며, 패키지 구성을 통해 소비층 저변을 확대하고 있다.

[그림 12-8] 더페이스샵×뿌까와 에뛰드×미키 & 미니와 아리따움×스폰지밥 콜라보레이션 제품

출처 : MezzoMedia

3) K-Beauty 열풍, 국내 화장품 업체들 중화권 마케팅에 박차

① K-뷰티 열풍으로 아모레퍼시픽, LG생활건강의 매출은 사상 최대 기록하고 있다.
② 화장품 판매액 및 국내 면세점 화장품 판매액 성장이 지속될 전망이다.
③ 아모레퍼시픽의 고가전략 및 한류스타 활용, 더페이스샵 김수현 광고모델 활용 등 중화권 마케팅에 박차를 가하고 있다.
④ 중국인이 가장 선호하는 화장품 품목은 마스크팩으로 국내 및 중국 마스크팩 시장성장의 요인이 되고 있다.

〈표 12-1〉 춘절 시즌 올리브영 명동 상위매출액 상품

순위	상품군	상품명
1	마스크팩	메디힝 NMF 마스크팩 기획세트
2	스킨케어	게리쏭 9컴플렉스 마유크림
3	헤어케어	리엔 윤고 더 퍼스트 헤어 클렌징 트리트먼트
4	헤어케어	클라우드 9블랑드 화이트닝
5	스킨케어	SNP 바다제비집 아쿠아 엠플마스크
6	마스크팩	SMP 애니멀 팬더 화이트닝 마스크
7	마스크팩	SNP 애니멀 팬더 화이트닝 마스크
8	마스크팩	아임더리얼 슈렉 하이드로겔 마스크
9	마스크팩	SNP 애니멀 수달 아쿠아 마스크
10	마스크팩	SNP 애니

출처 : MezzoMedia

4) 브랜드 웹드라마, 콘텐츠 중심 마케팅 활성화

① 웹드라마는 10~15분의 러닝타임으로 구성되어 '미니드라마'로 불리며 스마트폰의 대중화 및 지상파 TV 시청률의 감소와 같은 미디어 트렌드 변화에 따라 시도

되는 하나의 콘텐츠이자 광고상품을 홍보한다.

② 제작비만 놓고 보더라도 지상파 드라마에 비해 매우 효율적이며, 해외로의 2차 판권과 광고 등으로 수익이 생길 수 있는 상품인 점에서 단순 광고를 넘어서 브랜드를 위한 콘텐츠라는 점에서 부가가치 창출에 기여할 것으로 예상된다.

[그림 12-9] 뷰티 브랜드 웹드라마 예시

출처 : MezzoMedia

5) 화장품 광고주 75%가 포털 사이트 중심으로 광고집행

① 최근 화장품 업종 광고집행 금액은 포털사이트에 집중하여 전체 집행금액의 75% 이상을 포털 중심으로 광고를 진행하고 있다.

② 포털사이트(75.2%) → 엔터테인먼트(15.9%) → 미디어(6.5%) → 커뮤니케이션(1.8%) → 생활 / 레저(0.5%) → 기타 순으로 진행하고 있다.

③ 매체 중 네이트, 다음의 집행비율은 52.2%, 약 36억 원 집행금액을 나타나고 있다.

④ 매체별 광고비 순위는 네이트 약 18억 원 → 다음 약 18억 원 → 네이버 약 16억 원 → 유튜브 약 7.6억 → SBS 약 1.5억 원 순이다.

⑤ 네이트가 1순위에 기록된 것은 해당 매체의 광고비가 증가했다가 보다는 네이버와 다음의 광고비가 대폭 감소되어 1순위를 기록한 것으로 보여지며, 광고비 증감으로 눈에 띄는 매체는 유튜브와 SBS(SMR) 등의 영상광고 플랫폼이다.

[그림 12-10] 매체 카테고리별 온라인 광고 집행비중

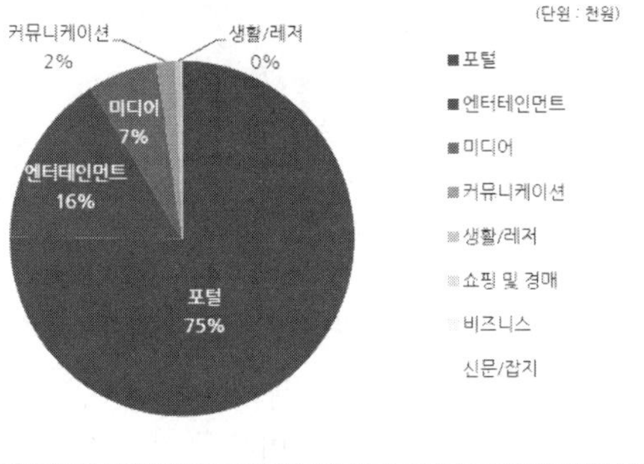

매체	집행금액(천원)
네이트	1,862,325
다음	1,825,703
네이버	1,621,535
유튜브	765,002
SBS	158,813
판도라TV	109,603
페이스북	90,194
곰TV	87,926
씨지브이	53,180
엠군	52,150
총합계	6,626,431

출처 : MezzoMedia

⑥ 포털 3사 중심으로 광고를 집행하였으며, 전체 광고비의 약 77% 차지하고 있다.

⑦ 라네즈, 이니스프리 브랜드를 중심으로 광고를 집행하였고 헤라, 에뛰드, 마몽드 브랜드의 광고비는 비슷한 수준이며, 리리코스마린플러스 이하 브랜드들의 광고비도 대부분 비슷한 수준이다.

⑧ 총 약 14.7억 원의 금액을 집행하였으며, 최근 전체 온라인 화장품 광고금액의 약 20.9% 비중을 차지하고 있다.

⑨ 다음, 네이트 전체 광고비 대비 71.3%의 매우 높은 비중으로 광고 집중하고 있다.

⑩ SK2 브랜딩 캠페인을 제외한 나머지 브랜드들의 광고비 수준은 대체적으로 높은 수준이며, 그 중 피테라 브랜드가 가장 많은 광고비를 사용하고 있다.

⑪ 다음과 네이트 매체에서 가장 많은 광고비가 사용되었으며, 네이버의 광고비 수준이 타 포털 대비 매우 낮은 것이 특징이다.

[그림 12-11] 상위 10위 매체별 온라인 광고 집중비중

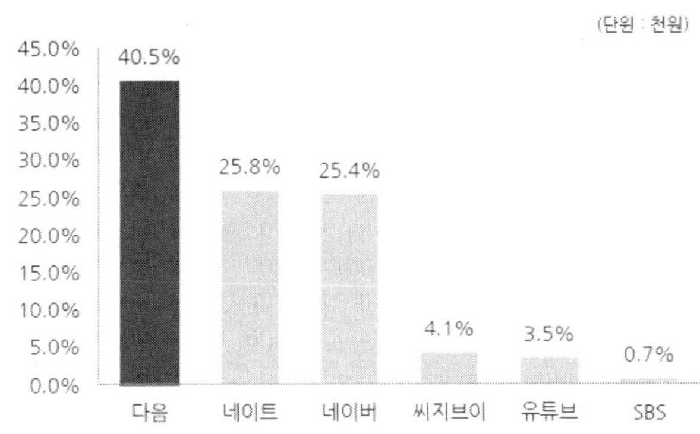

출처 : MezzoMedia

2. 화장품 플랫폼 응용사례

1) 친숙한 웹툰과 만난 화장품

최근 눈길을 끄는 변화 중 하나는 온라인상에서 큰 인기를 누리고 있는 웹툰과 결합하고 있는 것이다. 아모레퍼시픽의 마몽드는 지난해 10월 웹툰 작가 훈(Hun)과의 콜라보레이션을 통해 '꽃처럼 산다' 웹툰을 연재했다.

20~30세대의 일과 사랑에 대한 고민을 다룬 작품으로 일상의 걱정거리를 꽃이 가진 꽃말과 알려지지 않은 꽃 성분 등의 꽃 이야기를 통해 풀어나가는 내용이다.

'꽃처럼 산다'의 배경이 되는 플라워 카페는 실제 명동에 있는 마몽드 브랜드숍을 모티브로 한 것으로 이곳을 거점으로 이야기가 전개된다.

[그림 12-12] 웹툰 꽃처럼 산다와 결합한 마몽드 브랜드 샵

출처 : 뷰티 핸드북 2016.8.16.

장미편, 수선화편, 금은화편, 동백편이 차례로 공개된 뒤 각 편당 평균 100만뷰 이상의 조회수를 기록할 만큼 높은 반응을 얻었다.

오가니스트는 웹툰 작가 이보람과 손을 잡고 지난 3월 힐링 웹툰을 선보였다. 헤어힐링테라피인 브랜드 컨셉과 일상에서 힐링을 경험하는 순간들을 재치있는 어투와 개성있는 캐릭터로 그려냈다.

오가니스트의 주 소비층인 20~30대 여성들의 호감도를 상승시키고자 기획된 것으로 매주 한 편씩 브랜드 SNS을 통해 공개하며 웹툰의 제목을 지어주는 이벤트도 함께 진행했다. 이외에도 코리아나 화장품, 동성제약 등은 올해 초 별도의 웹툰을 제작해 이벤트와 결합하는 방법으로 홍보를 전개하기도 했다.

2) 화장품, 페이크 다큐 영상과 결합

최근 화장품 업계 마케팅의 또 다른 진화는 패러디 마케팅과는 조금 다른 형식의 페이크 다큐 영상과 결합한 마케팅이다.

제작비가 TV광고보다 훨씬 낮지만 온라인을 통한 바이럴 확산효과는 그 이상으로 크기 때문에 이를 활용하는 화장품 브랜드들이 늘고 있는 것이다. 아모레퍼시픽의 아이오페는 '에어쿠션 XP' 제품의 홍보 영상 '놀라운 대결'과 '놀라운 실험' 2편을 연달아 공개하며 큰 화제를 모았다.

포토샵과 에어쿠션 XP가 피부표현을 겨루는 놀라운 대결과 에어쿠션 XP 제품으로 여성의 첫인상이 변화하면서 남성들의 반응 역시 달라진다는 놀라운 실험은 모두 페이크 형식으로 제작됐다.

[그림 12-13] 페이크 다큐 영상과 결합

출처 : 뷰티 핸드북 2016.8.16.

영상의 배경 및 모든 출연자는 외국인이며, 리얼리티를 부각시키고자 동영상 자막을 일반인이 프랑스 영상을 보고 스스로 한국어 자막을 붙인 것처럼 표현하여 소비자들이 자발적으로 영상을 확산하도록 유도했다. 1탄 영상은 공개 45일만에 500만뷰를 달성, 2탄 역시 공개 9일만에 조회수 200만건을 달성했다.

미쟝센은 지난 8월 자사의 신제품인 '컬링 에센스 2X'의 페이크 동영상을 공개했다. 유튜브 스타인 유준호 더빙 아티스트와 콜라보레이션한 작품으로, 해외 고데기 홈쇼핑 영상에 유머러스한 한국어 더빙을 입히고 정작 고데기가 아닌 "고데기 없이 5분만에 컬을 완성"해 준다는 미쟝센 에센스를 홍보하는 영상이다.

홈쇼핑 영상인 줄 알았다가 후반부에 미쟝센 제품을 활용한 스타일링 팁이 이어지면서 페이크 영상의 반전재미를 선사한다. 본 영상은 공개 보름 만에 조회수 150만을 넘어섰다.

[그림 12-14] 미쟝센의 페이크 동영상과 결합

출처 : 뷰티 핸드북 2016.8.16.

3) 화장품과 뮤직비디오의 결합

최근에는 화장품 브랜드가 뮤직비디오 제품 노출을 위한 PPL을 넘어 직접 뮤직비디오를 제작하기도 해 관심을 모으고 있다. 미쟝센은 '퍼펙트 리페어' 라인 출시와 함께 선보인 뮤직비디오를 선보여 공개 2주일 만에 유투브 조회수 50만건을 넘어섰다.

뮤직비디오는 신민아 - 유아인의 케미 돋는 커플연기는 물론, 영상 속 등장한 강아지가 신민아의 실제 애견 '우디'로 밝혀지며 더욱 이목을 끌었다. 다양한 헤어스타일 변화에도 아름다운 머릿결을 지켜주는 미쟝센 '퍼펙트 리페어' 라인의 특징을 컨셉화한 뮤직비디오. 영상 속에서 신민아는 무려 6가지의 헤어스타일로 변신하여 유아인을 유혹한다.

마몽드는 새로운 뮤지 박신혜를 앞세워 'My Dear(부제 : 꽃)'라는 제목으로 뮤직비디오 형태의 광고를 제작했다. 'My Dear'는 이미 뛰어난 보컬 실력을 인정받고 있는 박신혜가 직접 노래와 작사작업에 적극 참여했을 뿐 아니라, 그녀의 친오빠인 박신원이 작곡하고 비스트의 용준형이 피처링해 더욱 주목받고 있다.

[그림 12-15] 뮤직비디오와 결합

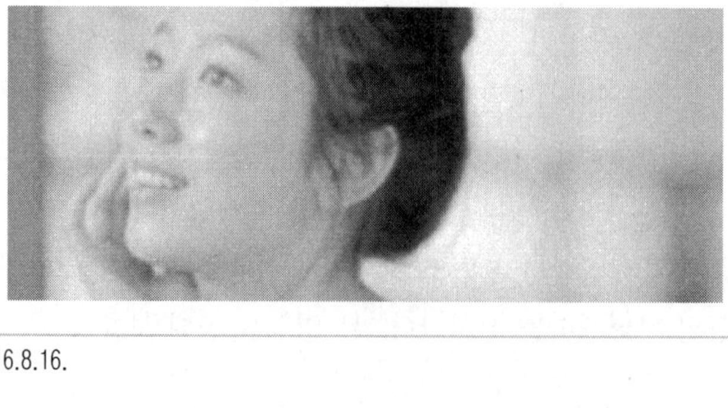

출처 : 뷰티 핸드북 2016.8.16.

박신혜가 직접 열연한 'My Dear'의 뮤직비디오는 가수가 되고 싶은 소녀의 꿈을 그린 내용으로, 힘든 순간마다 여주인공 박신혜 곁에서 항상 큰 힘이 되어주는 꽃으로 '금은화'가 등장한다.

4) 화장품 광고와 영화의 결합(애드무비)

광고와 영화의 절묘한 조화를 이루는 애드무비도 화장품 브랜드들의 새로운 마케팅 방법이다. PPL처럼 광고에 대한 거부감은 덜하면서 보다 더 제품을 부각시킬 수 있어서 심심찮게 활용되는 마케팅 기법이다. 미쟝센은 올 초 미쟝센 단편영화제와 첫 번째 콘텐츠 콜라보레이션으로 애드무비 4편을 제작했다.

미쟝센의 브랜드 컨셉인 '변화(Change)'를 주제로 한 단편영화로, 그 중 이형석 감독의 '난 미용사가 아니야'란 작품이 제 33회 벤쿠버국제영화제 경쟁부문에 진출하여 큰 관심을 모으고 있다. 손자와 함께 임종체험관을 찾은 할머니가 손자가 좋아하는 색으로 머리 염색을 시켜주기 위해 벌이는 에피소드를 담은 영화로, 미쟝센 염색 제품인 '헬로 버블 폼 컬러'가 주요 소재로 등장한다.

미쟝센은 헤어의 변화와 개선만으로 아름다움을 찾을 수 있다는 메시지와 함께 헤어 메이크오버 프로젝트 '체인지 유어 헤어(Change Your Hair)' 캠페인을 진행해 왔으며, 본 캠페인의 일환으로 올해 처음 미쟝센 애드무비 프로젝트가 기획됐다.

팬틴은 태국에서 진행한 애드무비로 'You can shine'이란 제목의 4분짜리 영상을 선보였다. 듣지도 말하지도 못하는 소녀가 역경을 딛고 바이올린으로 음악 콘테스트에서 우승을 한다는 스토리를 담고 있다.

영상에서 팬틴 샴푸의 브랜드나 제품은 전혀 노출이 되지 않으며, 다만 영상 마지막에 'You can shine'이라는 카피와 팬틴 로고가 노출될 뿐이다.

[그림 12-16] 영화와의 결합

출처 : 뷰티 핸드북, 2016.8.16.

바이올린을 연주하는 소녀의 머릿결이 눈부시도록 찰랑거리는 비주얼로 브랜딩을 대신하고 있다. 영상 속 재미와 감동이 담긴 스토리텔링을 통해 소비자는 브랜드 컨셉을 자연스럽게 이해하는 효과를 갖는다.

12-4 K-컬처 플랫폼의 미래

1. K-컬처 현상의 긍정적 파생효과

K-컬처 현상을 보면서 우리가 간과했거나 눈살을 찌푸렸던 부분이 실은 우리의 강점도 될 수 있다는 사실을 새삼 느끼게 된다. 가요와 드라마뿐 아니라 중국과 동남아에 뿌리 내린 PC방 문화도 한국의 수출품이라고 할 수 있다.

세계 최고의 초고속 인터넷 접속률을 기록하는 나라도 한국이요, 데이트레이딩(증시 단타매매)이 가장 성행하는 나라도 한국이다. 과거에는 '빨리빨리'가 한국병이었지만 인터넷 시대에는 하나의 강점이 될 수도 있다. 과거에는 집단주의 문화 속에서 튀면 손해를 받았지만 이제는 튀어야 개성 있는 사람으로 인정받는다. 이러한 변화된 세태와 한국인이 지닌 장기를 잘 결합시키면 세계적인 상품과 서비스가 탄생할 수 있을 것이다.

K-컬처에 의해 이루어지는 시너지 효과는 그 범위가 광대하다. 중국이나 일본, 동남아 등지에서 우리나라 연예인들이 폭발적 인기를 얻으면서 생겨난 소위 'K-컬처 열풍'을 타고 국산 전자·가전 제품 휴대전화 화장품 등의 판매량이 부쩍 늘었다.

삼성전자는 탤런트 안재욱을 광고 모델로 내세워 지난해 중국 PC용 모니터 시장에서 1위를 차지했으며 LG생활건강은 현재 베트남 화장품 시장에서 점유율 1위를 기록하고 있다. LG측은 탤런트 김남주를 모델로 기용한 덕을 톡톡히 보고 있다고 분석한다.

문화산업지원센터는 "아시아 시장에서 K-컬처라는 호재가 형성됐음에도 불구하고 이를 마케팅으로 연결시킨 경우는 몇몇 대기업들이 고작"이라며 중소기업도 K-컬처를 타고 해외로 나갈 수 있도록 현지에서 마케팅과 시장정보 분야의 지원을 강화할 것이다.

이 같은 한국문화를 이용한 광고효과만으로 그치질 않고, 한국의 인기 연예인들을 본 딴 머리 스타일과 성형수술이 유행하고, 한국의 인기가수와 댄스그룹이 열성 팬들에 둘러싸여 공연하는 모습이 어느덧 익숙해져가고 있다.

한국 드라마가 인기를 끌면서 중국과 대만인들의 생활 곳곳에 한국풍이 보금자리를 틀고 있다. 대만에서는 이영애가 출연한 '초대, 불꽃' 등 드라마가 상승기류를 탔다. 그와 더불어 한국산 의상과 화장품의 주가도 급격히 올라가고 있다. 특히 베트남에서는 탤런트 장동건은 말할 것도 없고, 김남주의 인기가 폭발적이어서 그녀가 모델로 활동 중인 L 화장품은 베트남 샐러리맨 월급의 3분의 1이 넘는 고가품이지만 불티나게 팔려 나간다.

한편, 중국 이동통신사의 경우 한국 연예인을 모델로 선정하려는 붐이 크게 일고 있다. 중국인들에게 호감도가 높은 한국 스타를 활용할 경우, 중국 이동통신의 거대시장을 장악할 수 있겠다는 계산에서 나온 것이다.

각종 방송 및 잡지사도 호응도가 높은 한국 연예인의 소식을 앞다퉈 다루고 열띤 취재경쟁을 벌이느라 분주하다. 또한 종래 1만 5천 달러에 수출하던 작품이라면 지금은 최소한 5만 달러를 받을 수 있을 정도로 한국문화의 주가가 상승세를 타고 있다.

베트남에서도 사정은 비슷하다. 지난 3년간 텔레비전 드라마 '의가형제, 별은 내 가슴에, 모델, 토마토'의 인기는 베트남에서 한국 자동차, 한국 화장품, 한국 패션을 최고의 자리에 끌어올렸다. 호치민, 하노이를 굴러다니는 소형 트럭과 미니 버스의 70%가 한국 중고차고 이중 대부분은 대우자동차이다. 한국 기업이 합작 경영하는 호치민 세아 페스티벌 택시는 남다른 서비스로 명성을 얻고 있다.

국내에서는 한국 연예인을 활용한 관광상품까지 속속 등장해 외국 관광객 몰이가 한창이다. 스타 자체가 하나의 관광상품으로 부상하게 된 것이다. 한국 연예인의 고향을 방문해 보고 싶어하는 해외 극성 팬들이 그만큼 많은 비중을 차지하고 있기 때문이다. 실제로 차이나 리서치센터가 중국 네티즌들을 상대로 설문 조사한 결과, 가보고 싶은 나라로 한국을 꼽은 응답자가 60% 이상이나 됐다.

K-컬처 열풍은 이처럼 대중음악, 방송 드라마, 영화, 관광산업에 이르기까지 현대 문화산업의 전 영역으로 확대되면서 신드롬 차원을 넘어 집단적 신화로 자리잡는 형국이다. 이런 추세라면 한국이 정신적인 우월국으로서 행세를 할 수 있을지도 모른다.

한국을 비롯한 몇 동아시아 지역에 불었던 서양 붐을 토대로 시장화의 가능성을 점쳐볼 수 있다. 문제는 우리가 그것을 가르치는 입장이 아니라 직접 뛰어들어서 성공을 시켜나갈 수 있을 때 그 시너지효과는 최대가 될 수 있다 할 수 있겠다.

2. K-컬처 현상의 산업적 활용

해방 후 지금까지 서구문화 열풍에 젖어온 상황에서 K-컬처가 해외에서 이처럼 관심을 끌고 있다는 것은 문화사적인 면에서도 큰 의의가 있다. 문화는 상대국을 이해하는 기본이자 첩경이란 점에서 국제 사회에서 한국에 대한 바른 인식과 좋은 이미지를 심어주는 것도 바람직한 현상이지만, 일과성으로 끝나지 않도록 고품질의 문화 콘텐츠를 개발해 이를 뒷받침하고 수출 등 해외 마케팅과 연결시키는 것이 중요하다.

K-컬처 현상의 긍정적 파생효과를 극대화 할 수 있다면, 우리나라의 국내 산업발전

은 물론이고, 국가 이미지 제고에도 이바지할 것이다. 따라서 K-컬처 열풍을 일시적인 유행에 그치지 않고 지속적으로 확산되기 위해서는 단기적인 경제적 이익추구보다는 장기적 안목에서 체계적으로 지원해야 할 것이다.

질 높은 문화상품을 생산해내기 위해 문화 콘텐츠별 중국, 아시아 시장진출 가능성의 정도에 따라 '선택과 집중'으로 K-컬처 확산을 지원해야 한다. 이를테면, 방송 영상물(드라마) · 대중음악처럼 이미 어느 정도 성공적인 분야를 선도부문으로 집중 지원하고, 영화 · 게임 등은 개방상황에 따라 전략적으로, 캐릭터 · 패션들은 연관 시장의 확대를 통해 부가가치를 창출하는 방향으로 지원한다면 효율적인 질적 향상을 꾀할 수 있을 것이다.

3. 민간 기업차원에서도 K-컬처 현상을 적극활용

이미 일부 기업은 K-컬처를 이끌고 있는 탤런트를 광고 모델로 내세운 'K-컬처 마케팅'을 해외시장 공략수단으로 활용해 많은 실적을 올리고 있지만 아쉽게도 조직적으로 이뤄지고 있지 않다. 현재 한국문화에 심취하고 있는 계층은 대부분 10대와 20대이다. 이들은 바로 우리의 미래의 고객이란 점에서 K-컬처의 산업화는 앞으로 한국 상품 구매력 제고와 직결된다. 기업에서는 철저한 시장조사와 소비자 계층분석을 통하여 적절한 콘텐츠 개발노력을 게을리 해선 안 될 것이다.

4. 영상물 자료센터 등을 현지에 개설

현지정보를 수집해 업계에 전하고 한국문화를 소개할 수 있는 영상물 자료센터 등을 현지에 개설하는 것은 정부와 국민이 힘을 합해야 할 일이다. 이미 대만에서는 '가을동화' 여행이 최고 인기상품으로 떠올랐다. 다소 고가의 관광상품임에도 불구, 벌써 1000명이 넘는 관광객이 앞다퉈 한국을 찾았다.

이밖에도 하와이에는 류시원 투어가 생기는 등 'K-컬처 열풍'은 중화권을 중심으로 점차 전 세계로 퍼져나가는 추세이다. 이러한 추세에 발 맞추어 국내에서도 외국인 관광객을 위한 시설개선과 관광상품 개발을 위한 노력이 필요하다. 10년 전이나 지금이나 늘 같은 레퍼토리의 관광코스가 되지 않도록 테마 파크 조성이나 지역명물을 지정 발전시켜나가는 것도 좋은 방법이 될 수 있을 것이다.

범국민적인 차원에서도 월드컵 축구대회, 평창동계올림픽과 중국의 WTO 가입, 토교 올림픽 등을 한국 대중문화의 수출을 위한 'K-컬처 특수'의 계기로 활용할 수도 있을 것이다. 위와 같은 현상분석과 다각적인 노력을 통해서 궁극적으로는 우리나라 전체의 질적 성장과 국제적 위상을 꾀할 수 있을 것이다.

제Ⅰ부 미디어와 플랫폼 발전	제1장 스마트 미디어의 개요
	제2장 스마트 미디어의 특징 및 활용
	제3장 스마트 미디어의 기술 및 응용 서비스
	제4장 IT 비즈니스 플랫폼의 개요
	제5장 플랫폼 발전과 활용
제Ⅱ부 IT 비즈니스 플랫폼 사례분석	제6장 핀테크 플랫폼(삼성 / 알리 / 애플 페이 등)
	제7장 소셜 플랫폼(SNS / 페이스북 등)
	제8장 게임 멀티 플랫폼(네이버 / 카카오 등)
	제9장 음원 플랫폼(멜론 / 벅스 / Milk 등)
	제10장 웹툰 플랫폼
	제11장 웹드라마 플랫폼
	제12장 K-컬처 플랫폼(한류 뷰티 / 스킨 / 드라마 등)
제Ⅲ부 플랫폼 전망	제13장 스마트 홈 플랫폼
	제14장 스마트 자동차 플랫폼

13-1 스마트 홈 플랫폼의 개요

1. 스마트 홈의 개념

스마트 홈(Smart Home)이란 가정에서 활용되는 모든 기기가 연결되어 능동적인 상황인지 분석 실행과정을 통해 자동화 맞춤형 서비스를 제공하는 기술이다. 스마트 홈이란 말 그대로 가정을 스마트하게 하는 것이다.

예전엔 홈네트워킹(Home Networking)이라 불렸고, 더 이전엔 가정자동화(Home Automation)이라고도 불리웠으니, 기술의 발전과 그 기술이 주는 가치에 따라 그 이름이 변하는 모습이 변한다. 스마트 홈이라기보다 Smart Connected Home인데, 가정의 기기들이 스마트해지고, 연결되는 것이다.

가정에서 활용되는 모든 기기가 지능화되고 통신망에 연결되면서 유지 · 관리 편의성 제고, 사용자 행동분석 기반의 자율형 서비스 제공 등 새로운 부가가치를 창출한다. 스마트홈 시장은 기기판매뿐만 아니라, 응용 소프트웨어 개발, 관련 부가 서비스 산업 성장 등 파급효과가 높은 것으로 평가한다.

[그림 13-1] 스마트 홈의 구성 정의

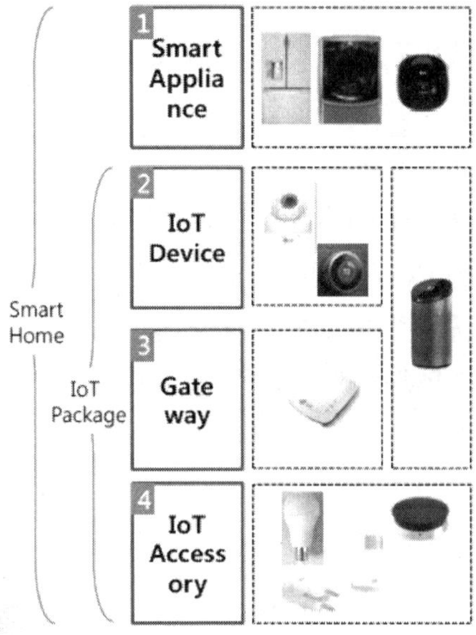

출처 : LG Smart thinQ

2. 스마트 홈의 현황 및 트렌드

현재의 스마트 홈은 기기간 연결에서 상황을 인지하여 스스로 작동하는 스마트 홈 2.0 단계 진입하였다. 세탁기, 냉장도 등 단일 기기의 스마트화 중심에서 가전기기에 센서, 상황인식 등의 기술이 더해져 사용자 지시 없이 동작하는 패키지 형태의 서비스로 진화하고 있다. 스마트 홈 제품·서비스의 호환성 강화를 위한 기업간 합종연횡이 증가하고 있다.

〈표 13-1〉 스마트 홈 관련 표준화 연합

구 분	추진목표	주요 참여기관
AllSeen Alliance	IoT 연결 표준화를 통한 스마트 홈 기기 간 연결	LG, MicroSoft, AT&T 등
Open Interconnect Consortium	오픈소스 기반 개방형 스마트 홈 표준 인터페이스 개발	삼성전자, 델, 인텔 등
Tread Group	가정용 디바이스 통신을 위한 표준 개발	삼성전자, ARM 등
HomeKit	애플 생태계 내 IoT 기술표준화	필립스, 하니웰, 하이얼 등

출처 : 2016년 인터넷정보보호 10대 이슈; KISA

구글, 삼성, LG 등은 개방형 전략을 통해 타사 제품, 서비스와 호환을 촉진하고 있고 한편, 글로벌 표준 선도를 위해 각 기업들은 표준화 연합을 구성하여 협력과 경쟁이 병행하고 있다.

3. 스마트 홈 산업

과거 홈오토메이션 서비스는 설치 이후 유지 및 보수의 주체가 모호하고 서비스의 내용이 제한적이었다는 점에서 서비스로서의 가치가 매우 낮았으나 네트워크 및 IoT 기술발전을 통해 서비스적 가치를 되찾고 있다.

[그림 13-2] 스마트 홈 산업의 진화

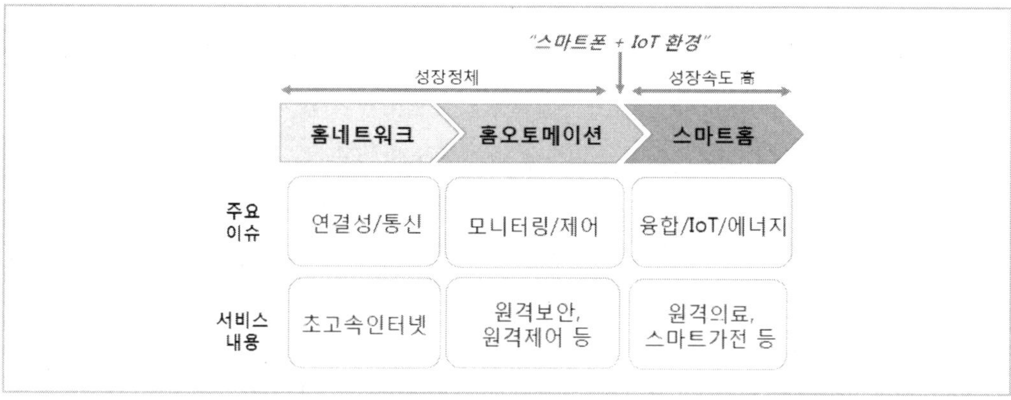

출처 : SK Telecom 스마트 홈 플랫폼 기술전략

스마트 홈 산업은 거의 매년 매출액 기준 연 30%의 성장률을 보이는 매력적인 시장이며, 이미 세계 유수의 IT 업체들은 스마트 홈 사업에 뛰어들기 위해 박차를 가하는 중이다. 글로벌 스마트 홈 산업으로는 애플의 스마트 홈 플랫폼(Home Kit) 발표하고 및 삼성전자의 'SmartThings' 인수하여 적극적으로 추진 중이다. IFA 2014(2014년 9월, 베를린)의 최대화두는 '스마트 홈에서 삼성/LG 외 Miele, Siemens 및 Bosch 등 스마트 홈 시연을 통해 제품간 연결성 및 호환성 확보를 시도하였다.

구글은 스마트 홈 온도조절장치 및 화재경보장치 제조업체인 네스트 인수(2014년 2월)하였고 중국 최대의 전자상거래업체인 알리바바는 미국의 스마트 홈 관련 제품 기업인 Peel사에 투자(2014년 10월)하였다.

국내 스마트 홈 시장은 매년 매출액 기준 연평균 27.5%의 성장을 보일 전망이며, 현재 삼성, LG를 필두로 한 제조업 사업자와 네트워크 사업자인 SKT와의 3강 구도로 굳혀지고 있다.

4. 스마트 홈 플랫폼 기술개발 단계

기존 홈오토메이션은 홈네트워크를 중심으로 안전과 관련된 원격관리에 초점을 맞춰왔다. 하지만 이런 제한적인 구조는 스마트 홈의 가능성을 제한하고 한정된 참여업체들로 인해 유연성과 확장성에 한계가 있었으며, 급격하게 발전하는 IT 기술을 빠르게 수용하기 어려웠다.

아이폰과 안드로이드로 대표되는 스마트폰의 등장은 IT 업계에 새로운 가능성을 제시하면서 IT 분야 전체에 새로운 바람을 불러 일으켰으며, 스마트 홈 분야도 이 바람의 영향을 적극적으로 수용하고 있다. 플랫폼을 개방하고 수많은 아이디어와 하드웨어, 소프트웨어, 서비스의 창의적 융합을 통해 새로운 가치와 경험을 만들어 내고 있는 것이다.

현재 스마트 홈 시장은 가전, 스마트폰, 그리고 통신 및 보안 서비스, 유틸리티 업계 등이 적극적으로 참여하고 있으며, 이외에도 소프트웨어 업체들과 콘텐츠 업체, 센서 업체, 가구 업체 및 건축 업체들도 시장진출을 모색하고 있다. 이런 다양성은 스마트 홈의 가능성을 크게 확장할 수 있는 기반이 되고 있다. 특히 최근 급격한 성장세를 보이고 있는 IoT와 M2M은 물론 각종 센서와 웨어러블 컴퓨팅, 동작인식 및 음성인식기술 등이 결합되면서 주거환경에 대한 복합적인 스마트를 이끌고 있다.

이전의 홈오토메이션은 중앙의 홈서버와 같은 제어기를 통해 통합된 제어기능을 제공하는 방식이었으나 이런 방식은 확장성에 한계가 있어 최근에는 각각의 구성요소들이 서로 연결됨으로써 기능을 확장해 나가는 방향을 추구하고 있다. 특히 이러한 기능 확장에 앱 생태계를 추가함으로써 사용자들은 자신이 원하는 기능과 방식을 조합해 사용할 수 있는 유연성을 확보할 수 있다.

현재 스마트 홈의 발전방향은 스마트 그리드(Smart Grid)나 친환경 주택과 같은 경제성을 추구하는 방향, 그리고 생활의 편의와 콘텐츠 소비방식에 대한 방향, 그리고 안전과 보안에 대한 방향으로 크게 구분할 수 있다. 스마트 홈을 통해 사용자들은 주거 환경 안에서 이뤄지는 다양한 일들을 보다 효율적이고 기능적으로 그리고 안전하게 처리할 수 있을 뿐 아니라 공감과 배려라는 감성적인 측면까지 충족시킬 수 있게 될 것이다.

스마트 홈 플랫폼은 아직 주도적인 비즈니스 모델이나 기술표준이 형성되지 않은 Era of Ferment이다.

Google, Apple, AT&T 등 다양한 산업군의 글로벌 IT 기업들이 지난 1년간 M&A, 직접투자, JV를 통해 스마트 홈 사업에 본격적으로 착수하였다. 〈표 13-2〉는 각 경쟁사별 장단점을 분석하였다.

〈표 13-2〉 경쟁사별 장단점 분석

경쟁사별	장 점	단 점
전자제품 제조사	기존 제품 유통망을 적극 이용가능	타사 기기에 대한 낮은 호환성
S/W개발사	S/W 측면에서 역량 및 시장점유율 압도적	시장침투율 미미, 낮은 홈사업 관련 지식
네트워크 사업자	기존 유무선고객 기반 시장침투 가능	유선사업 커버리지 문제로 인한 한계 존재

출처 : SK Telecom 스마트 홈 플랫폼 기술전략

13-2 스마트 홈 플랫폼

1. 삼성의 스마트 홈 플랫폼

삼성전자가 '스마트 가전 오픈 플랫폼'을 추진한다. 스마트 가전 기능을 API(Application Program Interface) 형태로 외부에 개방할 방침이다. 플랫폼 개방으로 고객이 어떤 스마트 홈(Smart Home)은 가전제품을 비롯한 집안의 모든 장치를 연결해 제어하는 기술 또는 자동화 기법이 적용된 주택을 말한다. 오픈 플랫폼으로 차세대 스마트 가전 주도권을 노린다.

삼성전자는 2020년까지 모든 삼성 제품의 사물인터넷(IoT) 연결을 목표로 산업 리더로 시장변화를 주도해 나간다는 계획이다. '스마트 싱스'와 '스마트 가전 오픈 플랫폼' 투트랙으로 진정한 IoT 강자로 거듭난다는 방침이다.

삼성전자는 국내외 다양한 IoT 스마트 홈 서비스 업체와 연동해 스마트 가전 중심의 스마트 홈 생태계를 확대해 나갈 계획이고 다양한 파트너들과 제휴협력을 강화하고 있다.

1) 가전 API 열어 파트너사 활용 가능…사용자 편의성 확대에 기여

스마트 가전 오픈 플랫폼은 다양한 스마트 홈 서비스 파트너들이 삼성전자 스마트 가전 서버와 연동해 삼성 가전제품을 모니터링하고 제어할 수 있도록 지원하는 것이다. 예를 들면 삼성세탁기의 세탁이 끝나면 통신사 IPTV 서비스를 통해 TV에 "세탁이 종료됐다"는 문구가 뜬다. TV를 보는 이용자는 시청 중에 세탁상황을 알 수 있게 된다.

스마트 가전 오픈 범위는 와이파이(Wi-Fi)가 내장된 스마트 가전인 냉장고, 세탁기, 에어컨, 로봇청소기, 오븐, 공기청정기가 공개 대상이다. 현재 국내에 출시된 제품이다.

삼성전자는 제품 상태 모니터링과 제품 제어 기능을 API 형태로 개방할 예정이다.

삼성전자 가전 연동을 희망하는 서비스 파트너는 오픈 API를 이용해 삼성전자 스마트 가전을 제어할 수 있게 된다. 통신사 스마트 홈 앱 안에서 삼성 공기청정기 등을 켜고 끌 수 있게 된다.

국내에서는 통신사들과 협력을 추진해 스마트 홈 시장활성화와 스마트 가전 사용 편의성을 확대해 나간다. 마케팅을 강화해 관련 시장을 넓히고 스마트 가전을 주축으로 IoT 서비스를 본격화할 방침이다. 통신사는 스마트 홈 IoT 서비스를 위해 각 통신사별 스마트폰 앱에서 여러 기기를 제어할 수 있는 통합서비스를 지원하고 있다.

[그림 13-3] 삼성 스마트 홈

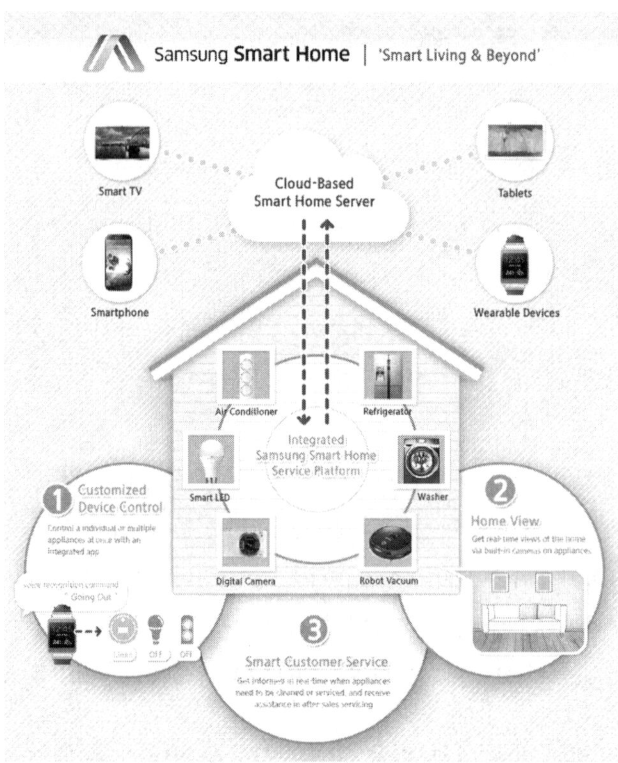

LG유플러스는 스위치, 플러그, 에너지 미터, 열림 감지센서 등 6가지 IoT 서비스로 첫 선을 보였고 SK텔레콤도 보일러, 공기청정기 등 가전제조사와 협력해 가전을 제어할 수 있는 통합 앱을 제공하고 있다.

삼성전자는 연내 API 오픈을 목표로 준비 중으로 향후 스마트 제품군을 지속적으로 확대할 예정이다.

2) 삼성 IoT 투트랙 전략…스마트 싱스, 스마트 가전 오픈 플랫폼

삼성전자는 본격 IoT 시대를 선도하기 위해 IoT 투트랙 전략을 구사한다. 삼성은 IoT 시대에 '서비스'와 '디바이스' 양쪽에서 개방성을 추구한다.

스마트 싱스 허브는 스마트 홈 서비스 플랫폼으로 파트너십과 에코시스템을 확대해 나갈 예정이다. 스마트 가전은 제품 관점에서 다양한 서비스 파트너들과 협력해 가전 사용자 편의성과 사용성 확대에 기여한다.

삼성전자는 올해 IFA에서 '일상생활에 녹아든 IoT(In Sync with Life)'를 주제로 소비자 삶과 융화되는 IoT 비전과 제품을 공개했다. 홍원표 삼성전자 글로벌 마케팅실 사장은 IFA 글로벌 콘퍼런스에서 "IoT는 단순한 기술 트렌드가 아닌, 산업 패러다임 전환을 일으킬 거대한 조류"라며 "플랫폼을 개방하고 업계를 넘어 협업하며 기술보다 인간을 항상 중심에 놓는 것이 삼성전자 IoT 전략의 핵심"이라고 말하기도 했다. 여기에 삼성의 핵심 전략이 숨어 있다.

삼성전자는 스마트 가전 오픈 플랫폼 추진으로 집에서 사용하는 스마트 가전 외에도 사무실, 자동차 등과 B2B 영역까지 서비스를 확장해 소비자의 삶 어디에서나 IoT를 경험할 수 있도록 확장한다. 스마트 홈과 IoT 서비스를 제공하는 모든 파트너는 삼성전자 API를 이용할 수 있다. 자동차 제조사, 에너지 업체 등 완전히 다른 산업군의 회사도 파트너십이 가능해졌다.

2. 구글의 스마트 홈 플랫폼

구글은 2014년 초에 가정용 온도조절기 스타트업인 '네스트'를 32억 달러에 인수했는데 유튜브의 2배가 넘는 가격이다. 또 그 몇 달 후에는 가정용 CCTV 기업인 '드롭캠'을 인수한 이후 연이어 스마트 홈 플랫폼 부문의 강자인 리볼브(Revolve)를 인수했다.

구글의 이러한 인수합병의 중심에는 스마트 홈에 대한 강한 의지를 보여주고 있다. 더 중요한 것은 거실이나 주방을 통합하는 스마트 홈의 중심을 가정용 데이터 허브로 전략을 잡았다는 것이다. 거실에 설치되는 '네스트'를 중심에 둔 근본적인 이유가 여기 있다.

구글과 유사한 전략을 가지고 있는 기업들 중에 아마존의 '에코'가 있다. 음성인식을 기반으로 한다. 또한 독자노선을 걷고 있는 애플도 주택의 문과 집의 온도조절과 전등, 카메라, 스위치 제어를 '홈킷'이라는 스마트 홈 플랫폼을 통하고 음성의 '시리'로 진행하고 자신의 단말을 그 중심에 두고 있다. 이 기업들이 목표를 둔 성공의 키는 3rd Party (협력자)들의 참여인데, 애플은 독자적이며 충성도 높은 협력자들이 있고 구글은 최소 5,000기업 이상의 협력기업을 'Works with Nest' 프로그램으로 보유하고 있다. 구글이나 애플, 그리고 아마존이 원하는 스마트 홈이란 단순 제품이나 서비스가 아닌 관련 생태계를 구축하여 자신들의 플랫폼에서 강력한 플랫포머로써의 위치를 점하는 것이 분명하다.

구글은 개발자회의 I / O 2016에서 '구글 어시스턴트'를 탑재한 스마트 홈 기기 '구글 홈'을 공개했다. 아마존 에코에 대응하기 위한 출시였지만 다양한 스마트 홈 디바이스를 제어하는 음성 인공지능 기술이 탑재된 제품이다.

구글은 사물인터넷 전략은 보안 서비스 접근에 있고 생태계의 선제 조성을 위해 우선적으로 추진 중이다. 2014년 1월 인수한 스마트 홈 업체 Nest의 홈시큐리티 사업확장을 위해 클라우드 보안 카메라 업체인 Dropcam을 인수하였다.

[그림 13-4] 구글의 스마트 홈 플랫폼 전략

출처 : SK Telecom 스마트 홈 플랫폼 기술전략

Dromcam은 Wi-Fi를 통해 클라우드에 영상이 저장되는 보안 카메라 업체로, Wi-Fi로 인터넷에 연결하면 실시간 감시영상 체크 및 실시간 음성채팅, 동작인식, 이메일 & 앱을 통한 알람 전송가능하다. Nest와 연계해 스마트 홈+홈시큐리티의 경쟁력 확보를 위한 선택이다. API 개방을 통한 생태계 조성을 우선시해 보안, 자동차, 조명조절 등 통합적 스마트 홈 환경을 구상 중이다. 안드로이드 OS 확산전략과 유사하게 제품출시보다는 API 개방을 통한 파트너십 구축으로 구글 중심 생태계 형성과 영향력 확장을 모색하고 있다.

3. 애플의 스마트 홈 플랫폼

애플은 최근 음성 인공지능 시리(Siri)를 이용한 스마트 스피커를 내놓을 예정이고 iOS 기반 홈킷(Home Kit)을 통해 집안의 모든 스마트 기기를 제어할 수 있는 플랫폼가지고 있다. 온도조절장치, 스마트 플러그 등 홈킷을 기반으로 한 스마트 기기들이 쏟아져 나오고 있다. 전 세계 스마트폰 운영체제의 80% 가량을 차지하고 있는 구글의 안드로이드와 나머지 20%를 점유한 애플의 iOS 플랫폼이 앞으로도 IoT 스마트 기기를 제어하는 플랫폼의 대세를 유지할 것으로 보인다.

애플의 iControl은 적극적으로 추진 중이며 시장을 선도하고 있고 기존 사업자 및 네트워크, 디바이스 사업자에게 자체 플랫폼을 제공하며 협업 중이다.

1) 홈시큐리티 관리 솔루션

iControl Connected Home은 인터넷 가능한 모든 단말에서 원격제어한다. 주기능은 Live Video, 사진, 조명 및 온도제어, 이메일, 알람, 기후, 교통 및 뉴스 관련 정보를 제공한다. 2004년 설립하여 2011년부터 적극적으로 홈시큐리티 플랫폼 사업을 선도하고 있다. 클라우드에 기반한 보안 플랫폼을 개발, 실시간 카메라 감시를 통한 홈시큐리티, 에너지 관리, 실버 케어 등을 제공한다.

2) 보안, NW사업자와 핵심 플랫폼

B2B2C 형태로 플랫폼을 제공하고 미국, 캐나다, 유럽 등지에의 1억 3천만 잠재고객 대상으로 하고 있다. ADT 및 Comcat, Cox, Rogers 등 네트워크 사업자에게 솔루션을 제공하고 있다. 전통 보안사업자는 물론, Telco와 케이블 등 네트워크 사업자, 나아가 단말 제조사에게 핵심 솔루션을 판매하고 있다.

3) 파트너십을 통한 생태계 조성

(1) Openhome Device 인증제

Openhome Device 인증제를 통하여 센서, 온도계, 도어락, 조명, 카메라 등 스마트 홈 단말 제조사에게 문호를 개방하고 있다. 자사의 Connected Home에 쉽게 연동, 통합할 수 있는 방안을 제공한다.

(2) Openhome App 개발 프로그램

Openhome App 개발 프로그램은 3rd party 개발자에게 Connected Home의 API 제공하고 있다.

[그림 13-5] 애플의 스마트 홈 플랫폼 전략

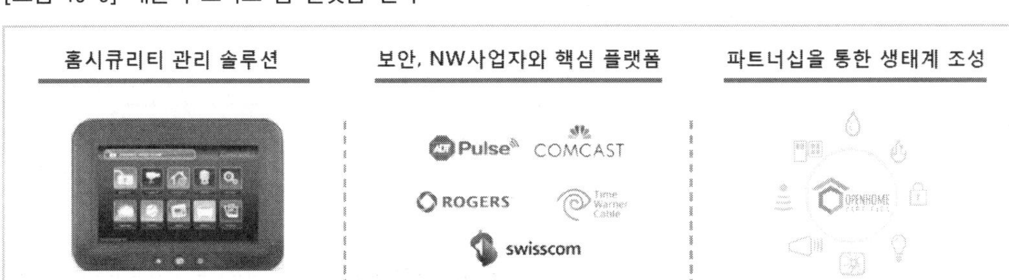

출처 : SK Telecom 스마트 홈 플랫폼 기술전략

4. AT&T의 스마트 홈 플랫폼

AT&T는 개방형 서비스인 Digital Life를 통해 스마트 홈 서비스 전개하고 있다. 무선 기반으로 다양한 센서 및 카메라가 한 가지 앱에 통합되어 CCTV, 현관, 도어락, 조명, 온도, 가전제품 등을 외부에서 제어 가능은 스마트폰을 통한 홈오토메이션과 보안을 지원한다. 스마트 홈 솔루션 전문기업 Xanboo를 인수(2010)하여 보안 기술개발 역량을 확보하여 지속적으로 준비하고 있다. 가입하고 있는 인터넷, 모바일, 유선전화 업체와 관계없이 사용이 가능하다.

1) 개방형 무선 기반 솔루션

개방형 무선 기반 솔루션은 무선 기반으로 센서 및 카메라가 통합되어 원격으로 제어한다. 즉, CCTV, 현관, 도어락, 조명, 온도, 가전제품 등의 외부를 제어하고 스마트폰을 통한 홈 제어+보안을 제어한다.

2) 노인 Care 서비스 출시

노인케어를 위한 Digital Life Care라는 서브 브랜드 출시(2014년 9월)하였다. 비공개 서비스 후 2015년에 상용화하고 있다. 다양한 케어 장비와 예측 분석기술을 활용하여 노인이 독립적인 생활을 유도하는 것이 목표이다.

3) 글로벌 라이센싱 사업

(1) Digital Life의 글로벌 플랫폼화

Digital Life의 글로벌 플랫폼화로써 미국 국내 판매뿐 아니라 해외 라이센싱으로 새로운 수익원을 창출하고 있다.

(2) Telefonica 통해 유럽진출

Telefonica 통해 유럽진출함으로써 Digital Life의 첫 해외진출 사례로써 최근에 무료

[그림 13-6] 이동통신사업자 AT&T 스마트 홈 사업 추진현황

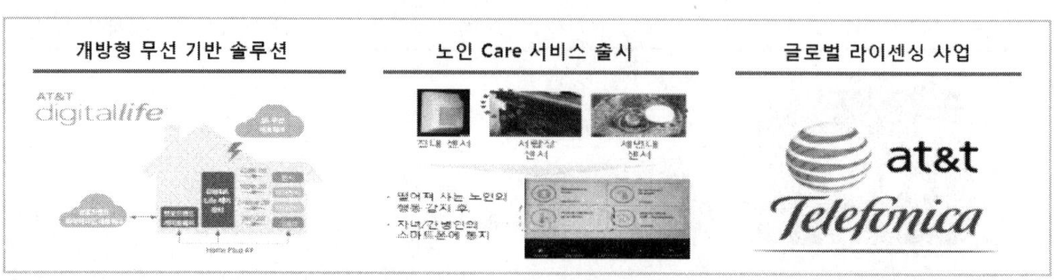

출처 : SK Telecom 스마트 홈 플랫폼 기술전략

시범 사업을 추진하고 있다.

5. SK Telecom의 스마트 홈 플랫폼

SKT은 개방형 IoT 허브 플랫폼 '싱 플러그(Thing Plug)'를 통해 B2B 시장 확대하고 있다. SK Telecom은 서버를 기반으로 한 플랫폼 사업에 전적으로 집중할 것으로 보이며, 스마트 홈 관련 제품 제조 및 유통에 관해서는 직접적으로 개입하지 않을 것으로 예상된다.

[그림 13-7] SKT 스마트 홈 플랫폼의 예상 구현방식

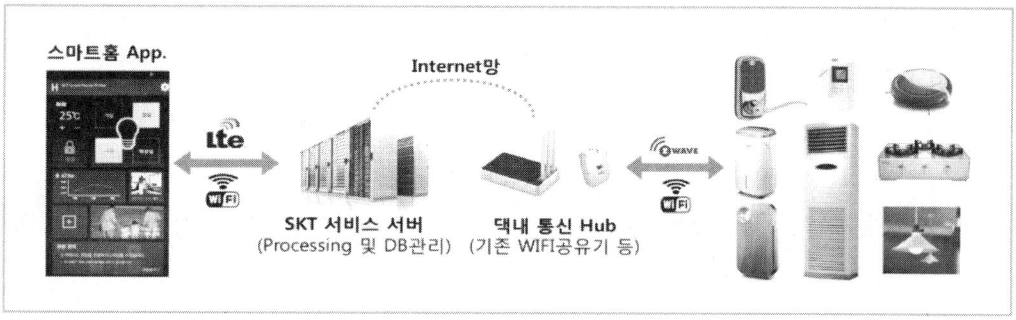

출처 : SK Telecom 스마트 홈 플랫폼 기술전략

SKT가 컨트롤하는 플랫폼(인터넷 정보저장 및 관리)은 서버플랫폼을 통해 암호화된 고객별 스마트 홈 이용 패턴을 저장하고 분석하여 새로운 사용가치를 창출하게 된다.

〈표 13-3〉 SKT 스마트 홈 플랫폼 특징

항 목	특 징
고객	• KT, LGU+ 고객도 가입 가능 –SKT 고객뿐 아닌 기존 모든 통신사 고객이 가입할 수 있어 접근성이 높다.
플랫폼의 역량	• 기존 플랫폼 사업 노하우 보유 –SKT, Sk planet은 국내 플랫폼 사업 경험/노하우를 보유하여 효율적으로 시장 선점 가능성 높음
경쟁사 대비 비교 우위	• 제조사 비차별성 –국내 스마트 홈 플랫폼 사업의 강력한 경쟁자인 삼성전자와 LG전자의 플랫폼은 자사 제품에 집중하는 경향이 있는 것과 달리 모든 제조사에 객관적인 플랫폼 생태계 조성
BM	• 신속한 시장선점을 위한 과금 –소비자의 폭발적인 유입을 위해 소비자 과금 최소한으로 설정 –제조사로부터 과금

출처 : SK Telecom 스마트 홈 플랫폼 기술전략

SKT 스마트 홈 플랫폼의 특징은 소비자와 생산자에 새로운 가치와 유인을 제공하며 국내 시장선점을 지향한다. 즉, 사용자에게 스마트 홈 플랫폼을 통해 편리, 안전, 재미 가치를 제공하며 기기의 mash up, customizing 통해 새로운 가치를 제공한다.

SKT 스마트 홈 플랫폼은 IoT 환경의 스마트 홈 플랫폼에서는 기존에 불가하였던 사용자 니드와 패턴에 맞는 기기 Mash-up이 가능해지므로 이를 User에게 직접 니드에 맞게 설계하도록 Solution을 제공한다.

SKT 스마트 홈 플랫폼의 빅데이터 활용방안은 스마트 홈 서비스를 통해 확보한 고객의 이용 패턴 관련 정보를 분석하여 Curation, Mash-up 등 사용정보와 관련된 서비스 개발을 통해 신성장동력을 확보할 수 있다.

1) 사용 패턴 Data 수집

① 각 가구별, 사용자 개인별 사용행태와 관련한 데이터를 서버에 기록·저장할 수 있다.

② 사용자의 Daily Log와 홈 디바이스 이용 관련 데이터를 연동시켜 사용행태의 빅데이터를 수집한다.

2) 사용 패턴 분석을 통한 신규 서비스 개발

[그림 13-8] SKT 스마트 홈 플랫폼 지향점

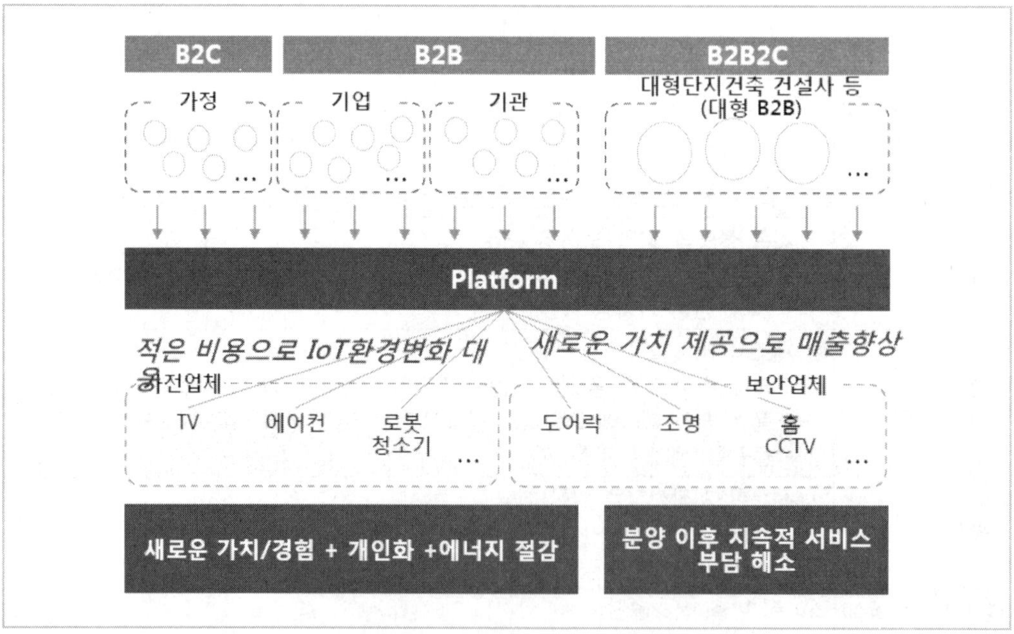

출처 : SK Telecom 스마트 홈 플랫폼 기술전략

〈표 13-4〉

항 목	예시 내용
Curation	• 서버가 사용 패턴을 분석하여 사용자가 관심있어 할만한 상품 및 서비스, 정보를 제공함 – 예시 : 평소 비오는 날에는 무드등을 켜고 재즈 피아노 음반을 듣는 고객의 오디오 사용 패턴을 분석 → 비오는 날의 음악 추천 큐레이션 서비스 제공 및 무드등 조절 suggestion
Mash-up	• 사용자의 사용패턴을 분석하여 지속적으로 연관되어 사용되는 기능 가운데 시너지가 발생할 수 있는 부분을 하나의 턴키로 제안함 – 예시 : 고객이 별도의 조작하지 않아도 고객의 위치정보 파악하여 귀가 15분 전, 자동으로 보일러가 가동되고 밥솥 취사 시작하는 등 디바이스 간 시너지 발생

6. LG의 스마트 홈 플랫폼

LG전자의 스마트 홈 서비스는 스마트씽큐 허브와 스마트씽큐 센서를 이용한 스마트 홈 서비스로써 집안의 모든 가전제품을 IoT, 즉 사물인터넷 서비스가 가능하도록 만들어준다. LG의 스마트 홈의 기본 개념인 Smart Appliance, IoT Device, Gateway, IoT Accessory에 대한 정의는 다음과 같다.

1) Smart Appliance

Smart Appliance는 Wi-Fi를 통해 클라우드와 연결 가능한 제품으로 정의한다. 이들은 원격 모니터링, 제어 등이 가능하다.

2) IoT Device

IoT Device는 게이트웨이를 통하지 않고 단독으로 Wi-Fi 통하여 클라우드(서버)와 연결 가능한 IoT 기기로 정의한다.

3) Gateway

게이트웨이는 액세서리(소형)의 서버 연동을 위한 스마트 홈 필수 제품이다.

4) IoT Accessory

IoT Accessory는 게이트웨이를 통하여 클라우드(서버)로 연결되고, 모바일 앱으로 모니터링/컨트롤 가능한 기기이다.

[그림 13-9] 스마트 홈의 구현

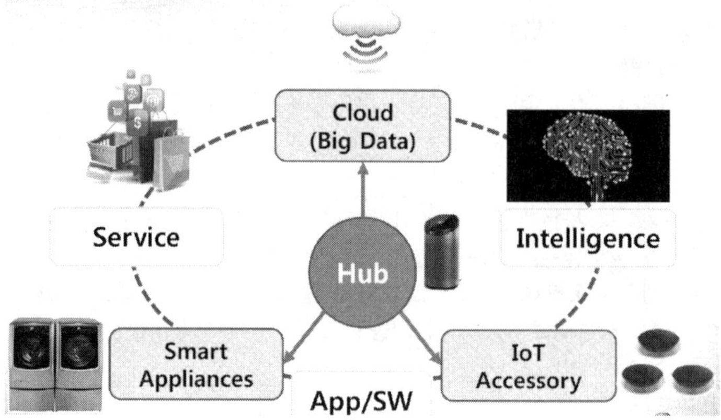

출처 : LG Smart thinQ

5) 일반 가전을 스마트 가전으로 바꿔주는 스마트씽큐 센서

IoT 시대는 스마트 시계로 자동차를 부르면 자동차가 달려오고, 스마트폰을 통해 언제 어디서나 집 조명을 켜고 미리 실내온도를 올려놓을 수 있는 시대이다. IoT 즉 사물인터넷을 적용한 제품과 서비스가 경쟁적으로 쏟아져 나오고 있다. 하지만 지금 당장 그 서비스들을 사용하기는 어렵다. 우리 주변의 가전제품이 IoT가 가능한 스마트 제품이 아니기 때문이다.

한번 구입하면 길게는 10년 이상 사용하는 가전제품 때문에 기술은 구현됐지만 실생활에서 IoT를 누리기까지는 꽤 오랜 시간이 걸릴 수도 있다. 이러한 시점에서 LG전자는 지난해 작은 센서 하나를 출시하면서 세간의 이목을 끌었다. 바로 스마트씽큐 센서(SmartThinQTM Sensor)이다. 조그만 다이얼처럼 생긴 지름 4cm의 원형 디바이스인 이 제품에는 5가지 센서가 내장되어 스마트 기능이 없는 일반 가전제품도 IoT가 가능한 스마트 가전으로 바꿔준다.

세탁기에 붙여 놓으면 세탁기의 진동상태 등을 감지해 세탁 종료 여부를 스마트폰으로 알려주고, 로봇 청소기에 붙이면 위치 등을 추적해 로봇 청소기의 청소상태를 스마트폰으로 확인할 수 있다.

6) 스마트 가전의 컨트롤타워 스마트씽큐 허브

스마트씽큐 허브는 이 모든 가전의 중심을 잡아주고 외부와 연결해주는 컨트롤타워 역할을 한다. 기다란 원통모양의 스마트씽큐 허브는 3.5인치 디스플레이와 스피커를 통해 화면과 음성으로 스마트 가전에서 보내지는 각종 정보를 전달한다.

[그림 13-10] LGE IoT Eco System

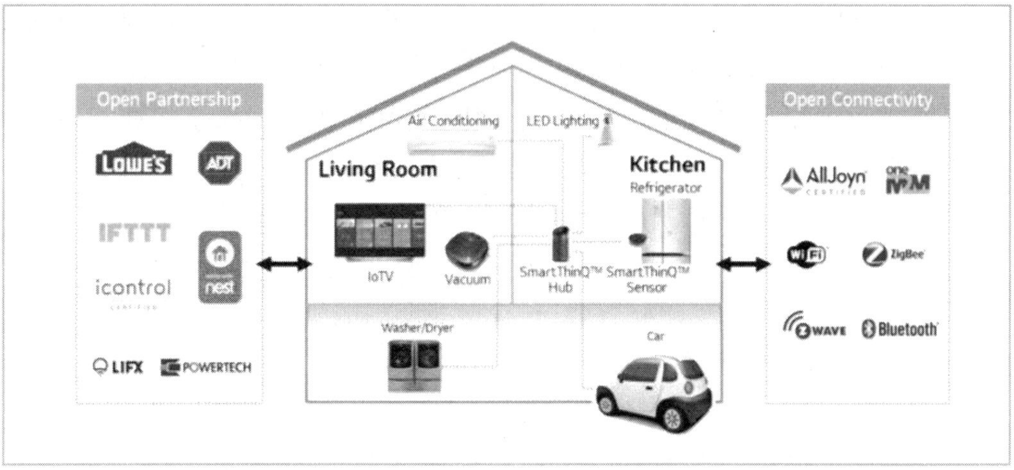

스마트씽큐 센서를 부착한 일반가전 제품 또한 연동해 기기간, 서비스간 연결상태를 확인할 수 있게 해준다. 예를 들어 스마트씽큐 센서가 부착된 세탁기에서 세탁이 끝나면 "세탁이 완료됐습니다. 세탁물을 꺼내세요."라고 화면과 스피커를 통해 알려준다.

가전제품 상태뿐만 아니라 구글 캘린더에 기록된 일정, 날씨 등을 알려주며, 음악 재생까지 가능해 프리미엄 블루투스 스피커 역할 또한 겸할 수 있기 때문에 집안 인테리어 제품으로도 손색이 없다. 지그비(Zigbee), 무선랜(Wi-Fi) 등 다양한 무선통신 기술을 지원해 스마트 가전들과 간편하게 연결해 IoT 서비스를 누릴 수 있다.

13-3 스마트 홈 플랫폼의 기술현황

1. 스마트 홈 기술

스마트 홈을 구성하는 기술로는 크게 융합, 디지털 가전, 오토메이션, 헬스케어, 센서, 건축기술 등 6대 분야 기술을 이용한 제품이 개발되거나 상용화가 될 것이다. 최근 디지털 기술의 컨버전스화 추세에 발맞추어 가정 내의 기기 및 집 자체가 지능화되어 인간의 모든 생활과 활동에 편익을 도모하는 거주 공간인 스마트 홈이 여러 관련 분야에서 점차 대두되고 있다.

스마트 홈 기술은 인간에게 편안함(홈오토메이션), 즐거움(홈엔터테인먼트), 편리함(콘텐츠/재택) 등, 지능화된 생활환경을 제공하고 더불어 환경친화적이며, 에너지 절약을 가능하게 하여 쾌적하고, 안전한 생활을 영위할 수 있도록 함으로써 인간중심(Human

Centered)의 생활로 삶의 질을 한 단계 더 개선하여 풍요로운 삶이 가능하도록 한다.

특히, 스마트 홈 산업은 IT, BT, NT, ET, CT 등 신기술과 건축기술, 디지털 가전, 에너지 기술, 보안기술 등 여러 가지 기술들이 유기적으로 연결되어 주택산업, 서비스 산업(원격 건강 컨설팅) 등에서의 새로운 산업을 창조함과 동시에 관련된 새로운 시장 및 직업을 창출할 것으로 보이며, 이에 따른 일자리 창출 및 고용확대, 전문인력의 양성에 크게 기여하는 등 다양하고 막대한 산업적인 파생효과를 유발하므로 우리 나라의 사회, 경제, 문화, 생활, 산업 전반에 걸쳐 고르게 영향을 주는 혁신적인 융합 산업이라 할 수 있다.

1) 스마트 홈 융합기술

스마트 홈 융합기술은 IT, 건축, 환경, 바이오, 나노 등의 기술이 복합되어 현재의 1세대적인 사이버 아파트의 홈오토메이션을 더욱 발전시켜 차세대 기술을 홈(또는 빌리지, APT) 등에 산업적으로 적용함으로써, 1세대 IT기기 중심의 사이버 아파트나 홈을 환경과 인간 중심의 지능적 홈 공간으로 발전시키는 것이다. 즉, 현재 1세대의 단순 홈오토메이션과 함께 환경인지, 감성인지, 사용자 선호도 자동인지 등을 통해 지능적으로 자동처리가 가능하도록 지능화 기술들이 복합적으로 구현된다.

스마트 홈 융합의 핵심기반 기술들로는 환경인지(Context awareness), 감정 컴퓨팅(Affective Computing), 사전 행동 컴퓨팅(Proactive Computing), 스마트 웹 기술 등이 대두된다. 환경인지는 네트워크, 정보기기, 시큐리티, 안전, 라이프, 커머스, 미디어 등의 다양한 주변 환경에 대한 인식을 통한 정보의 처리를 종합적, 지능적으로 자동화하고, 감정 컴퓨팅은 사용자의 감정을 자동으로 인지하여 안정된 상태를 유지할 수 있도록 하는 기술이다. 그밖에 사용자의 움직임, 생활 패턴 등을 인식하여 이를 바탕으로 개개인에게 차별화된 생활공간을 제공하는 사전 행동 컴퓨팅과 정보검색 및 제공을 지능적으로 처리하는 스마트 웹 기술이 있다.

2) 스마트 홈 디지털 가전기술

가정 내 기기들의 디지털화, 온라인 디지털 콘텐츠의 다양화, 고속 인터넷 및 홈인트라넷 기술, 방송과 인터넷의 통합화 등을 통해 미래의 스마트 홈 기술이 현실로 다가오고 있다. 언제 어디서나 다양한 정보에 손쉽게 접근하고, 가정 내 디지털 기기들을 자유자재로 제어하고, 사용함으로써 좀 더 안전하고, 즐겁고, 편리하고, 경제적인 생활이 가능하게 되며 이를 통해 인간 삶의 질을 대폭 향상시킬 수 있을 것으로 기대된다.

새로운 형태의 스마트 디지털 가전의 대표적인 유형으로는 디지털 홈미디어 센터, 디지털 홈네트워크 서버, 디지털 휴대용 미디어 통신기기 등을 들 수 있으며, 일부 선진국을 중심으로 초보적인 수준의 시제품들이 선을 보이기 시작하고 있다.

예상되는 엄청난 시장을 고려하여 북미, 유럽연합 등 선진국을 중심으로 표준 플랫폼 및 콘텐츠 관련 프로젝트들이 활발히 진행되고 있다. 디지털 홈네트워크 서버는 인텔리전트 홈게이트웨이 기술, 다양한 홈네트워크 접속기술, 초고속 유무선 네트워크 기술, 홈서버 기술을 통합한 새로운 유형의 디지털 가전으로서 가정내의 여러 기기들을 내부, 외부 망을 통해 제어, 관리, 유지할 수 있게 하며 다양한 정보들을 저장, 보관, 전달하는 홈스토리지 기능도 수행한다. 디지털 가전기기를 손쉽게 제어하고, 가정에서의 이동 영상단말기 기능도 수행하게 될 디지털 휴대용 미디어 통신기기는 스마트폰, PDA, Notepad, 리모콘 등 매우 다양한 형태의 다목적, 다기능, 복합 단말기로 개발될 것이다. 특히, 미래 디지털 가전을 통해 제공되는 서비스는 통합화(Integrated), 지능화(Intelligent), 개인화(Personalized)를 통해 사용자에게 편리하고 최적화된 정보를 제공함으로써 기존의 서비스와는 현격히 구별된다.

디지털 가전 기술은 스마트 홈을 실현하기 위한 핵심 기술로서, 기기간의 원활한 정보교환과 상호동작을 통해 새로운 개념의 통합된 서비스를 제공함으로서 교육, 오락, 보안 등 다양한 분야에 있어 인간의 삶의 질을 크게 향상시킬 수 있는 유망한 산업 분야로 성장하게 될 전망이다.

3) 스마트 홈오토메이션 기술

최근 초고속 통신망과 인터넷 사용 인구의 급격한 증가에 따라 가정 내의 전자식 장치나 기계설비의 제어와 감시에 인터넷을 이용하려는 움직임이 크게 일고 있다. 특히, 전력선 통신이나 각종 유무선 통신기술이 활발히 개발, 보급되면서 네트워크 기반의 스마트 홈오토메이션에 대한 관심과 수요가 증가하고 있다.

스마트 홈오토메이션이란 유무선 네트워크를 통해 가전기기 및 장치를 연결하여 시간과 장소의 제약 없이 가정의 보안, 장치제어, 에너지 관리, 방문자관리, 건강 모니터링 기능 등을 제공함으로써 가족구성원에게 안전한 삶, 편리한 삶, 절약적인 삶, 공동체적 삶, 건강한 삶을 보장하는 기술이라 할 수 있다.

현재 국내의 주택 건설 업체에서 적용하는 홈오토메이션은 대부분 방문자 확인 통화와 문개방 및 기초적인 수준의 무인경비 기능을 제공하는 비디오폰을 지칭하며, 좀 더 확장된 개념으로 네트워크화된 가전기기 및 장치를 인터넷이나 휴대폰을 통해 감시 또는 제어하는 홈오토메이션 제어기도 몇몇 고급 아파트를 중심으로 채택되고 있다.

향후 전력선 통신, Bluetooth, 무선 LAN 등 홈네트워크 표준기술이 가정 내 정보단말 및 제어기에 보편적으로 채택되면 자동화 및 정보관리를 홈네트워크를 통해 총괄하면 외부 인터넷망과 연계되는 홈오토메이션 서버가 집집마다 보급, 활용될 전망이다.

4) 스마트 홈 헬스케어 기술

현재 우리나라는 노인인구의 증가가 급속하게 진행되고 있으며, 2022년에는 고령사회로의 진입이 예상되고 있다. 이에 따라 의료 서비스의 수요가 급증하고 있는데 기존의 의료시스템으로는 비용이나 시설 측면에서 지속적인 헬스케어 서비스를 제공하기 어렵다. 스마트 홈 헬스케어는 가정에서 생활공간 곳곳에 장착되어 있는 다양한 계측장비를 사용하여 환자의 건강상태를 검출하고, 검출된 데이터를 사용하여 원격으로 의료서비스를 제공하는 기술이다.

우리나라는 컴퓨터나 인터넷 보급률에서 최첨단의 정보환경을 유지하고 있고, 생체신호 계측기술의 발달, 지속적인 건강검진이 필요한 인구의 급증에 따라 원격 및 재택진료에 대한 요구와 수요가 증대되고 있다.

홈 헬스케어 시스템은 가정 내에서 환자의 건강상태를 지속적으로 측정하는 계측장비와 병원에서 의사가 환자의 상태를 모니터링할 수 있도록 검출된 정보를 원격으로 전송하는 네트워크 및 서버 장비로 구성된다. 헬스케어에 사용되는 계측장비는 환자의 활동에 제한을 주지 않고 불편함을 최소화하며, 빠르고 지속적으로 인체의 건강상태를 점검할 수 있어야 하므로, 일상생활에서 사용하는 여러 가지 검출장치를 부착하여 헬스케어 장비로 사용한다.

예를 들어 전화를 이용하여 심박, 호흡 등을 점검할 수 있고 일상적으로 사용하는 변기나 욕조를 통해 ECG나 PPG, 체중 등을 계측할 수 있다. 환자의 건강상태를 일상적으로 점검하기 위해 측정해야 할 신호도 다양한데, ECG, 혈압, EMG, EOG, 체온, 맥박, 혈당 등의 신체신호와 체중, 자세, 움직임 등의 정보를 침대나 셔츠, 착용형 단말기 등에 부착된 센서로부터 검출한다.

스마트 홈 헬스케어는 기술적인 문제뿐만 아니라 윤리적으로 그 사용범위가 엄격히 통제가 되어야 하며 많은 계층의 환자들이 이용할 수 있도록 저비용으로 서비스되어야 한다. 이러한 문제들을 해결하고 규칙을 통해 적절히 통제할 수 있어야만 자유롭고 일상적인 생활을 영위하면서도 환자에게 꼭 필요한 의료서비스를 제공받을 수 있는 스마트 홈 헬스케어를 구현할 수 있다.

5) 스마트 홈 센서 기술

센서 기술은 스마트 홈을 구성하는 모든 서브 시스템에 필요한 정보를 제공하는 핵심기술인 동시에, 사람과 시스템을 외부의 침입자로부터 보호하고 쾌적한 환경과 진료 서비스를 제공함으로써 우리의 삶의 질을 한층 더 높여 주게 될 것이다.

스마트 홈 센서 기술은 의료용 센서, 방범 · 방재용 센서, 환경제어용 센서, 에너지 관리 센서 등으로 대별할 수 있다.

홈 헬스케어(Health care)는 의료기술 중에서 가장 빠르게 성장하는 분야 중의 하나이다. 현재의 고비용이면서도 비효율적이고 불편한 중앙집중식 의료관리 시스템은 미래에는 분산화(Decentralization)된 환자 중심의 현장 진단 · 진료시스템(POC)으로 변화하고 있는 추세이다. POC 환경은 모든 검사 · 진단분야에서 진행되고 있으며, 이를 위해 소형이면서 취급이 간편하고 신뢰성이 높은 의료용 센서 · 계측기들이 실용화되고 있다.

현재 주로 병원에서 POCT가 행해지고 있지만, 최근에는 바이오센서, Bio-MEMS, 반도체, 디지털 전자기술의 발전으로 센서의 초소형화, 검체 및 침습의 최소화가 실현되고 있어 센서의 저가화가 이루어진다면 가정의 POC화가 빠른 속도로 진행될 것이다.

스마트 홈에서는 협소한 공간에 다량의 센서가 분포되고 복잡한 네트워킹이 요구되므로, 일반 센서와는 달리 무선화와 상호통신 능력(Connectivity)이 우수한 센서의 개발이 요구된다. 미래의 스마트 홈 실현에는 현재 최대 단일 센서시장인 자동차보다도 훨씬 더 많은 센서가 요구되고 있어 새로운 성장의 동력산업으로 부상할 가능성이 매우 클 것으로 전망된다.

6) 환경친화적 스마트 홈 건축기술

우리나라는 세계 최초로 주택에서의 인터넷 이용이 자유로운 정보화 아파트를 개발, 상용화시킴으로써 스마트 홈 개발의 토대를 마련하였다. 이제는 구축된 정보통신 인프라를 바탕으로, HA시스템과 홈네트워크를 부가하여 편리성이나 쾌적성 등 주택의 성능을 제고시키는 스마트 홈을 개발할 시점이다.

스마트 홈의 가장 큰 특징은 홈네트워크가 구축되어 인터넷과 디지털 기기와 장비를 공유하고, 이들을 내외부에서 제어 및 모니터링할 수 있다는 점이다. 디지털 가전의 생산과 보급이 가속화되고 통신, 방송, 단말 등이 융합되는 추세로, 주택의 네트워크화는 새로운 주택건설의 트렌드가 될 전망이다. 그러나 향후 관련 산업의 주도권을 잡기 위해 컴퓨터, 가전업체들이 컨소시엄을 형성하여 핵심 기술을 개발하고, 이에 대한 상호 운용성 및 연동성을 고려한 신중한 기술선정이 효율적이고 경제적인 스마트 홈 개발에 매우 중요하다. 이와 함께 다양한 기술들이 거주자의 특성에 맞도록 이를 수용하는 다양한 레벨의 시스템을 갖춘 다양한 형태로 개발되어야 한다.

스마트 홈은 정보통신망, 홈네트워크, 홈오토메이션, 각종의 디지털 기기, 미들웨어, 소프트웨어 등의 기술이 주택이라는 건축공간에 수용되어 서로 연동함으로써 주택의 편리성, 쾌적성, 안전성, 경제성을 제고시킨다. 스마트 홈에 구축되는 각 관련 기술은 항상 구현되어야 하는 주택공간을 중심으로 적용성 측면에서 거주자를 중심으로 성능이 검증되어야 하며 동시에 주택설계는 이러한 기술들의 성능을 제고시키는 방향으로 진행되어야 한다.

스마트 홈 관련 기술은 궁극적으로 건축공간에서 거주자가 생활을 통해 실제로 구현될 때 비로소 요구성능을 발현하게 된다. 스마트 홈의 개발은 초기 계획단계에서부터 건축환경을 효율적으로 고려한 건축계획과 IT의 성능을 고려한 유기적 통합이 중요하다. 우리가 목표로 하는 스마트 홈은 우리의 정보 인프라를 이용하여 세계적인 랜드마크가 될 수 있도록 구현함으로써 건설기술뿐 아니라 관련 산업의 활성화를 함께 도모해야 한다.

2. 스마트 홈 보안기술

스마트 홈은 가전제품들과 센서 등이 이종의 유무선 네트워크 및 프로토콜로 연결되어 있으며, 이를 위한 OS 및 S/W들이 혼재되어 있어 다양한 보안 취약성을 내재하고 있다.

〈표 13-5〉

구 분	특 징	보안위협
스마트 TV	• 인터넷 연결상에서 편의기능 제공 (예 멀티미디어 콘텐츠 재생, TV 전용 애플리케이션 사용, 웹서핑 등) –리눅스 등 일반 OS 기반에서 작동 –PC 환경의 보안위협 내재	• 해킹 시 공격자는 PC 환경에서의 모든 악용 행위 가능(예 금융정보 탈취, 스미싱) • 카메라 / 마이크 내장 시 사생활 침해 우려
로봇 청소기	• 인공지능 프로그램으로 자가학습 및 개선된 청소 기능 구현 • 일반적으로 임베디드 리눅스 사용 • 카메라를 통한 장애물 인지 · 처리 • 인터넷 기능 내장으로 해킹 위협 내재	• 알려진 OS 및 인터넷에 따른 해킹 위협 • 해킹 시 공격자는 로봇 청소기에 내장된 카메라를 통해 사용자 집 감시가능 • 공격자는 로봇 청소기를 원하는 위치로 이동시킬 수 있으므로 사생활 침해 우려
인터넷 전화기	• 기존 전화보다 저렴한 요금으로 국내외 통화가능 • 유무선 네트워크 디바이스 장착으로 인터넷과 항상 연결 • 임베디드 환경과 유사하므로, 해킹 위협 존재	• 해킹 시 치명적인 사생활 침해 우려 • 회사에서 사용 시 자산노출 위험
가정용 CCTV	• 인터넷 전화기와 결합되는 경우가 많음 • 언제 어디서든 사용자의 집을 볼 수 있음 • 카메라를 통한 사진 및 동영상 전송 S/W 구현 • 해커가 공격할 수 있는 attack point 존재	• 해킹 시 공격자는 사진 및 동영상을 공격자의 서버 및 이메일로 전송 가능 • 일반적으로 잘 보이는 곳에 설치되므로 사생활 침해 우려 • 원격제어가 가능하므로 공격자는 여러 곳을 볼 수 있음
기타 스마트 가전	스마트 에어컨, 인터넷 공유기, 네트워크 프린터 등	• 스마트 에어컨 : 공격자는 원격으로 온도조절을 통해 사용자에게 피해를 줄 수 있음 • 네트워크 프린터 : 인쇄되는 자료를 공격자의 서버로 전송하여 악용 행위 가능

이에 따라 스마트 홈에 사용되는 스마트 디바이스는 컴퓨팅 능력, 네트워크 연결 등으로 기존 가전기기와 달리 다양한 보안위협이 존재한다.

스마트 홈에서는 〈표 13-5〉와 같이 스마트 디바이스(가전기기)들의 특징에 따라 다양한 보안위협이 존재한다.

스마트 홈 내·외부의 단말, 디바이스, 센서, 서버 및 통신 네트워크에 대한 경량화된 정보보호기술을 기반으로 한 인증/인가·접근제어·암호화·통합보안기술 등의 적용이 필요하며, 스마트 가전 생산, 연결 및 사용, 사후관리 단계 등 생명주기 전 단계에서의 보안대책 마련이 필요하다.

〈표 13-6〉 스마트 홈에서의 생명주기 전 단계별 보안 요구사항

구 분	역 할
제조생산	안전한 스마트 가전을 개발하기 위해 개발주기 전 단계에 걸쳐 시험·인증 및 Fuzzing Test 등의 취약점 진단을 실시하여 보완
유통	댁내 센서 및 스마트 가전의 접근통제를 위해 기기인증서를 사용하고, 저장된 정보를 암호화하기 위한 보안 프로토콜 적용
사용	스마트 홈 서비스의 종류와 내용에 따라 민감한 개인정보 또는 생체정보를 저장·전송하는 경우 2-Factor 인증 적용
사후관리	스마트 기기에 대한 보안패치, 개인정보삭제 등 사후관리 기술적용

출처 : IoT 서비스·제품 업체간의 안전한 정보 공유방안연구, KISA. 2015.

3. 스마트 홈 플랫폼 기술

IoT 플랫폼의 콘셉트를 수립하는데 필요한 기술은 다음과 같다.

① Gateway와 Edge Device 관련 기술

② 대량의 데이터를 안정적으로 전달할 수 있는 통신기술

③ 이벤트 처리와 데이터 분석 및 추천을 위한 빅데이터(Big Data) 관련 기술

④ 위의 언급한 기술들의 Base 제공 및 융합을 지원할 플랫폼과 Enabler 관련 기술

⑤ 인증/권한을 통한 데이터 보안뿐만 아니라 디바이스와 칩(Chip) 레벨의 보안기술

⑥ 사용자와 상호 작용할 수 있는 UI / UX 기술

위와 같이 분류된 기술이 IoT 플랫폼의 모습을 짐작할 수 있다.

스마트 홈 플랫폼 기술을 이용하여 스마트 홈 플랫폼은 바로 다양한 디바이스로부터 수집된 대량의 센서 데이터들을 안정적으로 송수신하고, 클라우드 환경에 저장된 데이터의 처리 및 분석을 통해 지능형 서비스까지 제공하는 플랫폼이다. 즉 디바이스부터 서비스까지의 'End-to-End'를 커버할 수 있는 플랫폼을 의미하는 것이다.

[그림 13-11] LG CNS의 IoT 플랫폼 콘셉트

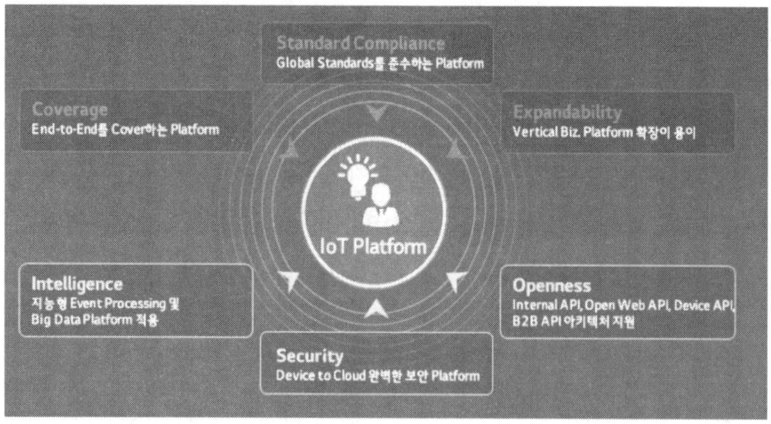

출처 : LG CNS IoT Platform팀의 윤주현 과장

'IoT 플랫폼'을 구축하는 개념은 다음과 같다.

1) 표준 준수(Standard Compliance)

Standard Compliance(표준 준수)이다. 독자적인 표준을 사용하지 않고 최대한 IoT 관련 Global 표준을 준수 / 포괄하는 플랫폼으로 개발하여 다양한 제3자의 참여와 다른 플랫폼과의 호환성을 확보하는 것이다.

2) 유연한 확장성(Expandability)

새로운 사업뿐만 아니라 기존 레거시(Legacy) 시스템을 업그레이드하는 사업 모델에도 부분적으로 적용하거나 확대 적용할 수 있는 유연한 Expandability(확장성)이다.

3) 지능화(Intelligence) 서비스

대용량 데이터의 분산, 통합, 실시간 Event 처리, 통계, 패턴 분석을 통한 자동화된 Intelligence(지능화) 서비스를 제공한다.

4) 강력한 보안(Security)

디바이스의 S/W, H/W 보안부터 클라우드까지 다양한 기법의 인증, 인가, 접근제어, 식별자 관리, 키 관리 등의 강력한 보안을 적용한다.

5) 개방성(Openness)

플랫폼 기능을 쉽게 활용 가능하도록 Internal, Device, Open API(Application Programming Interface)를 강화하고, 사업별 특성에 맞게 지원하도록 API 정책을 구성하여 Openness(개방성)을 제공하는 것이다.

[그림 13-12] LG CNS의 IoT 플랫폼

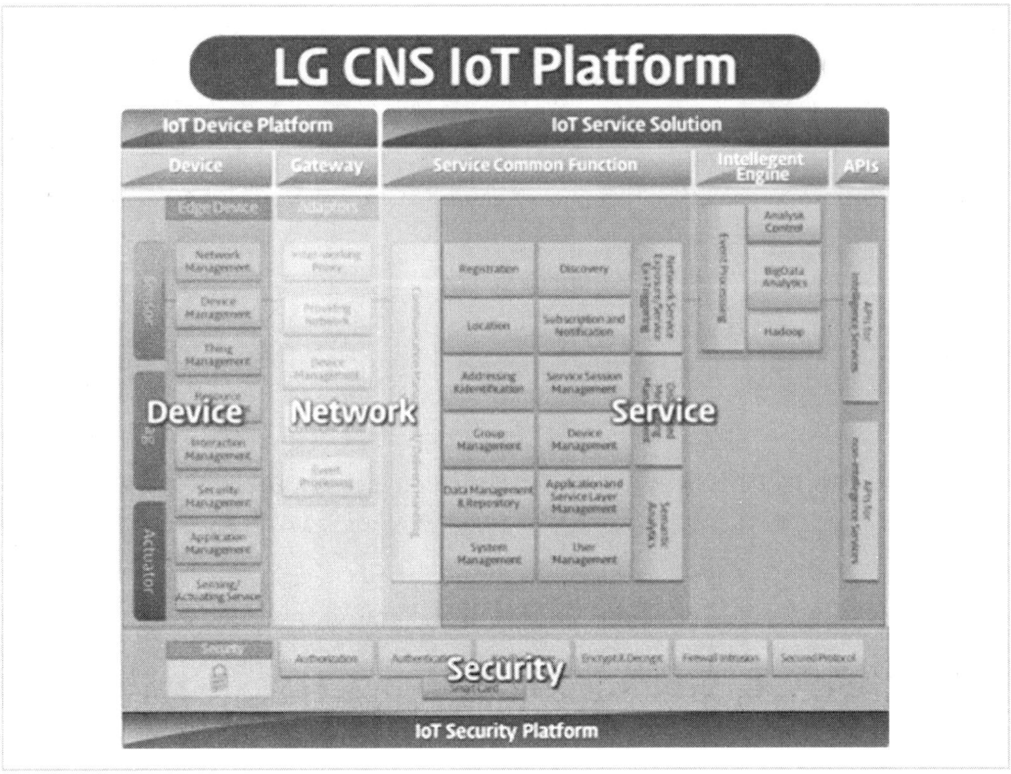

출처 : LG CNS IoT Platform팀의 윤주현 과장

예를 들어 [그림 13-12]처럼 LG CNS의 IoT 플랫폼은 '디바이스(Device) 플랫폼, 서비스(Service) 플랫폼, 보안(Security) 플랫폼'으로 나뉘어 구성되어 있다. 영역별로 플랫폼은 다양한 IoT 사업형태나 고객의 레거시(Legacy) 시스템 환경에 따라 전체가 아닌 일부의 필요한 영역에서 선택적 적용을 지원한다.

4. 스마트 홈 플랫폼 기능

각각의 플랫폼들의 기능은 다음과 같다.

1) IoT 디바이스 플랫폼

'IoT 디바이스(Device) 플랫폼'은 Edge Device와 Gateway을 위한 플랫폼으로 데이터를 표준화하여 서비스 플랫폼으로 전달해 주는 기능과 서비스 플랫폼을 통한 디바이스 제어기능을 처리한다.

2) IoT 서비스 플랫폼

'IoT 서비스(Service) 플랫폼'은 디바이스로부터 받은 데이터 관리를 통해 기본적인 IoT 서비스를 제공한다. 디바이스, 데이터, 시스템, 권한 관리 등의 기능을 제공하며, 인텔리전트(Intelligent) 서비스를 제공하기 위해 빅데이터(Big Data) 플랫폼과의 연계를 구상하고 있다. 빅데이터 플랫폼은 방대한 양의 데이터를 실시간으로 처리하고 활용할 수 있도록 분석을 수행하는 플랫폼이다.

3) IoT 보안 플랫폼

'IoT 보안(Security) 플랫폼'은 IoT 기기 보안 모듈부터 클라우드까지 통합 보안을 제공하는 플랫폼으로 기기 등록, 상호 인증, 키 관리 등의 기능을 제공한다. 다양한 IoT 서비스에 적용 가능하도록 고객의 요구사항에 맞춰 보안 레벨을 조정하여 유연하게 적용한다.

13-4 스마트 홈 플랫폼의 시장현황

1. IoT 기반 스마트 홈의 잠재적 경제효과

스마트 홈은 2025년 경까지 가사자동화, 에너지 관리 효율화 등을 통해 연간 최대 3,490억 달러의 경제적 효과를 창출할 것으로 기대된다. 스마트 홈의 경제적 효과는 크게 사용자 측면과 공급자 측면으로 구분한다.

사용자 측면에서는 가사자동화, 에너지 관리, 안전보안 서비스 등을 통해 연간 2,000~3,270억달러의 경제적 효과를 창출할 것으로 기대된다.

공급자 측면에서는 제품활용도 모니터링을 통해 제품을 개선하는 사용기반 설계, 판매전 소비자의 제품구입 가능성을 판단하는 분석 등을 통해 연간 30~220억 달러의 경제효과 창출이 전망된다.

〈표 13-7〉 IoT 기반 스마트 홈의 잠재적 경제효과(2025년 전망)

구 분		내 용	잠재적 경제효과 (억 달러, 연간)
사용자	가사자동화	가사소요 시간절약 17%	1,340~1,970
	에너지 관리	냉난방 등 에너지 20% 절약	510~1,080
	안전보안	재난 대비 재산피해 10% 절감	150~220
공급자	사용기반 설계	제품사용 모니터링을 통해 제품개선	30~170
	판매전 분석	소비자의 제품구입 가능성 판단	0~50
계			2,030~3,490

자료 : McKinsey & Company.

2. 국내외 시장동향

세계 스마트 홈 시장은 2015년 약 98억 달러에서 2020년 약 430억 달러 규모로 성장 전망이다. IoT로 연결되는 스마트 홈 관련 기기 수는 2015년 703만 대에서 2020년 4,415만 대로 증가될 것으로 예상된다.

2020년까지 자동화(home automation) 부문이 1조 6,582.3억 달러 규모로 전체 스마트 홈 시장의 38.6%를 차지할 전망이다. 그 다음으로 엔터테인먼트 9,770.5억 달러(22.7%), 보안 8,686.1억 달러(20.2%), 에너지관리 5403.9억 달러(12.6%), 취약자 지원 2,544.2억 달러(5.9%) 순이다.

[그림 13-13] 세계 스마트 홈 시장전망

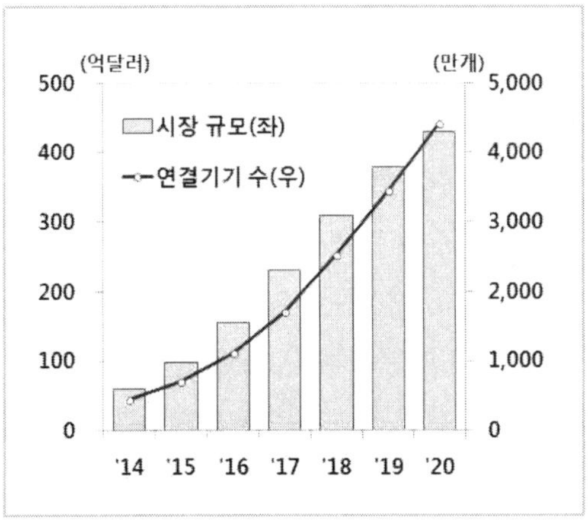

[그림 13-14] 국내 스마트 홈 시장전망

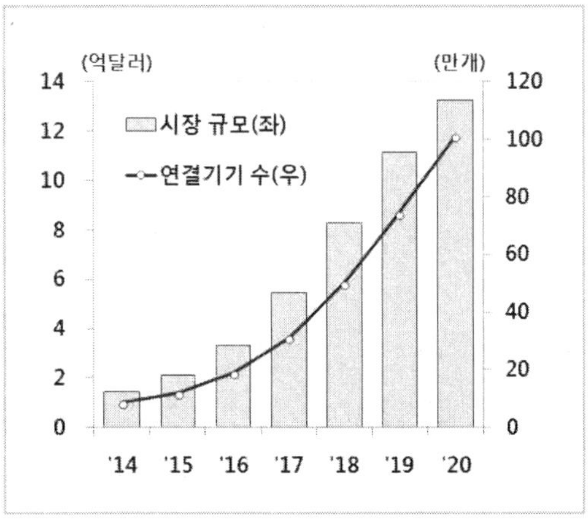

출처 : VIP 레포트 현대경제연구원 2016.7.11.

국내 스마트 홈 시장은 2020년까지 13.2억 달러(약1.5조원)로 성장할 전망이다. 국내 스마트 홈 시장은 2015년 2.1억 달러에서 2020년 13.2억 달러로 성장할 전망이다.

IoT로 연결되는 스마트 홈 관련 기기 수는 같은 기간 12.0만 대에서 101.0만 대로 증가될 전망이다. 단, 스마트 TV가 65%, 스마트 융합가전이 22.2%를 차지해 초기 단계의 스마트 홈 단계로 간주되며 향후 전력, 보안, 조명, 헬스케어 등으로 확산될 것이 기대된다.

부문별 스마트 홈 규모(2013년 기준, 스마트 홈 산업협회)는 스마트 TV & 홈엔터테인먼트(3억 6,545억 원), 스마트 융합가전(2억 2,461억 원), 스마트 보안(4,961억 원), 자동화(2,894억 원), 스마트 그린홈(1,998억 원), 기타(49억 원) 등 총 6억 8,900억 원이다.

13-5 스마트 홈 플랫폼의 미래

최근 IT 기술의 진화, 고령화에 따른 인구구조의 변화, 기후변화에 따른 환경 자원의 희소화, 환경 · 보안 · 첨단기술의 윤리적 제한 등 규제의 지형변화로 글로벌 트렌드가 변화하고 있다. 이에 따라 주거 단지에 그린 · 스마트 열풍이 불면서 건설 부동산 시장에 '똑똑한 집'이 소개되고 기술, 환경, 문화가 결합된 신개념의 미래 홈서비스를 제공하고자 하는 노력이 나타나고 있다.

그린 · 스마트 홈은 '지능형 저에너지 주택'으로 태양열, 지열, 풍력 등의 그린에너지를 사용하여 이산화탄소 배출을 줄이고, 첨단 IT 기술을 융합하여 집 안의 다양한 기기들이 홈네트워크에 연결되어 인간 중심의 실감, 감성, 친환경 저에너지 서비스를 제공하는 인프라 기기 서비스를 제공하는 것을 말한다.

최근 웰빙라이프와 친환경 트렌드로 라이프스타일 등이 달라지면서 스마트 홈에 대한 사람들의 기대가 대체로 다음 3가지 방향으로 달라지고 있다.

① 소셜 네트워크 등을 통해 실시간으로 정보를 공유하는 사람이 늘면서 스마트 홈 기기를 이용한 콘텐츠 중심의 라이프스타일을 지원하는 것이 중요해지고 있다.

② 고령인구의 증가와 삶의 질에 대한 관심이 증대하면서 센서기술을 융합한 홈 안전과 헬스케어 서비스로 안전하고 건강한 라이프스타일을 지원하도록 진화하고 있다.

③ 환경과 에너지에 대한 소비자 의식수준 제고에 따라서 에너지 절감형 친환경 미래 주택으로 스마트 홈의 진화방향도 달라지고 있다.

따라서 콘텐츠 소비형태, 건강에 대한 관심, 친환경 저에너지 트렌드를 중심으로 미래 스마트 홈의 진화방향에 대해 생각해보고자 한다.

1. 콘텐츠 중심의 라이프스타일을 지원하는 스마트 홈

기존의 홈네트워크가 개별기기를 연결하여 인터넷을 통한 제어에 중점을 두었다면 앞으로는 다양한 사용자의 요구에 따른 콘텐츠의 연결이 중요해질 것이다. 즉, 네트워크에 연결된 개별기기를 하나의 서비스로 엮어서 소비자가 원하는 것을 실현시킬 수 있어야만 진정한 스마트 홈이라 할 수 있을 것이다. 특히 스마트폰의 활성화와 함께 콘텐츠 소비의 증가로 가정에서 TV가 더 이상 텔레비전에 머물지 않고 웹을 포함한 다양한 미디어를 수용할 수 있는 '스마트 TV'로 진화하고, 스마트 홈 서비스의 중심 센터가 될 것이다.

애플은 앱 스토어를 통해서 스마트 홈에서 직관적인 UI(User Interface)를 통해서 UX(User eXperience design)을 극대화하는 BM을 구축하여 스마트폰 강자로 급부상하였다. 따라서 이러한 웹 브라우징 환경과 휴대형 모바일 기기가 융합하는 새로운 홈 환경이 나타날 것이다. 즉 소비자는 스마트폰과 3D 등 열풍에 따른 차별화된 UX에 관심 증대와 고령화, 개인화, 소셜 네트워크 등의 확대에 따른 라이프 트렌드에 맞춘 서비스 요구가 증대할 것이다.

일례로 컴퓨터, TV, 스마트 단말에 실시간으로 동일한 콘텐츠를 공유하는 쓰리스크린 서비스가 부각되고 있다. 즉 어떤 단말을 사용하든지 언제 어디서나 원하는 콘텐츠를 소비할 수 있는 홈네트워크 환경이 필요하게 될 전망이다.

특히 기존의 TV에 적용되던 서비스나 플랫폼, 미디어 포맷과 전달방식 등을 재검토하여 모바일 생태계와 웹 브라우징 환경을 수용하여 콘텐츠의 연결이 가능한 통합 플랫폼과 콘텐츠 조합을 통한 새로운 가치를 창조할 수 있는 기술전략과 마켓 전략이 등장할 것이다. 즉 애플의 앱 스토어처럼 편리한 사용자 경험을 통해 제공된 서비스를 콘텐츠 소비방식을 단순화시켜서 다양한 기기에서 공유할 수 있도록 하는 통합 플랫폼이 기존 홈 기기 사업의 비즈니스 환경을 변화시킬 것이다.

콘텐츠 중심의 사용자 니즈가 바뀌면서 TV, 냉장고, 오븐, 세탁기 등 가전제품에 직관적인 UI(터치, 동작, 음성, 얼굴표정) 등을 통한 홈 통합제어 및 서비스 제공이 가능한 형태로 제품의 디자인이 변화하고, M2M 및 사용자와 실감 교감이 가능하도록 변화할 것이다.

2. 안전과 웰빙 라이프스타일을 지원하는 스마트 홈

소득이 증가하고 삶의 질에 대한 사람들의 관심이 변화하고, 전 세계적인 고령화로 가족의 건강과 안전한 삶을 지원하는 스마트 홈에 대한 요구가 증대할 것이다. 10년

후 우리나라는 총 인구의 15.4%가 65세 이상일 전망이고, 도시화 · 핵가족화가 진행되면서 이러한 요구는 더욱 증대될 것으로 보인다.

주택 내 · 외부 실시간 경비 서비스 및 화재 등 긴급상황 자동 대응시스템, 유무선 홈네트워크의 보안 및 프라이버시 방어시스템, 가정에서 의료서비스를 제공받을 수 있는 홈 헬스케어 서비스에 대한 수요가 더욱 높아질 전망이다.

특히 홈 헬스케어 서비스는 집에서 웹을 통해 의사의 의료서비스를 제공받기 때문에 홈에서 비전문가가 건강상태를 스스로 모니터링 가능한 사용이 편리하고 신뢰성이 높은 다양한 형태의 가정용 의료기기가 필요할 것이다. 또한 의료 서비스 외에도 쾌적하고, 안전한 삶을 위해 다양한 시스템이 요구될 것이다.

그러나 안전과 보안을 위해 설치한 센서나 웹 카메라가 해킹을 당했을 경우 타인에 의해 개인의 프라이버시가 심각하게 침해될 수도 있고, 개인의 건강정보가 다른 사람에게 넘겨져서 다른 목적으로 이용될 수도 있다. 따라서 이러한 서비스를 적용하기 전에 반드시 보안문제가 우선 해결되어야 할 것이다.

3. 친환경 에너지 절감을 지원하는 스마트 홈

에너지 문제와 지구온난화에 따른 국제적인 온실 가스 감축합의에 따라서 녹색성장위원회는 국가 에너지 소비의 25%를 차지하는 건축 분야에서 건축물 에너지 소비총량제를 도입하고, 주택의 경우 2012년에 냉난방 에너지의 50%를, 2017년에는 60%를 절감토록 계획하였다. 또한 2025년에는 필요한 에너지를 완전히 자급자족하는 '제로에너지 건축물'의 의무화를 추진하기로 하여 스마트 홈에서는 에너지 절감이 중요한 이슈로 떠오를 전망이다

최근 홈네트워크 시스템과 스마트 지능형 전력시 스템이 통합된 HEMS(Home Energy Management System)이 각광을 받고 있다. 선진국에서는 실시간으로 사용량을 확인하는 것을 넘어 직접 인터넷과 휴대전화로 냉난방을 조절하는 등 홈오토메이션과 연계된 에너지 관리시스템을 실증하고 있다. 또한 일본의 NEDO가 추진한 BeHomeS (Behavior-Based Home Monitoring and Energysaving System) 프로젝트는 단순히 전원을 제어하는 것이 아니라 사용자의 라이프스타일을 파악해서 조명, 온수 양에 대한 에너지 예측을 통한 절감기술을 보여 주었다.

4. 도전을 위한 준비

이처럼 고령화, 친환경 · 친인간 요소를 포함하는 라이프스타일 추구, 모바일 환경과 콘텐츠의 진화에 따라서 인간과 환경, 기술이 조화를 이루는 새로운 주거공간 생태계

가 출현하고 있다.

현시점에서 스마트 홈 서비스 모델과 비즈니스 모델이 어떤 형태로 자리매김할지 정확히 예측하기는 어렵다. 홈 스마트화는 이용자가 어떻게 서비스를 활용하는가에 따라 다른 형태의 서비스로 나타날 것이다.

결국 현재의 스마트 홈은 홈네트워크 설비경쟁에서 콘텐츠 · 서비스(고객가치) 경쟁으로 전환될 것이다. 이러한 미래 그린 · 스마트 홈 확대를 위해서는 첫째, 지금까지 신축시장 위주의 전략에서 기축시장을 포함하는 보편적인 서비스 제공이 필요하고, 둘째, 다양한 콘텐츠를 제공할 수 있는 개방형 서비스 구조로 전환이 필요하고, 셋째로 사용자 고령화 친환경기반 라이프스타일을 고려한 맞춤형 스마트 홈 서비스 발굴이 필요할 것이다.

제 1 장	스마트 미디어의 개요
제 2 장	스마트 미디어의 특징 및 활용
제 3 장	스마트 미디어 기술 및 응용 서비스
제 4 장	IT 비즈니스 플랫폼의 개요
제 5 장	플랫폼 발전과 활용
제 6 장	핀테크 플랫폼(삼성 / 알리 / 애플 페이 등)
제 7 장	소셜 플랫폼(SNS / 페이스북 등)
제 8 장	게임 멀티 플랫폼(네이버 / 카카오 등)
제 9 장	음원 플랫폼(멜론 / 벅스 / Milk 등)
제10장	웹툰 플랫폼
제11장	웹드라마 플랫폼
제12장	K-컬처 플랫폼(한류 뷰티, 스킨, 드라마 등)
제13장	스마트 홈 플랫폼

제14장 스마트 자동차 플랫폼

14-1 스마트 자동차의 개요

1. 스마트 자동차의 정의

스마트 자동차의 사전적 의미는 첨단의 컴퓨터 · 통신 · 측정기술 등을 이용하여 자동으로 운행할 수 있는 차량이다. 즉, 자동차에 장착된 지구위치측정위성시스템(GPS : Global Positioning System) 수신기로 정확한 위도와 경도를 통보받아 계기판에 정밀한 지도를 제시하고, 현 위치에서 목적지까지 가장 효율적으로 가도록 해 주는 차량이다.

또한, 지리정보 데이터베이스에서 정보를 인출하여 해당 지역의 역사나 특산품, 호텔 등의 위치도 알려준다. 불과 3년여 전에 정의한 내용이지만 현재 통용되고 있는 스마트 자동차의 의미로 보면 협의의 정의라고 볼 수 있다.

그만큼 다양한 산업과 임베디드 S/W의 융합을 통해 스마트 자동차가 더욱 많은 기능과 편의를 제공할 수 있도록 빠른 속도로 발전하고 있기 때문이다.

최근 스마트 자동차는 기계 중심으로 발전해 온 자동차 기술에 차세대 전기전자, 정보통신, 지능제어 등의 기술을 접목, 자동차 주변과 차량 내 장치들의 정보를 실시간으로 수집하여 안전성을 증가시키고, 다양한 편의 기능을 추가한 환경친화적인 차량으로 진화하고 있으며, 가까운 미래에 자율주행이 가능한 무인자동차로 발전할 것으로 전망된다.

스마트 자동차 기술의 구성요소는 [그림 14-1] 항목과 같이 정의할 수 있다.

[그림 14-1] 스마트 자동차 구동을 위한 각 부품 배치도(개념도)

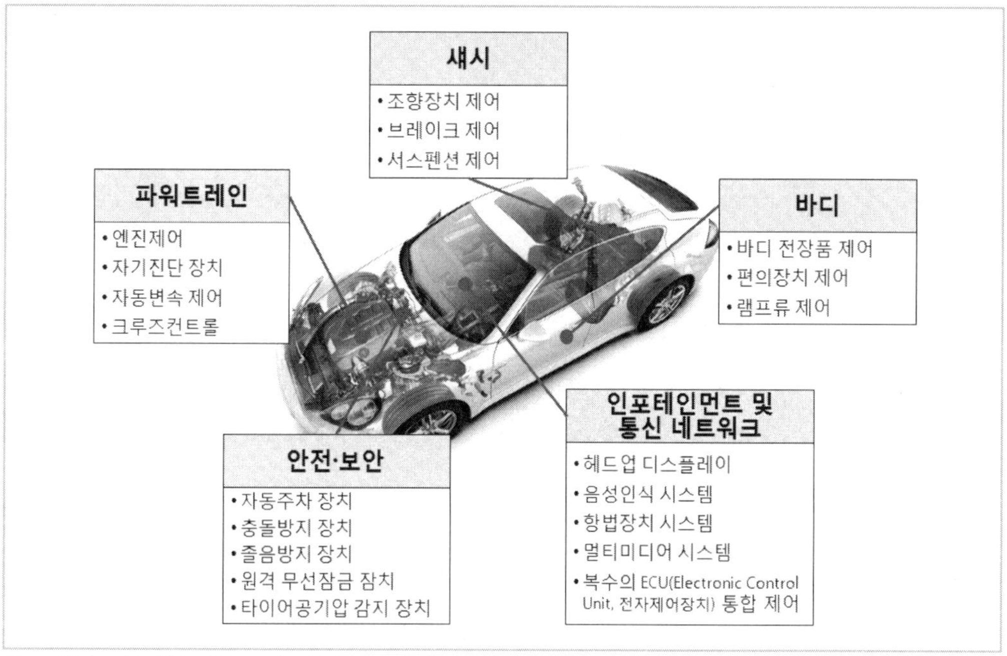

참고 : 한국전자통신연구원(2013.9), 월간 전자부품(2013.12) 등을 토대로 재구성

2. 스마트 자동차의 동향

자동차는 또 하나의 주거공간으로서 IT 기술과의 융합으로 진화해 나가고 있다. 최근 CES는 이러한 스마트 자동차의 진화를 유감없이 보여준 전시회라 할 수 있다. Audi의 A7은 제한적이지만 무인주행의 방향을 보여줬다. 카메라, 레이더, 레이저 장치를 통해 주변 차량과 차선, 장애물 등을 인지하여 정보를 수집하며, 자동차 내에 설치된 컴퓨터는 이러한 정보를 분석하여 속도를 조절하고 방향을 바꾸는 등 차량의 운행에 대한 각종 판단을 내린다.

앞으로 5년 내에 시속 7km 미만의 정체구간에서는 더 이상 운전자의 조작이 필요없을 것으로 보일 정도로 기술의 발전속도가 놀랍다.

BMW는 자동운전과 주차기능, 메르세데스-벤츠는 '예측형 사용자 경험(Predictive User Experience)' 엔진을 통하여 운전자의 평소 행동을 바탕으로 운전자의 기분에 맞는 장소를 추천해 준다.

스마트 자동차가 이토록 주요 이슈가 된 이유로는 안전성 증대로 인한 교통사고 감소 효과, 주요 선진국의 안전 규제 및 스마트 기능들의 의무장착 비중확대, 고령운전자의 증가, 콘텐츠를 소비하는 새로운 스마트 기기로서의 역할 등이 주요 요인이라 할 수 있다.

자동차의 스마트화는 인포테인먼트(Infotainment), 커넥티드 카(Connected Car), 자율주행의 단계로 발전해 나아가고 있다.

2000년대 들어 자동차는 네비게이션, 고급 AVN 등을 탑재하여 사용자의 편의를 증가시킨 바 있으며, USB, MP3 등을 통하여 다양한 엔터테인먼트를 차량 안에서 소비하게 되었다. 이후 차량은 외부와 통신을 연결하여 수시로 정보를 주고 받게 되었고 이러한 네트워크를 통해 차간 거리를 자동으로 유지하거나 주변의 다양한 신호를 기반으로 안전성을 높이고 있다.

스마트 자동차의 궁극적인 목표는 자율주행이 가능한 무인자동차로 다양한 첨단 기술이 적용된 전장부품과 S/W는 자율주행을 현실화하기 위한 핵심 기술이다.

[그림 14-2] 스마트 자동차 발전요소

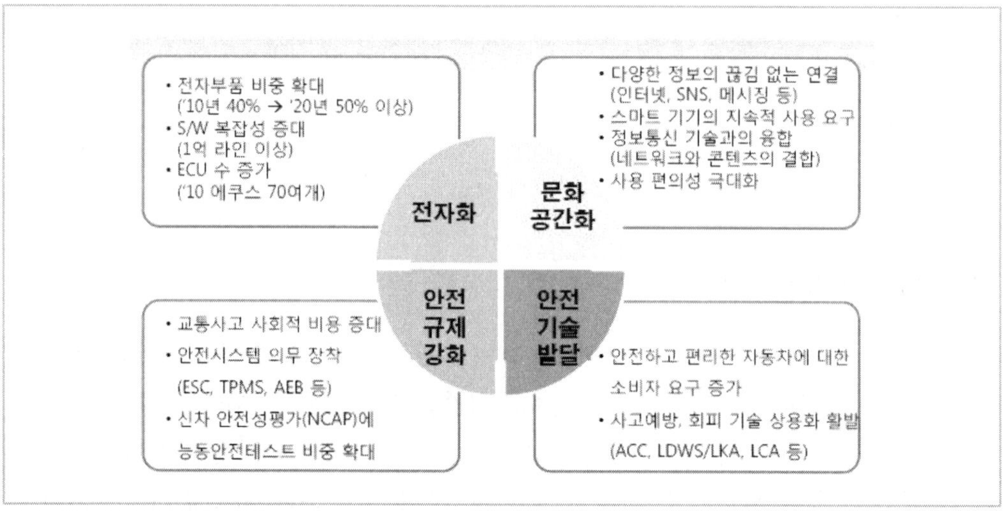

자료 : 한국산업기술평가관리원(2013.)

3. 스마트 자동차의 플랫폼

IT 업계의 최대 플랫폼 사업자인 구글과 애플 역시 스마트 자동차에 주목하고 있다. 구글 안드로이드 오토와 애플 카플레이 등을 활용해 스마트폰의 사용자 경험, 예를 들어 구글 지도 같은 정보형 서비스나 구글 나우 등의 일정관리 및 음성인식 서비스를 자동차에 그대로 옮겨오겠다는 것이다.

나아가 완전 자율주행 자동차(무인자동차)를 위한 기술개발에도 박차를 가하고 있다. IT와 조금 관련이 없어 보이는 사무공간 컨설팅 기업도 무인자동차를 이용해 움직이는 사무공간을 구상하기도 한다.

[그림 14-3] 스마트 자동차 플랫폼

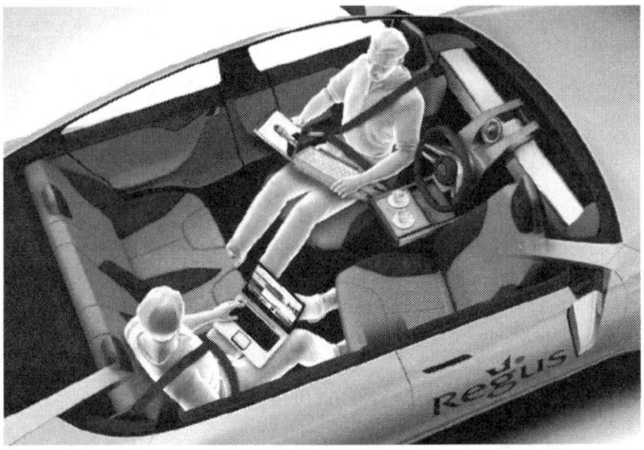

참고 : IT동아 이상우

스마트 자동차의 플랫폼은 자동차 업계와 협력하는 한편 자동차용 OS 분야 역할주도를 자청하고 있다. 구글 · 애플 · MS는 자동차용 OS 출시로 모바일 분야 주도권의 자동차 전이를 시도하는 동시에 완성차 업계와 연합해 스마트 자동차 보급을 추진하고 있다.

〈표 14-1〉 스마트 자동차의 미래 플랫폼

항목	구글 (OAA : Open Automotive Alliance)	애플 (Apple CarPlay)	Microsoft (Window Automotive)
개념	자사의 안드로이드 기반 자동차용 OS개발 연합체	자사의 스마트 기기와 자동차 간 연동기능	자사의 윈도우 기반 자동차용 OS로 스마트 기기 연동주력
사업 취지	모바일 생태계 내 주도권을 범 ICT분야로 전이	자동차 내 스마트 기기 활용성 증대	PC를 포함한 사물인터넷 사업 확대 전략의 일부
협력 업체	GM 등 4개의 완성차 등	BMW, 도요다, 포드, 현대 등 다수의 완성차 업체	피아트 등 소수의 완성차 업체와 개발 협력
특징	• 개방형 연합체 표방 • 완성차 업체 OS와 직접 경쟁	• 철저한 통제된 서비스 제공 • 완성차 업체와 상생추구	• 스마트 자동차 대응 다소 미흡 • 자동차용 OS개발 전례 보유
사용화 시기	2014년 이후	2014년 말 이후	2015년 이후

14-2 스마트 자동차의 시장현황

1. 스마트 자동차 시장전망

스마트 자동차 시장은 연평균 36.1% 성장하여 오는 2019년에는 3,011억 달러의 규모가 될 전망이다. 스마트 자동차를 구현하기 위한 기술은 대부분 IT 기술과의 융합을 통해 일어나고 있으며, 안전기능을 높일수록 기술적 복합도가 상승하고, 차량이 더욱 많은 정보를 수집할수록 이를 분석/처리할 수 있는 능력도 이에 비례하여 요구되기 때문에 차량의 제조원가 중에 전자장비의 비중은 점차 높아지고 있다.

차량 대당 70여개의 ECU와 1억 라인 이상의 SW가 탑재되는 등 전자장치의 비중은 2020년 50% 이상 확대될 것으로 전망된다.

[그림 14-4] 스마트 자동차 시장 및 자동차 전자화 원가 비율 전망

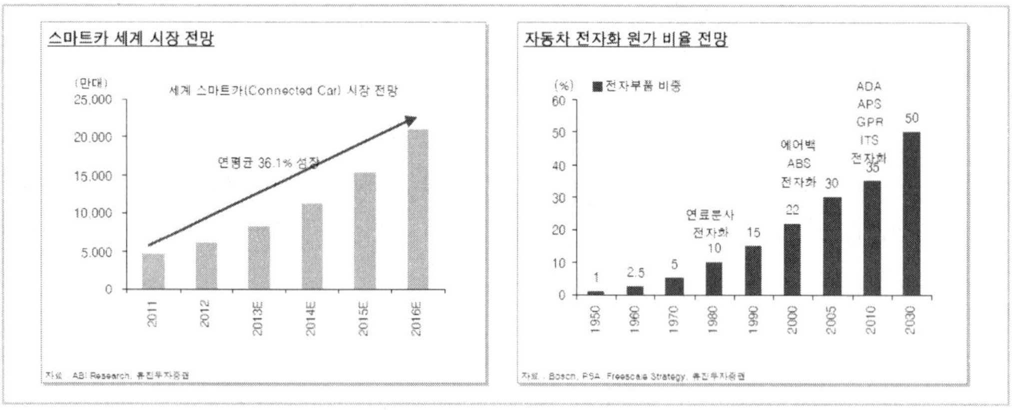

자료: ABI Research, Bosch, PSA, 2012년

최근에는 자동차에 네트워크 접속기능이 탑재되고, 2020년에는 북미, 유럽, 아시아의 모든 자동차가 커넥티드 단말이 될 것으로 예상하고 있다. 스마트 자동차는 대규모 투자 및 업계 간 협력, 개방형 혁신체계 접목 추진하고 있다. 최근 스마트 자동차 분야 포함 연구개발비 급증하고 있다. 완성차 · 부품 제조업의 연구개발비는 전년대비 8.9% 증가하고 있다.

2. 스마트 자동차의 특징 및 이슈

1) 표준화 현황

스마트 자동차의 표준화는 전장부품 S/W와 인포테인먼트 운영체제(OS)의 표준화

로 나눈다. 전장부품 S/W 표준화의 플랫폼은 '오토사(AUTOSAR)'이다.

오토사는 다양한 ECU의 탑재로 자동차 S/W의 복잡성을 줄이기 위해 BMW 그룹, 다임러, 폭스바겐, 보쉬, 지멘스 등 자동차 업체와 부품업체들이 만들었으며, 최근 전장장비개발을 위한 임베디드 S/W 국제표준으로 자리잡았다. 향후 오토사 기반 임베디드 SW개발 능력이 스마트 자동차 시장에서 경쟁력을 좌우하는 요소가 될 전망이다.

인포테인먼트 운영체제(OS)의 표준화는 커넥티드 카가 늘고 있는 추세지만, 차량용 인포테인먼트 장비의 자체적인 플랫폼 환경으로 엔지니어의 확보, 사용 애플리케이션 개발 등에 비용이 소모되는 문제로 인해 다양한 플랫폼 환경은 개발자 확보와 개발비용의 절감이 가능한 오픈 플랫폼 형태로 굳어져가고 있는 현황이다.

〈표 14-2〉 스마트 자동차 관련 자동차 · ICT 업체간 표준화 단체

항 목		AUTOSAR	GENIVI	CAR CONNECTIVITY consortium
설립취지		제어(파워트레인, 세시, 바디) 소프트웨어 기술표준화	인포테인먼트 소프트웨어 기술표준화	자동차의 통신 및 스마트기기 연결 기술표준화
설립시기		2003년	2009년	2011년
주요 참여 업체	자동차 업계	세계 주요 완성차 부품업체 대부분 참여	BMW, 볼보, PSA, 르노, 보쉬, 덴소, 모비스 등	다임러, BMW, GM, 포드, 혼다, 현대 등
	ICT 업체	인피니언, 파나소닉, 시스토 등	인텔, 퀄컴, 삼성전자, IBM, 엑센추어 등(부품 소프트웨어 업체 중심)	삼성전자, 노키아, 소니, LG전자, KDDI 등(단말서비스 업체 중심)
특징		• 완성차 업체 중심의 다소 폐쇄적 구도 • 자동차 제어분야의 사실상 독보적 표준	인포테인먼트 분야의 여러 연합체(QNX 등) 중 가장 활발한 활동	• 자동차 스마트폰 콘텐츠 호환규격(미러링크)발표 • 애플 제외 대부분 스마트폰 제조사 참여

2) 안전규제 현황

국내외에서 점진적으로 의무화를 추진하고 있는 안전규제 및 법규화는 스마트 자동차의 안전기능을 선택이 아닌 필수요소로 변화시키고 있다. 유럽의 신차안전성 평가 프로그램인 Euro NCAP의 안전한 차량 이미지 확보를 위한 5Star 등급을 위해 능동안전 시스템과 안전장비를 적용해야 한다.

[그림 14-5]와 같이 한국, 미국, 유럽, 일본은 AEB(Automatic Emergency Braking), DRL(Daytime Running Light), BAU(Back-up Aid), LDWS(Lane Departure Warning System), TPMS(Tire Pressure Monitoring System), ESC(Electronic Skid Control) 등 다양한 제품군에 대한 의무장착 로드맵을 준비하고 착실히 시행하고 있다.

[그림 14-5] 유럽의 자동차 규제법안 계획

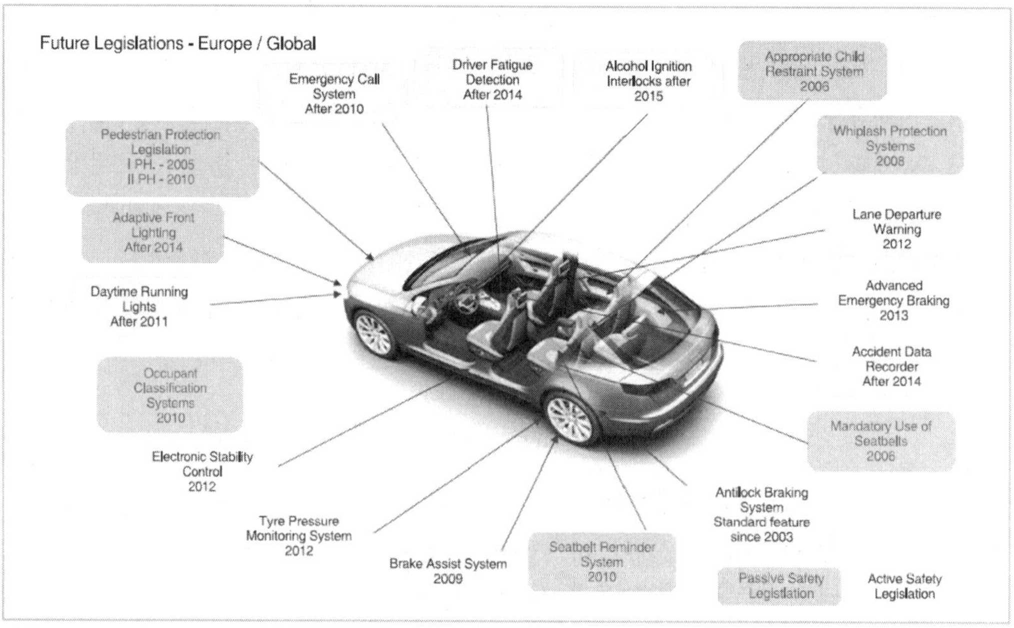

자료 : Frost & Sullivan

미래 고령인구의 구매력은 오늘날 보다 훨씬 높을 것으로 보이는 바, 고령 친화적인 자동차 설계기술 및 안전강화는 미래 자동차 시장의 판매를 결정하는 주요한 요소로 예측된다.

14-3 스마트 자동차의 기술

스마트 자동차 관련 기술은 이전부터 있었다. 넓은 관점에서 보면 근접 센서를 통해 운전자 사각지대에 사람이나 물체가 있으면 알려주는 기능이나 후진주차 시 후방 카메라를 통해 주차할 위치를 보여주는 기능 등도 스마트 자동차 기술의 일종이다. 이처럼 과거부터 존재하던 스마트 자동차 기술에 최근 급속도로 발전한 디스플레이 기술과 정보통신 기술이 융합하면서 새롭고 다양한 기능이 등장하고 있다. 자동차가 IT 전시회에 등장하는 이유이다. 스마트 자동차 관련 기술은 크게 세 가지로 구분할 수 있다.

① 운전자의 안전을 위한 ADAS(Advanced Driver Assistance System) 기술이다. 센서를 이용해 사각지대에 있는 장애물을 파악하거나 충돌위험이 있을 때 알려주거나 위급상황에서 제동장치(브레이크)를 작동하는 기능을 들 수 있다. 또한, 카메

라를 이용해 시야를 확보하는 기술, 차선이탈을 감지해 사용자에게 다양한 방법으로 알려주는 기능 역시 이 범주에 포함된다.

② 운전자 편의성을 위한 기술이다. 좌석에 앉으면 등받이나 운전대 등을 사용자 체형에 맞게 위치를 자동 조절해주거나 스마트 시계 등과 연동해 시동을 걸거나 원격에서 차량 내부 기능을 조작하는 기능 등이 여기에 해당한다. 또한, 인포테인먼트, 텔레매틱스 등 역시 이 범주에 속한다.

현재 ICT와의 접목이 활발하게 이뤄지고 있는 부분은 네트워크를 통해 스마트폰이나 태블릿PC 혹은 스마트 시계 등의 모바일 기기와 연결하고, 이를 통해 차량을 원격에서 제어하는 부분이다. 이미 LG전자와 아우디는 스마트 시계로 주차된 차량의 방향이나 거리를 탐지하는 콘셉트를 소개한 바 있고, 일부 기업은 아예 스마트폰 버튼만 누르면 주차된 차량이 자신의 위치까지 찾아오는 시스템을 개발할 계획을 공개했다.

영화 다이하드 4.0에서는 주인공 일행이 적의 공격을 피해 BMW 차량 안으로 숨어드는 장면이 나온다. 이들은 자동차에 시동을 걸기 위해 차량 내부에 있는 시스템으로 BMW 고객센터에 전화를 건다. 고객센터 직원은 차량의 시동을 원격에서 걸어준다.

이는 실제로 출시된 'BMW의 커넥티드 드라이브' 기능이다. 차에 장착된 이동통신 장치를 통해 차에 문제가 생겼을 때 고객센터를 통해 견인차 서비스를 요청할 수 있으며, 에어백이 작동하는 등의 사고상황을 감지하면 자동으로 고객센터에 위치 정보 등을 전송하고, 고객센터에서는 필요에 따라 가까운 소방서 등에 신고한다.

③ 조작성 및 접근성을 높이는 기술이다. 앞서 말한 음성인식 기술이나 사용자 동작을 통한 제어방식 등이 여기에 포함되며, 앞 유리에 속도, 경로, 위험요소 정보 등을 표시해주는 HUD(Head Up Display)도 예로 들 수 있다.

[그림 14-6] BMW HUD

참고 : IT동아 이상우

이 기술은 앞서 소개한 운전자 안전 및 편의성을 위한 기술의 사용성을 높여줄 수 있다. 예를 들면 음성인식 기술은 사용자가 내비게이션으로 목적지를 찾을 때 목소리만으로 입력할 수 있도록 해준다. 또한 제스처를 통한 입력방식은 운전 중 각종 차량의 기능 작동을 위해 들여야 하는 수고를 줄여주기 때문에 운전자는 상대적으로 운전하는 것에 더 집중할 수 있다.

영화 미션 임파서블4에도 가까운 미래에 등장할 HUD 장치가 등장한다. 차량에 설치된 카메라 및 센서가 전방상황을 감지하고 장애물이나 사람이 갑자기 나타났을 때 이 정보를 앞 유리에 표시해준다. 뿐만 아니라 같은 장면에서 앞 유리 전체를 하나의 디스플레이 기기로 사용해 목적지까지 가는 최단 경로를 찾는 모습도 나온다.

HUD는 나아가 증강현실과 결합할 수도 있다. 작은 화면에만 표시되던 내비게이션이 앞 유리 전체에 나타나면 창밖으로 보이는 도로에 목적지까지 가는 길을 직접 표시해줄 수 있다.

1. 스마트 자동차의 기술분류

스마트 자동차의 가술분류는 기술의 융복합의 정도에 따라 대분류, 중분류, 소분류로 구분한다.

1) 자동차 안전기술

자동차의 상태와 주변 상황을 인식하는 센싱 기술과 도로의 상태와 교통정보를 제공하는 V2X 통신기술의 융합을 통해 자동차를 능동적으로 제어함으로써 안전도를 높이고 교통사고를 획기적으로 저감하는 기술이다.

(1) 센싱 시스템

자동차에 장착된 다양한 환경인식 센서 또는 외부와의 송수신이 가능한 단말기를 활용하여 자동차의 내부 및 외부 상황을 인식하는 기술이다(예 레이더, 운전자 상태감지, 보행자 인식, V2X 통신 등).

(2) 액츄레이팅 시스템

자동차의 승차감을 향상시키고, 교통사고 예방 / 회피 / 피해 경감을 위하여 자동차의 자세를 제어하는 조향, 제동, 현가 관련 기술이다(예 자세제어장치, 전동식 파워 스티어링 등).

〈표 14-3〉 스마트 자동차의 기술분류 체계

대분류	중분류	소분류
스마트 자동차	자동차 안전기술	센싱시스템
		액츄에이팅시스템
		수동안전시스템
		운전보조시스템
		사고예방 / 회피시스템
		(반)자율주행시스템
	자동차 편의기술	HMI 시스템
		자동차 상태 모니터링 시스템
		운전지원 단말시스템
		자동차용 무선통신 기술
		모바일 오피스시스템
	융합 기반기술	Eco-ITS 연계 시스템
		In Vehicle Network 기술
		자동차용 SoC 기술
		자동차용 임베디드 기술
		시험 및 표준화 기술

(3) 수동안전 시스템

자동차의 사고발생 이후 탑승자와 보행자의 피해를 경감시키는 시스템 및 에어백 전개 자동감지 후 사고위치를 자동으로 응급센터에 알려 신속하게 구조하는 시스템이다(㉄ 에어백, 능동형 후드, 액티브 헤드레스트, e-Call 등).

(4) 운전보조 시스템

운전자에게 안전운전에 도움이 되는 정보를 제공하거나 운전자가 자동차를 직접 제어하는데 도움을 주는 기술이다(㉄ HUD, AFLS, TPMS, SPAS, AVM 등).

(5) 사고예방 / 회피 시스템

환경인식 센서 또는 V2X 통신 등을 통해 자동차 주변상황을 인식하여 운전자에게 위험을 경고하거나, 자동차 스스로 제어를 하여 사고를 예방하거나 회피하는 기술이다(㉄ 차간 거리제어, 자동 긴급제동, 연쇄추돌방지, 사고회피 등).

(6) (반)자율주행 시스템

개별 능동 안전 시스템들을 통합하여 제한된 영역에서 자동차 스스로 자율주행이 가능하면서 필요 시 운전자의 직접 제어가 가능한 자동 운전기술이다(㉄ 자동 발렛 파킹,

전용도로 자율 또는 군집주행 등).

2) 자동차 편의기술

자동차와 전기, 전자, 정보통신 기술의 융합을 통해 운전에 필요한 정보와 일상생활과 연계된 다양한 정보를 자동차 내·외부와 쉽게 소통하여 탑승자의 만족을 극대화시키는 기술이다.

(1) HMI 시스템

탑승자와 자동차 간의 효율적인 인터페이스를 통하여 안전과 편의를 향상시키는 기술이다(예 음성 및 제스처 기반의 차량용 HMI 기술, 공조 제어 등).

(2) 자동차 상태 모니터링 시스템

주행 중 자동차의 상태를 진단하여 고장상황을 감지하여 알려주고, 사고 시 자동통보, 재현 및 분석을 위한 기반기술이다(예 자동차 블랙박스, 자동차 고장진단 기술 등).

(3) 운전지원 단말 시스템

자동차 운전에 필요한 정보를 운전자에게 전달하기 위한 단말 시스템 관련 기술이다(예 디지털 클러스터, 차세대 내비게이션 기술 등).

(4) 자동차용 무선통신기술

고속 주행 중인 자동차와 외부와의 소통을 위한 무선통신 인터페이스 기술이다(예 LTE, WAVE 등 기반 차량과 인프라간 통신 등).

(5) 모바일 오피스 시스템

주행 중에도 이메일 처리, 웹 정보검색, 홈오토메이션 시스템 제어 등 다양한 업무를 처리할 수 있도록 지원하는 기술이다(예 스마트폰 등과의 연계를 통한 BM, 시공간 정보 웹 서비스 등).

3) 융합 기반기술

자동차의 안전과 편의를 위한 공동 기반기술과 반도체, 소프트웨어, ITS 등 타 산업기술과의 연계가 필요한 기술이다.

(1) Eco-ITS 연계 시스템

자동차 외부 인프라 정보와 운전정보를 이용하여 최적의 운전조건을 설정하고 연비절감을 극대화시키는 기술이다(예 맵 연계 에너지 관리, 연료절감 내비게이션 x 등).

(2) In Vehicle Network 기술

자동차 내부 시스템간의 정보제공과 제어를 위한 자동차 내부의 네트워크 기술이다(예 FlexRay 기반 차내망, Ethernet 기반 차내망 등).

(3) 자동차용 SoC 기술

자동차의 안전과 편의 기술개발을 위한 다양한 기능을 가진 칩을 하나로 집적화 하는 기술이다(예 디지털 RF용 SoC, Ethernet용 SoC 등).

(4) 자동차용 임베디드 기술

자동차의 안전과 편의와 관련한 시스템을 동작시키는 소프트웨어를 하드웨어에 내장하는 기술이다(예 인식 및 차량자세제어용 SOC, 레이더용 IC 등).

(5) 시험 및 표준화 기술

스마트 자동차 관련 자동차와 시스템 성능 평가 및 표준화 기술이다(예 V2X 통신장치 검증 및 인증기술 등).

2. 스마트 자동차 기술

1) 스마트 자동차 기술의 안전과 편의부문

스마트 자동차 기술은 안전과 편의부문으로 나누고 최종적으로 자율주행 기술로 발전해 나아갈 것이다.

(1) 스마트 안전 측면

차량 결함, 사고예방 및 회피, 충돌 등 위험상황으로부터 운전자 및 탑승자를 보호하여 교통사고 및 피해를 획기적으로 경감하는 기술이다.

(2) 스마트 편의 측면

자동차에 흥미를 부여하고 운전자 편의를 극대화하여 자동차를 가정, 사무실에 이은 제3의 주거공간으로 활용하는 기술이다.

(3) 자율주행

차량에 설치된 센서, 카메라 등으로 교통신호, 차선, 장애물 등에 대한 정보를 수집하고 이를 차량에 내장된 컴퓨터가 수집해 주변상황에 맞게 차량을 운행하는 기술이다.

2) 자동차 안전기술

자동차 안전기술은 자동차와 도로, 기후, 장애물 등의 주변상황을 인식하여 자동차를 능동적으로 제어함으로써 안전도를 높이는 기술이고, V2X(Vehicle to Vehicle, Vehicle to Infrastructure, Vehicle to Nomadic 등) 통신기술과의 융합으로 교통사고를 획기적으로 저감시킬 것으로 기대된다.

[그림 14-7] 스마트 자동차 안전기술의 요소

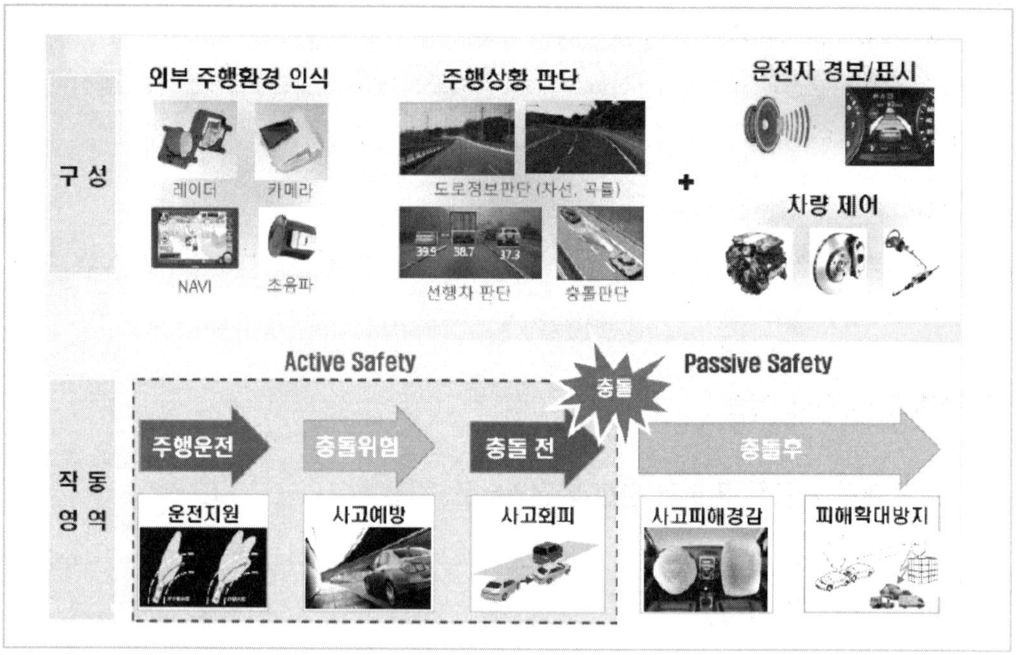

자료 : 한국산업기술평가관리원

스마트 자동차의 능동 안전기술의 외부의 상황을 판단하기 위한 센서 기술이 핵심으로 작용한다. 자동차의 센서는 대당 약 160개 정도이며 사용량이 점차 증가한다. 기존 차량에 사용 중인 센서들을 제외한 스마트 자동차에 사용되는 주요 센서의 종류는 다음과 같다.

(1) RADAR

차량 및 도로 시설물 감지에 사용되며, 24GHz 근거리 레이더와 77~78GHz 중장거리 레이더가 주로 사용되며, 최근에는 250m까지 검지거리를 확장한 레이더도 사용되고 있다. 크루즈 컨트롤, 전후방 충돌경보, 충돌방지 시스템 등에 주로 사용된다.

(2) LIDAR(LIght Detection And Ranging)

레이저 펄스를 지표면과 지물에 발사하여 반사되는 레이저 펄스로부터 정보를 얻는

다. 최근 자율주행 기술에 필수로 사용되고 있으며 반경 360도에 대한 정보를 얻을 수 있다.

(3) 카메라

근거리 신호등, 표지판, 보행자, 차선 등을 인식하는데 유용하며, 차량 내부의 운전자의 상태를 감시하거나 동작을 인식하는데도 사용된다. 특히 보행자 보호가 중요시됨에 따라 보행자 인식에 필수적인 카메라의 활용도가 더욱 높아지고 있다.

3) 자동차 편의기술

자동차 편의기술에는 HMI(Human Machine Interface) 시스템, 모니터링, 운전지원 단말, 무선통신 등의 기술이 있다. 기존의 도난/사고 등 안전 기능에서 모바일과의 연동, 네트워크 업그레이드를 통한 통합 서비스가 시작되었다.

운전 중 사용하여도 안전에 문제가 없도록 음성 컨트롤에 초점을 맞추고 있으며 디스플레이 방식 역시 HUD(Head Up Display) 등 운전에 방해를 주지 않는 방법이 연구 중이다. IT 기술을 차량용 인포테인먼트 기술에 접목하는 대표적인 기술이 Mirror Link 이다.

스마트폰을 자동차의 IVI(In-Vehicle Infotainment) 장치와 연동하여 동일한 사용자 경험을 주는 서비스로인데 세계적으로 스마트폰과 연동하는 IVI 장치가 3천 5백만 대로 성장할 것으로 보이며, 이 중 MirrorLink가 43.6%, iOS in the Car가 49.8%를 차지할 것으로 예상된다.

[그림 14-8] Mirror Link 기술

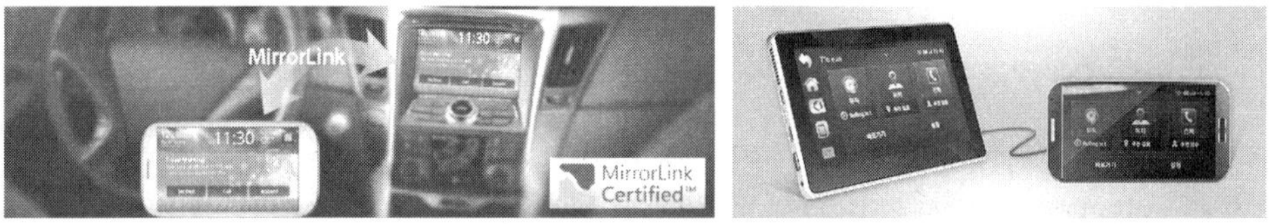

4) 자율주행 기술

자율주행 자동차는 센서, 프로세서, 알고리즘, 액추에이터 등으로 구성된다. 자율주행은 센서를 통해 차량 주변의 환경에 대한 데이터를 수집한 후, 수집된 데이터를 프로세서가 받아 미리 정의된 알고리즘을 통해 그 결과를 해석하여 주행에 관한 의사결정을 내린 후 액추에이터를 통해 실행된다. 이러한 과정 중 가장 중요한 것은 센서를 통해 수집된 대량의 데이터를 바탕으로 조향, 속도, 정지에 관한 의사결정을 내리는 소프트웨어 알고리즘이다.

무인자동차 부분에서 가장 앞서 있다고 평가받는 구글이 끊임없이 무인자동차의 운행을 통하여 정보를 수집하는 것 역시 더욱 더 완벽한 알고리즘을 만들어 내는 것이 목적이기 때문이다. 레이더, 초음파, 카메라 등을 활용한 센서 기반의 안전기술에서 V2X(Vehicle to X, 인프라 연계 교통정보 통합)로 발전해 나아가고 있다.

[그림 14-9] 자율주행을 위한 요소 기술

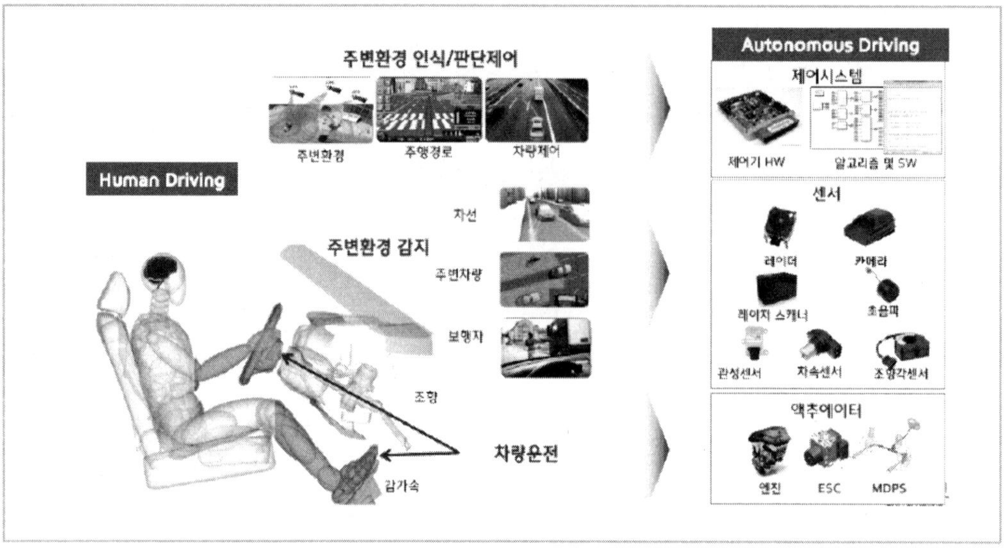

자료 : KEIT 상생협력 정보공유 포럼 스마트 자동차 분야(현대자동차, 2013.)

자율주행 자동차의 핵심 기술로는 차선유지지원 시스템, 자동 긴급제동 시스템, 어드밴스드 스마트 크루즈 컨트롤 등이 꼽힌다.

(1) 차선유지지원 시스템

차선유지지원 시스템(LKAS : Lane Keeping Assist System)은 윈드실드 글라스에 장착된 카메라로 앞 차선을 인식한 후 방향지시등 없이 차선을 이탈할 경우 스스로 차선을 인식해 올바른 방향으로 조향을 하게 한다.

기존에 운전자에게 경고등·경고음을 통해 알림을 주던 차선이탈 경보 시스템(LDWS)에서 개선된 기술로 보다 능동적으로 운전자의 안전을 지켜준다. 국내에선 '2015년형 제네시스(DH)'에 현대차가 최초로 적용했다.

(2) 자동 긴급제동 시스템

자동 긴급제동 시스템(AEB : Autonomous Emergency Braking System)은 예기치 못한 급제동이 필요한 상황에서 당황한 운전자가 브레이크 페달을 밟아야 하는 타이밍을 놓친 경우 가동된다. 차량 스스로 앞차와의 간격과 주행속도에 따른 충돌상황을 예측해, 브레이크를 작동시켜 차량추돌을 방지한다. 현대차는 제네시스(DH)에 처음 적용한 이후 투싼 · 스포티지 · 아반떼 등에도 확대 적용하고 있다.

(3) 어드밴스드 스마트 크루즈 컨트롤

어드밴스드 스마트 크루즈 컨트롤(ASCC : Advanced Smart Cruise Control)은 전방 차량이 없을 때는 운전자가 설정한 속도로 정속주행을 하고, 전방 차량이 있을 때는 전방 차량의 속도와 거리를 감지해 일정한 차간 거리를 유지한다. 선행 차량이 정차하는 경우에는 차량을 자동 정지한다. 3초 이내에 선행 차량이 다시 출발하면 차량을 자동으로 출발시킨다. 현대차는 2011년 출시한 그랜저(HG)에 처음으로 적용했다. 당시만해도 이 기술을 양산 적용한 업체는 메르세데스-벤츠와 BMW, 아우디 정도에 불과했다.

(4) 스마트 후측방 경보 시스템

스마트 후측방 경보 시스템(BSD : Blind Spot Detection)은 리어 범퍼 양쪽에 장착된 후방감지 레이더 센서를 통해 후측방 접근 차량을 감지, 차량의 속도와 위치를 측정해 사전에 경보해 준다. 후진 시 차량의 좌우 측방에서 접근하는 차량을 감지해 경보함으로써 유동 차량이 많은 곳에서 안전한 출차를 돕는 '횡방향 장애물 감지기능'까지 탑재한다. 기아차는 K9에 처음으로 적용했다.

(5) 어드밴스드 주차 조향보조 시스템

어드밴스드 주차 조향보조 시스템(ASPAS : Advanced Smart Parking Assist System)은 초음파 센서를 이용하여 주차 · 출차 가능 공간을 탐색 후 자동으로 스티어링 휠을 제어하여 주차를 보조한다. 주차모드 스위치를 작동하면 초음파 센서가 주차공간을 탐색한다. 운전자는 음성 안내에 따라 전 · 후진 기어 변속과 브레이크 조작을 통해 손쉽게 직각 · 평행주차를 할 수 있다.

(6) 전방 추돌경보 시스템

전방 추돌경보 시스템(FCWS : Forward Collision Warning System)은 전방감지 카메라에서 입력되는 신호를 이용해 차선과 선행차량을 감지한다. 차량추돌이 예상될 때 경보음과 스티어링 휠 진동으로 운전자에게 경고해 추돌사고를 미리 예방해준다.

(7) 고속도로 주행지원 시스템

고속도로 주행지원 시스템(HDA : Highway Driving Assist)을 작동하면 0～150km / h의 속도 범위 내에서 차량이 능동적으로 차간 거리 및 차선을 유지한다. 차량이 정차

하면 자동으로 정지한 뒤 재출발한다. 고속도로 구간별 속도제한에 따라 자동으로 속도를 조절한다. 아울러 운전자가 스티어링 휠에서 손을 뗄 경우 일정시간이 경과하면 경고음이 울린다.

현대차는 제네시스 EQ900에 고속도로 주행지원 시스템을 국산차 최초로 적용했다. 현재 이와 유사한 고속도로 주행지원 시스템을 탑재한 자동차는 BMW 신형 7시리즈와 벤츠 S클래스 정도 밖에 없다.

(8) 후측방 충돌회피지원 시스템

후측방 충돌회피지원 시스템(SBSD : Smart Blind Spot Detection)은 차로변경 중 후측방 시야 사각지대의 차량으로부터 추돌 위험상황이 감지되면 변경하려는 차로의 반대편 바퀴만 제동시켜 기존 차선을 벗어나지 않도록 스스로 제어한다. 저속으로 후진하면 차량의 좌우 측방에서 접근하는 차량을 감지해 경보한다. 대형마트나 아파트 주차장 등 유동차량이 많은 곳에서 유용한 기술이다.

14-4 스마트 자동차의 현재와 미래

1. 스마트 자동차의 현재

1) 온스타 시스템

제너럴모터스(GM)는 지난 1996년 시카고 모터쇼에서 온스타(On Star) 시스템을 공개했으며, 1997년 출시한 캐딜락에 이 기술을 적용했다. 인공위성과 위치정보(GPS)기술 그리고 이동통신 기술을 결합해 만든 텔레매틱스 서비스이다. 기본적인 기능은 도로에서 발생한 교통사고 정보, 주변의 서비스 시설 등을 사용자에게 알려주는 기능, 목

[그림 14-10] 온스타 시스템

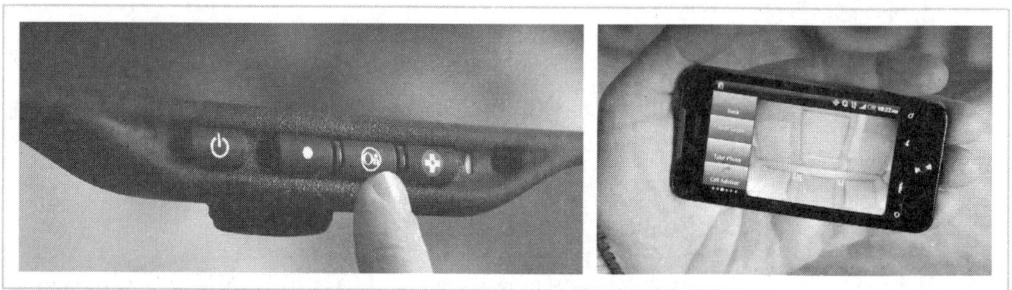

출처: 한국 GM 공식 블로그

적지 방향을 알려주는 기능, 고객센터와 운전자를 연결해 응급상황발생 시 도움을 주는 기능 등이 있다.

온스타 시스템은 발전을 거듭해 지난 2013년에는 스마트폰 앱과 접목한 기능도 선보였다. 스마트폰 앱을 실행하면 자동차에 직접 탑승하지 않아도 연료량, 오일 수준, 타이어 공기압 등 전반적인 사항을 파악할 수 있으며 원격에서 시동을 걸고 문을 열거나 잠글 수도 있다.

2) 싱크(Sync) 기술

포드(Ford)는 마이크로소프트와 손잡고 2008년부터 차량에 싱크(Sync)라는 기술을 적용해왔다. 싱크는 쉽게 말해 마이크로소프트가 개발한 음성인식 운영체제다. 과거에는 단순히 차량 내부의 일부 기능을 작동하는 용도로만 쓰였지만, 최근에는 내비게이션 목적지 입력이나 이메일 확인 등 다양한 기능도 추가됐다.

[그림 14-11] 포드의 음성인식 시스템인 싱크

3) 블루링크(Blue Link)

스마트폰과의 연동 기능도 있다. 이를 통해 네트워크에 접속하거나 스마트폰에 저장한 각종 콘텐츠를 차량에서 재생할 수 있다. 물론 이들을 모두 음성으로 조작할 수도 있다. 국내 자동차 제조사도 여러 기업과 협력해 다양한 서비스를 개발하고 있다.

현대자동차는 현재 블루링크라는 서비스를 제공해 차량원격제어, 차량관리, 인포테인먼트 등을 제공한다. 스마트폰 앱을 통해 차량의 에어컨이나 히터를 작동할 수 있으며, 문을 잠그거나 주차한 위치를 확인할 수 있다. 차량상태에 관한 정보를 제공하거나 문제발생 시 상담원과 직접 연락할 수 있는 기능도 있다. 현재 현대자동차는 마이크로소프트, 국내외 이동통신사 등과 협력해 이 기술을 강화하는 중이다.

[그림 14-12] 현대자동차의 블루링크

현대자동차의 블루링크(Blue Link)는 KT와 기아자동차의 UVO는 SK텔레콤과 연계해 서비스를 제공한다. 기아자동차 역시 UVO라는 서비스는 스마트폰을 통한 원격제어 기능을 제공한다. 집이나 사무실에서 차에 타기 전 냉난방 시설을 작동시켜 놓을 수 있으며, 시동 제어, 주차위치 확인, 긴급호출, 차량관리 등 전반적으로 현대자동차의 블루링크와 비슷한 기능을 갖췄다.

4) 오토파일럿

현재 많은 주목을 받는 스마트 자동차 기술은 무엇보다 자율주행(혹은 무인 자동차)라고 볼 수 있다. 먼 미래의 이야기처럼 들리지만, 이미 이러한 기능을 적용한 차량이 등장하고 있다.

[그림 14-13] 테슬라모터스 오토파일럿 개념도

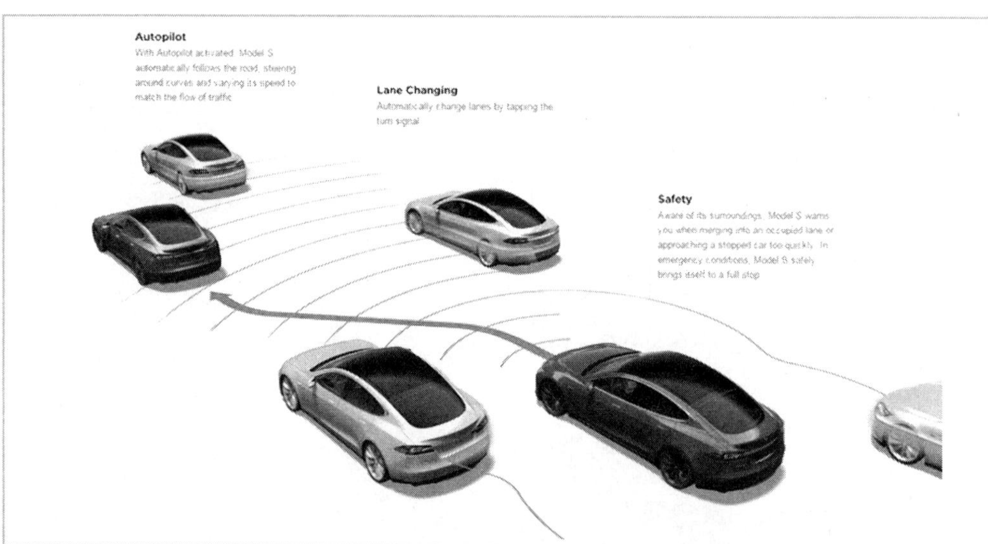

지난 2014년 10월, 전기자동차로 잘 알려진 테슬라모터스는 자율주행 기능 '오토 파일럿'을 적용한 자동차를 공개했다. 초음파 센서, 카메라, GPS 등 다양한 장치를 이용해 먼 거리에 있는 물체는 물론, 가까운 거리에 있는 작은 물체까지 파악해 차량을 자동으로 움직인다.

테슬라 모델S P85D 차량의 제로백 테스트 및 자율주행 기능을 사용하는 모습이다. 약 40초부터 운전자는 양손을 운전대에서 완전히 놓는다. 그럼에도 불구하고 차량은 곡선주행 및 차선변경을 자율적으로 수행한다.

완전한 자율주행 정도는 아니지만, 자율주행의 첫걸음이라 할 수 있는 자동 주차 기능은 이미 상용화되었다. 기아자동차나 현대자동차 등의 국내 기업은 물론, 렉서스. BMW, 폭스바겐 등 전 세계에 있는 수많은 자동차 브랜드가 이를 도입했다. 전진, 후진 등의 단순한 주차뿐만 아니라 좁은 공간에 평행주차를 하는 것처럼 사람에게도 조금은 어려운 기능을 자동으로 수행한다.

[그림 14-14] 볼보의 무인 자동 주차 시스템

2. 스마트 자동차의 전망 및 시사점

1) 전 망

스마트 자동차는 산업융합의 견인차로서 국가차원 경쟁으로 확대될 것으로 예상된다. 스마트 자동차시장의 고성장세 속에 자동차 · ICT 융합이 더욱 가속화될 전망이다.

<표 14-4> 주요국의 산업융합 활성화 정책

국 가	산업융합정책
독일	• 자동차 등 기계산업과 ICT 융합 활성화 위한 인더스트리 4.0 추진 • 국가산업생산성 30% 향상 기대, 미국 첨단 제조업의 육성안 마련
미국	첨단 제조업의 육성안 마련
일본	주요 산업의 ICT 이용촉진 등 6대 전략으로 구성된 산업재흥플랜 발표
한국	ICT와 타 산업융합 활성화 위한 창조비타민 프로젝트 발표

자료 : 미래창조과학부(2013.11.), 정보통신산업진흥원(2014.2.), 한국과학기술기획평가원(2013.9.)

① 시장성장률(2013~2018, %) : 세계 스마트 자동차 시장 6.7, 세계 자동차 판매량 3.5

② 자동차 업계의 미래 전략방향이 과거 신흥국 진출, M&A 등에서 최근 신기술개발 및 이를 위한 이종 업계간 협력으로 전환 추세하는 경향이 있다. 주요국의 신성장동력으로 산업융합이 부상하는 가운데 스마트 자동차의 견인차 역할을 기대되며, 향후 국가 차원의 스마트 자동차 경쟁본격화될 예상이다.

2) 업계 시사점

시장선점 위해 업계, 대·중소기업간 상호 성장 모델 개발 필요하고 스마트 자동차는 시장매력도 높으며 국내 업계는 시장선도 잠재력을 보유하고 있다. 스마트 자동차 시장은 진입장벽 높으나 한번 채택 시 장기수요처 확보되며, 현재 주도적 ICT 사업자가 부재이다.

세계 최고수준 ICT 및 5위 자동차업체 보유로 시장선도 잠재력이 충분하다. 스마트 자동차의 반도체와·디스플레이 부문은 경쟁력의 자동차 분야 선확산 후, 범위 확대 시도할 것으로 전망된다.

핵심 기술의 내재화, 업계 및 대·중소기업간 상호 성장기반 마련이 필요하다. 주요 전장품의 수입의존 심화 시 기술종속, 가격경쟁력 하락, 국내 생산기반 약화로 귀결되므로 핵심 기술 내재화는 필수적이다.

현재 국내 스마트 자동차 기술개발은 인포테인먼트 등 일부에 편중되어 있어 부가가치가 높은 파워트레인 등 제어 분야로 확대가 절대적으로 필요하다. 또한 대부분 특허가 국내 출원 중심인 상황으로 향후 세계 시장을 겨냥한 전략적 기술개발 및 특허 출원이 시급하다. 특히 자동차용 시스템 반도체 및 소프트웨어의 인재양성과 유망 중소기업 발굴이 필요하다. 상호 성장형 업계 협력 등으로 선순환적 스마트 자동차의 생태계 조성이 필요하다.

3) 금융 시사점

금융기회 검토 시 자동차 업계의 보수성과 긴 사업주기를 주시한다.

스마트 자동차는 현재 시장형성 본격화 단계로 장기적 관점의 시장을 주시할 필요가 있다. 관련 금융기회 검토 시 자동차 업계의 품질보수성과 ICT 산업 대비 긴 사업주기 등 특성을 감안해야 하다. 자동차용 전장품은 가전 · 산업용 전자부품 대비 고품질 수준을 요구한다. 생명안전과 직결, 극한환경에서 사용 등 특성에 기인하고 자동차용 반도체의 경우 수명 및 재고보유 기간이 가정용 · 산업용 제품의 3~15배 수준이다.

〈표 14-5〉 자동차용과 가전 · 산업용 반도체 품질요구 수준비교

구 분	자동차용 반도체	가정용 반도체	산업용 반도체
수명	15년 이상	1~3년	5~10년
온도/습도 조건	-40~155℃/~100%	0~40℃/낮음	-10~70℃/높음
허용불량률	0% 목표	10% 미만	1% 미만
재고보유 기간	30년	1~3년	5년

자료 : 월간 전자과학(2012.10)

자동차 업계는 ICT 업계 대비 사업주기 길어 매출실현에 장기간 소요된다.

① 제조사의 기술개발 주기 : 휴대폰 0.5~1년, 자동차 2~3년

② 소비자의 제품교체 주기 : 휴대폰 2년, 자동차 4~10년

[그림 14-15] 자동차 업계의 제품 개발주기

자료 : 데이코(2011.2), 국내 선도 자동차용 소프트웨어 업체 인터뷰 등을 토대로 재구성

참고자료

1. McKinsey, The Internet of Things: Sizing up the opportunity, 2014.
2. SK Telecom, 5G White Paper, 2014.
3. NGMN, 5G White Paper, Feb, 2015.
4. Telecommunication Review, 빅데이터 분석 기반의 SON을 이용한 네트워크 운용 고도화, 2014.
5. 5G Forum, 5G White Paper : 5G Vision, Requirements, and Enabling Technologies, 2015.
6. M. R. Sama, K. Guillouard, L. Suciu, G. Simon, X. Lagrange, J-M Bonnin, "New Control Plane in 3GPP LTE / EPC Architecture for On-Demand Connectivity Service", CloudNet, pp.205-209, 2013.
7. European Telecommunications Standards Institute, Network Functions Virtualization, Retrieved July 31, 2015, from http://www.etsi.org / technologies-clusters / technologies / nfv.
8. Uwe Doetsch et. al., Mobile and Wireless Communications Enablers for the Twenty-Twenty Information Society (METIS) Final Report on Architecture, Retrieved Jan. 31, 2015, from https://www.metis2020.com / wp-content / uploads / deliverables / METIS_D6.4_v2.pdf.
9. Open5GCore, Open5GCore-The Next Mobile Core Network Testbed Platform, Retrieved July 31, 2015, from http://www.open5gcore.net / index.html.
10. OPNFV, Open Platform for Network Functions Virtualization (OPNFV), Retrieved July 31, 2015, from https://www.opnfv.org / .
11. International Telecommunications Union, Working Party 5D (WP 5D) - IMT Systems, Retrieved July 31, 2015, from http://www.itu.int / en / ITU-R / study-groups / rsg5 / rwp5d / Pages / default.aspx.
12. 김문홍 외, "5G 이동통신기술 발전 방향" 통신학회
13. 이주열, "빅데이터 플랫폼의 미래" Technologu Inside LG CNS 정보기술원 2013.1
14. 채승병 수석연구원(2012), "빅데이터 : 산업 지각변동의 진원" SERI CEO Information 제851호
15. 임혜숙 책임연구원(2011), "빅데이터 처리 기술 동향과 적용사례" LG CNS Technology Inside 13호
16. Grzegorz Malewicz et al.(2009). "Pregel : A System for Large-Scale Graph Processing" ACM PODC 2009
17. Sergey Melnik et al.(2010). "Dremel : Interactive Analysis of Web-Scale Datasets" VLDB 2010
18. Fikes, Andrew(2010). "Storage Architecutre and Challenges" TechTalk, Google
19. James C. Corbett et al.(2012). "Spanner : Google's Globally-Distributed Database" OSDI 2012
20. Tom White(2012). "Hadoop : The Definitive Guide, 3rd Edition" O'REILLY
21. Eric Sammer(2012). "Hadoop Operations" O'REILLY
22. BGR, "Apple's new hobby: CarPlay finally brings iOS to the car", 2014.3.3
23. Bloomberg View, "Wearable Tech in a Race for the Killer App", 2014.1.7

24. Business Wire, "First Wearable State Government App Created for Google Glass by Utah.gov", 2014.2.25.
25. Enterpreneur, "VC Heavyweights to Fund Tech Startups Creating Google Glass Apps", 2013.4.11.
26. Gartner, "Gartner Says by 2017, Mobile Users Will Provide Personalized Data Streams to More Than 100 Apps and Services Every Day", 2014.1.22.
27. GigaOM Research, "Sizing the EU app economy", 2014.2.13.
28. IDC, "Despite a Strong 2013, Worldwide Smartphone Growth Expected to Slow to Single Digits by 2017, According to IDC", 2014.2.26.
29. Market and Markets, "Connected Car Market (2013-2018): By Connectivity Technology(LTE, Wi-Fi, 3G, HSPA); Form Factor (Tethered, Embedded, Integrated); Product & Service(OEM & Aftermarket), Application(Navigation, MIT Technology Review, "GM and Ford Open Up Their Vehicles to App Developers", 2013.1.9.
30. Mobile Health News, "ABI: 90M wearable devices to ship in 2014", 2014.2.3.
31. TechCrunch, "The App Stores Are Getting Full: Only 2% Of iPhone Top Publishers In U.S. Are Newcomers, 3% On Google Play", 2013.2.20.
32. Vision Mobile, "Developer Economics Q1 2014: State of the Developer Nation", 2014.2.7.
33. ZDNet, "First look at the new Pebble appstore, apps without phone companion", 2014.1.29.
34. Google Glass Apps, http://glass-apps.org /
35. 금융위원회, "핀테크," 금융용어사전, 2015, http://fsc.go.kr / know / wrd_list.jsp
36. 고원택, "핀테크(Fintech)의 주요 서비스 및 주요국 동향," 정보통신기술진흥센터, 2015.3.11.
37. 박대현, "산업 간 융합 관점에서 본 핀테크의 시사점," 한국인터넷진흥원, 2014.11.
38. Apple Inc, "Getting Started with Apple Pay Version 1.0," Sept. 2014.
39. 조규민 외, "전자지급결제서비스 동향 및 시사점," 금융보안연구원, 2014.10.
40. 이동규, "모바일 지급결제 혁신 동향 및 시사점," 한국은행 BOK 이슈노트, 2013.5.22.
41. 한국은행, "2014년 중 국내 인터넷뱅킹서비스 이용현황," 2015.2.25.
42. KG이니시스, 2015. 6. 12, http://www.inicis.com /
43. 파이낸셜뉴스, "빅데이터 품은 금융, 상품 개발 · 마케팅 활용," 2014.10.5. http://www.fnnews.com / news / 2014 10051659040496
44. 한국빅데이터학회, "카드사 빅데이터 경쟁, BC · 국민 · 롯데도 가세," 2015.2.11. http://www.kbigdata.kr / bbs / board.php?bo_table=news02&wr_id=45
45. 월스트리트저널, "빅데이터 활용하면 대출금리 낮아진다," 2014.3.19, http://kr.wsj.com / posts / 2014 / 03 / 19 / 빅데이터-활용하면-대출금리-낮아진다
46. 이데일리 뉴스, "빅데이터 어디까지 왔나," 2014.7.9, http://www.edaily.co.kr / news / NewsRead.edy?SCD=JA31&DCD=A00102&newsid=01108646606152880
47. 시사 IN, "금융과 기술의 결합, 핀테크의 비상," 2014.9.26, http://www.sisainlive.com / news / articleView.html ?idxno=21307
48. KB경영연구소, "국내외 핀테크(fintech) 동향과 전망," 2014.8.4.
49. 온덱, 2015.6.12, www.ondeck.com

50. 조상래 외, "패스워드 없는 인증기술-FIDO," 전자통신동향분석, 제29권 제4호, 2014, pp. 101～109.
51. 미래창조과학부, 한국인터넷진흥원, "인터넷 이용환경 개선을 위한 기술안내서," 2014.9.
52. 아시아경제, "굿바이 액티브엑스 카드업계, 액티브엑스 대체 프로그램 26일 도입," 2015.3.25.
53. B. Schneier, "Two-Factor Authentication: Too Little, Too Late," Commun. ACM, Apr. 2005, pp. 135~136.
54. G. Ollmann, "The Phishing Guide: Understanding & Preventing Phishing Attacks," NGS Software Insight Security Research, Sept. 5th, 2004.
55. 김승현, 이성훈, 진승헌, "액티브 피싱 공격 및 대응방안 고찰," 전자통신동향분석, 제28권 제3호, 2013. 6, pp.9～18.
56. 소프트포럼, 2015.6.12, http://www.softforum.com /
57. S.-H. Kim et al., "Geo-Location Based QR-Code Authentication Scheme to Defeat Active Real-Time Phishing Attack," Proc. ACM Workshop on Digital Identity Management, 2013, p. 51～62.
58. 한국인터넷진흥원, "국내 인터넷 이용환경 현황조사 결과 발표," 2015.2.12.
59. HTML5TEST, "How Well Does Your Browser Sup-port html5," 2015.3.25, http://html5test.com / results / desktop.html
60. 헤럴드경제, "NH농협은행 FDS로 8500만원 대 파밍 사기 막았다" 2015.5.19. http://news.heraldcorp.com / v iew.php?ud=20150519000107&md=20150519084324_BL
61. 장상수, "핀테크(Fintech)가 정보보호산업에 미치는 영향에 대한 고찰," 한국인터넷진흥원, 2015.2.
62. 임석재, "핀테크 보안 동향,", TTA J., 제158호, 2015. 3, pp.72～79.
63. 권기덕(2011), "지난 10년, 인터넷업계 지형 변화", SERI 경영노트 제114호, 삼성경제연구소.
64. 베타뉴스, "지구촌에서 혁신을 선도하는 IT회사는 어디?", 2011.10.16.
65. 송민정(2011), "클라우드 혁명 중심에 선 스마트TV의 사업기회는?", 스마트TV SW융합 인력양성 컨소시엄 간담회 발표문.
66. 스트라베이스(2010), "모바일 클라우드, 이동통신시장의 새로운 격전지 부상 중".
67. 스트라베이스(2010), "클라우드 기반 게임 서비스 OnLive 상용화".
68. 임충규(2004), "글로벌 디지털 엔터테인먼트 선도를 위한 멀티플랫폼 게임 기술", ETRI CEO Information 10호, 한국전자통신연구원.
69. 장용호, 정원조(2009), "시장거래의 요인으로서 게임엔진의 기술체제와 기술혁신", 한국게임학회, 제9권 2호.
70. 정지훈(2011), "클라우드 시대의 생존전략", Digico Report, KT 경제경영연구소.
71. 최윤정(2011), "스마트폰 확산에 따른 모바일게임 생태계 변화", Digico Report, KT 경제경영연구소.
72. 허용석(2011), "게임산업의 3大 진화 방향과 시사점", SERI 경영노트 제119호, 삼성경제연구소.
73. 한국콘텐츠진흥원(2011), "클라우드 게임의 사업자별 서비스 모델과 기술적 특징", "글로벌 게임 산업 트렌드"
74. KT 기술전략실(2011), "X on the Cloud의 시작 Cloudbased Game".

75. SK텔레콤(2009), "MPGS 기반 게임 사업의 특징", 사업설명회 발표자료.
76. Gamasutra(2011), "OnLive Versus Gaikai : Getting The Audience".
77. ThinkEquity LLC(2011), "Multi-Channel Game-As-A-Service Ⅱ: Ubiquitous Game In The Cloud".
78. http://www.ea.com
79. http://www.gaikai.com
80. http://www.onlive.com
81. 강일용(2014), "PS 나우와 Xbox Live... 클라우드 게임, 아직 갈 길 멀다", IT동아, 2014.1.13.
82. 경향게임즈(2009), "부분유료화의 역사와 시스템 변천사", 경향게임즈, 384, 2009.6.22.
83. 김상훈(2004), 하이테크마케팅, 박영사
84. 김석관(2008), "Chesbrough의 개방형 혁신 이론", 과학기술정책, 8~9월호, pp.2~23.
85. 문화체육관광부(2014), 2014 대한민국 게임백서
86. 문화체육관광부(2013), 2013 대한민국 게임백서
87. 문화체육관광부(2012), 2012 대한민국 게임백서
88. 문화체육관광부(2011), 2011 대한민국 게임백서
89. 문화체육관광부(2010), 2010 대한민국 게임백서
90. 문화체육관광부(2009), 2009 대한민국 게임백서
91. 문화체육관광부(2014), 창조적 게임강국 실현을 위한 게임산업진흥 중장기계획(2015~2019), 2014.12.18.
92. 김진수(2015), "2014년 모바일 퍼블리셔 순위, 한국기업은 10위 내 들지 못해", 디스이스게임, 2015.3.05.
93. 박수영(2012), "온라인게임의 성장과 게임 시장의 확대", in eds. 윤형섭 외(2012), 한국 게임의 역사, 북코리아
94. 손상영(2010) 컨버전스 경제에서 가상현실 기술의 의의와 산업구조 변화, 정보통신 정책연구원
95. 안희찬(2004), "온라인게임 10년사(7)", 경향게임즈, 2004.4.12.
96. 최수민(2013), "국내외 스마트 TV 시장 동향 분석", 인터넷 & 시큐리티 이슈, 2013.6.10., pp.3~32.
97. 한국스마트홈산업협회(2015), 스마트TV 이슈리포트 27, 2015.2.
98. 한국스마트홈산업협회(2015), 스마트TV 이슈리포트 23, 2015.1.
99. 한국콘텐츠진흥원(2014), 글로벌 게임산업 트렌드 2014년 상반기, 통권 17호
100. 한국콘텐츠진흥원(2015), 글로벌 게임산업 트렌드 2014년 하반기, 통권 18호
101. 한국콘텐츠진흥원(2015), "가상현실(virtual reality) 기술의 진화, 콘텐츠 혁신을 이끌다", 문화와 기술의 만남, Vol.40, 2015년 1월호, pp.1~20.
102. 한국콘텐츠진흥원(2015), 문화와기술의 만남, 통권 40호
103. 한국콘텐츠진흥원(2015), UHD 방송도입과 방송영상콘텐츠 제작 활성화 방안 연구
104. Azuma, R., Baillot, Y., Behringer, R. Feiner, S., Julier S., and MacIntyre, B. (2001),
105. "Recent advances in augmented reality", Computer Graphics and Applications IEEE, 21(6), pp.34~47.
106. Boudreau, K., and Lakhani, K. (2009), "How to manage outside innovation", MIT Sloan Management Review, Summer 2009, pp.69~76.

107. Chesbrough, H.(2003), "The Era of Open Innovation", MIT Sloan Management Review, Spring 2003, pp. 35~41.
108. Chesbrough, H.(2003), "The Era of Open Innovation", MIT Sloan Management Review, Spring 2003, pp. 35~41.
109. Edelson, J.(2014) Predicting the impact of virtual reality on mainstream markets, Forbes, 2014.10.9.
110. Kushner, D.(2014), "Virtual Reallity's Moment", IEEE Spectrum, 51(1), pp. 34~37.
111. McFerran, D.(2014) Reality Crumbles: Whatever happened to VR?, Eurogamer, 2014.3.24.
112. Milgram, P., Takemura, P., Utsumi, A., and Kishino, F. (1995), "Augmented reality: a class of displays on the reality-virtuality continuum", Proc. SPIE 2351.
113. Telemanipulator and Telepresence Technologies, pp.282~292.
114. Ojala, A., and Tyrvainen, P.(2011), "Developing Cloud Business Models: A Case Study on Cloud Gaming", IEEE Software, July / August 2011, pp.42~47.
115. Pham, A.(2010), "Ever wonder where your hard-earned money goes after you've plunked $60 down on a game at GameStop or Target? Here's one answer: Anatomy of a $60 Video Game", Los Angeles Times, 2010.2.19.
116. Prieger, J., and Hu, W.(2012), "Applications barrier to entry and exclusive vertical contracts in platform markets", Economic Inquiry, 50(2), pp.435~452.
117. Rekimoto, J., and Nagao, K.(1995), "The World through the Computer: Computer Augmented Interaction with Real World Environments", UIST 1995 Proceedings of the 8th annual ACM symposium on User interface and software technology, pp.29~36.
118. Snow, B.(2007) the 10 worst-selling consoles of all time, Gamepro.com, 2007.5.5.
119. 차세대 게임 플랫폼의 현황과 정책연구 2015.2 kocca.
120. Allen Bargfrede & Cecily Mak, Music Law in the Digital Age, Berklee Press, 2009.
121. Brian T. Yeh(2009). Statutory Royalty Rates for Digital Performance of Sound Recordings: Decision of the Copyright Royalty Board
122. David Bakula(2012. 8). The Music Industry: A Mid-Year Glance, Nielson.
123. engadget(2012. 12. 4), http://www.engadget.com / 2012 / 12 / 04 / apple-itunes-music
124. Federal Register(2009), Copyright Royalty Board, 2009. 1. 26. 37 CFR Part 385.
125. Harry Fox Agency, HFA Ready to Implement New Digital Era Mechanical Royalty Rates
126. IFPI(2012), Digital Music Report 2012.
127. IFPI(2012). Recording Industry in Numbers 2011.
128. Nielsen, Is streaming steaming ahead?, 2011.7. Midem
129. Nielsen, The hyper-fragmented world of music, 2011.3, Midem
130. Paul Resnikoff, Digital Music distribution, DigitalMusicNews, Publisher., 2012.11.31 in MuCon conference
131. PwC(PricewaterhouseCoopers)(2012), Global Entertainment and media outlook, 2012~2016 SoundExchange(2012), annual report, 2011.
132. The Nielson Company & Billboard(2012), 2011 Music Industry Report

133. http://www.legaljungleguide.com/resourc/musician/articles/musiccopyright.htm
134. 이기훈, 수익성 확보를 위한 YouTube의 콘텐츠 강화전략, KISDI, 2011.
135. 이은민, 온라인 음악시장의 변화와 향후 전망, KISDI 동향보고서, 2011.
136. 이해욱, 스웨덴으로부터 배우는 대중음악산업의 교훈, SERI 경영노트, 2012.9.13. 제163호
137. 한국콘텐츠진흥원, 음원전송사용료 개정안의 주요 내용, 월간 이슈브리핑, 2012. 제7호, 통권 7호, 2012.10.11.
138. 스트라베이스, 2012.01.27, 2012.7.3, 2012.10.21. 2012.12.13.
139. 세계 디지털 음악시장의 유통과 수익구조 분석, 한국콘텐츠진흥원 2012.12.
140. 강광하(2000), 산업연관분석론. 서울 : 연암사
141. 김현경 · 이영주(2014). 온라인 동영상 플랫폼에 대한 비대칭적 법적 규제 및 차별적 콘텐츠 수급 전략의 쟁점과 과제. 〈방송통신 융합 환경에서의 스마트 미디어에 대한 규제가국내 광고 및 동영상 서비스에 미치는 영향〉 한국방송학회 세미나 자료집.
142. 문화체육관광부, 디지털 융합에 따른 문화콘텐츠 산업의 가치사슬 변화에 대한 연구.
143. 방송통신위원회(2012). 방송산업발전 종합계획 세부자료.
144. 송진 · 이영주 · 김균수(2014). 외주제작 교양 콘텐츠의 멀티플랫폼 재목적화(re-purposing)에 관한 연구. 〈언론학 연구〉, 18권 1호, 79~108.
145. 연합뉴스(2012.11.11일자). TV를 떠나는 젊은이들...방송계가 달라진다.②
146. 이선미(2014). 스마트폰 이용행태로 바라본 모바일 플랫폼 War!!!. KT경제경영연구소.
147. 이현정(2013). N스크린 시대의 동영상 콘텐츠 소비 행태. 〈CHEIL WORLDWIDE〉.
148. 장기영(2013). 스마트 콘텐츠 시대의 콘텐츠 파워와 성공전략. DIGIECO.
149. 한국은행(2010), 〈산업연관분석해설〉
150. 한국은행(2014), 2012 산업연관표.
151. 한국은행(2010), 〈알기쉬운 경제지표해설〉
152. 한창완 · 이승진(2010). 디지털 플랫폼에 따른 맞춤만화 모델링 연구
153. DIFIECO(2014). 모바일 콘텐츠 시장의 현황과 전망.
154. KCA(2013). 스마트 미디어 시대의 콘텐츠 생태계 변화에 따른 글로벌 콘텐츠 기업의 대응전략. 「동향과 전망: 방송 · 통신 · 전파」, 통권 63호, 5~23.
155. KT경제경영연구소(2013), 웹툰 플랫폼의 진화와 한국 웹툰의 미래.
156. 한창완 외(2015) 웹툰 산업현황 및 실테조사. 2015.6 한국콘텐츠진흥원
157. 최세경(2010). N스크린 시대에 TV 비즈니스의 전망과 대응 전략 : 콘텐츠 유통과 소비 패러다임의 변화를 중심으로, 〈방송문화연구〉, 22권 2호, 7~36.
158. A dobe(2015). Q1 2015 Digital Video Report : Adobe Digital Index.
159. C apgemini (2008). Reinventing Television: the Future of Television Drama.
160. E astman, S. T. & Ferguson, D. A. (2012). Media Programming : Strategies and Practices(9th edition), Boston, MA: Wadwworth.
161. Google(2012). The New Multi-screen World: Understanding Cross-platform Behavior.
162. IBM(2008). The New New Media: Global lessons on the future of media, content, and messaging (A Global Innovation Outlook 3.0 Report).
163. Jenkins, H.(2006). Convergence Culture, New York University Press.

164. Jenkins, H. Ford, S. & Green, J. (2013). Spreadable Media : Creating value and meaning in a networked culture, New York University Press.
165. Manovich, L. (2002). The Language of New Media, Cambridge, The MIT Press.
166. Napoli, P. M. (2003). Audience economics: Media institutions and the audience marketplace, New York: Columbia University Press.
167. Netflix (2015). Q1 2015 Financial Statements, April 15, 2015 (ir.netflix.com)
168. Proulx, M & Shepatin, S. (2012). Social TV : How maketers can reach and engage audience by connecting television to the web, social media, and mobile . Hoboken, NJ: John Wiley & sons, Inc.
169. Sandvine (2015). 1H 2015 Global Internet Phenomena Report.
170. Ytreberg, E. (2009). Extended liveness and eventfulness in multiplatform reality formats. New Media & Society, 11(4), 467~485.
171. 이문원. 소녀시대, 한류 드라마 · 영화 꼴을 면할지어다. 뉴시스. 2010년 9월 11일.
172. "류(流)". 〈네이버 국어사전〉. 네이버. 2015년 8월 16일에 확인함.
173. 장규수(2011년 9월). 〈한류의 어원과 사용에 관한 연구〉 (학위논문). 한국콘텐츠학회논문지. 2015년 8월 16일에 확인함.
174. 김병욱(2004년 6월 1일). 〈미래 스펙트럼 "한류" 분해〉. 킴스정보전략연구소.
175. 양성희(2014년 4월 15일). 〈파워 콘텐츠 공식: 한류와 파워 콘텐츠〉. 커뮤니케이션북스. 2015년 8월 17일에 확인함.
176. 김홍묵(1994년 5월 18일). "〈쥐라기공원〉의 흥행수익 車 百50萬臺 수출과 같아" [「쥐라기공원」의 흥행수익 차 150만 대 수출과 같아]. 동아일보. 2015년 8월 17일에 확인함.
177. 장규수(2013년 2월 25일). 〈한류와 아시아류〉. 커뮤니케이션북스. 2015년 8월 17일에 확인함.
178. 곽대중(2012년 8월 24일). 〈우리에게 중국은 무엇인가 1992-2012〉. 시대정신. 2015년 8월 20일에 확인함.
179. "[COVER STORY-업그레이드! 한류 2005] 윤등룡 DR뮤직 대표이사". 한경 비즈니스. 2005년 2월 6일. 2016년 2월 2일에 확인함.
180. 김은하(2015년 4월 15일). "중국, 비의 매력에 흠뻑 젖다". 아주경제. 2016년 1월 28일에 확인함.
181. 황혜진(2015년 6월 24일). "보아 女아이돌 최초 세종문화회관 입성, 의미 남다른 이유". 뉴스엔. 2015년 8월 20일에 확인함.
182. 김호연(2015년 8월 16일). "겨울연가 · 대장금…지속가능한 한류는?". 미디어펜. 2015년 8월 20일에 확인함.
183. "〈이란 특수 오나〉 ⑤제2의 '대장금' '주몽' 나올까". 연합뉴스. 2016년 1월 19일. 2016년 2월 2일에 확인함.
184. "[한글의 세계화] 한국어 열풍, 몽골 · 네팔 · 중동 넘어 동유럽까지… "I Love You" 대신하는 "사랑해요". 국민일보. 2009년 12월 31일. 2016년 2월 2일에 확인함.
185. "K-Wave : Korean films are so popular DVD sales rival that of Hindi movies" (영어). 네팔리 타임즈. 2009년 11월. 2016년 2월 2일에 확인함.
186. 양성희 (2014년 4월 15일). "파워 콘텐츠 공식 : 동방신기". 커뮤니케이션북스. 2015년 8월

20일에 확인함.
187. 이은정(2015년 3월 16일). "샤이니, 도쿄돔 찍고 'SM 4대 천왕' 우뚝…"이젠 광대역"". 연합뉴스. 2015년 8월 20일에 확인함.
188. 양성희(2014년 4월 15일). "파워 콘텐츠 공식 : 소녀시대". 커뮤니케이션북스. 2015년 8월 20일에 확인함.
189. 김형우(2009년 2월 17일). "카라 태국활동 無에도 현지 차트 1위 기염". 뉴스엔. 2016년 2월 2일에 확인함.
190. 강선애(2013년 8월 7일). "'땡큐' 보아, 미국진출 당시 심경 고백 "죽을 만큼 힘들었다"". SBS 뉴스. 2015년 8월 20일에 확인함.
191. 한은화(2015년 8월 9일). "4인조 걸밴드로 새로운 탄생 원더걸스에 쏠린 관심 '소 핫'". 중앙선데이. 2015년 8월 20일에 확인함.
192. 고규대(2010년 3월 1일). "원더걸스 사태로 본 아이돌 가수 미국 진출의 실상". 신동아. 2015년 8월 20일에 확인함.
193. 길혜성(2011년 12월 22일). "2011 핫키워드 'K팝 열풍'을 둘러싼 '명과 암'". 스타뉴스. 2015년 8월 20일에 확인함.
194. "美 CNN 'K-CON 페스디벌, 한류 알리는데 기여' 호평". enews24. 2013년 2월 15일. 2015년 8월 20일에 확인함.
195. "슈퍼주니어, 누적 월드투어 100회 금자탑 쌓았다! 숫자로 본 슈퍼쇼, 그리고 멤버들의 감회는?" 스포츠경향. 2014년 9월 21일. 2016년 2월 2일에 확인함.
196. 양성희 (2014년 4월 15일). "파워 콘텐츠 공식 : 싸이". 커뮤니케이션북스. 2015년 8월 20일에 확인함.
197. 〈시사상식사전 : 강남스타일〉. 박문각. 2015년 8월 20일에 확인함.
198. 피용익(2013년 5월 8일). "오바마, 한·미 공동 기자회견에서 강남스타일 언급". 이데일리. 2016년 2월 2일에 확인함.
199. 강민정(2015년 9월 12일). "[나영석 新예능기] '꽃할배'의 美진출, '신서유기'의 中진출 ③". 이데일리. 2016년 2월 2일에 확인함.
200. 고승희(2015년 3월 26일). "'런닝맨', 예능한류의 정석…동남아 신혼부부 커플룩도 바꿨다". 헤럴드경제. 2016년 2월 2일에 확인함.
201. "한쥐미(韓劇迷)·하한쭈(哈韓族) 열풍을 만들다". 스포츠동아. 2014년 3월 24일. 2015년 8월 22일에 확인함.
202. 〈시사상식사전 : 한류/하한쭈/한미〉. 박문각. 2015년 8월 22일에 확인함.
203. "[한류] 한류·신한류·합한족… 한류관련 용어". 한국일보. 2004년 2월 26일. 2016년 2월 19일에 확인함.
204. 양성희(2014년 4월 15일). 〈파워 콘텐츠 공식 : 겨울연가〉. 커뮤니케이션북스. 2015년 8월 22일에 확인함.
205. "겨울소나타". 한국민족문화대백과. 2015년 8월 22일에 확인함.
206. "고이즈미 日 총리 끝없는 '겨울연가' 사랑". 머니투데이. 2004년 7월 22일. 2015년 9월 16일에 확인함
207. 사업자 진영별 스마트 홈 서비스 제공 동향, 정보통신산업진흥원(2013)

208. 스마트홈 산업의 최근 해외 동향과 향후 과제, 정책연구본부 융합정책연구부(2013)
209. 통신사업자의 스마트 홈 서비스 동향, KT경제경영연구소(2014.11.11)
210. 홈시큐리티로 열어가는 스마트홈 시장의 미래, KT 경제경영연구소(2014.11.17)
211. 한국스마트홈산업협회 홈페이지 https://www.kashi.or.kr
212. SK Telecom 스마트홈 플랫폼 기술전략
213. 조충호 "스마트홈의 미래-도전위한 준비" 스마트홈산업협회 컬럼
214. 2016년 인터넷정보보호 10대이슈 : KISA.
215. 이경전, 사물인터넷 시대의 경영 : 전환인가 창조인가?, Harvard Business Review Korea, 136-138, November, 2014.
216. 이경전, IoT 시대, 매출만큼 데이터에 민감한 기업이 성공한다, Harvard Business Review Korea, October, 2015.
217. 이경전, 전정호, 사물인터넷과 비즈니스 기회, Dong-A Business Review, 159(2):59~65, 2014. 08.
218. 이경전, (사물인터넷과) ICT & 미디어 산업전략, Dong-A Business Review, 184(1):60~69, 2015. 09.
219. Porter, M. E. and J. E. Heppelmann, How Smart, Connected Products are Transforming Competition, Harvard Business Review, November, 2014.
220. Porter, M. E. and J. E. Heppelmann, How Smart, Connected Products are Transforming Companies, Harvard Business Review, October, 2015.
221. David Murphy, Smart Thermostat Sales Double in a Year, 12th January 2015. http://mobilemarketingmagazine.com / smart-thermostat-sales-… /
222. Aaron Tilley, Thermostat Wars: With Help From Apple HomeKit, Ecobee Takes Number Two Place Behind Nest, Fortune, SEP 28, 2015.
223. Jared Newman, 에코비3 스마트 온도조절기 출시, "허브없이 애플 홈킷 최초 지원", Macworld
224. 김용원, 애플의 사물인터넷 홈킷 지원하는 제품 출시돼, Business Post, 2015.6.3.
225. 아이티투데이, "구글 네스트, 스마트홈업체 또 인수", 2014.10.25.
226. K.Bench, "美 분석기관, 혁신적인 IoT 기업 순위 발표. 삼성전자 인텔에 이어 2위", 2015.10.2.
227. 최재홍, "샤오미의 IoT 생태계 성공할까", Tech M, 2015.9.
228. 류한석, "스마트 가전 및 스마트 홈이 제공하는 가치", KT경영경제연구소, 2012.3.
229. 신용태 외 "IoT 서비스 · 제품 업체간의 안전한 정보 공유 방안 연구", KISA. 2015.
230. New Device로 진화하는 자동차 Smart Car(KT경제경영연구소, 김진)
231. ICT 기반의 융합산업 활성화 방안, KATS 기술보고서 스마트카 표준화 동향 2013(산업통상자원부 기술표준원)
232. 스마트카 산업부 R&D 지원 정책(한국산업기술평가관리원 스마트카, 문종덕 PD)
233. Google과 Apple의 커넥티드 카 플랫폼 공략 행보 비교(STRABASE)
234. 임베디드 소프트웨어 기술동향 2013(임베디드소프트웨어 · 시스템산업협회, 2013년)
235. KEIT 상생협력 정보공유 포럼 스마트카 분야(현대자동차)
236. 2020년 자동차산업의 미래(2009), 한국자동차산업연구소
237. Convergence in Automotive Industry(2008), Frost & Sullivan

238. 일본 국토교통성 홈페이지(www.mlit.go.jp)
239. Convergence in Automotive Industry (2008), Frost & Sullivan
240. 일본 ITS Japan 홈페이지(www.its-jp.org)
241. Convergence in Automotive Industry (2008), Frost & Sullivan
242. 일본자동차기술회 홈페이지(www.jsae.or.jp)
243. 자동차 완성업체 홈페이지
244. 한국자동차공학회 홈페이지(www.ksae.org)

찾아보기

저자약력

남 상 엽

- 공학박사
- 삼성종합기술원 정보시스템연구소 근무
- 모토로라반도체통신 기술연구소 근무
- 국제대학교 교수(1998～현재)

강 민 구

- 공학박사(연세대학교 전자공학과)(1994)
- 삼성전자연구원(1985～1987)
- 국무총리실 산하 방송통신융합추진위원회 전문위원(2006～2007)
- 방송통신위원회 전파연구소 정보통신기술규격 심의위원(2007～현재)
- 한신대학교 교수(2000～현재)

이 규 대

- 공학박사(고려대학교 전자공학과)
- 미국 조지아택 연구교수(2001)
- 한국국방기술학회 회장(2015~현재)
- 공주대학교 교수(현재)

안 병 구

- 공학박사(New Jersey Institute of Technology(NJIT))
- 포항산업과학연구원(RIST) 선임연구원 근무
- 홍익대학교 컴퓨터정보통신공학과 교수(현재)

정 승 렬

- MIS 박사(Univ. of South Carolina, U.S.A)
- 삼성 SDS 컨설팅사업팀 선임 컨설턴트 근무(1995~1997)
- 한국인터넷정보학회 회장(2015~현재)
- 국민대학교 교수(1997~현재)

IT 비즈니스 플랫폼

2016년 10월 10일 1판 1쇄 발행

저 자 남상엽 · 강민구 · 이규대
안병구 · 정승렬

발행인 남 승 우

발행처 도서출판 상尙 학學 당堂

서울시 동작구 사당로9가길 6(사당동)

TEL : 02) 595-1692~4

FAX : 02) 595-1394

E-mail : namdoo6@unitel.co.kr

신고 : 2-155호 (1968. 11. 29)

정가 29,000원

ISBN 978-89-6587-156-9 93000

〈디자인〉 편집 엄해숙 / 표지 토틀컴